朝日選書
995

吉田 茂
戦後日本の設計者

保阪正康

朝日新聞出版

本書は、二〇〇三年五月に中公文庫より刊行された『吉田茂という逆説』を改題したものです。

吉田　茂
戦後日本の設計者●目次

吉田 茂
戦後日本の設計者

保阪正康

序章　エリート主義と庶民性

昭和という時代には三十二人の首相が政治指導者として名を刻んでいる。平均すると二年に一人という割合で首相が交代したことになる。

二年という時間帯にそれぞれの政治指導者が、自らの理念や経綸《けいりん》を実践しえたか否かは疑問である。現実に、昭和十二（一九三七）年の林銑十郎《はやしせんじゅうろう》内閣、十四年の平沼騏一郎《ひらぬまきいちろう》内閣、阿部信行《あべのぶゆき》内閣、二十二年の片山哲《かたやまてつ》内閣、二十三年の芦田均《あしだひとし》内閣などは一年に満たない短命内閣で、政治的な実績はほとんど記録されていない。こうした内閣が存在したことさえ忘れさらされる傾向にある。

私は、昭和時代に歴史上語られるべき首相として三人があげられると思う。国民に記憶される首相といいかえてもいい。東條英機《とうじょうひでき》、吉田茂《よしだしげる》、田中角栄《たなかかくえい》である。好悪の感情は別である。功罪もさておくとする。ともかくこの三人が昭和の重要な時代相を象徴的に示している。太平洋戦争、占領支配と戦後復興、そして理念なき経済社会を語るのに、三人の指導者に投影されているその時代の価値観などを検証してみるといい。おのずから浮かびあがってくる像がある。それが国民の像にも敷衍《ふえん》していくことができる。

むろんこの三人と同様に語られるべき首相も存在する。私の見るところ、犬養毅《いぬかいつよし》、近衛文麿《このえふみまろ》、鈴木《すずき》貫《かん》太郎《たろう》、岸信介《きしのぶすけ》、池田勇人《いけだはやと》、中曾根康弘《なかそねやすひろ》といった首相がそうであろう。「議会政治の犬養」「終戦内閣の鈴木」「行政改革の中曾根」といった具合に政治指導者として果たした役割が形容詞にもなっているのである。しかし、彼らが東條や吉田や田中と異なっているのは、その時代を彼らの像だけでくることはできないという点にある。より複層化した社会構造の中で彼らの占める位置はその全てに及んでいるわけではないという意味でもある。

ある時代にめぐりあわせた政治指導者が、本人の能力や意思を超えて「歴史」につき動かされるというケースは決して珍しくない。第二次世界大戦時の各国の指導者、チャーチルにしてもルーズベルトにしても、スターリン、ヒットラー、毛沢東《もうたくとう》、蔣介石《しょうかいせき》などの評伝や著作を読みぬくと、それが容易に理解できる。彼らは憑《つ》かれたように歴史に挑んでいく。不幸なことに日本では、東條をとってみてもそういう憑かれるような言動が見当たらない。たとえ戦争に負けたとしても、何事かを歴史に託そうという意思がない。

東條が首相の座にあったとき、自らとヒットラーを比べた下僚に、「彼は兵長あがりだ。自分は陸軍大将だ」と得意気に語ったことがあるが、その言の中にひそんでいる錯覚は終生彼のものだった。日米開戦時に、日本軍が奇襲攻撃に成功し、多大の戦果をあげたとき、東條は「ルーズベルトはこれで失脚だろう」とつぶやいた。国民の信を失って退陣に追いこまれるだろう、哀れな指導者奴《め》というニュアンスを自らの側近たちに洩らした。だが実際には、ルーズベルトは見事なまでに自らの術中にはまった日本側の浅薄な行動に快哉《かいさい》を叫んでいたのである。

東條にはそのような歴史に挑む、歴史的意思を読みぬくという識見も情熱もなかった。それは東條に代表される当時の戦時指導者に共通のものだった。太平洋戦争を指導したイデオロギーが本来なら歴史に刻まれるべきだったのに、そうはならなかった因の大半は東條らの責任でもあった。それゆえに東條は語られなければならないのである。

「英米史観」の忠実な継承者

吉田茂は東條とは対極に位置した外交官であった。

吉田は昭和十一年から駐英大使のポストにあったが、そこでは、一貫してドイツ、イタリアと共に枢《すう》軸《じく》ラインを形成する日本の国策に反対しつづけた。駐独武官でのち大使の大島浩《おおしまひろし》（軍人出身）がまるでヒットラーやリッベントロップの代弁者のように三国同盟を推進するのに熱心であるのに、吉田はつねに批判の側に立った。表面上はヒットラー政権の侵略性に疑念をもっていたためとされているが、実際には吉田自身の歴史観からの反発であった。吉田には、むろん東條と同じようにヒットラーを「下士官あがりの指導者」とみる視点があったのは否めない。ヒットラーが何を考えているか、何をやりだすか、彼の歴史観は定かにつかめないという不安もあった。ただ東條はその段階でとどまっていたのに、吉田は自らの歴史観と基本的な立場で異なっているという確信をもっていた。

吉田にとって、ヒットラーとは歴史観と歴史観の衝突という関係にあり、そこに一切の妥協はないと考えていたのである。

大使時代の大島はしばしばベルリンからロンドンにとんできて、吉田や陸軍の駐英武官である辰巳栄《たつみえい》一《いち》に、「なぜ三国同盟に反対するのか。日本はドイツと手を結んだほうが政治的、軍事的にも得策ではないか」と説いた。吉田は大島の言に何の興味も示さなかった。次第に大島と会うことさえ拒んだ。辰巳は吉田と接しているうちに、吉田の歴史観にふれ、陸軍内部でも屈指の親英派となっていくのである。

吉田の歴史観は、外務省で一年後輩にあたる武者小路《むしやこうじ》公共《きんとも》が指摘したように、「英米を世界史の中での本流」とする見方である。英米史観の忠実な継承者といっていい。吉田は明治三十五（一九〇二）年一月に結ばれた日英同盟にかなり高い評価を与えているが、日本は世界史の本流である英米と連携し、連動し、そしてアジア圏にヨーロッパ型の近代国家をつくることを自らの理念の核としていた。

その吉田の理念からいえば、三国同盟に傾斜し、そのあげくに英米との戦争に進んだ選択はまったくの誤りであり、一時の気の迷いということでもあった。戦後になって吉田が回想した次の一節（『回想十年』）は、そのことを明確に物語っている。

「歴史の大きな流れから見れば、日本の本然の姿ではなくて、ただ一時の変調であったことを知るのである。（略）日本の外交的進路が、英米に対する親善を中心とする明治以来の大道に沿うものであるべき所以《ゆえん》を知るのであって、こうした過去の貴重な経験は、日本国民として特に銘記すべきであろう」

昭和時代の前期は、吉田の人生にとってもっとも活動する年代にあたっていたが、不幸にもそれは日本が「明治以来の大道」を外れた期であった。吉田は外務省内部にも勢力を広げる若手の枢軸派グループとも一線を画し、岳父《がくふ》にあたる宮中側近グループの重鎮である牧野伸顕《まきののぶあき》をつうじて自らの見解を国策に反映させようと図ったりもするのである。『牧野伸顕日記』に目を通していくと、牧野は吉田からの書簡をしばしば受け取り、吉田の意を宮中側近たちに伝えている。吉田にとって、この本道から外れた期は日々不本意であったことが窺える。

吉田の歴史観が前述のように単に英米を以て本流とするにとどまっているのであれば、吉田の存在意義は東條内閣が見ていたように、「親英的な平和主義者」の枠内でしかない。事実、東條政府のもとでそのようなレッテルを貼られ、それだけの評価しか受けなかった歴史上の人物も多い。だが吉田がそうならなかったのはなぜか、が改めて検証されなければならない。

明治時代の指導者への信頼

吉田は、日本と日本人について独特の見解をもっていた。

つまり吉田は、明治時代の日本の政治指導者たちの資質、言動、世界観に深い信頼を寄せていた。吉田の人間的なそのような判断については、本書でも論考を重ねるごとに具体的に描写していきたいと思うが、明治政府樹立に至る政治指導者の歴史観にもとづいた政策の選択に、吉田は信頼と共鳴を覚えていたのである。富国強兵策を実行した指導者が「創造力と指導力に富む人びとであったことが日本にとってしあわせであった」とも断言している。具体的には大久保利通《おおくぼとしみち》の名をあげ、大久保が産業育成に献身的に尽力したのは「(実際に欧米を見て日本との差を痛感するという)現実を正確にかつなまなましい形で把握していたため」といって激賞した。岳父牧野伸顕の父という関係を超えての分析であった。そのような先人の国家建設を誤らせたものとして、昭和時代の軍人を軽侮する感情が倍加した。

吉田は、軍人が政治に関与していくことに不満を抱きつづけた。軍人が政治的発言を増幅していくたびに、それを制御する政治家が不在なのを嘆き、日本は誤った方向に進むと公然といいつづけた。大正六(一九一七)年に寺内正毅《てらうちまさたけ》陸軍大将が首相だったとき、寺内は外務省の文書課にいた吉田に「総理大臣の秘書官にならないか」と誘いをかけたことがある。吉田の回答は、「私には総理大臣は務まるかもしれませんが、秘書官はとうてい務まりません」というものだった。寺内は唖然としたといい、こうしたエピソードは吉田の人を人とも思わぬ傲慢さとも解釈されるのだが、実際には吉田の陸軍嫌いの体質というべき意味をもっていた。

吉田が明治時代に自らの理想の原型を求めるのは、政治指導者の能力の高さとともに「指導者」と

「大衆」の間に歴然と差をつけて見る目の高さにあった。指導者が相応の知識や識見を身につけ、大衆を歴史観にもとづいて指導するというのは、近代日本の官僚や政治家の共通の意識だった。大衆は指導されるべき存在として、エリートの前に佇立《ちょりつ》している。エリートは、誠心誠意それにこたえるための努力をつづけなければならなかったのである。その努力があったからこそ、「(明治初期の)日本は帝国主義時代のきびしい国際状況を切り抜けていくことができた」というのであった。

現在からいえば、このような理解は民主主義的発想に欠けるという批判を受ける。吉田は民主主義者ではなかったのかといえば、私はそれにうなずく以外にない。吉田が「自覚した大衆」という存在を人生の最後まで容認していなかったことは、その発言を丹念に検証していけばすぐにわかる。

吉田は、エリートと大衆という二つの階層を明確に区分して、さらにエリートという存在にも、「本物」と「偽物」がいることにこだわった。吉田のいう「本物」とは、明治期の政治指導者の維新時に選択した政策(それが英米本流という見方にもなるが)を継承する者を指し、「偽物」とはそうした歴史観のない時代迎合者を指していた。その見極めが吉田は徹底していた。

吉田は頑固とかワンマンといった形容句で語られるのが常であった。吉田が占領期に首相でありえたのは、GHQに対しても「頑固一徹」を貫いて、安易な妥協を拒んだ点にある。むしろGHQの将校に対して、「あなたのその意見は私には承服できない。あなたはデモクラシーを理解していないのではないか」と逆に説教をしたというのは、「偽物」の権力的押しつけや「本物」らしく装う見解に激しく反発したからにほかならない。

エリートと大衆という構図を明確に肯定する立場から、吉田の人間像を捉えてみると、吉田の言動には多くの整合性が浮かんでくる。

ひとつには吉田は貴族趣味をもっていたことだ。もうひとつには、大衆に対する優しさや情誼《じょうぎ》を露骨にあらわしたことである。前者は明治期の教養人としてのエリート意識のあらわれであり、外交官という立場から生みだされた特性でもあった。単に葉巻を吸ったり、英国流のマナーを身につけているという意味だけではなく、その日常生活において個人主義に徹したり、サロン風の会話（とくに諧謔《かいぎゃく》の伴った知的レベルの高い内容になるのだが）を楽しんだりという生活全般にそれを徹底していた。後者においては、しばしば情誼の篤いエピソードを残している。戦時下、吉田家の書生に陸軍の軍曹がスパイ目的でもぐりこんでいた。吉田は戦後になって、その軍曹が自らの行為を告白したとき、「君も仕事だったのだから仕方ない」といって職のないその軍曹を警察予備隊に推している。吉田の盟友ともいうべき米《よ》内光政《ないみつまさ》の関係者が、戦後は生活に困窮していると聞き、密かに援助をつづけたりもした。吉田を拘禁していた代々木刑務所の所長が戦犯として死刑の宣告を受けると、マッカーサーに嘆願して無期に減刑してもらうといった類のエピソードは関係者の間では幾つも語られている。

私は、かつて（平成二年六月二十八日）吉田の三女麻生和子《あそうかずこ》に三時間ほどのインタビューを試みたことがある。吉田がもつ明治期の教養主義がエリートとしての自負になっていると思うが、それゆえに国民から遊離することにはならなかったか、という私の問いに対して、和子は吉田の個人生活をもちだして次のような答を返した。和子は当時七十四歳だったが、口調は明確で、そしてわかりやすかった。

「たとえは古いかもしれませんが、武士と町人の間にはむしろ深いつながりがあったと思いますね。たとえば、彼は八百屋さんとかお魚屋さんと違和感なくおつきあいをしていました。何といったらいいんですか、といわれれば、シゲちゃんでもいいよ、といった具合です。使用人の方々も父をよく好いていましたね。人間的には飾りっ気がない、そうした地肌をもっていたんです」

吉田について、和子は「彼」といういい方をするのであったが、そこに相互に人格を認めあった親子関係を見てとれるのである。吉田は、個人生活ではまったく気のおけない一人の知識人であり、むしろ情的な側面をもっていた。和子に対しては、二十一歳の誕生日にともに食事をして、「今日から君は自分のことは自分で責任をもって行なうこと」と自立を説き、それ以後はいかなる忠告もしなかった。独立した個人の生き方は自らで選択していく以外にないとの信念の吐露でもあった。

指導者としての矜持《きょうじ》と大衆への情誼は、吉田の理性と感情のバランスの中で自立という紐帯《ちゅうたい》によって保たれていたのである。そのうえで吉田は、明確に自らの役割をその局面ごとに限定し、そのルールを見事なまでに守ったといえる。本物であるか、偽物であるか、の線引きは譲らず、その判断をあらゆる局面でくだし、そしてその判断に沿って忠実に自らの行動を律したのである。

むろん吉田は、外交官時代に各国の多くの要人と会っている。好悪の感情はさほどださないように努めるのがその職務上の役割でもあったが、そのときどきに本物か偽物かを定め、その感想を周辺の者に洩らした節はある。それは明らかにされていないが、たとえばチャーチルに対する親近感は誰にも隠さなかった。駐英大使としてチャーチルと会見することもしばしばであったが、そのようなときには吉田の側から文明論をもちだしたともいう。

吉田が戦後になって政治家に転じ、占領期の日本を指導したときに、GHQの最高司令官ダグラス・マッカーサーに会ったことは僥倖《ぎょうこう》であった。吉田はマッカーサーと会うと自宅に戻っても、彼と今日はどのような話をした、と和子に打ち明けることがあった。和子が、「私はあの人はキザっぽいからあまり好きではない」というと、吉田は、「確かにそのような面があるかもしれないが、彼は非常に頭がいい人だ。こちらの話をすぐに吸収してしまう」と洩らした。自分と会話の波調が合う、そのうえ知的な会話もできる、そういった点が吉田にとっては魅力だったのである。マッカーサーもまた吉田の単刀直入の会話を気にいったらしく、二人は本物を認めあう友情関係をもとに占領期の支配者と被支配者として幾多の駆け引きを続けたのであろう。

吉田は、時間の経過とともに評価が高まる政治家と思われる。むろんそれに伴って負の評価もまた生まれていくだろう。私自身、吉田の在任期間は小学生であり確固としたイメージをもっているわけではない。だが当時の新聞、ラジオ報道ではつねに批判の対象とされていたことは覚えている。カメラマンに水をかけたとか国会審議で不愉快な質問をした野党代議士に「バカヤロー」と応酬したとか、はては和服姿で白足袋《たび》を履き葉巻をくゆらしていたとか……そういうからかいが子供にも知られるほど吉田の存在は妙な重みをもっていたように思える。

だが長じてわかったことは、それらのからかいには、吉田の真意が理解されていない、あるいは意図的に理解しない計算があるということだった。吉田が遊説《ゆうぜい》会場で、あまりにも執拗にフラッシュをたくカメラマンに腹を立て水をかけたのは、チャーチルが海水着姿でいるときに写真をとろうとしたカメラマンに海水をかけたという一事を下敷にしている。チャーチルは大量の海水をかけたが、吉田はコップ一杯の水ていどという意味で、自分は所詮チャーチルよりも政治家の格は低いと卑下してみせたのである。

吉田の人生の軌跡を今一度、辿《たど》りながら、この首相が真にめざしていたもの、つまりこの国をどの方向に進めようとしていたのか、そして人間としてどういう生き方を貫こうとしたのか、主に昭和という舞台を軸に新たな視点でその功罪を検証していくことにしたい。

第1章　三人の父親（実父・養父・岳父）の精神とその継承者

吉田茂《よしだしげる》の評伝、人物論を読んでいくと、一様に指摘しているのが「三人の父親」の存在である。奇しくも三人の父親のタイプはそれぞれ異なっている。吉田の気質、性格、発想はそうしたタイプを受け継ぎながら形成されていき、それゆえに独特の性格になったと論述する書もある。

人は誰しも父親の存在に抗しながら、しかしその実、無意識にその型に自らをはめこもうとして生きていく。政治家の軌跡はむろん自らを育てた風土や環境を抜きに語ることはできないにしても、発想の骨格になっている部分に父親や母親の残像を見て語られる宿命を免れない。

冨森叡児《とみのもりえいじ》の指摘（『戦後保守党史』）によるなら、「人間吉田茂を理解するためには、その三人の父とのつながり」を重視しなければ解明できないといって、次のように説く。

実父……明治の自由民権運動の闘士、そして実業家

養父……横浜の貿易商

岳父……日本外交の先駆者、大久保利通《おおくぼとしみち》の二男

そのうえで、冨森は「経済を重視する徹底的な合理主義。内政の動向に無関心でいられない権力志向。鋭い国際感覚。（中略）皇室との運命共同を強く意識する貴族主義——吉田の持つ複雑な性格は、それ

ぞれの父から何らかの形で受けついだものといえよう」と書く。冨森のこの指摘は、多くの書のもっとも平均的な見方に通じていて、相応に説得力をもっている。

高坂正堯《こうさかまさたか》にしても、『宰相　吉田茂』の中で吉田の「親アングロサクソン的気質は彼の育った家庭の環境に根ざしている」といって、実父や養父からの影響の大きさに言及している。とくに養父の「英国的精神の真髄であるビジネスの雰囲気のなかで育」ったことが性格形成面で重要な役割を果したと語っている。吉田が幼少年期に受けた養父の影響は、イギリスの伝統である「商人的な国際政治観」として結実したというのである。

用意されていた運命の道

吉田自身は、長じても自らの家庭環境や幼年時代を語るのを好まなかった。例外的に一部の者に思い出話をすることはあっても、よほど胸襟《きょうきん》を開いた者にさえ洩らさなかった。そのために吉田は肉親愛に薄かったことを指摘する論者もいるが、それは当たっているとは思えない。たとえ幼年期の複雑な状況を話したとしても、それは自らの環境に慰めの言葉をもらうだけであり、ある種の感情論を聞かされるだけと知っていたからであろう。吉田はそういう情感的な話題を好むタイプではなかったのだ。

吉田は、明治十一（一八七八）年九月二十二日に東京で生まれた。竹内綱《たけのうちつな》と滝子《たきこ》の五男であった。滝子が正妻であったか否かを詮索する書もあるが、実はそれも大した問題ではない。要は、竹内は土佐藩宿毛《すくも》領主の重臣であり、維新後は後藤象二郎《ごとうしょうじろう》と事業経営に携わるとともに、板垣退助《いたがきたいすけ》の創立した立志社の一員であり、高知から東京に出て自由民権運動に挺身する活動家であったことだ。竹内は薩長政府に抗する有能な士であったらしく、その周囲にはいつも活動家が集まっていたという。吉田が生まれるころは、薩長政府から追われていたが、それは高知での挙兵を考え政府転覆の謀議を練っていたからであった。竹内の妻滝子はそういう事情もあって、東京にでてきて、吉田を産んだ。吉田の誕生の日には竹内は逮捕されていて、新潟の監獄に収容されていたというのである。

竹内は自由民権運動に関心を寄せる吉田《よしだ》健三《けんぞう》夫婦に吉田を養子としてだすことを約束していた。一説では竹内と健三の間には、「男子なら養子に」という事前の約束があったともいう。その約束どおり、吉田は生後十日目にして吉田家の養子にいくことになった。女児であったなら、養女にはならなかったわけで、吉田は男子として生まれたときにすでに用意された運命の道を歩むことが義務づけられていたといえるわけだ。むろん吉田がそのことを知るのは、長じてからのことだ。

竹内は土佐藩の重臣、健三は福井藩の下級武士であったが、彼らに共通しているのはいずれも藩を抜けでて、明治初年代に東京にでてきたという経歴である。彼らは自らの意見を発表する場として新聞創刊を考え、そこで親しい関係になった。ふたりの間には、同志としての友情が深まったのだが、そこにはこの期特有の関係があった。つまり、明治維新前後には地方にも有為な士が数多く輩出したが、その中でもとくに東京にでてきて活動するというタイプには明らかに共通点があった。歴史的転回の期に自らの身を投じるという覚悟とその先見性であった。それが友情以上の交際を生んだのだ。明治期の政治家や実業家の間にあるこの友情は、実際には近代日本の新たなヒエラルヒーを生むことにもつながったのである。

新聞創刊のあと、竹内は東京にあったり、高知に帰ったりという生活をつづけながら、薩長政府に抗していた。一方で、健三は実業界に転じた。健三は慶応二（一八六六）年から四年までの二年間、密かにイギリスの軍艦に乗ってイギリス生活を体験していただけに、イギリス・ビジネスの実態をつぶさに見ていた。この進取の気性とイギリス風合理主義が、健三の言動の軸になった。その意味では、竹内は健三から多くの先進性を学んでいたといえる。

健三は横浜に居を定めて、英国の船会社（ジャーディン・マセソン商会）に勤めた。そのあと独立し、海運輸送業や保険代行業などに手を伸ばし、実業家としてたちまちのうちに頭角をあらわした。

養父の優越意識と吉田の自覚

吉田はこの健三夫妻の養子として育てられた。吉田家には他に兄弟がいなかったために、恵まれた経済環境と何でも思いどおりになるという満ちたりた環境の中に置かれた。吉田はそういう環境の中で、当時の同年代の少年たちとは異なった感覚を身につけることになったのである。

多くの使用人にかしずかれる生活の中で、その目の位置は必然的に高くなった。ここから吉田の貴族趣味が生まれたともいえるが、後年になっても変わらなかった吉田の特性は「自分には他者を見下ろす資格」があるという自覚だった。この言は、むろん吉田自身の口から直接に語られることはなかったが、しかし、吉田が語る言葉の端々にはそうした自覚を幾つもかぎとることが可能であった。健三は、自らの実業を継ぐ後継者として吉田を育てるために、しばしば厳しい叱責を行なったといわれているが、健三自身の人生体験の中にひそんでいる先見性は、一方では徹底した優越意識と同義語だったのである。

吉田は瞬時に人を見分け、その人物が自らに対してどのような態度をとるかを予測した。吉田は人の好き嫌いが激しかったことは、後年になって彼のもとで仕えた外交官や政治家がつとに語ることだった。その一方で有力者を籠絡《ろうらく》する手腕も身につけていた。

これは有名なエピソードになるが、吉田が連合国軍の最高司令官として日本に着任したマッカーサーと初めて親しく会談したのは、昭和二十一（一九四六）年春のことだった。第一次吉田内閣を組閣してマッカーサーの前に進みでて、吉田はこの最高司令官と会話を交わすことになった。この折りに、マッカーサーが執務室を行ったり来たりしながら、自らの対日占領政策を説くのであったが、吉田はマッカーサーのその行動を見て突然笑いだした。

「何がおかしいのか」

とマッカーサーが気色ばんだ。この最高司令官にそのような行動をとる者はなかったのである。

吉田は笑いを抑えながら、

「いや失礼。あなたがそうして歩き回っているのを見て、動物園の熊を思いだしたもので……」

と答えた。

マッカーサーは、吉田のその言に苦虫《にがむし》をかみつぶしたような表情になったという。しかし、次にマッカーサーも吉田の指摘があたっていると気づいたのか笑いだした。吉田とマッカーサーが互いに気脈を通じるようになり、会話が滑《なめ》らかにいくようになったのもこの会談からという。この話は、吉田自身が身内の者に洩らした言であったが、吉田はこの瞬間に内心では「してやったり」と思ったにちがいない。マッカーサーという人物の噂はかねがね聞いていて、日本政府の者はひたすら恐れて平伏するというときに、吉田はすかさずマッカーサーの心情にふれる芝居を演じてみせたのである。

日本人の原型としての二人の父

吉田は、とくに政治家になってからは露骨に人の好き嫌いを明らかにした。もっとも嫌ったのは、知識教養がなく粗野なタイプだったし、小手先の権謀術数を弄する政治家であった。俗に「吉田学校」といわれた門下生の中にも、あるときから急に吉田に嫌われるようになった代議士は多い。そういう代議士をつぶさに検証していくと、吉田に対して反対の意を表したというよりは、むしろ人間的に軽蔑の念を起こさせる言動をとったというタイプが多い。吉田はそういう人物を決して許していない。この激しさに竹内と健三の性格が投影されているのであろう。

吉田は十一歳のときに養父である健三を喪《うしな》った。一説によれば当時の金額で五十万円という莫大な遺産がのこされ――その中には大磯の土地と建物もあり、吉田は終生これは手ばなさなかったが――、吉田はその家督を相続することになった。同時に、吉田の家庭生活は養母の士子《ことこ》だけとなった。むろん使用人は依然として多かったが、吉田は少年時代はこの士子の影響を受けて育ったのである。自らに合う中等教育の学校をさがし求め、やがて学習院中等学科に落ち着き、そして高等学科から東京帝国大学法科大学に進んだのも士子の支えがあったからだ。

健三の政治的、経済的生活を支えたのは、士子であったが、この女性は江戸末期の儒学者として知られた佐《さ》藤《とう》一斎《いっさい》の孫娘にあたった。もともとこの家系は学者が数多く輩出されていたが、士子もまたそのような環境で育った。吉田にとって、養父健三から学んだ知識とは異なる学識や智恵が注入されたのである。吉田は、後年になっても士子の思い出（「育ての親・私の養母」）を語った。その言の中に、吉田自身の性格形成の一端が確かに窺える内容もある。

吉田は晩年になって次のように話したことがある。

「（養母は）漢学者の家に生まれたのだから、（士子というのは）何か理由のある名だろうと思うが、特にきいたことはない。学者の家に生まれ、学問の素養のあることを心秘かに誇りとしていたらしい。そのためか、気位の高い人であった。ところが、その養母が私については『この子は気位の高い子だ』とよくいっていた。しかし、私には母の方がよほど気位の高い人だったように思う。不思議なもので、気位の高い子だとしばしばいわれていたせいか、いつか本当に気位の高い子になってしまった。養母を想い出すたびに、私が気位の高い子になったのは養母のお蔭と感じている」

こうした自分の性格や言動が、他人からは傲慢に見られるようになったのだろうとも述懐している。

吉田の実父、養父、そして養母の関係を改めて検証してみて、吉田の幼年期から少年期を貫く一本の芯には、近代日本のさまざまな局面が見事なまでに投影しているという事実が浮かびあがる。実父の竹内綱は出獄後、自由党の創立に参加（明治十四年）し、そして明治二十三年には第一回衆議院議員選挙で当選している。自由民権運動が明治十年代にはしだいに変質していく過程で、吉田はその期をすごすのであったが、そうした時代背景の影響を受けた人びとと身近に接して育ったことがわかってくる。

吉田は晩年になって、露骨に明治時代の富国強兵政策と明治期の指導者の性格とを讃えている。日本人の原型はこの時代にあるというのが持論になっているのがわかるが、それも実父への思いと養父の実像とをミックスしたような人物像をえがいている感がしてくるのだ。吉田の近親者やその周辺にいた人たちに取材した折りに、私は彼らが一様に強調することに次のような性格があったことに驚かされたことがある。たとえば、吉田の三女麻生和子は次のように話した。

「（吉田は）しつこいことが非常に嫌いでした。（人間関係なども）あっさりしているほうを好みます。同じことをなんどもいったり、しつこくあれこれくり返す人をとても嫌っていました」

吉田がしつこいことを嫌うのは、だからといって淡白というわけではない。同じことをくり返し、すでに語られていることをなんども語り……という会話はまったく寄せつけなかった。会話というのは、対手の意思や感情を無視して成り立つものではない。会話には相応の真剣勝負の心構えが必要であり、そういう姿勢の欠如している者を激しく憎んだともいえる。それが度がすぎていたために、無用の軋轢《あつれき》を生んだことも否めない。

書簡に見る性格とその人物像

吉田は陸軍の軍人をあまり好まず、周囲にも寄せつけなかった。戦前に駐英武官を務めた辰巳栄一《たつみえいいち》などほんのわずかの将官と親しく交際しただけであった。なぜか、と問われたときに、吉田は、「軍人の話はしつこいうえに、精神論を口にしすぎる。その割りに大局観をもっていない」という意味の答を返したことがある。そういう会話を会話として認めていないと言外ににおわせたのである。軍人を肌で嫌っていたのは、その会話下手にこそあるというのでもあった。

吉田の言動を仔細に分析していくとわかることだが、吉田は、必要なことを一言でいってしまう癖がある。それに附随する枝葉のことは口にしない。それをもっともよく示しているのが、吉田の書簡であった。養母をつうじて漢学の素養を身につけていたせいもあって、その書簡はわずかの例外をのぞいて自らの心中を長々と書いたりせずに、簡潔に漢語で表現するのがつねだった。

その簡潔さはいずれも要用のみに終始することで、その人物との関係に一定の距離を置く意味をもっている。決して他人の心中にまではいらず、かといってまったく無視するのではなく、見事なまでに一線を引いているのが特徴であった。吉田はその首相時代、「政界三筆」といわれた。岸信介《きしのぶすけ》、緒方竹虎《おがたたけとら》と吉田の三人を指すのであったが、その岸も「吉田さんの簡潔で達筆な書簡に誰もが参ってしまう」と述懐している。

そうした例として、昭和三十二（一九五七）年七月二十日に戦前の重臣だった木戸幸一《きどこういち》が昭和天皇のもとを訪ねるときの状態を案じて、木戸の意を確かめるために使者に託した書簡があげられる。その場合の書簡は、「木戸侯閣下」とあり次のように短く、そして充分に要用を伝える内容なのだ。

「拝啓、昨日電話ニて申上《もうしあげ》候《そうろう》義《ぎ》、今朝三谷《みたに》〔隆信《たかのぶ》〕侍従長へ来廿七日葉山御用邸ニ定刻伺《うかがい》　候《そうろう》可仕《つかまつるべき》旨《むね》申《もうし》出《いで》置《おき》候《そうろう》、同日葉山へ御同車可仕《つかまつるべく》、為念《ねんのため》此段得貴意《きいをえ》置《おき》候《そうろう》、敬具」

吉田の書簡は、このような表現でありながら、しかし明らかなことは天皇周辺の人物とそうでない人物との間には、見事なまでにその言葉づかいを変えている点にある。そうした書簡の解析を改めて克明に行なうことで、吉田の性格はまたさらに明らかになってくる。その性格の中に吉田の実像が浮かんでくると思われる。

その吉田がもっとも頻繁に、そして自らの胸中をときに長文で認《したた》めたのは、岳父牧野《まきの》伸顕《のぶあき》への書簡である。吉田の牧野への書簡をつうじて、吉田が政治的に牧野をいかに頼りにしたかが解明されなければならない。そこに近代日本外交の正統派の矜持があり、それが敗北していく経緯が感得できる。

さらに吉田は、岳父（それは三人目の父になるが）に対する人間的な信頼をつうじて、そこに臣茂《しんしげる》の到達点の像を重ね合わせて生きたのであった。

吉田にとって、牧野は単に妻雪子《ゆきこ》の父というだけの存在ではない。外交官、政治家としての先達としてだけでもない。人間的な気質やその思想的な肌合いに共感していたのはむろんのことだが、だからといって素朴に牧野に師事していたとはいえない。吉田は牧野のあらゆる理念、思想、教養、そして人間としての全存在に深い敬意を抱いていた。歴史的に継承すべき役割を自らに課していたのである。

吉田が外交官領事官試験に合格したのは、明治三十九（一九〇六）年九月のことで、このとき二十八歳になっていた。日露戦争が停戦状態になり、アメリカのポーツマスで講和会議が開かれ、日本もロシアも一歩ずつ引き下がり、講和条約を結んだ翌年であった。陸奥宗光《むつむねみつ》や小村寿太郎《こむらじゅたろう》などの外交官が軍事的勝利を土台にロシアと外交的な駆け引きを駆使して、必死に日本の国益を確保していたときともいえた。

吉田が外交官を志望する動機に、このような時代背景が一定の役割を果たしたことは想像に難くない。吉田はその回想録（『回想十年』）で学習院に外交官養成を目的とする大学科が設立され、高等学科を卒業するとそのまま大学科に進んでごく自然に外交官になることを考えたと回想している。しかし、この大学科が廃止になったため東京帝国大学に転校して、そこを卒業したあとに外交官試験を受けたのである。吉田は、

「いつとはなしに外交官になる気になってしまった。別に、将来は陸奥宗光伯や小村寿太郎侯のごとき大外交家になって、樽俎《そんそ》折衝の間に国威発揚、対外発展に貢献してやろうなどという大望を抱いたわけではない」

と述懐している。だが外交官は、「国際関係に興味を有する俊秀の士が目指すところ」といい、内心では自らの能力に強い自信をもっていたと窺える。

近代日本の草創期を見てきた人物

明治三十九年から始まった吉田の外交官生活は、決して平坦な道を歩んだのではない。幼少期から自分が中心の生活をしてきたのだから、当然といえば当然でもあったが、自説は主張する、自分流の処し方で生活する、はては上司にも一言いわずば気の済まぬ性格であったから、外務省内部では「風がわりな生意気な奴」という見方をされた。すでに知られたことだが、吉田は当時の外務省の出世コース（ロ

ンドン、パリ、ベルリン、あるいはワシントン、ニューヨークなどの欧米諸国の首都か大都市勤務）よりも、自らいうように裏街道（中国勤務、さらにその中でも領事館勤務）のほうが長い。自分がいかに自惚《うぬぼ》れだといっても、外務省の出世コースを歩いてきたとはいえない、と後年になって述懐している。

その吉田が結婚したのは、入省して四年目、一年間の約束でロンドンに異動を命じられた翌年だった。どのような経緯で、外務省の大先輩で、すでに政治家に転じて西園寺《さいおんじ》公望《きんもち》内閣の文部大臣を経験していた牧野の長女雪子と結婚することになったかは定かでない。学習院ルートでの見合いとか、牧野家、吉田家などに出入りしていた人物の紹介とかさまざまに語られている。だが理由はどうあれ明治期の国家づくりに能力を発揮していた牧野の目に吉田は、「娘を嫁がせても過不足ない男」と映ったにちがいあるまい。

牧野は文久元（一八六一）年十月二十二日に大久保利通の二男として生まれ、明治四（一八七一）年十歳の折りに大久保に伴われて岩倉遣外使節団に加わってアメリカにわたった。三年近くアメリカの幼年学校で学んでいる。その後帰国して東京大学文学部和漢文科に進んだ。在学中の明治十一年、父大久保は暗殺されている。西郷隆盛《さいごうたかもり》に私淑する一団の凶刃に倒れたのだ。開明派として旧体制の解体を考える大久保は、明治政府を新生日本の牽引車とする自負をもっていたが、その挫折であった。

大久保の政治プログラムは具体的で精緻であった。王政復古を完整し、明治十年代は内治を固め国力を増強することとし、明治二十年代からは後進がその国力を守成するという点にあった。伊藤博文《いとうひろぶみ》、大隈重信《おおくましげのぶ》、前島密《まえじまひそか》、安場保和《やすばやすかず》など薩摩人以外の者が大久保のもとに集まっていたが、これらの人材に次代を託そうとしていた。

牧野は、大久保の遺志を継ぐ志をもって時代の中に生きた。東京大学を中退して外務省御用掛《ごようがかり》となり、ロンドンに赴任している。この地で憲法の草案づくりに訪欧した伊藤博文と出会い、一時期は日本に戻って伊藤を補佐してもいる。牧野は大日本帝国憲法下にあって、近代日本の草創期を実見していたのである。

後日譚《ごじつたん》になるが、昭和二十（一九四五）年八月十五日に大日本帝国が自ら崩壊を宣言したとき、牧野はきわめてゆううつな日々をすごしたという。周辺の者に、「せっかくここまでつくりあげたわれわれの国をこんなふうにしてしまって……」と愚痴っぽく語ったというが、それは確かにあたっている。牧野にすれば、大日本帝国がめざしていた国家というのは、こういう曲折を辿《たど》るはずではなかったとの無念の思いが大きかったのである。

吉田は、戦後復興を、牧野のこの心痛を土台に据《す》えて成しとげたといえる。そのことは吉田の戦後政治には一定の限界があり、そこに生まれる歪《ゆが》みが拡大する危険性を抱えていたという意味にもなる。ゆくゆくは本書でこの構図を記述していきたいと思うが、それを理解するのが吉田茂という政治家を歴史上に定着させる意味になるだろう。

牧野とともにパリ会議に出席

話を戻すが、牧野は明治二十年代は黒田《くろだ》清隆《きよたか》首相秘書官や県知事、それに文部次官などを体験する。そして明治二十九（一八九六）年にイタリア公使として日本を離れてから十年間は、ヨーロッパで、外交官生活を体験している。つまり日露戦争にいきつくまでのヨーロッパ列強間の確執とそこで大日本帝国がどのような立場に置かれているのかを身を以て体験したといえる。

牧野は明治三十九年に西園寺公望が第一次内閣を組織するにあたり、日本に呼び返され、文部大臣に就任した。

吉田に長女雪子を嫁がせるのは、この文部大臣を離れて、やはり第二次西園寺内閣で農商務大臣に就任するまでの期間のことである。牧野は外交官、政治家として相応の地位を占め、しかもその政治姿勢は明らかに西欧近代市民社会の性急な導入役でもあった。牧野のそうした体質が、吉田の人間像の中にその後継者たりうる資質を見出していたと考えるべきであろう。

牧野についての確たる評伝は未だに著されていない。それは牧野が歴史の前面に登場するよりは実務畑で国家の中枢を担い、国家の進む方向を示す役割を好んだからである。昭和の宮中三羽烏として、木戸幸一や、近衛《このえ》文麿《ふみまろ》とともに天皇の立憲政治を遂行《すいこう》したことが歴史的評価になっているが、牧野は木戸や近衛とは異なった存在であった。ある時期までは、昭和の政治が進むべき脚本を書こうとした近代的宮廷官僚とさえいうことができた。

昭和七（一九三二）年の五・一五事件や十一年の二・二六事件で、牧野が陸海軍の革新派将校の標的にされたのはそうした脚本書きとしての存在が憎悪の対象とされたからであった。もっとも、これらの青年将校がそのことを明確に理解していたわけではなく、彼らをして牧野をターゲットにさせたのは日本の当時の政治構造を理解する黒幕がいたからという解釈が成りたつ。牧野と敵対する一団が存在したのではないか、それが決行者に示唆を与えたのではないか、という歴史上の疑問は現在でもまったく氷解しているわけではないのである。

牧野は二十代にして明治政府の中枢にはいったがゆえに本来ならば明治後期、大正期には首相に擬せられてもよかった。事実、そのような動きがなかったわけではない。だが牧野自身がその動きに応じなかった。前述したように明治二十九年からの十年間、外交官としてヨーロッパに滞在したのは牧野自身が政治の前面に出るつもりはなく、いわば裏方じみた仕事に精をだすことで、〃お国に奉公する〃との強い信念をもっていたからである。この信念は、もう一面で自らの意を代弁する実務者を必要としていた。吉田にその資質を見たともいえるが、少なくとも吉田の言動の中に歴史上に立つ気構えを見たのではなかったろうか。

牧野は、大正初期には外務大臣となり、大正八（一九一九）年の第一次世界大戦のパリ講和会議に西園寺公望とともに出席している。吉田はこのとき牧野の随行員としてともにパリに赴いている。吉田の回想によるなら、この随行員としての人事を強力に外務省首脳に売りこんだと告白している。その回想録には次のようにある。

「（当時、済南《さいなん》領事。ほかに青島《チンタオ》守備軍民政部事務官兼務という肩書きもあった）ところがその後間もなく、パリ講和会議に牧野伯が西園寺（公望）さんとともに全権委員として出かけるということを耳にした。そこで私は自ら志願して、牧野全権の随員となることに成功したのである（大正八年一月）。これは私にとって生れて初めての猟官運動の経験であった。何しろ外務省入りして十数年、いわば裏街道ばかり歩かされてきた時ではあり、パリ会議と聞いては、たとえ外交官の末端とはいいながら、これに列席し得るのは、千載一遇の好機というべきであるから、さすがの私もこの時は猟官運動をせざるを得なかったのである」

吉田にとって、外交官としての最大の栄華の場である国際会議をぼんやりと見逃したくなかったという述懐は心底からのものであった。第一次世界大戦の戦後処理は、敗戦国ドイツの政治、軍事、産業、文化、教育などすべての国家システムの解体に及ぼうとするのだから、外交官としてだけでなく、この時代に生きている官僚のもっとも重要な体験になりうる。吉田は、そこに注目していたといっていい。

宮内大臣としての御奉公

国会図書館憲政資料室に保管されている「牧野伸顕関係文書」によれば、吉田は確かに岳父牧野に宛てて猟官の書簡を寄せている。大正七（一九一八）年十月三十一日付と思われる書簡には、「欧州戦争も漸々《ようよう》終期ニ相近、之より外交舞台ニ入候事かと相考候処、此空前の外交戦ハ後学之為是非共欧州ニ在りて見学仕　度《つかまつりたく》、切々の志願彼是《かれこれ》と先達　来《せんだつてらい》思案仕　候得共《つかまつりそうらえども》、（略）」とある。まずはなんとしてもヨーロッパに赴任していたいという希望を牧野に訴えているのだ。

そういう希望をもっているにもかかわらず、現在は本省にどのような「知己《ちき》無之《これなく》、申出で様も存不《ありもう》申《さず》」というのである。

吉田は確かに外務省に特別の人脈もなく、特別に自分を引き立てる先達をもっていなかった。それを正直に牧野に訴えた。とにかくこの際イギリス周辺の国に勤務したいと、岳父という関係を利用しての、〝猟官運動〟である。

牧野はこの吉田の希望をいれて、自らの全権の一員に加えたのだ。牧野はその人選が外務省の序列に著しく反するのを承知しながら受けいれたのである。牧野と吉田の関係が、単に岳父、そして女婿という縁だったのが、公的な関係に至ったのは、このときが最初であった。牧野は講和会議がつづいた六カ月近い間、吉田を手元に置きながらそこで初めて吉田の実務能力を確かめたはずである。

そうして辿りついた結論が、実務能力、時代を分析する知性、そして、外交交渉にもっとも必要な度胸も駆け引きも、吉田はもち合わせているとの判断だった。吉田がこの講和会議を機に外務省内で急速にポストを上昇させていくのは、牧野の判断の後押しがあったからだった。

この例をひとつだけ紹介すると、吉田は講和会議が終わったあと、ロンドンで一年半ほど勤務している。その後、ヨーロッパのポストがないために天津《てんしん》総領事に回り、そこで三年余の勤務をする。本人もさて次はまたヨーロッパにと思っていたら、幣原喜重郎《しではらきじゅうろう》外相に呼ばれ、「ほかに適任者がいないので奉天《ほうてん》に回ってくれ」と命じられている。そのとき幣原は、「その代わりおおいに優遇して高等官一等にする」といった。これは明らかに異例の処置で、同期の最優秀成績者広田弘毅《ひろたこうき》もまだ高等官一等にはなっていなかったのである(もっともこの時、同時に申請することになった広田の昇格は内閣の審査委員会で諒解されたが、吉田は本省勤務の年限が足りないという理由で拒否されている)。

こうした優遇措置が、牧野の後押しに端を発していたのはまぎれもない事実だった。

牧野は、大正十(一九二一)年二月に宮内大臣に就任してからは、一貫して宮中内部にあり、もっとも強力な天皇制の擁護者として動いた。宮内大臣に就任したときはすでに六十歳になっていたが、牧野にとってこれは最後の御奉公のつもりであった。宮中は皇太子(昭和天皇)の御成婚問題(皇太子妃の色覚異常問題)が尾を引いている段階で、政治との調整、元老《げんろう》間の意見交換など幾つもの懸案があった。とくにこの期は、宮中内部の秩序や慣習を時代に即応させる必要に迫られていた。元老西園寺公望や松方正義《まつかたまさよし》などが難局のりきりのために牧野をかつぎだしたのである。むろん牧野はそののりきりに自信をもっていただけでなく、大日本帝国の立憲君主制の土台を一層固めようと図っていた。それが父大久保の遺志を実らせることでもあり、宮廷官僚の急務と考えた。

牧野は、天皇制を国家の平衡を保つための重石と考えていた。

これはしばしば紹介されるエピソードであり、しかも牧野の天皇観をもっとも適切に語っているといわれるのだが、昭和七(一九三二)年から十六年まで駐日大使をつとめたジョセフ・C・グルーは、もっとも宮廷外交に熱心だったアメリカの外交官で、彼の著書（『滞日十年』）の中に、牧野が好意的にえがかれている。

昭和十年五月二十二日付の日記（この日、グルーは宮中要人のパーティに招かれた）からの引用である。

「（牧野はあるフランス人ジャーナリスト・デュボスの取材を受け、そこで日本は一方に軍事的独裁、もう一方に共産主義の脅威があって、国内政治は『危険だ』といわれた話を紹介したあとでこれに対して、）牧野はデュボスに（中略）次のように話した。『君がパリに帰り、日本の国内情勢を報告したり、それについて論説を書く時、その〝危険〟という言葉を君の用語から取り去り給え。日本には他国が同程度にまで保有しない護衛者、即ち皇室がある。天皇が最高で、如何なる時にも最後の断を下されるだけの理由によって、日本には真の独裁主義、共産主義その他の如何なる主義からの危険もないのだ。』

私はこの老人がこんなに語調を強めて話すのを聞いたことがないし、またこれほど愛国的感情を示すのを見たこともない。涙が彼の目にあふれ、彼は眼鏡を外して拭《ぬぐ》わねばならなかった。今晩の彼の話し振り——彼の語勢と感情の発露——は瞬間的ではあるが、日本人がどれほど熱誠に君主を信仰しているかを啓示し」ている。

岳父の敗北を背負った吉田

牧野はこのような感情を自らの周囲ではほとんど見せない。怜悧《れいり》な宮廷官僚という像からはとても浮かんでこない姿である。グルーにすれば、日本人の中でもっとも尊敬する紳士である牧野がこのように考えていることはやはり衝撃的であったのだ。グルーはアメリカに戻っても、そして対日戦争の折りにも天皇とその側近グループを平和愛好勢力と規定していたのは、実は牧野に対する深い信頼からであった。

岳父牧野の経歴は、吉田にとってはついには父大久保利通の路線を継承できなかったという、いわば敗北の部分を背負って存在している。牧野は、そして牧野に代表される、明治政府草創期を継承しようとした宮中グループはなぜこれほど惨めに敗北してしまったか、というのが、吉田の戦後政治の原点であったように解される。これをもういちど検証して再興しようというのが、政治家吉田の基本姿勢だったのである。

その点を確認するためには、吉田と牧野が本来の親英米的体質をもって昭和初期の大陸政策にどのような考えをもっていたかが改めて検証されなければならないであろう。

吉田茂が外務次官として政治の前面に出たのは、昭和三年七月のことである。政友会の田中義一《たなかぎいち》内閣時代で、田中は外相を兼任していた。いわゆる〝田中外交〟の時代である。その田中を補佐するのであるから、実際には外務官僚としては頂点に登りつめたともいえた。

この外務次官就任にあたって、吉田は露骨な猟官運動を行なった。自らの回想録（『回想十年』）には、「私の長い外務省生活のうち、自薦の猟官運動をやったのは二度で、一度はパリ会議の全権随員を志願した時と、二度目は、この外務次官の時である」と書いている。この書によると、外務次官というポストを得るための猟官運動は自らの意思にもとづいているといい、それも偶々《たまたま》そのような状況にあったからという表現で説明されている。

だが果たしてそうか。猟官運動は確かに行なっているが、しかしその裏には当時内大臣だった牧野の諒解があったのではなかったか。宮中グループの意を受けて、吉田は当時の陸軍の大陸政策を牽制するために、外務省の中枢に送り込まれたのではなかったか、という推測も成り立つのである。確かに吉田自身の大陸政策は、陸軍と共通する部分もあるし、〝田中外交〟前の幣原喜重郎外相の協調外交に抗する部分も抱えている。にもかかわらず、吉田は牧野の意を受けて——あるいは牧野を説得してともいえるが——外務次官のポストに就いたと考えられるのである。

幣原外交と陸軍強硬派のはざま

大正末期から、昭和初期にかけて、日本の国策の主題は対中国政策をどのような方針のもとでどういう手続きで進めるかという点にあった。その流れを俯瞰してみよう。

大正十四（一九二五）年三月に辛亥《しんがい》革命の主導者だった孫文《そんぶん》が病死している。孫文は、清《しん》朝政府を打倒し、新中国を建設することにその生涯をかけた革命家だが、一度はその革命に成功したものの当時の中国はその革命理念を実行する段階にはなかった。晩年の孫文の周囲には、国民党右派、左派、それに地方軍閥の代弁者などあらゆる勢力が集まっていた。孫文自身、容共グループとそれに対抗する反共グループのバランスを巧みに操っている状態だった。西欧列強と日本の思惑がそれにからまり、中国は依然として混乱状態の中にあった。

日本では日露戦争で獲得した満鉄とその租借地の権益を確保することを第一義としつつも、陸軍のように満蒙地域（満州東三《とうさん》省——黒竜江省・吉林省・奉天省と内モンゴル）全域を支配下に置こうとする計画をあからさまにする勢力もあった。日本政府も、第一次世界大戦時には中国からドイツを追いだし「二十一カ条要求」をつきつけるという露骨な政策も採った。

大正十三年六月、加藤高明《かとうたかあき》を首班とする護憲三派内閣が誕生し、外務官僚の幣原が外相に就任した。

当時の国際世論はワシントン会議後の国際協調という時代であり、その点で幣原のような体質をもつ外相が望まれていた。幣原の体質とは、その就任時の記者会見（日本人記者団と外国人記者団の二回の会見）によくあらわれていて、次のような方針が明らかにされている。

「今や権謀術数的の政略乃至《ないし》侵略的政策の時代は全く去り、外交は正義平和の大道を履《ふ》みて進むにありて、帝国の進路を開拓するに当りての信条、亦之《またこれ》を措《お》いて他なしと確信す。如上《じょじょう》の信念を以て進止せむか、異常の難局累起するも、何等顧念憂慮する所なかるべし」「日本の外交方針は平和、正義、名誉を基礎とする。（略）世界は次第に国際間の親善と一致を必要視するに至り、互譲の精神をもって平和共存して行こうという原則が、今や遙かに有勢な認識を得て来ている」

これらの言には、幣原の理想主義的側面がよくあらわれている。幣原は吉田より十年先輩の外交官だが、確かにこうした理念は外務省内部で英米コースを歩んだ者がもつ体質でもあった。幣原の対中国政策は、日露戦争以来の権益を順守するにとどめ、新たに満蒙全域の支配などを企図することを厳しく批判する姿勢にあった。幣原のこのような外交姿勢を軟弱外交と批判したのが、陸軍の幕僚たちであった。とくに出先の関東軍の参謀は、中国の地方軍閥に軍事顧問や政治顧問として入り込んでいて、満蒙全域に支配権を及ぼそうと画策していた。

昭和二（一九二七）年六月の第一次山東出兵は、孫文の後継者である国民党軍事委員会の蔣介石《しょうかいせき》委員長が兵を率いて全国統一にのりだし、北方に兵を送ったのに対し、関東軍がそれを防ぐという事件であった。蔣介石は満蒙の地方軍閥である張作霖《ちょうさくりん》を叩こうと意図していたが、関東軍は張作霖を守りたててそれを阻止するという立場をとった。関東軍の参謀たちには、中国の民族エネルギーがどれほど燃えあがろうとこの地は決して手ばなすことのできない生命線だという認識があった。

幣原の協調外交と陸軍の強硬外交とが対立の芽を育てているとき、吉田は奉天総領事の地位にあったが、その立場はきわめて微妙であった。吉田の回想録によるならば、当時の外交官の置かれた立場というのは、「(私の奉天総領事在任中は)〝幣原外交〟の全盛期ともいうべき時で、支那に対しては内政不干渉主義を標榜していた。しかし実際問題としては、満州や支那本土の出先においては、外務省の訓令は往々にして陸軍や満鉄などからは忌避され、あるいは無視されて、日本側の出先機関の間にいろいろ紛争が絶えなかった」という状態だった。つまり吉田は、幣原の理想主義と関東軍の強硬路線の「現実」の亀裂を身を以て体験したのである。

吉田は、満蒙地域をどのような形で日本にとって都合のいい地域に変えるかというプログラムを自分なりにもっていた。それは経済圏の確立を軸にしていて、東三省の指導者(張作霖であってもいいが)に経済活動に挺身することを説得し、そのうえで日本は多額の借款《しゃっかん》を与え、日本の財政顧問が指導にあたり、双方が権益を確保するというのであった。経済的実利性を優先させていたのである。関東軍の参謀たちが軍事支配を目標とするのに対し、吉田なりのリアリズム的発想であった。

現在からみれば、吉田のこの政策もまた帝国主義的である。それゆえに吉田は、大正末期から昭和初期にかけての対中国政策では、強硬派の範疇《はんちゅう》に組み込まれることにもなる。実際、奉天総領事として吉田の本省への電報には、陸軍と共通の部分が多いのも事実なのである。

満蒙政策に対する吉田の立場

加藤内閣、若槻礼次郎《わかつきれいじろう》内閣とつづく時期、幣原外交は国際的には高い評価を受けたものの、日本ではその分だけ陸軍や政友会から強い批判を浴びた。

若槻内閣が昭和恐慌などの政策の手詰まりから倒れたあとに、政友会総裁の田中義一が組閣にあたった。昭和二年四月二十日にこの内閣は成立した。田中は対中国政策を明確にするために東方会議を開いた。組閣から二カ月後の六月二十七日から七月七日まで、この会議は開かれた。図らずもこの会議は昭和の対中国政策の基本方針を固める意味をもったのである。

この会議には、田中のほか外務政務次官の森恪《もりつとむ》（政友会）、外務事務次官出淵勝次《でぶちかつじ》、亜細亜《アジア》局長木村《きむら》鋭市《えいいち》、在中国公使芳沢謙吉《よしざわけんきち》、そして当時、奉天総領事であった吉田も出席した。このほか陸軍次官畑英《はたえい》太郎《たろう》、参謀次長南次郎《みなみじろう》、そして関東軍司令官の武藤信義《むとうのぶよし》、さらに海軍省、軍令部などの幕僚も出席したが、田中はこの会議をつうじて陸海軍と外務省の一体化を図ろうとも試みた。田中は陸軍出身の政治家であるだけに、独断の批判を避けるためこうした多数の要人を交えての会議で、国策を円滑にしようと考えたのだ。

蔣介石は中国統一のために北伐《ほくばつ》を実行しつつあり、この北伐に日本はどういう手を打つか、さらに東三省の治安維持と今後の日本の権益をどう守るか、のテーマで出席者は話し合っている。外務省側と陸軍側とは重要な点で対立したが、外務省側の見解は先に述べた吉田の意見が基本にあった。

「東三省の主人は誰であろうと、日本の権益には大きな影響はない。張作霖を支えるというだけではあまりにも短見である。現在、日本の満州においての権益は強固であるから、今後は正面から堂々と公平かつ合理的な主張をもって日本の権益を確保していき、経済的発展を獲得すればいい」

吉田を始めとする外務省側のこの主張は、陸軍側にはなんとも手ぬるく映った。これでは幣原外交の延長ではないかとの不満も生まれた。陸軍側では、日本にとって満蒙は対ソ戦を考えるうえでも重要な地域であり、満蒙の開発、まずはその資源の開発を急がなければならないというのであった。満蒙政策は断固とした不変の政策をもって対処すべきで、その姿勢に欠けているから中国の反日運動が加速するのだ、という不満も述べられた。

外務政務次官の森恪は、満蒙は日本の生命線であり、これを軍事的にも経済的にも確保しなければならないという立場を採っていた。満蒙の地方軍閥を利用するのではなく、満蒙の開発も日本が独自に進めるべきだという強硬方針であった。それは外相の田中と同意見であった。最終日の七月七日に、田中首相兼外相の名で「対支政策綱領」が発せられたが、それは四項目から成っていた。全体的にはきわめて強硬な内容を含んでいた。表向き、「支那国内に於ける政情の安定と秩序の回復とは、支那国民自ら之に当ること最善の方法なり」といっているが、たとえば第三項には次のようにあった。

「東三省有力者にして満蒙に於ける我《わが》特殊地位を尊重し、真面目に同地方に於ける政情安定の方途を講ずる場合は、帝国政府は適宜これを支持する」

具体的には、張作霖のような指導者が日本の意にそうならこれを支持するという意味である。ほかにも満蒙地域の日本人財産が脅かされる場合は「断乎《だんこ》として自衛の措置に出て」とも謳《うた》っていた。田中内閣は、基本的には陸軍側の要望をいれた方針を定めたのだが、結果的に昭和前期の対中国政策はこの方針を実行に移すための歴史だったたともいえるのである。

吉田は、こうした方針に対して相応の責任をもつ立場にあった。満蒙地域に経済圏を確立するという方針の背景には幣原前外相の「協調外交」とは異なった田中外交への共鳴があったことは疑いえなかった。ただ吉田の見解を仔細に検討すれば、陸軍側の武断一本槍とは異なったニュアンスがこもっているのも事実であった。

強固だった吉田と牧野の連携

こうした吉田の当時の状況は、牧野伸顕にどのように受けとめられたのか、その点が改めて確認されなければならない。吉田は、東方会議が終わった翌日に、牧野を訪ねて長時間懇談している。その懇談の内容は『牧野伸顕日記』に比較的くわしく記述されている。吉田はまず外務省内部の方針決定のプロセスや陸軍側、政友会の方針について、牧野に具体的にその内容を訴えたようである。まず吉田は、政友会などが発表している対中国方針には基調に国家の権益を長期的に守るという視点がないと述べ、そのために外務省幹部は困惑しているのが現状だ、と説明している。牧野は次のように書いているのである。

「最も大臣〔田中義一〕は日常事務には遠〔ざ〕かり勝ちにて、諸報告、電信等は通読せず、僚属の報告を聞取《ききと》るに過ぎず。要するに今日の急務は専任外相を置く事焦眉《しょうび》の問題なり云々。此れは霞ケ関一統の切迫したる希望なる由」

田中義一が外相を兼務していることによって、外務当局はその方針決定プロセスに十全な態勢がとれていない、これでは困るというのが外務当局の一致した見解だ、というのであった。

牧野にとって、そうした情報はこれまでも各方面から耳にはいっていたらしい。「近来外務省の事に付ては多々耳にするところあり。大体吉田の話と符合するに付ては、此儘《このまま》推移する時は帝国の面目に関する重大なる影響を来《きた》す恐れあり」と書く。外相の専任不在では、諸外国との関係を考えてもよくないというのである。牧野は吉田の言を聞いたあと、すぐに貴族院議員だった近衛文麿に連絡をつけ、近衛から元老西園寺公望の耳にこの事態を伝えることにした。そして西園寺から田中に、専任外相を据えるよう勧告させるというのであった。

吉田と牧野の関係は、この一件を見てもきわめて強固であると窺える。吉田の言は、他の誰の言よりも牧野を動かすことがわかる。そしてまた、吉田もそのようなルートを最大限に利用していたといえた。牧野は、この日（昭和二年七月八日）の日記に、こうした外務省内部の事情のほかに、「以上の外種々具体の話し――出兵顚末《てんまつ》、東方会議抔《など》に付――もありたり」と書いているが、東方会議の内容に対する自らの関心や疑問点などには一切触れていない。推測すれば、吉田と牧野の間には政策レベルの詳細な話はそれほど交わされなかったということだろうし、牧野は吉田の考えや主張をこの段階では黙認していたというべきかもしれない。

政治家・森恪への接近

吉田は東方会議のあと、森恪と親しくなった。政友会の中にあって、森は寝業師という評判をとる政治家だったが、もともとは三井物産出身の実業人であった。商社員として長い間上海に滞在していて、辛亥革命時には革命派のために密かに一肌ぬぐという計算ずくのタイプでもあった。森は、田中内閣の外務政務次官として、政友会内の対中国強硬論を代弁し外務省に影響力を強めたが、その姿勢はどちらかといえば親軍的であった。

東方会議でも、森の発言は外務官僚の発言とはニュアンスが異なっていた。

吉田と森が、吉田にいわせれば「意気投合したというのか、肝胆相照したというのか、甚《はなは》だ懇意の間柄となった」のは、むろん外務省内部のタテの関係もあったろうが、吉田にすれば森をつうじてさらに影響力のあるポストに就くという計算ももっていたからである。吉田は、昭和三年一月十二日付の牧野への書簡で、きわめて興味深い要請をしている。森が牧野の面識を得たいといっているといい、外務省内部のあるグループによって「多少自分（＝森）ニ付誤聞も伝ハり居《お》るやニ思ハるる節もあり」、ぜひいちど会って森の意見を聞いてほしいと訴えているのである。

牧野に宛てたこの書簡の中で、とくに重要なのは、「殊《こと》ニ対支政策ニ関し小生共と意見を一ニ致《いたし》候《そうろう》結《けっ》果《か》東方会議以来別して懇意を表し来《き》、対張（張作霖）関係より小生ニ対する政府部内之非難ニ対し極力弁護致居るものの一人も亦仝氏《またどう》ニて……」という一節である。吉田は、森と自分は対中国政策では「意見を一にしている」と明言しているのである。「意見を一にしている」という具体的な意味は、吉田が張作霖に対して、中国本土統一などあきらめて満州の経営にあたるほうがいいと説き、その言を受けいれずに北京に本拠を移そうとする張作霖との間には人間的にも通じ合うことはなかったことをさしている。陸軍や外務省の一部にも張作霖に対しては日本の傀儡《かいらい》にしようという試みがつづけられていたが、吉田はその点では反張作霖の外務官僚と思われていたのだ。森は、そういう見方に対して、「吉田は張作霖個人について語っているのであり、満蒙の指導者という大局の人物が必要だといっていることにかわりはない」と弁明していたのである。

吉田が牧野に、森は自分を支える人物であるから、ぜひ会ってほしい、と訴えたのはきわめて巧妙な猟官運動でもあった。

牧野と森が、どのようにして会い、どういう会話を交わしたか定かではない。だが牧野は岳父として、吉田の要請をいれ、その言には忠実に従うという関係があったと思われ、この事実は吉田にとって、もっとも大きな武器となったにちがいない。

東方会議以後、牧野ら宮中グループは、田中に対して不信感をもっている。とかく外交を政争に使うだけでなく、田中の天皇への政務報告などに天皇に累を及ぼすような姿勢が見受けられるからだ。森が牧野に会いたいというのは、宮中グループとの円滑な関係を画策するためであった。吉田はそのために一肌ぬいだのである。そこに猟官運動の下心があった。

田中義一への自薦運動

その見返りであろうか、森は、吉田を外務次官に据えるために協力を惜しんでいない。吉田にいわれるままに、田中義一との面会の仲介の労をとっている。昭和三年春のことと思われる。

吉田は、田中と会うと、

「私は只今の外務次官候補として最適任者だと自負しておりますが、伺えば総理が御承諾にならないということだから、近くスウェーデンに赴任いたします。ついては出発前に、仮りに私が外務大臣ならば、斯《か》くの如くいたしたいということについて一言申上げたいために参上した次第です」

と切りだした。そして、対満、対中国政策についてとうとうと意見を述べた。

吉田の回想録では、その当日、首相官邸から電話があって翌日田中の別荘に呼ばれ、実際に次の日その場で「次官就任」を要請されたという。「たった前の日に、自薦運動にやってきた当人に向って（田中は）『異存はあるまいね』である（昭和三年七月）。田中さんには、こういうたくまざるとぼけた面があった」と吉田はいっている。

こうして吉田は外務次官に就任したわけだが、ただし回想録にある吉田が自薦運動を行なった日の翌日というのは明らかに錯誤である。というのは、自薦運動を行なうために田中に会った折りに、田中は吉田に対して、「張作霖はこのごろどうかね」と切りだしたという。これに対して、吉田は「今日は張作霖の話で参ったのではありません」と答えて、前述のような外務次官売り込みの弁をまくしたてたという。だが、実際には昭和三年六月四日に、関東軍将校の仕かけた爆弾によって、張作霖の乗った列車は奉天郊外で爆破され、張作霖はすでに死亡していた。吉田の外務次官就任は昭和三年七月二十四日である。吉田はこの外務次官就任にあたってはトリックを用いて弁明しているのである。

張作霖爆殺が関東軍の将校らによる謀略というのは、表向きは明らかにされていなかったが、吉田は外務省ルート、宮中グループの情報などで知ったであろう。吉田の外務次官就任には、関東軍の暴走後の日本外交を正規のルートに戻さなければならないという宮中グループの焦りが背景にあり、吉田はその大任をもって外務官僚の頂点に登りつめたように推測できる。そして吉田は満蒙政策について徐々に態度を変えていくのである。

牧野伸顕が内大臣を辞したのは、昭和十（一九三五）年十二月二十六日である。牧野は七十四歳になっていて、その執務は体力的にも限界であった。しばしば伏すこともあり、牧野は天皇の助言役に徹する時間をそれほどもてなくなっていたという事情もある。

同時に、牧野にはこの期の政治状況に触れて自らが前面に立つ時代ではないとの自覚も生まれていた。陸軍の革新派将校が牧野を目の仇にしていたのである。牧野が辞めてちょうど二カ月後に二・二六事件が起こるのだが、その決起に参加した青年将校が事件後に書いた手記や警察、軍内の機関による取り調べで、元老西園寺公望と牧野、それに牧野の後任であった斎藤実《さいとうまこと》、侍従長の鈴木貫太郎《すずきかんたろう》らを襲撃するのは、五・一五事件以来、彼らの間で「常識」になっていたと証言したり記述している。陸軍の青年将校にいわせれば、西園寺や牧野たちこそ宮廷官僚として天皇に誤った情報を流したり、赤子《せきし》の誠心が天聴《てんちょう》に達するのを妨害しているというのであった。つまりは君側《くんそく》の奸《かん》として、排除しなければならないと標的になっていたのである。むろん牧野は、軍内のこうした動きを知っていて、きわめて慎重な日常生活を送っていた。現在どこに住んでいるか、どこに寝泊まりしているかなども明らかにしないほど細心の注意を払っていた。

昭和十年の日本国内の状況は、主に陸軍を主導にした美濃部達吉《みのべたつきち》の天皇機関説攻撃が頂点に達し、国体明徴《こくたいめいちょう》運動という名の臣民意識一元化運動となり、政治的には、「天皇親政」という明治維新以来の開国理念の純化を求める動きが加速した。むろん陸軍は総体としてこのような運動を進めている(それは軍事独裁体制の伏線でもあった)のであったが、その内部では皇道派と称する極端なまでの純化グループとそれに抗して国家総動員体制を企図する政治的軍人のグループ(統制派)との間に激しい対立があった。昭和十年八月に起こった皇道派の相沢三郎《あいざわさぶろう》による統制派の陸軍省軍務局長永田鉄山《ながたてつざん》斬殺事件はその対立が誰の目にも明らかになる事態だった。

牧野が内大臣を辞した本当の理由

牧野は、肉体的なテロリズムに脅えていた。牧野が右翼思想家の大川周明《おおかわしゅうめい》と交流をもったのも、テロリズムに走る側の動きを把《つか》もうとする意図があったからであろう。まだ少年期に父大久保利通が不平士族によって殺害されたという記憶は、その心理に少なからざる傷を与えていたはずである。

その牧野が、内大臣を辞める決意をするのは十二月に入ってからであった。『牧野伸顕日記』はこの年の九月二十五日以後はしばらく記述がなく、その確たる心理はさぐりようがないのだが——それは日記が書かれなかったのではなく、なんらかの形で伏せられたとも推測されるのだが——、『西園寺公と政局』(第四巻)を丹念に読んでいくと、牧野の心理が窺えなくもない。まず西園寺のもとに牧野の辞意が伝わるのは、次のような経緯によっている。

「（十二月）七日、（西園寺の秘書原田熊雄《はらだくまお》は）興津に行つて大体の報告をした。これより先、内大臣は直接木戸《きど》（幸一《こういち》。内大臣秘書官長）に、枢密院《すうみついん》議長（一木《いちき》喜《き》徳郎《とくろう》）は宮内大臣を通じて、どちらも『身体の関係でどうしても今度は勤まらない。辞めたいから……』と、ほとんど一方的通告のやうに極秘裡に言つて来た。木戸は四日に公爵の所にその話をしに行つたが、公爵はてんで相手にされないで、結局、『まあ考へておかう』といふことでお別れして来たといふことを、帰つて来た木戸からちよつときいた」

　牧野は肉体的に限界だという理由をあげたのである。その後、牧野の辞意は首相の岡田啓介《おかだけいすけ》のもとにも伝わり、さらに岡田は、宮内大臣から牧野の辞意は固いと聞かされると、牧野に辞めてもらっては困ると西園寺に伝えてほしいと改めて原田に懇願しているのだ。結局、牧野はそうした慰留には応じず、木戸にその手続きを命じて内大臣のポストから去っていく。牧野は、原田に対して次のような言を西園寺に伝えるよう依頼している。

「どうもまことに今度は我儘《わがまま》を申上げて申訳《もうしわけ》ない。子や孫が隠居して、親や爺を働かしてゐるやうな具合で甚だ申訳ないけれども、どうか悪しからず公爵に申上げてくれ。で、今日の宮内省の、少くとも側近の陣営は、実に今までにない立派な人が揃つてゐる。この点は御安心になつていゝ、といふことを充分申上げてくれ」

　牧野が、とにかく内大臣のポストを一刻も早く去りたがっていた心理はこの発言によっても窺える。天皇の側近には、「立派な人」が揃っているという言い方がさまざまな意味あいをもっているが、要は自分は、この時代にはついていけない、との弁の中に自らの意思は新たな人物に託するとの本意が隠されていると考えていいであろう。牧野は、このとき心中で実際には何を考えていたのだろうか。

西園寺公望が吉田に与えた言葉

吉田が、外務省を退官したのは牧野が内大臣を辞める一カ月前の昭和十（一九三五）年十一月十八日だった。このとき五十七歳。その最後の仕事は、昭和九年十月から十年二月にかけて、巡閲使《じゅんえつし》として欧米を回ったことである。満州事変、満州建国、そして欧米列強による日本批判、それに苛立《いらだ》っての日本の国際連盟脱退。日本の国策は軍部によって引きずられ、その結果、欧米諸国との間に摩擦が起きる。その歪みが生じた関係を正すために吉田は欧米に日本の国策や政治システムの説明にでかけたのであった。

といっても、吉田は日本の国策に納得しているわけではなかった。軍部――とくに陸軍の軍事政策には強い不満があり、なかんずく反英の姿勢を露骨にし、ドイツなどへの同調的態度をとることに不満でもあった。吉田は昭和八年、九年ごろには、幣原喜重郎など英米派の長老に、「日本はどこに行くのか、このままでは不安だ」との疑念も吐露していた。

日本は国際連盟を脱退すべきでないと考え、その意見を西園寺にも伝えた（『回想十年』）。西園寺に直接会えるというのは、相応の信頼を得てのことでなければならなかった。吉田は回想録では思い立って会いに行ったように書いているが、それは事実に反していて、牧野の紹介があってのことだったろう。西園寺は吉田の言を聞いて、「貴君のお説には抽象的には賛成であるが、具体的には反対である」と突き放したという。「かゝる国家の重大事を論ずるにおいては、一身を投げうつだけの決意なかるべからず、貴君にその決意ありや」とも問われた。吉田はこのときに改めて自分の非力を自覚したらしい。国事は命をかけて取り組む、という訓《おしえ》は、このときを機にその後しだいに吉田の胸中でふくれあがっていったように思える。

吉田が、巡閲使として欧米を回るのは、西園寺や牧野の推挙もあってのことだろうが、あるいは、天皇の陸軍への懸念や天皇の欧米にもっている親近感なども説明して回るという役割が与えられていたのではないか。

吉田は、この外遊から戻ったあとに、天皇にその成果を上奏したが、その上奏内容をそのまま牧野にも届けている（昭和十年三月二十二日）。その中には、イギリス外相サイモンとの間で、「（日本政府は）日英親善増進ニ付《つき》充分ノ努力ヲ要望スル旨訓令ノ次第ヲ内話セル処《ところ》外相ハ我《わが》好意ヲ多トシ……」という会話があったといい、さらにイギリスは日本とアメリカの間に友好的な関係が生まれることを望んでいるとの意思を示したともある。この期に勃興していたヒットラー一派に対する不快感が行間のニュアンスから執拗に窺えてもくる。たとえば、次のような一節がある。

「欧州ノ政治経済ヲ通観スルニ一九三二年（昭和七年）ヒットラー党ノ勃興ト共ニ独逸《ドイツ》国民殊《こと》ニ少壮者ハヒットラーニ依ツテ独逸再興ノ気運ヲ招来シ得ヘシト為シ国民ノ士気一時大ニ振ヒタルカ其レ丈ケ隣接国ニ一種ノ脅威ヲ感セシメ東欧ノ政情不安定トナリ仏蘭西《フランス》ノ親蘇《ソ》政策、墺洪両国ノ伊太利《イタリー》接近トナリ……」

ドイツのヒットラー一派が、ヨーロッパの秩序を破壊する元凶とにおわせている。加えて吉田のイギリスの知人から、ドイツと共に日本が戦争の「主動者」となってはいけないと忠告された言が印象にのこっていると付け加えているのである。前述のように吉田は外務省の中にあって、露骨なまでの〝英米主義者〟と見られるようになるのだが、逆にいえばそれこそが吉田自身にとっては牧野の継承者の地位を確立することであったろう。

吉田が外務省を退官した直後に、牧野は内大臣のポストをはなれたいとの意思表示をしている。奇妙なことに、前述のように『牧野伸顕日記』は、この期の記述がない。それとともに、『吉田茂書翰』を見ても、牧野に宛てた書簡は、この期にはまったく収録されていない。多くの関係書を丹念にあたっても、牧野と吉田の間にどのような話し合いが行なわれていたかを検証する記述はない。むろん資料が絶対的に不足をしていることも条件のひとつではあるが、大胆な推測や予測が欠如していることも条件として加えられるのではないか、と私には思える。

牧野は、もっとも自らに忠実な分身として、吉田を宮廷官僚に育てあげようとしていたのではないか。自らのポストのあとに吉田を据えようとしていたのではないか。それが私の推測である。

二・二六事件の青年将校たちが狙ったもの

天皇周辺の側近たちには、明らかに二つのタイプがあった。ひとつは西園寺や近衛文麿のような公卿出身の側近たちであった。彼らは歴史的に天皇との運命共同体を形成している。天皇の守護者でありつづけたという誇りをもってその共同体は強い絆《きずな》で固められている。もうひとつのタイプは、牧野や木戸幸一に代表されるように、明治維新の王政復古のあとに、天皇を政治権力としてかついだ志士たちの末裔グループである。大久保利通にしても桂小五郎《かつらこごろう》（木戸《きど》孝允《たかよし》）にしても、前者のグループに気後れがあったように、牧野や木戸もまた宮廷官僚ではあっても、西園寺や近衛との間には越えることのできない溝があったという理解はもっていたはずだ。牧野がいみじくも内大臣を辞するときに、原田に託した西園寺への言は、逆説的にそのことを証明しているといえる。

西園寺や近衛は、その職をはなれたとしても運命共同体の枠から抜けだすことはできない。ところが牧野や木戸は、その職をはなれれば、天皇との距離は一気に広がってしまう。そのことをもっとも熟知していたのは、実は牧野や木戸だったのだ。

牧野は自らの後継者として、吉田茂に宮廷官僚の道を歩ませようと考えその道に歩ませるための――時代状況からいって、それは早ければ早いに越したことはなかったのだが――布石を打ったのは、天皇家との運命共同体の枠を固めようと考えたからであろう。

昭和十一（一九三六）年二月二十六日の二・二六事件で、青年将校たちが「君側の奸」として撃ったのは結果的に、前述した二つのグループの後者である。前者を標的とせず、後者を撃ったのは、まさに明治維新以後の天皇周辺の権力構造を解体し再構築するという意味があったからだ。

湯河原に身を休めていた牧野は、青年将校の一団によって襲われる。この一団は、牧野以外は撃ってはならないと意思統一をしていたのだが、実際に彼らは襲撃時に牧野をさがし求めて旅館内を走り回っている。

二・二六事件に関して、牧野の側には表向きに発表された資料はない。このとき、牧野は付き添いの看護婦の機転で女装して逃げたとか、「助けてくれ」と命乞いをしたとか、さまざまな説が流れている。牧野は襲撃時の事情を詳細に語ってはいない。松本《まつもと》清張《せいちょう》が『二・二六事件』（第二巻）で、「牧野が遭難を回避する気持は察せられるが、女装の脱出を羞恥《しゅうち》としたのかどうかはよく分らない」といい、実はそうではなかったかとにおわせていることが、牧野像をつくりあげる一因になっていることは否めない。私もまた、牧野のテロリズムに対する少年期からの本能的恐怖の一例として、松本の推測が当たっているようにも思えるのである。

牧野がどのような手順で、湯河原から東京に戻ったのかは現在に至るも判然としていない。ここにも外務省の自動車を使うなどした吉田の尽力があったように、私には思える。

吉田が、実は、牧野の後押しで宮廷官僚になる道を歩んでいたとの推測をより確かに裏付けるのは、二・二六事件後の組閣をめぐってである。西園寺は当初近衛を首相にと考え、天皇にその旨を上奏するが、天皇は「近衛の身体は大丈夫か」とその懸念を洩らす。近衛自身、「大任を果す自信がない」と固辞する。西園寺は次に外相だった広田弘毅を考える。それでその意を確かめるために、原田を動かすのであったが、原田は近衛に電話をして、「吉田を使ってみろ」と勧め、近衛は吉田を呼びその役を依頼しているのだ。

陸軍の圧力で外相就任をはばまれる

西園寺（原田）―近衛のルート上に、吉田は確かに存在している。西園寺が広田を考えたのは、枢密院議長の一木が宮内大臣の湯浅倉平《ゆあさくらへい》に洩らした言が伝わってきて、それを受けいれたからだ。実際、広田なら性格的にも派手さがなく、その信念は明確ではなかったが、陸軍も反対する理由には欠けていると判断された。そして広田内閣の組閣にあたって、その参謀役となったのは吉田であった。吉田は、明らかに西園寺や近衛、そして襲撃から免れた牧野の意を受けて閣僚を選んでいった。

吉田は入閣交渉のため、車で都内を走り回った。吉田を追いかけ回す記者たちは、吉田は沈痛な表情で一切口を開かなかったと証言している。吉田は、その心中で初めての政治的修羅場での緊張と戦っていたともいえるし、なんとしても反陸軍でリベラル色の強い人物を閣僚に据えるといった大任に自らのこれからの人生を賭けていたとも推測できる。

吉田が交渉しているメンバーの中に、言論人の下村宏《しもむらひろし》（海南《かいなん》）がいたり、法曹界の小原直《おはらなおし》の名があがったり、さらには吉田自身が外相に就任予定とわかると、陸軍内部は大さわぎになった。陸軍は、当初は軍部単独内閣を、そして近衛の名があがるとロボットにしやすいという判断で納得したが、次に広田でも仕方がないとなって、そのうえで入閣候補者には軍の息がかかった者を望んだ。陸相に擬せられていた寺内寿一《てらうちひさいち》は、吉田の動きがわかると官邸にのりこんできて激しい口調で注文をつけた。

寺内の注文とは、牧野の女婿でリベラル色の濃い吉田茂の外相就任に反対、自由主義的言論人の下村宏に反対、反平沼騏一郎《ひらぬまきいちろう》（陸軍に受けがよかった）派の小原直の法相に反対と、具体的でそして執拗であった。この注文に、吉田は抗することができず、広田もそれを受けいれると、吉田は官邸には二度と足をはこばなかった。吉田はこのときに、陸軍との抗争に敗れたことを実感しなければならなかった。

吉田は、この折りの無念さを表向きは語っていない。ただ、その著（『回想十年』）の中で、さりげなく、「軍部が擡頭し、満州および支那問題より、彼等が外交に立入り、頻々《ひんぴん》発言の機会が多くなり、これら軍部外交に対し憂慮し、わが国の将来のため、その外交干渉を阻止せんと欲する考えは、自然軍部の反感を招くこととなった」と、自らの立場について語っている。さらに、「内には五・一五、二・二六等の不祥事件相次ぎ、外には満州事変、支那事変の継起より、遂には第二次世界大戦の勃発するに至るまで、わが国情は正に波瀾重畳《はらんちょうじょう》、当時を回顧すれば、今なお膚に寒きを覚えるのである」といった表現を用いるにとどめている。吉田は、昭和十一年四月に、広田によって駐英大使として赴任するよう求められた。いちどは「広田内閣ができるだけで自分は満足である。議員とか大臣とか大使とかになることなど一切考えていない。いまさらそんなことをいわれては、自分の男が立たん」と断わるが、やがてこの役は自分しかないと思い直し、引き受ける。むろんここにも牧野との連携があり、外交官という名の宮廷官僚として宮中の意にそった外交戦略を担う意思があった。

第2章　外辺に立つ「宮廷官僚」の反枢軸路線

独自の情報ルートを確立

吉田が岳父である牧野の庇護からはなれ、自立して宮廷官僚としての道を歩むきっかけは駐英大使に赴任したことである。この駐英大使というポストは、吉田自身に表と裏の活動を要求することにもなった。いや吉田は自らにそのような役割を課した。吉田は、昭和十一（一九三六）年四月に駐英大使に就任して以来、ほぼ二年半近い日々をロンドンですごす。その後、日本に戻ってからは表面上の肩書きはなかったが、独自のルートで駐日イギリス大使やアメリカ大使と接し、宮中の親英米路線を伝えつづける一方で、陸軍を始めとする親独的国策に歯止めをかけようと試みる。結果的にその努力は実らなかったが、そこでの吉田の軌跡こそ敗戦後の連合軍の占領統治に対する最大の武器として活用されることになった。

現在、少しずつ明らかにされている「吉田茂研究」では、昭和十年代に至るまでの吉田の動きにはまさに綱渡りのような危険性が読みとれる。たとえば、吉田はアメリカの駐日大使ジョセフ・クラーク・グルーと、外務省の高官として密かに私的に情報交換をしていた。昭和七年から十一年にかけて、吉田はグルーに、天皇と天皇側近たちの意向と陸軍の軍事的膨張主義者との間には根強い対立があり、そこで天皇や天皇側近たち——このグループを穏健派と称するのであったが——の力がときに増大し、ときに押さえ込まれるといった日本国内の権力構造を説明している。

グルーの著した『滞日十年』には、某氏といった登場人物がしばしば見られるが、原典にあたればそれは吉田茂であることが明らかになっている（中村政則『象徴天皇制への道——米国大使グルーとその周辺』）。吉田は牧野をつうじてグルーと知りあい、そこに情報ルートをつくっていたというのであった。さらに吉田は日本の要人とグルーの会見を調整したり、グルーをつうじて日本国内の政治情勢の折り折りのせめぎ合いを伝えることで、アメリカ政府に満州事変以後歪んでいる日米関係を調整したいとのシグナルを送りつづけていたのである。（ジョン・ダワーの『吉田茂とその時代』や中村政則の前掲書がこのようなことにふれている）。

二・二六事件の三カ月前に、吉田は外務省を退官し、その後牧野も内大臣を辞任するが、前述のように吉田は官職からはなれることで自由の身となり、牧野に代わって宮廷官僚の内辺に立つ準備ではなかったのか、と私は考えている。牧野もまたそのための布石を打とうとしていたと、私には思える。牧野と吉田との間で具体的に何か練られていたことを示す確たる資料（幾つかの傍証はあるにしても）は今のところ発見されていない。この布石が崩れてしまったのが、二・二六事件であったことはすでに述べた。事件後、牧野は宮中内部でもあからさまには動かなくなるし、吉田もまた駐英大使に転じてしまったのである。もし二・二六事件がなければ、吉田には異なった人生の局面が起こっていたはずであった。

この期、昭和天皇は吉田をどのように見ていたか、つまり吉田を股肱《ここう》の臣としてどれほど信頼を寄せていたか。それを解析する資料はないのだが、牧野への全面的な信頼の上に吉田の像を重ね合わせようとしていたことは想像されうる。昭和天皇の侍従を戦前、戦後をつうじて四十年以上もつとめた入江《いりえ》相《すけ》政《まさ》の日記（『入江相政日記』）には、牧野の辞職を裁可した日（昭和十年十二月二十六日）の昭和天皇の様子が記されている。

「内大臣の交迭《(ママ)》の上奏物を余が持って出ると御裁可後お上はお声を上げてお泣き遊ばした。職を退く牧野旧大臣の老軀を思ひ浮べさせられての事と拝察する。実に感泣の外はない。胸が一杯になる」

昭和天皇にとって、摂政宮《せつしようのみや》になるころから自らの周囲にいた忠臣とこれからは頻繁に会うこともならず、その助言を公式に受けることができないというのは、柱のひとつが崩れるような感を味わったのであろう。牧野に列《つら》なる人物として、吉田に仮託する感情が生まれる土壌があったというべきではないか。

吉田がロンドンに着任したのは、昭和十一年六月のことであった。しばらくはイギリス政府の要人と会うなどして、日本に対してどのような空気が醸成されているか、を執拗にさぐっている。そうした空気を牧野のもとに書簡として送っている（昭和十一年八月七日付）。この書簡は、吉田がこの期にどのような時代認識をもっていたかをさぐるうえできわめて貴重である。

吉田によれば、イーデン外相は対日関係について「甚た不愛憎《(ママ)》と聞居候得共《ききおりそうらえども》」、吉田の着任を待っていたとばかりに歓迎接待してくれた、と報告する。その他要人も好意的だと書き加えたあとに、次のような内容が記されている。

「然しその一面ニ独ニ対する反感ハ可《か》也《なり》強烈ニ有之《これあり》、Rhineland の占領以来、最近ハ駐英大使任命遅延までを取立て独乙《ドイツ》の恐るへきを説き、之れと同列ニ日本を置き、東西世界の平和を脅《おびや》かすものハ此二国なり、露ハ国土大自給自足の国ニして侵略之要なきものとして、日独の油断できぬニ反し蘇ハ安心すへしとまで申居候《もうしおりそうろう》ハ先日差上候上院議事録中労働貴族のみの説ニ非らすして、Wickham Steed の如き此派の頭目とも可申《もうすべく》、斯《かか》る次第ニ候得共、我《わが》陸軍側主張之通、日独協調ニても成立せは当国ニ於而《おいて》甚た喜ハれ間《ま》敷《じき》と懸念致候《けねんいたしそうろう》、（以下略）」

吉田は、日英関係を円滑に進めたいと思っているのに、ときにイギリス政府が面会を拒否する場合があることにも抗議をしたとも書いているし、日本の軍部が北京付近で何か事を起こすのではないかと不安に思っているとも記している。自らの努力が水泡に帰することになりかねないというのであった。ドイツにはヒットラー政権、それにスペインの内乱、そしてヨーロッパのそれぞれの国にさまざまな政争の芽があり、「天下麻の如く乱れんとするやニも見られ（外面ハ何んの異状無之《これなく》）仲々面白ろく御座候」という一節も文面には記されている。

この書簡からは、吉田と牧野の間にきわめて重要な政治的ルートが確立していることが窺える。英国の上院議事録などが牧野に届けられているのである。牧野はこうした吉田ルートの重要な文書や資料をもとに、英国との友好関係を維持するための対策を考えていた。といっても、牧野はすでにその政治的基盤は失っていた。牧野の影響力は、内大臣の湯浅倉平《ゆあさくらへい》や侍従長百武三郎《ひゃくたけさぶろう》、宮内大臣松平恒雄《まつだいらつねお》らと会い、自説を披瀝《ひれき》するにとどまっていた節があった。

ナチス・ドイツと英米の実力を見抜く

二・二六事件後、陸軍の政治的勢力が膨張したのは、昭和十一年十一月に締結された日独防共協定に窺えた。この協定は、陸軍の駐独武官の大島浩《おおしまひろし》が密かにリッベントロップ外相と交渉を進めて始まった。昭和十年にはいって参謀本部が大島の提案にとびついたのは、あくまでも軍事的計算に依っていた。参謀本部は、ソ連の軍事力増強を恐れていた。日本が満州国をつくり、北方に対ソ戦前進基地を確保したことに危機感をもったソ連は、東シベリア方面の軍事力を拡充させた。その戦力比は、関東軍がソ連極東軍の三分の一にすぎないことに、参謀本部の将校たちは不安感を覚えたのである。大島は、その不安感を代表するかたちで、ドイツとの間に協定を結び、ソ連を挟撃できる軍事体制の確立を考えた。

むろん参謀本部の将校たちは、軍事面での提携だけではなく、これを機にドイツとの政治的同盟も考えていた。ドイツもまたソ連の軍事、政治を牽制するために、大島からの申し出は渡りに舟でもあった。日本もドイツも国内では共産主義者の弾圧を進めていたために、表面上は共産インターナショナルに対抗するための連携という大義を掲げて交渉はつづいた。この交渉は、参謀本部が中心になっていたが、昭和十一年にはいって外務省がその動きを知り、四月からは外相の有田八郎《ありたはちろう》、駐ドイツ大使の武者小路《むしゃこうじ》公共《きんとも》らが交渉の前面に立ったのである。外務省内部には、欧亜局長の東郷茂徳《とうごうしげのり》などの反対論があったが、省内はしだいに賛成に傾き、このときから親ドイツ寄りの外務官僚が急激に勢力を拡大していった。

吉田はロンドンに着任したあと、ドイツとの外交交渉に一貫して反対をつづけた。十一月の協定締結にむけて、ヨーロッパ駐在の大公使がその成立に賛成していくなかで、吉田だけは頑なに反対をつづけた。

当時、イギリスの駐在武官は辰巳栄一《たつみえいいち》であった。辰巳は、陸軍内部では親英米の体質を持った軍人で、ともすれば精神論に傾く軍人に比べて、理知的な尺度を尊び、軍人の役割は「戦争」にあり、政治には関与すべきではないとの立場を守っていた。辰巳は、参謀本部からなんども訓電を受け、仕方なく吉田の説得にあたった。辰巳は、日独防共協定はイデオロギーの問題であって、政治的、軍事的意味は大きくないと説いた。辰巳は、この協定は三カ条から成り、その条文は、いずれも共産イデオロギーに対抗するという点で満たされていると告げた。この期、辰巳はこの三カ条のほかに二カ条から成る秘密協定があることを知らなかったのであろう。この二カ条には、日本（あるいはドイツ）が、ソ連との軍事衝突という事態になったら、他の締結国はソ連を軍事的に牽制する、あるいは挟撃するとの内容が盛られていた。実質的には軍事的な役割をもっていたのである。吉田もこのときには、この秘密協定を正確につかんでいたかは不明だ。

辰巳の説得に対して、吉田は、自説を披瀝して反対の理由を述べている。辰巳は吉田となんどか話し合ううちに、しだいに吉田の言に納得していった。戦後になって、吉田が警察予備隊を発足させるときに、辰巳を私的顧問に据え、その意見を大幅に採用したことは周知のことである。

吉田は辰巳に対して、次のように諭したという。

「大体日本の軍部特に陸軍は、ナチス・ドイツの実力を過大評価している。第一次世界大戦で大失敗したドイツは、連合国に徹底的に叩かれ海外の領土も失ってしまった。いかにドイツ民族が優秀であるとしても、二十年そこいらの間に英、仏ひいては米国を敵として戦うほど国力が回復しているとは信じられない。一方、英、米の広大なる領土と豊富なる資源を基にした工業力は、実に強大な力を持っている。しかも永年にわたって培われた政治的、経済的な底力は、とてもドイツの及ぶところではない。現在の世界情勢は、結局現状維持派と現状打破派に別れているのだが、日本が自ら枢軸《すうじく》側（現状打破派）に飛び込む必要はない。むしろ日本の将来を考えたならば、明治以来の歴史を顧みても、英米側につく道を選ぶべきである。ヒットラーのあの無軌道なやり方は、近い将来必ず欧州に戦乱を招く。そして戦火が拡大して世界大戦となったとき、日本はその渦中に巻き込まれて、やがて英米を敵としなければならなくなるであろう。君は、日本が英米を敵として勝てると思うか」

吉田の信念は、明治以後近代国家として歩んできた日本は、イギリスを範とする立憲君主国として生きる以外にない、という点にあり、驚くほど英米に対しての親近感が強い。この因は、これまで記してきたように、吉田の少年期の成長過程（たとえば、商人としての目とか貴族趣味を好むといったことだが）にもあるだろうが、その大半の理由は牧野の継承者の地位を自覚することによって強固に培われたというべきであろう。

親英の将校・秩父宮、ロンドンを訪問

戦後になって、吉田はその著（『回想十年』）の中で満州事変から太平洋戦争までの期間は、歴史の流れから見れば「日本の本然の姿ではなくて、たゞ一時の変調」といい、「戦前もしくは戦時中といえども、元老、重臣その他の指導者層の真意はいうに及ばず、一般国民の胸中においても、心底から英米討つべしとして独伊との提携を可としたかどうかは甚だ疑問」と断言している。こうした述懐の中にひそんでいるのは、ひとたび時代の歯車が歪めば、国家は途方もない方向へ走ってしまうという恐怖である。吉田は、「ただ一時の変調」という時代にあって、確かにそれを正そうとし、それを正すことこそが天皇の意にそうことであり、自らが宮廷官僚たりうるとの強い自覚をもっていた。

『回想十年』の中で述懐した吉田の根拠は、たとえば秩父宮《ちちぶのみや》との交流の中にも窺える。

秩父宮は、英国王ジョージ六世の戴冠式（昭和十二年五月十二日）に天皇の名代として出席のためロンドンを訪れた。日英関係が悪化したり、鎮静化したり、しばしば揺れる時期であったが、天皇の弟宮である秩父宮のイギリス訪問には、そうした揺れを正そうとする宮中内部の思惑があった。実際、イギリスの空気は秩父宮を歓迎し、一時的に日英関係は良好の状態になった。

秩父宮は当時、参謀本部の将校であった。日独防共協定に賛成の立場を採っていた。それは、ソ連が

対日、対独戦に備えて、東西正面の軍事力（とくに戦車や航空力）を増強し、とくに極東の軍事力が肥大化しているといった軍内の情報にもとづいていた。ソ連の強大な軍事力に対抗するには一国では無理という判断もあった。吉田は、そういう秩父宮に自説を披瀝している。もともと秩父宮は、大正末期にオックスフォード大学に留学しているし、妃殿下は外交官の松平恒雄（この期は宮内大臣）の長女として生まれ、ロンドンで少女期をすごしてもいる。その体質は、親英的であった。秩父宮は、日独防共協定が英国をどれほど刺激しているか、その内実を知らなかった。

大使館内で、吉田は秩父宮に詳細なヨーロッパ情勢を報告している。そして、自らは日独防共協定にどのような態度をとったかを説明している。そのあとで吉田は、秩父宮の軍内での立場は重要であり、陸軍の暴走を許してはならない、どうか陛下の輔佐役として、その職務を全うしてほしいと諫言《かんげん》しているのである。さらに吉田は「ヒットラーのような哲学のない男は何をするかわからない。ナチスを信頼する日本陸軍はあまりにも軽率すぎる」と秩父宮に伝えていた。

秩父宮は、オックスフォード留学時代の同級生らとも歓談し、吉田の言は適確に英国の空気を伝えていることを確認した。

秩父宮は、戴冠式のあとドイツを訪問するが、それも大島や駐スイス公使で親独派の天羽英二《あもうえいじ》の勧めであった。参謀本部の指導部も秩父宮にドイツを訪問するよう、強く求めていた。

秩父宮がヒットラーと会ったとき、ヒットラーはスターリンがいかに信用できない政治家であるかを説いた。秩父宮はそれを聞いて、「国際間で一国の代表をそれほど毛嫌いしていいのだろうか」と応じた。会見の折り、秩父宮の言動には、ヒットラーに対する不信感や嫌悪感が露骨にあらわれた。

秩父宮が、東京に戻って態度を一変させたのは、明らかに吉田の影響を受けていた。ヨーロッパ滞在中に、日中戦争が起こっていたが、秩父宮は一貫して不拡大派に与《くみ》し、参謀本部戦争指導班の会議で、「この事変を処理するために究極においては対英強硬政策をとらなければならないのでは」とある将校が洩らすと、秩父宮は顔色を変えて、

「断じてそんな危険な政策をとってはならない」

とどなった。それほどの怒りを、参謀本部の将校たちはまだ見たことがなかった。

吉田が牧野に送った書簡（昭和十二年四月十日付）の中に次の一節がある。

「過日も秩父宮様御出《おいで》ニ付《つき》天長節晩餐会催度《もよおしたし》と申出候処《もうしいでそうろうところ》、首相ボードウヰンは他の招きハ断ハリ居るも喜ん而《で》出席可致《いたすべく》と申来《もうしこし》、Duke T Duchess of Kent〔ジョージ六世の弟殿下〕其他閣員五六悉《ことごと》く承諾、食堂満員の盛況ニて雪子和子一家大車輪ニ御座候、（以下略）」

吉田は、宮中内部には入らなかったが、その外辺で宮廷官僚としての動きを強めていったのである。

吉田が駐英大使だった期間は、昭和十一年四月から十三年九月までの二年六カ月間であった。この二年六カ月間は昭和史の年譜で確認してもわかるとおり、陸軍を中心とする軍事主導国家を目論むグループと宮中側近グループのそれに抗する政治勢力とがさまざまな面で綱引きを続けた時期でもあった。

この二年六カ月間の吉田の動きは、ちょうどその中間に位置する盧溝橋《ろこうきょう》事件（日中戦争勃発・昭和十二年七月七日）を境に前期と後期に分かれる。吉田自身は、前期、後期を通じ宮中側近グループの親英米派勢力を代弁するかたちで、イギリス政府との間で日英関係の正常化をめざして交渉を続けるが、その姿勢は、ときには二枚舌を用いる狡猾な外交官と評された。それは吉田の言とは逆に日本政府や軍部の動きが露骨に反英的な構図をえがきだすからであった。

吉田にすれば、駐英大使を引き受けるときに、外務省同期入省の広田弘毅《ひろたこうき》首相に「私の考えである程度自由に行動させてほしい」と申し出て、その諒解を得ていた。本省の訓令にときに反することがあるかもしれないとの意味がこもっていた。有体《ありてい》にいえば、吉田と広田の間に対英関係について幾つかの点で相違があった。

広田は昭和八年九月に斎藤内閣に外相として入閣していたし、その後の岡田内閣でも留任していた。二・二六事件後は首相として外交政策の根幹を指揮していた。広田はイギリスが中国政府の財政悪化を理由に経済援助を行ないたいとの意思をもっていることに警戒心を隠さなかった。中国への経済援助を阻止し、この問題をなし崩しにしてしまうよう、駐英大使館に指示をだしていたほどだった。広田の対中外交政策は〈排日運動の停止、満州国承認、共同防共〉を柱としていて、中国政府にとっては受け容れるわけにはいかない原則が含まれていた。

吉田もその政治姿勢において、広田のこの三原則とそれほど大きな変わりはなかった。ただ広田がこうした原則を押し進めることで、当然対英米関係も悪化するが、それでも構わないという姿勢だったのに対し、吉田は対英米関係を優先させ、こうした対中政策も弾力的に処理すべきであるという姿勢を保っていた。

皮肉なことにというべきであろうが、広田のそうした姿勢は図らずも陸軍指導者につけこまれることになり、それゆえに広田は、つねに陸軍の傀儡《かいらい》と化す危険性がつきまとっていた。吉田が、広田に一定の距離を置いたのも、その点を憂慮してのことであったろう。

巧妙で狡猾な交渉スタイル

吉田は駐英大使として赴任してからほぼ一年間をかけて、イギリス外務省と日英間の懸案事項を話し合った。この話し合いの内容の中にしばしば私的見解をもぐりこませた。昭和十一年中に、吉田がイギリス政府に手わたした覚書やステーツメントは、イギリス側にも吉田の見解と日本政府の公式見解との間にどれほどの差異があるのか、明確にはわからなかったが、吉田と広田との間に少なからずの亀裂があるという情報はつかんでいたのである。

ジョン・ダワーの『吉田茂とその時代』は、そうした英国側の懸念を丹念に実証しているが、吉田は重要な覚書をイギリス外務省に届けることをしないで、ネヴィル・チェンバレン蔵相あてに届け、それが外務省に回されるというエピソードを紹介している。そのうえで、ダワーは次のように書いている。

「このような吉田の間接外交好みはそれからもイギリス外務省をいらだたせる種となるが、この場合、(イギリス外務省) 極東部が吉田を同情的に扱う気持にならなかったのはたしかである。『大使は、主として直接の関係をもつ者を除きだれとでも政策を討議する抗いがたい欲求をもっている』というのが、吉田スタイルについての典型的な批評であった」

イギリス政府のこうした吉田評は一面では当たっているが、もう一面では必ずしも当たっていない。というのは、吉田は正規の外務省ルートとは別の情報回路によって、天皇周辺の親英米的体質をイギリス政府のさまざまなチャンネルに伝えようと努力していたと思われるからである。吉田はその点ではかなり巧妙な手法を用いていたといえる。

吉田があえてチェンバレン蔵相を信頼した理由は、着任まもなくに牧野《まきの》伸顕《のぶあき》に宛てた書翰(昭和十一年八月七日付）の中に窺える。この書翰の中で、チェンバレンなど親日的な要人が「日英親交を先方より説」いたと伝えているのである。吉田はそういう親日派要人に対して、外交文書とは別に日本の政治状況を具体的に、とくに天皇の意思を詳細に伝えたと想像できるのである。

吉田がチェンバレン蔵相を通じてイギリス政府に伝えた覚書は、冒頭で、自分は「自らの主導権を行使する十分な権限を有するものと判断し、したがって、以下の諸提案をイギリス政府の考慮に付し、その結果につき日本政府に通報するものである」といっているのである。私見を述べるが、これを参考にしてもらい、それについてのイギリス政府の見解を本国政府に伝えるといういい回しは、確かに狡猾といわれても仕方のない面があった。

この覚書は、対中政策で日本と英国の間にどのような諒解が必要か、その諒解を固めるために幾つかの提案を試みたいという申し出であった。そのうえで十項目を提案している。第一項に、「両国は万里の長城以南の中国の領土権および主権を十分に尊重することを保証する」とあるように、満州国や華北については暗黙の内に日本の権益を認めてほしいとにおわせている。全体に中国に対する当時の状況を〝固定〟して捉え、その権益を日本とイギリスが相互に保障するといったニュアンスがでている。中国の財政窮乏に対する援助について、吉田は細部では広田とは異なった考えをもっていることが明らかになっている。第四項には次のような一節が読みとれるのだ。

「この金融援助に関連して、日本とイギリスのあいだであらかじめ討議すれば、迅速かつ満足すべき結論に達しうることが考えられるゆえに、中国、アメリカその他関係諸国に共同提示する前に、ひとつの案を作成することを提議する」

つまり、日本とイギリスが主導権をにぎり、そのために提案の骨子をつくろうと呼びかけているのである。そして第五項では、中国政府はソ連の共産主義勢力の伸張を容認しているといい、この点でイギリス政府の強い関心を要求している。さらに吉田は「本使は、本提案には中国の軍事支配を獲得する意図を含まないことを十分明らかにすることが至当であると考える」と前置きして、次のように日本の実情にふれている。

「目下、日本の中国政策が一定しないのは、外務省が南京《ナンキン》の中央政府と直接に交渉するとともに、陸軍の政策は主として華北に向けられ、他方、海軍の政策はさらに南方に向けられていることによる。陸海軍将校を南京政府の顧問に任命することにより、現在の不統一は避けられる」

日本と中国政府との交渉がスムーズにいかない場合は、イギリス政府が「同情ある助力」をしてほしいとも訴えている。「中国における政治秩序回復の問題」は、南京政府の軍事力に依らなければならないが、日本は中国の「秩序回復に最も死活的利害」を有するから適当数の軍事顧問を送りたいとも提案していた。

吉田が密かにまとめたこの覚書は、基本的には日本の国策を是認しているものの、細部では日英が強い同盟関係を結んで東亜の安定を図っていきたいとの考えが随所にあらわれている。この覚書を深く読むと、吉田の中国に対する不信はきわめて強固でもあり、中国内部の政治的混乱は日本に非があるとはいえず、中国の指導者の政治責任ではないかともいっている。

肥大化する吉田への批判・中傷

吉田の提出したこの覚書は、ダワーの書によると、イギリス外務省内部でもこれは有効ではないという論と英日間のいきづまりを打破するためにこの申し出に応じてみようとの両論があったという。だが総体的には、イギリスに要求することが多く、日本はそれほど多くを提出していないといったアンバランスな面があるとの受け止め方で固まっていった（ダワーのこの点の分析はきわめて説得力をもっている）。それを前提にイギリス政府はこの覚書に対して回答を寄せた。その内容は、中国全域の領土保全や中国政府の行政への不介入などを訴え、全体に中国に対する日本の厳しい態度を批判する意味を含んでいた。日英同盟を確立していくために現在は多くの討議が必要であるともいっていたのである。

昭和十二年にはいると、吉田とイギリス外務省の間は円滑を欠くようになった。吉田はイギリス外務省の回答に怒りを見せ、それを露骨に態度であらわしたし、イギリス側も吉田には真面目に交渉に応じる気はないのではないかといいだす事態になった。こうした関係は日本にもむろん伝わっている。

吉田の心中をさぐっていけば、吉田にはイギリス政府の対中政策を改めさせるには相応の時間と外交交渉が必要であり、短期的にはたとえ不快な関係になったとしても、それは計算済みとの認識があったように思える。吉田は明らかにイギリス外務省極東部の官僚と接するのとイギリス政界の有力者と話し合う姿勢を使い分けていた。イギリス外務省の外交方針を動かすには、イギリスの世論や議会の空気を変えていく必要があるとも考えていたのだ。

秩父宮を受けいれたイギリス社会の空気を政策の転換にまでもっていくには、外交的に引いたり押したりというテクニックを用いなければならないと吉田は考えていたといえる。中国政府は日本に対して一貫して抗日政策をゆるめていなかったが、それが日本の陸軍指導部の軍事制圧の口実に転化され、日本国内を席捲している。吉田は、その陸軍指導部の動きをイギリス側に伝え、それをコントロールする苦衷をイギリス側に訴えたりしたのもそうした駆け引きの一端だった。

吉田は、自らに対する批判、あるいは中傷が日本でも肥大化しているのを知っていた。確かに吉田は、広田に、そして広田内閣が陸軍の議会への横暴で辞職したあとに生まれた林銑十郎《はやしせんじゅうろう》内閣の佐藤尚武《さとうなおたけ》外相などに、日本も国際社会の枠組みの中で対中政策を少しずつ変えなければならないと進言している。それが吉田の弱腰として批判の材料になったことも知っていた。

吉田は駐英大使としての前期は、イギリスでも日本でも批判される立場にあった。しかしそれは外交官としての交渉技術に加えて、吉田自身の性格に起因している節もあった。「傲岸不遜だ」とか「独走ばかりする」という誹《そし》りまで受けることになったのである。

こうした吉田自身に向けられる冷たい目を象徴するのは、たとえば次のようなエピソードであろう。『西園寺公と政局』（第五巻）の中にえがかれている昭和十一年十一月下旬の記述である。外務大臣の有田八郎が原田熊雄《はらだくまお》に対して、吉田の言動に困惑した様子を具体的に語っている。その部分を引用すると以下のようになる。

「吉田大使が『私的の申出だ』と言つて、イギリス政府に対して『もし日本とソヴィエトが戦争の場合には、イギリスは好意的の中立を保つか』とたゞし、それと同時に『イギリスが他国との争ひの時には、日本はイギリスの権益を擁護してやらう』といふやうなことを言つたため、日本はいよ〳〵対露戦争を決心してをると思はせるやうになり、つまり今までいろんな噂をされてゐたことを裏書きしたことになつて、非常に困つてゐる。殊に日独条約の発表前にかういふことは非常に困る。で、東京駐在のイギリス大使は或る人に向つて『一体吉田の言葉は政府の真意か』と言つて来た。それで自分は『政府はそんな訓令を出したことはない』と言つて返事をさせたが、実は非常に困つてをる」

有田は、吉田のそういう姿勢に困惑していると嘆くのであったが、同時にこの発言は重要なことをも意味していた。つまり有田は、吉田がチェンバレンをつうじてイギリス外務省に提出した前述の覚書についてその全文をまったく知らされていなかったのである。

吉田の覚書の第九項末尾には、有田のこの話が明文化されてイギリス側に伝えられていた。イギリス外務省極東部は、吉田の覚書をすべて個別に分析し、それをそれぞれの関係機関の責任者に確認させていたことがわかるのだ。吉田は有田に対して巧妙に自らの報告を伝えているともいえたし、外交権を自らが自在に操っているともいえた。

後世に託した英国時代の謎解き

一方で、吉田はこうした覚書を牧野や西園寺には伝えている節があった。昭和十二年があけてまもなく、原田は西園寺から、吉田大使から届く報告は、「近来、（その）報告の中に論議の出所を明かに書いてをるが、あれは吉田として非常な進歩だ」と誉めていたとある。想像するに、吉田は西園寺に対して自らのイギリス政府との交渉内容や覚書などを克明に伝えていたといえるのではないか。

さらに吉田は、自分に対する批判について牧野に不快感を打ちあけている。自らの支えである牧野に、吉田はその孤立の状況を訴えたかったのだろう。吉田は、こうした心境を他者には決して明らかにしていないが、牧野にだけは伝えたのである。まるで教え子が教師に苦衷を訴えるような響きを伴っている。

「欧州之政情混沌、英も相当苦境と存候《ぞんじそうろう》、之《こ》れ十五億国防費支出を決意せる次第ニて、裏より見れハ夫《そ》れ丈《だけ》の弱点を抱蔵するものと云ふへく、極東ニ事生《しょう》せハ日本を敵ニして其《その》権益保護ニ成算あるへきニ無之《これなく》、之《こ》れ今尚《いまなお》英当局か日英干係《かんけい》ニ留意する所以《ゆえん》と存候、其然《そのしか》る所以を知らすして、日英遂ニ相容《い》れすとか、排日ニ乗して支那ニ於て英ハ漁父の利を貪《むさぼ》らんとするとか、日本一流の偏見にて兎角《とかく》英の対支態度をも邪推致　候《いたしそうろう》もの我ニあるハ遺憾千万ニ候」

吉田は、イギリス政府と日本政府の間に立って微妙な立場にあった。つまり日中戦争の前には双方から不信の目で見られる存在でもあった。これは吉田自身にとってきわめて不名誉なはずである。双方から無能だとして自らの能力そのものを疑われることでもあった。外交官として三十年余を生きてきた吉田が、それほどの評価を受けながら、意図していたのは何であったのだろうか。

天皇の弟宮である秩父宮が、イギリス王室の戴冠式に出席のためロンドンを訪れたのは、こうした吉田自身の孤立状況の折りであった。秩父宮に対して強硬に反ナチスを説き、秩父宮がまるでその意を受けたかのようにふるまうのは、吉田の説得がいかに深かったかを逆説的に物語ることでもあった。日中戦争以後、不拡大派の将校として意見を露《あらわ》にする秩父宮の言には、吉田に通じる表現がしばしば見られた。

日中戦争を和平にもっていくために、秩父宮は参謀次長の多田駿《ただはやお》に対して、

「陛下の清らかなお心の鏡に映して、その御判決をお願いすべきである」

と申し出ているし、内大臣秘書官長の木戸幸一《きどこういち》には、

「なぜ政府は一刻も早くこの戦争をやめないのか。一体、日本の財力はいつまでもつづくと思っているのか」

と不満を洩らすのである。秩父宮のこうした言は、政治、軍事の両域に一定の影響力をもっていく。それは当時も現在も明らかにされていないが、吉田と秩父宮の間にかよいあった歴史観が戦時下、戦後に一層固められていったように私には思える。秩父宮の言動の中に吉田との連携が見え隠れしている。

吉田は、自らの真の姿が歴史上で正確に理解されなくてもかまわない、と割りきっていた節があり、あえて寡黙のままでその生を終えたのではないか。実はいつかこの期の謎解きをしてほしいと次代の者

に望んだのではなかったか。

昭和十三（一九三八）年九月、吉田は駐英大使の職を解かれるという内示を受けた。なぜそのような経緯に至ったか、吉田はその原因を外務大臣の宇垣一成《うがきかずしげ》の人事政策に求めている。吉田はその著（『回想十年』）の中に、「私は駐英大使としてロンドンに在ること二年有余にして、帰朝の命を受け、昭和十三年末帰国し、いよいよ最終的に退官となった。当時、国内においては、反英米の空気はますます濃厚となり、従って私のごときに対しては、親英派の自由主義者として非難攻撃いよいよ喧しく、外務大臣は宇垣（一成）陸軍大将であったから、召還に決定したものと思う」と書いている。

陸軍出身の宇垣は、吉田を快く思っていなかったという意味である。吉田はこの期には陸軍指導部から親英的すぎるといって不信の目で見られていて、英国に対して強い態度であたるべきなのに及び腰であるという評に悩まされていた。ドイツとの連携を進める陸軍の政策担当者たちは、イギリスに対して幾分軽侮する気持をもっていた。チェンバレン内閣がヒットラーの圧力に負け、ズデーテン地域の割譲を認めるなど次々にその要求を受けいれる状況を見て、なおのことその思いを強めていた。吉田と陸軍の高級軍人とはまったく相反する時局認識をもっていた。

イギリスは日本と戦争状態にある中国に経済援助を与え、中国との交易量をますます増していた。吉田は大使としてチェンバレン内閣と外交交渉を進めていたが、しばしばイギリス政府に対して、中国への経済援助を削減するよう訴えた。同時に、イギリス政府に対中政策をめぐり、日本とイギリスとの間で協調的な同意ができると訴え、そのための交渉を続けた。だが、吉田はそのように訴えながら、現実の日本の軍事行動はそれとはまったく逆の方向を辿っていた。

日本は中国各地で本格的な作戦行動に入り、昭和十三年五月には徐州に大攻勢をかけて占領しているのである。イギリス政府にすれば、そこに疑念をもつのは当然なことだった。

イギリス外務省は、吉田は東京の政府とほとんど意思疎通をしていないこと、加えて吉田の意見（それは確かに天皇周辺の意思を代弁していたとは考えたが）には実効力がないとも見限っていくのである。そして、日本の軍事指導者が中国に深入りする道を選ぶことで、必然的に日本の国力が衰退する、それをむしろ歓迎して日本の政策に傍観的な態度を採ることを決めていく。

イギリスの対中国政策と宇垣人事

昭和十三年七月に、イギリス外務省が判断していた情勢認識とは、

「問題の真相は、われわれは十九世紀に中国と戦争をした結果、この中国において支配的な地位を獲得し、今それを同じかあるいは類似の方法で保っているにすぎない。われわれは強制力を使うか、あるいは他の方法で日本当局に十分な圧力を加え、彼らが戦利品と考えるものを否応なく手放させなければならない。もし日本が中国との長期戦で消耗したら、われわれは自ら戦うことなく、圧力を用いることができようが、ただ頼むだけで、あるいはわが方の『権利』の侵害について抗議したり、または友好的な態度で、望むものを得ようとしても、無駄である。（以下略）」（ジョン・ダワー『吉田茂とその時代』〔上〕からの引用）

というものであった。中国を見捨てて日本と協力することで、「永続的な価値あるもの」を得る保証はないとし、日本の対中政策の行き詰まりこそが望ましいと分析している。歴史的・客観的に見れば、日本の対中政策は袋小路に入っているし、それはイギリスにとっては有利であるという考えであった。

この認識のもとでは、確かに吉田の役割は終わっているといえた。

だが、吉田はむろんイギリスのこのような判断を理解したうえで、当時のチェンバレン政府の政策を好意的に見つめていた。吉田はナチス・ドイツや日本の軍部を「国際的無法者」と分析していた。もっともこれは戦後に著した書（『回想十年』）の中での表現になるが、次のように書いている。

「当時のチェンバレン首相の態度は、ナチス・ドイツとか日本軍部といった国際的無法者が、恰《あたか》も市井無頼の徒のなす如き恐喝、暴力をほしいまゝにせんとするのを、飽くまで耐え忍び、これを宥《なだ》めすかして、大事に至るなきよう、あらゆる努力を惜しまなかったのである。（略）と同時にまた、チェンバレン首相の宥和政策に対し、少くとも或る期間、大した非難攻撃も加えず、むしろこれに激動の拍手をさえ送った英国の世論の堅実さ、忍耐強さの点において、日本国民として大いに啓発さるゝところあって然るべきだと思うのである」

日本の軍事指導者たちが、チェンバレンの宥和政策を軽侮しているのに対し、吉田はその政策をむしろ戦争回避のためだと認めるのである。そのうえでそうした政策を許容するイギリス世論を絶賛している。これは婉曲《えんきょく》に、チェンバレンの政策を自らの外交姿勢になぞらえ、それを許容できない日本の軍事指導者を軽侮していることであった。チェンバレンの宥和政策にイギリス人が示した政治的成熟さに比較して、日本はこのような成熟さをもちあわせていなかったと批判しているのであった。

吉田は、宇垣が自らを更迭《こうてつ》したいと考えた理由は軍部の圧力を外務当局が避けようとしたためだと理解していた。だが現在のところ、これまで明らかにされている資料によれば、それは半面で当たっているとしても残りの半面では必ずしもそうはいえない面がある。

宇垣は、近衛内閣で外相に擬せられたときに四条件を示し、これを受けいれてくれなければ外相就任はない、といった。この四条件とは、『宇垣日記』によれば次のような内容であった。

「一、閣内の一致結束を一層強化す。
二、速《すみやか》に対時局の和平方針を決定す。
三、対支外交の一元化を期す。
四、蔣政権を相手にせず云々に深く拘泥せず。
附、軍相更迭は既定方針遂行の事。」

宇垣は、近衛内閣の参議という立場で、この内閣の内部を見ていた。そこで気づいたのは、近衛の指導力が弱く、閣内の統一がとれず、加えて陸相の杉山元《すぎやまはじめ》が軍内を掌握しているとはいいがたく、閣議で約束したことさえ軍内に持ち帰ると、強硬な反対意見にあい、再び閣議に同じ議題を持ち出すという混乱ぶりだった。宇垣がそれを嫌ったのが、「附」に記されている条件でもあった。

宇垣の示した四条件には、近衛も「宜《よろ》しい。四条件とも賛成だ。ぜひ入閣してくれ」と同意した。宇垣は日中和平工作を進めなければならないと考えていたという点では、このときの近衛と同じであったが、しかしそれは陸軍出身の長老として陸軍の政治、軍事担当者と対立するという構図でもあった。もし宇垣が外務省内の人事やこれまでの各大使の姿勢に精通していたら、吉田の更迭はなかったと思われるが、宇垣は外務省内部の事情をまったく知らないだけでなく、前任の広田外相のもとで行われた人事を刷新することを自らの目的のひとつにしてしまったのである。

外務省・枢軸三羽烏の暗躍

近衛改造内閣は、日中和平工作にのりだす意思を明らかにしたが、閣内にあっては陸相の板垣征四郎《いたがきせいしろう》がやはり軍内を統率していないことがわかった。さらに軍外では、陸軍主戦派の意を受けた右翼団体が宇垣や近衛、さらには元老の西園寺などに暴力的な威圧をかける、あるいはテロに走るという噂が撒かれ、近衛は次第に政権を担うことに消極的になった。周辺には「もう辞職をしたい」と洩らすようにもなった。そのたびに木戸や秩父宮、高松宮《たかまつのみや》、それに西園寺らに励まされて官邸にとどまった。

『西園寺公と政局』（第七巻）によるなら、近衛と宇垣の間ではしばしば話し合いが行なわれて歩調を共にしていたが、その宇垣も陸軍内の反発にあって次第にその意欲を萎えさせていった。宇垣人事は、この衰えていくときの置き土産のようであったが、近衛は西園寺の秘書原田熊雄に対して、「宇垣外務大臣はいよ〳〵人事に手をつける。斎藤《さいとう》（博《ひろし》）をロンドンに持つて行くつもりだつたが、斎藤には『なるべく内地にゐたい』といふやうな希望があつたらしいので、結局重光《しげみつ》（葵《まもる》）をロンドンに持つて行き、東郷（茂徳）をソヴィエトに、さうしてドイツは大島陸軍中将を予備役に編入して改めて大使に任ずる。それからイタリーには白鳥《しらとり》（敏夫《としお》）を持つて行き、現在の堀田《ほった》（正昭《まさあき》）を辞めさせる。アメリカには堀内を持つて行つて斎藤を引戻し、沢田《さわだ》――弟の方（廉三《れんぞう》）――を次官にするやうに決まつた」と伝えた。そこで原田は宇垣に会うのだが、「吉田（茂）大使はもうあれは帰つて来たら、罷めてもよいだらうな」といわれたので、「無論ちつとも差支《さしつかえ》ないでせう」と答えたというのだ。

宇垣の考えた大使級の異動人事は、「外交陣の強化」を図るのが目的だったという。当時、ソビエト駐在大使の重光は、吉田の後任としてロンドンに入るのだが、『重光葵手記』によるなら、赴任前にパリで吉田と会って執務上の打ち合わせを行なった経緯を記したうえで、「伯林《ベルリン》では自分の後任者の東郷〔茂徳〕大使に御出会《ごしゆつかい》した。宇垣大臣の電報によると『外交陣の強化』とかをやるとの事で東郷大使の後任には独逸《ドイツ》に於ける陸軍武官の大島〔浩〕中将（以下略）」と書いている。

つまり宇垣は、各大使に「外交陣の強化」という名目で今回の異動を行なったと説明したのである。これは何を意味しているか。宇垣は日中和平工作に全力を投入しようとしても、結局はそれは暗礁にのりあげてしまうのだが、その過程で行なわれたこの人事異動には明らかに宇垣なりの意思があった。それは本省と異なる独自のルートで動く大使が目障りだということだった。吉田は国策にそっていない動きをするとの判断をもち更迭したのである。同時に、宇垣をしてそのような判断をもつに至った裏には、外務省内において吉田更迭の声が強かったからでもあった。

当時、外務省の中堅官僚の中には、日中戦争を早期に片付けるためにドイツの力を借り、イギリスやアメリカとは対決姿勢をとらなければならないと主張するグループが存在した。通称、彼らは枢軸派寄りの外交官といわれていたが、彼らの特徴は徒党を組んで省内の要職にある者へ意見具申という名の圧力をかけることだった。枢軸三羽烏といわれるほど露骨に、親英米的な大公使の排除を求める官僚の一群もいた。

吉田はとくに彼らの標的になったようであった。宇垣は、陸軍側が興亜院《こうあいん》の設置を主張し、この機関で中国問題の解決を図ろうとする動きを見て、それは外相である自分への挑戦と受け止めた。それに加えて、近衛がそうした陸軍側の動きにほとんど異を唱えない態度にも苛立った。そのため宇垣は就任からわずか五カ月もしないうちに辞職してしまった（九月三十日）。

辞職の意思表示をしたあとに、外務省内には枢軸派寄りの外交官の動きがより活発になった。彼らは新しくイタリア大使に着任する予定の白鳥敏夫をかつぎ、日本外交が枢軸外交の方向に傾斜することを企図したのである。白鳥は外務省内でも枢軸派の幹部と目されていた。

このことを『宇垣日記』の九月三十日には次のように書いている。

「白鳥（敏夫）推戴の信者共が、連判状を作りて首相の処《ところ》へ推薦方を申込みたりとの噂を聞いた。余の就任当初より白鳥推挙の遠吠《とおぼ》えは耳にしたることあるも、左様の仕打ちには、他にも嘗《かつ》て一度も触れざりしが、類似のことを他には屢々《るる》耳にせり。相手を甘く見ての仕打か？　否乎？」

宇垣にとっても相当に不快なことだったのだ。さらに外務官僚に白眼視されていたという事実がこの記述によっても窺えてくる。宇垣は、自らも書いているとおり、外務省内の人事の慣行について無知だった。陸軍と同様に、人事を発令すればそのまま自動的に異動が行なわれると思っていたが、外交官の人事は発令したあとに相手国政府に内示をして諒解を求めなければならなかった。そういうことさえ知らない宇垣の無知に外務省内でも相当の風あたりがあった。『西園寺公と政局』によるなら、もともと宇垣は外務大臣として大丈夫かという声は西園寺周辺にもあった。結局は五カ月足らずで辞任してしまったが、しかし外務省内には親英米グループを中心に宇垣の能力を認める声が出始めていた。宇垣自身、外相経験者でもある有田八郎のもとに行って、顧問的存在になってほしいと頼んだりしている。少なくとも、近衛に示した四条件のもとで日中和平工作に動こうとしていたのである。

宇垣辞職は、結局は陸軍の指導者との間に生まれていた軋轢《あつれき》が原因であった。陸軍側は大正末期に宇垣陸相が進めた、いわゆる「宇垣軍縮」への反感と、昭和十二年二月に西園寺などによって企図された宇垣首班計画を陸軍側が潰したという事件によって、宇垣を陸軍の代弁者として認めなかったのである。興亜院設立計画はその証となる動きでもあった。

密かに行なわれた宇垣擁立

吉田は昭和十三年暮れに日本に戻った。その吉田が外務省を正式に退官するのは翌年の四月であったが、吉田は日本に戻るなり特別の肩書きももたずに政界や宮中内部を動き回ることになった。確かに外務省の長老という目で周囲は見たにしても、吉田自身は自らは西園寺や牧野を中心とする宮中グループの一員という使命感を持って動いていたように思われる。

昭和十四年という年は、吉田にとって必ずしも愉快な年ではなかった。吉田が自らの人生でもっとも不快であっただけでなく、日本のターニングポイントになった年となった。近衛内閣は、この年一月四日に政策的な行き詰まりから退陣してしまった。後継首相となったのは法曹界の平沼騏一郎《ひらぬまきいちろう》であった。平沼は国本社《こくほんしゃ》系のファシストというのが、かつては西園寺の判断であった。その平沼を推さざるを得ないほど、国内事情が悪化していることに、西園寺は当然のことだが憂鬱になり、もう自分は高齢だから後継首班を推す役割からは身を退きたいともいいだしたのである。

陸軍指導部は、日中戦争の長期化に備えて国内体制を戦時体制に切り換えようと奔走していたし、ドイツ、イタリアとの枢軸体制に傾斜を強めていた。それはアメリカ、イギリスに対する敵対行動を意味するのであったが、国内ではむしろ意図的に反英感情が醸成され、反英運動が民間右翼などによって組織化されたのである。そうした国内事情のもとで、吉田は実に精力的に動いた。とくに八月には、吉田は強い危機意識をもったことがわかる。

八月に、スターリンとヒットラーの間で突然に独ソ不可侵条約が結ばれた。これは日本の政治指導者にとってはまったく予想もしていない事態だった。日本とは日独防共協定を結びながら、そしてその秘密議定書にはソ連を軍事的に牽制《けんせい》するとありながら、日本の仮想敵国であるソ連と不可侵条約を結ぶというのは、明らかにドイツの背信行為であった。平沼首相は、こうした動きに対応できなくなり、辞意を洩らすようになったのである。

吉田はこの段階でヒットラーのそうした政治的で巧妙な策に気付かないでいる日本の指導者に不満をもった。そこで、吉田は密かに宇垣擁立運動に手を貸すのである。昭和十四年八月二十日、牧野伸顕にあてた手紙の中に、吉田のもとに届けられた軍人(林弥三吉《はやしやさきち》)からの手紙を同封している。

林の手紙には、「今ヤ日英会談モ、三国同盟問題モ行キ詰リト相成、ドーシテモ陸軍ニ睨ミノキク、然カモ海軍モ納得スル宇垣〔一成〕大将ニアラザレバ、此時局ヲ収拾シ得ストノ声漸次興リ」とあった。そしてこの林の手紙を受けとって、吉田は宇垣に長文の手紙を送っている。吉田はこのときを機にその後も宇垣にはしばしば手紙を送るようになるが、その事実は吉田が宇垣を見直したことを意味している。宇垣外相に対する、吉田の個人的不満は措いて、吉田は宇垣を自らの「手駒」として使い始めるのだ。吉田は昭和十四年八月段階で、自らの人脈を再編成するための工作を開始している。

吉田の動きは、第一に岳父の牧野をつうじてくいこんでいる宮中グループとの連携をつよめることだった。第二点として、アメリカの駐日大使グルー、イギリス駐日大使クレーギーとの接触をつづけ、日本の国策が反英米であるわけではないと説きつづけることだった。とくにグルーとは、秘密裏になんども会い、日本の国策に変化があるように見えても天皇自身の意思は基本的には明確であるとの説明をくり返した。吉田の意図していたのは、ドイツやソ連との協調的態度を捨て、アメリカやイギリスと連携しながら、ドイツを牽制し、ソ連の共産主義に強い警戒心をもつことにあった。

グルーは、吉田を始め牧野グループにつらなる官僚、貴族院議員、宮中関係者に深い信頼を寄せていた。むろん吉田などは、天皇は平和主義者であり、歴史的な姿勢はイギリス型の立憲君主政体の信奉者であると説きつづけたが、グルー自身にはその考えは理解できたし、日本は実際にそのような道を選択している限りにおいては自らの国と大きな対立は生まないだろうとの判断もあった。できうるならば、そのような勢力が日本の国策を名実ともに担ってもらいたいとの希望も強くもっていたのである。

その点で、グルーは吉田をよき友人と見なすだけでなく、心おきなく会話を交わすことのできるパートナーという目で見ていたのである。

吉田もまたその著(『回想十年』)の中で、グルーを「本当の意味での知日家」であり、「真の日本の友」といっている。

「穏健派」と駐日大使グルーの接触が切れる

グルーは、昭和十四年五月から十月まで休暇のためアメリカに戻り、日本国内での「穏健派」(それが牧野グループの宮中関係者や吉田などを称するときの表現で、グルーはこの語に自らの考えと通じる者という意味を含ませている)との接触が一時的に切れる。このために、「穏健派」は、この期が重要であり、帰国は延期すべきだと説いた。しかし、グルーはこの提案をやんわりと断わっている。その休暇が始まる日(一九三九年五月十五日)のグルーの日記には、こうした穏健派と目される要人たちとどのような話をしてきたかが整理されている。ドイツがロンドンやパリを空襲でもして多くの非戦闘員が殺害されるような事態がくれば、アメリカはいずれにせよ、こうした国を援助することになる、という意味の会話も交わしていたことが記されている。そのうえで、グルーは、

「ゆえに日本は将来を見透して、自分の友情をどこにおいたら一番利益であるかを決めるのが至当であ

る。（略）日本は目の前のことを見る代りに、遠いさきを見るべきである。経済、財政、商業、感情のどの点から見ても合衆国は、もし日本が米国と同様につき合うならば、世界中のどの国よりも日本のよい友人であり得るのだ。どの点から見ても日米戦争は、まさに愚の骨頂である。一方、独伊は日本に何をすることが出来るか。この両国の友情から、つまるところ、どんな具体的な結果がえられるのか。これらの問題は手遅れになる前に考慮さるべき価値が十分ある」

と書いている。国際政治は、しだいにアメリカを中心とする民主主義勢力とドイツ、イタリアを軸とする枢軸体制に二分されている、そこで日本はどの道を選ぶのが得策なのかを熟慮してみるといいともいうのであった。グルーのこうした見方は、「天皇の耳に入ったと信ずべき理由を持っている」ともいうのである。「数名の高い位置にいる人が私のとり来った線を慫慂《しょうよう》している」とも書いている。

吉田の基本的な考えは、ここに記されている内容とほとんど同じである。そして吉田はグルーがもっとも信頼した友人として、こうした考えをさまざまなルートで宮中に送りこんでいるともいえた。

吉田のこのような立場は、陸軍の政務担当者にとってまったく目障りだった。親英米派の外交官僚である点、岳父の牧野をつうじて宮中グループとも接触を始めている点、そしてなによりグルーとのこうした深い交際を持続している点は、政務担当者を苛立たせて、彼らは憲兵隊に常時、吉田を監視するよう命じていた。

昭和十四年七月に、日本では、一挙に反英運動が盛りあがった。たとえば七月十二日には、東京の日比谷公園で「英国排撃国民大会」が開かれている。この主催団体は対支同志会という右翼系組織で、ここでは「英国の援蔣政策を破棄させる」といったスローガンが叫ばれているし、この日をきっかけに排英、嫌英の集会が各地で開かれた。むろんこうした集会の背後には、陸軍の幾つかの部局があり、活動資金を与えてその運動を支えた。ドイツとの連携を強めるための布石でもあった。

日中戦争はこの期になると、日本軍が実際には軍事的な勝利を得ることが不可能であった。中国の国民政府は、イギリスやアメリカ、それにソ連からも援助を受けて、日本軍の占領地域をつねに脅かしつづけた。日本国内では長期戦への準備として、戦時体制がしだいに強まっていった。こうした状況から目をそらすために、陸軍の政務担当者は、イギリスを標的にして国民の感情を和らげなければならないという焦慮があったのだ。

〈イギリスが中国の背後にいるから、日本は中国に手を焼いている〉

そういう言が国民の間に、そのまま受けいれられるという時代状況が意図的につくられた。驚くことに全国の市町村議会が、反英のスローガンを採択するというほど波及していった。この運動の盛りあがりは、ドイツ、イタリアとの枢軸体制を認知させるためのセレモニーとして、国民を熱狂させた。陸軍省軍事課長の岩畔豪雄《いわくろひでお》が、「このあとは枢軸体制に運動を強化していかなければならない」と堂々と公言するような事態となったのである。

反英運動は、天皇や宮中側近グループなどに強い危機感を与えた。

秘書の原田熊雄からこうした反英運動の詳細を聞いたときに、元老の西園寺公望は、

「どうも陸軍の天下になつてしまつてゐるんだから、国家の運命はどうなるか、実に危急存亡の秋《とき》だと思ふ。独伊と一緒になつてしまつては、日本の前途も思ひやられる」（『西園寺公と政局』〔第八巻〕）

と洩らしたし、天皇もまた木戸幸一などに「ああした運動はとりしまることはできないのか」と問い質している。天皇のもとには阻止するとかえって治安が悪化する恐れがあるという回答が伝えられた。

対中国外交についての吉田の「意見書」

吉田のこの期の考えは、幾つかの書簡や発言を解析していくと容易に窺える。吉田は、「穏健派」と自らが目した要人に「意見書」を配布した節があるのだが、八月十七日に宇垣一成にあてた手紙の中にこの「意見書」を同封している。この意見書に沿って当時の吉田の心理を分析すると、その苦衷が理解できる。

冒頭で、吉田は「目今《もっこん》当面之急務ハ戦果ヲ全《まっと》フシテ時局収拾及《および》極東平和樹立ニ在リ」という。そこでこの意見書をかみくだいてみると、次のような流れになっていることがわかるのである。

〈対支外交というのは、実際には英米外交であり、これを忘れて中国人相手に対応を焦ると動きがとれなくなる。日本はやはり英米をとりこんで時局案を考えるべきだ（この部分の記述は、「先ツ英米取込ミカ時局対策ノ要点ナルヘキ」とある）。英国は今ヨーロッパでは、困難な状況にあり、極東で日英が対立したら困るのは英国だ。英国には譲歩の可能性がある〉

吉田は、イギリスの外交的立場が弱まっているこのときに、日本国内の時局収拾に利用することは外交体験者としては当然のことと考えているというのであった。そのうえで、吉田は次のような私案を提示している。

「私《ひそ》カニ時局対策ヲ案スルニ満州独立承認、容共抗日ノ絶滅、北支ニ於《おい》テ我《わが》政治経済的新地位、青嶋《チンタオ》ニ於ケル我《わが》特殊権益、例之旧独乙官公有財産交付、媾和条約履行保障及《および》治安維持ノ目的ヲ以《もっ》テ要地占領駐兵等ノ承認、以上程度ノ対支要求ナレハ近衛声明ノ範囲ニテ英米ノ了解取付《とりつけ》ノ見込アルヘク、要之《ようするに》極東平和ノ樹立ト日支干係確保ノ実ヲ挙クルヲ得ハ無割譲、無賠償ニテモ国民ヲ満足セシメウヘク……」

吉田は対中国関係では政治に偏重して経済を忘れてはならない、とこの意見書でも指摘したあとで、

「将又所謂《はたまたいわゆる》英ノ対支権益トハ畢竟《ひっきょう》貿易ノ利益ニ外《ほか》ナラス、帝国政府ニシテ支那治安ノ維持ニ任シ其貿易発達ヲ期スルノ意明《あきら》カナルニ於テハ日支事変ニ依ル我在支新地位承認モ英ヲシテ不得已《やむをえぬ》モノト観念セシメ得ヘシト信ス」

という。以上のような方法で、戦局を収拾しても、戦後の跡始末は容易ではないと書いてから、経済的不況をのりきるために中国軍と日本軍の武器を統一して、日本がその供給を引き受けるのも一案と提案している。それにより日本の軍需工場は基盤が強化されるというのである。こうした経済的提案に具体的にふれたあと、吉田は次のような認識を明らかにする。

「明治維新后已《ご》ニ《すで》二年久シク内外庶政一新ヲ要スルニ当リ、事変以来国民挙ケテ戦争ノ目的達成ノ為メニ忍ヒ難キヲ忍ハント欲スルノ結果、議会モ政党モ将又輿論モ議ノ尽スヘキモ尽サズ穏(ママ)忍シテ一ニ時局有終ノ結末ヲ待望シツヽ、アル反面ニハ、吏僚《りりょう》ノ専恣《せんし》民意ノ暢達《ちょうたつ》ヲ妨《さまた》ゲ統制ノ名ノ下ニ庶政煩細《はんさい》ヲ加ヘ来リ、時局一旦片付カハ民間積日ノ不平一時ニ勃発スルナキヲ保セス」

そのうえで、国内の政策は「行政整理、冗員淘汰、官吏増捧(ママ)、治安、裁判ノ敏活簡易、教育改善、統制経済機構ノ再検討、貿易振興、国家政治組織、分ケテ統帥権問題ノ解決等、緩急宜《かんきゅうよろ》シキニ従ヒ施為《しい》スヘキモノ誠ニ尠《すくな》カラスト可謂也《いうべきなり》」と書く。結局、吉田がとらえている現在の日本の状況は次のようなことだと結論づけていくのである。

「我国現今内外ノ状勢ヲ考フルニ政道宜《よろ》シキヲ得バ前途洋々何等憂フルヲ要セス、唯近年優柔不断、因循姑息ノ政弊ノ今日ヲ致シ、今ニシテ勇断スルナクンハ百年ノ禍根《かこん》ヲ養フノ虞《おそれ》アリ」

天皇を安心させるためにも重臣など要職の者に課せられた役割は重いと意見書は終わっている。

一九三九年時点での中国の立場

吉田はきわめて強い意思で時代への関わりを意図していたことがわかる。当時、有田八郎外相とクレーギーとの間で日英会談が開かれていて、中国でのイギリスの立場をどのように保障するか、その中国支援政策をどのていど認めるかといった課題が詰められていた。その結果、七月二十二日に一般協定が結ばれた。その内容はイギリスが中国での日本の軍事行動を認めるという意味であったが、しかしイギリスはそれは現状の承認にすぎないというのに対し、日本は占領地内でのイギリスの利敵行為はないと解釈する曖昧なものであった。陸軍の政務担当者によってあおられた反英運動はイギリスに対する圧力をかける意味があり、加えて日本の解釈を力ずくでも通そうとの国民運動であった。吉田は、ヨーロッパでのドイツの専横に不快感があるにしても、その力によって弱まっている英国には国益上は強い態度ででるべきだという選択があった。

さらに吉田の提案したこの具体策には、いくつかの特徴があった。中国問題の解決には、現状追認のうえ経済的な視点に徹するべきだという視点が軸になっている。そのためには、満州国承認、国民政府の抗日姿勢の是正、華北の開発や青島での権益確保、治安維持の目的での中国駐兵といった条件で中国側と交渉すれば、アメリカやイギリスは認めるだろうというのであった。

こうした吉田の条件は親英米派のこの段階での共通項であった。当時の「穏健派」の感覚は現実の情勢をふまえたうえでの認識という枠内にとどまっていることがわかる。むろんこの期に満州国の否認や中国での日本の軍事力に否定的な態度をとる者は影響力をもちえたわけはないのだから、彼らとてまずは相応の国益を確保するという視点で動いていたのだ。

だが吉田の提案の中の致命的な欠陥は、中国に対する認識の甘さだった。これは不幸なことだが、大正末期に奉天総領事時代に本省に送った電報を読んでも吉田は中国には一貫して厳しい姿勢をとっていたし、昭和二年に開かれた東方会議では、吉田は経済開発に徹するという立場で、中国への軍事的制圧のみを主張する軍部とは対立したのだが、そうはいっても中国を近代国家に成長しているとは考えない点では一致していたのである。

中国は一九三九（昭和十四）年という段階で、国共合作にひとまず成功していたうえに、イギリスだけではなくアメリカやソ連からも、多様な物資の救援を受けて、抗日戦線という旗を降ろすつもりなどなかった。私は一九三〇年代の中国国民党の政策決定者の一員であった中央統計局の責任者陳立夫《ちんりつぷ》をなんどか取材したうえで感じたのだが、たとえ吉田の提案をもってしても中国側がこれを受けいれることはないと思えた。満州国を認めるというのは、中国側には歴史上の経緯を見る限りありえないということだった。蔣介石の国民政府が容共政策を捨てることは、西安事件の国共合作を放棄することであり、これは当時の国民政府、毛沢東の共産党軍とも決して認められない段階にたっしていたのであった。

一体に吉田は反中国の姿勢を色濃くもっていて、この期に吉田と親しく会話を交わした者が一様に指摘するのは、吉田の口から強い反中国の発言が聞かれたということである。その反中国意識は、各地に生まれた軍閥にみられるように国家意識の欠如、政略にふけり何者かに忠誠を誓うといった姿勢がないことに端を発していた。これは素朴な私見になるが、吉田は中国が未だに国際的実力を持たず、西欧列強に蹂躙《じゅうりん》されている有様に、軽侮感を抱いていたと思われる。この反中国意識を終生、吉田は離さなかったと思う。

ノモンハン事件と独ソ不可侵条約

もし吉田に、昭和十四年の中でもっとも不快な月をあげよと問うたら、ためらうことなく「八月」をあげたであろう。この八月は日本にとって歴史の回転軸になる芽を宿しただけでなく、世界史的にもそれから七年近くにわたってつづく戦争の幕あけを告げる意味をもっていたのである。

七月二日にノモンハンでこぜりあいをつづけていたモンゴル軍、ソ連軍と関東軍の間で、八月に入ると本格的な戦闘が始まった。もともとこの戦争は国境線が曖昧なために起こったモンゴル軍と関東軍の出先部隊の衝突であったが、そのうち関東軍の参謀がソ連軍の武力を確かめるために行なった挑発という意味をもった。極東ソ連軍には最新鋭の戦備が配属されていて、関東軍との間には五対一の開きがあるともいわれる状態になった。それを実際に試したいという野心に駆られて参謀の〝実験〟は行なわれた。ソ連軍は、八月二十日にノモンハンでモンゴル領内に入っていた関東軍に飛行機と戦車で大攻勢をかけた。日本軍は二つの師団が壊滅的な打撃を受けた。

この三日後（八月二十三日）、突然独ソ不可侵条約が結ばれた。国際社会を脅かす突然の握手だった。この夜、モスクワのクレムリンで、ドイツ外相のリッベントロップとスターリン、モロトフの極秘会談が行なわれた。会談の冒頭の議題は「日本」についてであった。その覚書（ドイツの国家機密）の中で、リッベントロップはスターリンの意思にそって「日本政府に対しその影響力を行使し、ベルリン駐在ソ連代表と連絡を保つと述べ」ていたのである。つまり、日本についての一定の情報を送ろうとも約束していたのだ。

国際社会はすさまじい外交駆け引きの時代で、裏切り、背信は当然という時代に入っていたのである。

さらに独ソ不可侵条約が結ばれた二日後の八月二十五日、ヒットラーはムッソリーニに手紙を送っている。アメリカ国務省編纂による『大戦の秘録（独外務省の機密文書より）』によれば、ヒットラーは独ソ間の思惑をムッソリーニに伝えているのだが、その中で日本について枢軸側の「対ソ同盟には、日本はおそらく同意するだろう。しかし、日本はイギリスに対しては、かような決定的な義務を敢て担うことはしないだろう」と分析している。日本の軍部が政府に反英的な態度を迫ったが、それは実現しなかったと伝えている。ムッソリーニはすぐにヒットラーに回答を返した。そこでは、「日本との関係の決裂、あるいは悪転は、日本をして民主主義諸国へ接近する立場に戻らせる結果になるからさけたほうがよい」と助言している。東京の大使にも連絡したが、日本の「当初驚愕した世論は後に一般的に良好な気分」に変化していると伝えた。

二人に共通するのは、グルーのいう日本の「穏健派」の力を軽く見ないという認識であった。

アメリカの駐日大使ジョセフ・C・グルーが、一九三九年の夏の休暇を終えて、日本に戻ってきたのは十月初めのことだった。十月十日のグルーの日記の冒頭には、「再び仕事を始め、準備万端怠りなしというところ。元気大いによく、仕事がしたくて張切っている」とある。グルーは、日米関係が次第にいきづまりにある状態をむろん熟知していたが、しかし彼個人は日本国内の天皇周辺の「穏健派」と連携を保ちながら、その改善の方向をめざす意気込みをもっていた。

グルーは、日本が中国大陸で強引に軍事行動を進めていることに苛立ちをもっていたが、だからといってその中国のために日本と敵対状態になる方向も好んでいなかった。グルーは中国とも日本とも円滑な関係を維持するのが、アメリカの国益に適うと考えていた。

だがその考えは、必ずしもアメリカ政府と一体となったものではなかった。つまり、グルーの姿勢は、彼自身の信条とアメリカ政府の国益や国策とはどこかの時点で亀裂を生むことが予想される状況にあった。

破局を回避しようとするグルーの努力

グルーが執務を始めて三日後（十月十三日）に、吉田は執務開始を記念する晩餐会を自宅で開いた。このときの模様をグルーは、次のように書いているという（中村政則『象徴天皇制への道――米国大使グルーとその周辺』からの引用。なお、グルーの『滞日十年』の邦訳版ではこの日の記述は割愛されている）。

「前駐英大使吉田氏夫妻と松方翁、白洲次郎《しらすじろう》氏、ピアソン夫人、マックス・シュミットが晩餐会にやってきた。夕食後、吉田・白洲と、日本に対するアメリカ世論の動向とその利用について長時間話し合った。彼らはこの件をすべて首相〔阿部信行《あべのぶゆき》〕に話すようすすめた。会合の準備は二人がするという。それに対し、私は外務大臣の頭越しにそのようなことをやりたくないが、もし阿部首相が望むのなら、もちろん、よろこんで首相に会い、すべてを率直に話すと答えた。さらに吉田と白洲は現内閣の組閣にあたって影響力を行使したとみなされる近衛公との会話をおこなうようすすめた」

白洲次郎は、グルーが吉田と同じ程度に信頼していた貴族院議員樺山愛輔《かばやまあいすけ》の女婿であった。ケンブリッジ大学を卒業して日本水産に入り、ロンドンにあってビジネスに没頭していた。その折りに吉田と親交を結び、吉田とは終生の友となった人物である。白洲はその得意な英語力でこの期にはグルーやイギリスの駐日大使クレーギーらとの連絡役を果たしていた。

吉田は、グルーに対して陸軍出身の阿部はもともと政治力があるわけではなく、その情勢認識も甘いとの不安を洩らした節があるが、とにかく阿部にアメリカ国内の世論を率直に伝えてほしいと要請している。阿部は陸軍内部の政治将校にとっては扱いやすいといった程度の理由で、その職に就いたにすぎず、宮中側近の親英米グループにとってはなんとも頼りにならない指導者でしかなかった。

　吉田がグルーに対して、阿部に会ってアメリカ国内の事情を伝えてほしいと要請したこの事実は、阿部に対する自らの影響力のなさを告白したことにもなる。グルーはグルーで、そういう私的なルートをとおしての交渉は乗り気ではない旨を伝え、しかし阿部が望むなら受けてもいいという態度をとっている。結局、この私的ルートの会話は、阿部の側が乗り気でなかったこととこの政権そのものが不安定なために実行はされなかった。

　グルーのこの期の事実認識をもう少しくわしく見てみよう。グルーは十月十九日に日米協会での歓迎会で演説をしたが、その内容は『滞日十年』の中に紹介されている。最初の部分でグルーは、「今年の五月帰国に先立って、日本の一友人が私に、彼が理解する日米関係を私の米国の友人達に伝えてくれと懇望されました」といって、次のような内容を語っている。

「中国における米国の権益は日本の軍事行動によって、ある種の小さな、重要でない不便を蒙《こうむ》っている。日本軍は米国権益に不便をかけまいとして出来うる限りの用心をしている。米国で発表される、中国における米国の権益を日本が損傷しているという報告は、米国人の反日感情を煽《あお》らんとして故意に誇張したものである。米国人が異議を唱えるかかる日本の活動は、大部分が言語習慣の相違と、米国があまりにも法理論的な態度をとることから起っている。日本占領下の中国における米国権益の毀損《きそん》に対する米国政府の態度は、主として米国内における政治情勢に由来する。近い将来、中国の被占領地域における形勢は、米国が苦情を中立てる必要がない程度に改善されるだろう。これが私の日本の友人の観点でありました」

しかし、グルーはこのような見方は、「真相はこれとは甚《はなは》だ遠いものであります」といい、中国において日本が行なっている軍事行動の具体的内容は、合衆国政府は逐一知っているし、アメリカの国民もまたよく知っていると伝える。これらの事実を十二分に考慮することとこれらの事実を改善させること、この二点が日米関係改善の方向というのであった。こうした事実を語ったうえで、グルーはアメリカ政府とアメリカ国民がどのような態度で歴史と対峙するかを説いている。そこには次のような警告も含まれていた。

「米国民はあらゆる国との平和関係と、すべての国々の間の平和関係を望んでいます。この平和への要望は何も米国民の独占事業ではありませんが、われわれは歴史を通じて、単に戦争と戦争の幕間であるが如き平和は、世界文明がそれに基づいてしっかりと発達し、あるいは維持されることさえ出来ぬ環境であると確信しています」

グルーの演説は、知日派の自分であってもその流れは喜ばしい方向に向かっているとは思えない、だがこの「混沌たる世界」にあって両国は互いに協調していかなければならない状況にある、と結んでいる。この演説はこの段階では、きわめて良識的な見解を示したものであった。

日本とアメリカの間は、ぎくしゃくした関係になっている、だがそれは最終局面に達しているとは思えない、まだ交渉の余地はあるとの意味も込められていた。

同盟通信社の上海支局長である松本重治《まつもとしげはる》は、このときのグルーの演説に高い評価を与えたと、のちに自著（『近衛時代』〈上〉）の中に書いているが、グルーと近衛をとにかく友人関係にもっていき、日米関係を改善しなければならないと痛切に思ったという。松本は同盟通信社の上層部と共に近衛やそのほかの宮中側近グループ――それはグルーのいう「穏健派」ということでもあったが――の強力な支援者だったのである。しかし、このグループと吉田のグループが、決定的に違っていたのは、日中戦争の和平工作への熱意の点にあった。松本らのグループは、陸軍の軍人（たとえば影佐《かげさ》禎昭《さだあき》など）と共に、中国との和平工作を積極的に進め、なんとか東亜での戦火を鎮めようと考えていたのである。

グルー＝野村会談の行方

グルーの演説の中で、「日本の一友人」とあるのは、吉田と思われる節がある。西欧の純法理論的見方に対して、吉田は日本ではそのような見方になじんでいないことを知ってほしいとしばしば要望していたし、なにより中国に対する権益を守るという点では、吉田はグルーの紹介した言とほぼ同じ内容を語っていたからである。よしんば、この「日本の一友人」が吉田でなかったとしても、吉田とほぼ同じタイプ（たとえば、樺山愛輔などがそうなのだが）の人物であったろう。

吉田は、中国での日本軍の軍事行動そのものに批判的ではあっても、それを和平工作の段階にまで高めるという動きはしていない。吉田の対中国政策は、この期の中国の混乱を救うために日本が主導的な役割を果たすのは当然と考えていたし、日本もアメリカやイギリスなどと共に中国に対する経済的利益を得るという条件を踏まえたうえでの親英米路線であった。吉田をグルーが「穏健派」ととらえていたのは、グルーもまたそのような考えの延長にいたからと解釈していいと思われる。

グルーは、日本との友好的な関係をめざして昭和十四年十一月四日から十二月二十二日までの間、阿部内閣の外務大臣である野村吉三郎《のむらきちさぶろう》と四回にわたって会談をもった。この期、日本とアメリカの間は無条約状態であり、それを回避したいとの意向が、野村とグルーの間にはあり、それを意識しての会談であった。この会談には吉田自身も外務省の長老の一人として裏方に徹して支援したが、しかしこの会談自体は結局実ることはなかった。

その理由は、グルーの書から類推していけば、野村が日米間には、今は「積極的」と「消極的」の懸案があるのではないかという論に対して、グルーは、いやそうではなく両国間には根本原則の違いがあり、それは「積極的」にも「消極的」にもはいらないと答えた点に象徴されている。この期の国際情勢をどうとらえるか、その点についての見解に相違があるという意味は、つまりは政治哲学や政治理念の違いであり、その点をどのように調整していくかという大きな問題を含んでいた。

野村は、グルーのいっている意味を正確に理解した。そこで、これからのことは「記録をとらない」という前提でいうのだが、と前置きして、「われわれは欧州戦争が東亜に波及することを、日米両国の利益のために防がねばならず、日米調和はかかる不慮の事故を避ける強力な要素であろう」とつけ加えたのである。野村は日本海軍の中ではもっとも親米的体質をもつ軍人であり、このときはヨーロッパ戦線でのドイツの動きに警戒心を抱いていた。加えて陸軍の政治将校たちが中心になって進めているドイツ、イタリアとの三国同盟の動きに不快感を隠さなかった。グルーもまたこの点では、野村のいい分を受けいれることができた。

松本重治の書『近衛時代』の中に、松本が元老西園寺《さいおんじ》公望《きんもち》の孫西園寺《さいおんじ》公一《きんかず》と共に中国問題を解決してほしいと、阿部内閣の閣僚を次々に訪問したエピソードがでてくる。閣僚たちからは、「お話はよく伺いました。検討いたします」という語が吐かれるが、そこには何の具体案もないことがわかる。しかし野村だけは、ふたりが、「日米関係は悪くなる一方じゃないでしょうか。日米関係をよくするためには、日本が中国から撤兵するのが一番効果的である、と信じます」というと、困ったような表情になったという。この解決策がもっともふさわしいというのは、野村もまた充分自覚していたのである。

しかし、野村には政治的手腕がなかった。グルーは、吉田と同じ立場（情報連絡役）の樺山愛輔に、「野村外相は愛すべき人ではあるけれども、外交は素人なので九〇パーセントまでは話はわかるが、のこりの一〇パーセントにいくとわからない。時を俟《ま》つ以外にない」と洩らしている。野村の心中にある日米和解、それは中国からの撤兵以外にないとの確信を主張するのに優柔不断であった。

吉田は、この期にこのような構図の中で、しきりにグルーと接触をつづけていた。吉田の意図は、とくべつにアメリカ政府にどのような政策をとるべきかを伝えるのではなく、つねに日本の政治力学の中で天皇側近らの親英米グループが一定の動きをしていて、アメリカとのぎくしゃくした関係に懸念をもっているとの信念を伝える点にあった。それはまさに、親英米派の空気を伝えることであり、グルーがのちに喝破したようにそういう勢力の意向が政策次元にまで高まり、やがて「太平洋に虹をかける」という可能性を信じてもらう点にあった。

吉田が宇垣を担いだ意図

吉田は、昭和十四年十二月になると阿部内閣が陸軍の政治将校たちから見はなされただけでなく、なにひとつ現実的な政治行動をとれず、倒閣の機運が盛りあがるのを察知して新たな組閣工作に熱をいれた。宇垣一成の首班かつぎだしに動いたのである。

そのために近衛を説得し、とにかく宇垣と会ってみるよう勧めた。そしてともかく近衛の諒解をとると、宇垣にあてて書簡を送った。その書簡の表現が、この当時の吉田の置かれた状況を語っていた。そこには次のようにあったのだ。

「陳者《のぶれば》政界雲行急ならさる間に関白公〔近衛文麿〕と御会談可然《しかるべく》と存居《ぞんじおり》候処《そうろうところ》、先方同意ニ付、閣下ニ御異存なくハ近日ソツト拙宅ニ御《お》立越相成《たちこしあいなり》、其《その》アトニて関白ハ昼餐《ちゆうさん》ニ招かれたる形ニして白昼公然拙宅ニ入らるゝニ於テ却而《かえつて》目立たす御会談出来《でき》可申歟《もうすべきか》、幸ニ御同意を可得者《うべくば》小生心得までニ御差支《おさしつかえ》の日取(昼食時ニ)御内報被下度《くだされたく》、(以下略)」

吉田は、自宅で宇垣と近衛の会談を斡旋し、ここで宇垣首班のために近衛に一肌ぬがせようと考えていたのである。吉田の宇垣かつぎだしに呼応して、一部の陸海軍将校も動いているが、陸軍の中堅幕僚は宇垣には冷たい目をむけていた。宇垣は蔣介石と直接会談を行なうことを考えている節があり、それが許せないというのであった。

宇垣首班構想は、宮中側近グループの間に知れわたっていった。『西園寺公と政局』には、原田熊雄が集めてくる情報の中で、宇垣首班の声が大きいことがなんどか書かれている。しかし、内大臣の湯浅倉平は、「宇垣は独善的だから、誤った考えで強情を張られては困る」という見方を原田に伝え、不快感を露にしている。

宇垣と近衛の会談は昭和十四年十二月八日に、吉田邸で行なわれた。この会談は、まったく伏せられていたが『宇垣日記』によるなら「○公と会談せり」とぼかされているが、どのような話をしたかが十三項にわたって記されているのである。この十三項を読む限りでは、ふたりは相当突っこんだ会話を交わしている。「国内の窮迫は憂慮に堪へぬ。米国の空気は悪い」とか「阿部氏は存外呑気《のんき》也。野村は小心にして存外心配家也」という記述のほかに、近衛は宇垣に、「貴下は政党、財界は歓迎し支持する……」といった話が記されている。つまり、この期に宇垣自身は首相として権力をにぎることに意欲的だった。この日以後、近衛も会う人ごとに「万一のときは宇垣よりないぢやあないか」と説いている。

吉田の政治工作はしだいに力をもっていったのだ。

だが吉田の宇垣擁立工作は陸軍内部の反対が強いだけでなく、湯浅などの反対もあって広がりはもたなかった。それには宇垣自身の人望のなさもあった。なにより宇垣は、自らの権力を固めるためにあまりにも多くの人に自らの意気込みを洩らしすぎたのである。

吉田がそういう宇垣の性格を知りながら、宇垣をかついだのは、この男なら陸軍を抑えられるだろうということと、自らがコントロールしやすいタイプと考えたからだった。吉田は宇垣をかつぎながら、その政権をできるだけ自分の思う方向に引き寄せようと考えたのだ。

グルーに対する積極的な働きかけ

昭和十五年一月十四日に、阿部内閣は倒れ、すぐに海軍の米内光政《よないみつまさ》が首班に推されたのは、海軍の力で陸軍を牽制しようという湯浅や首相経験者たちの思惑があったからだった。

吉田はそういう動きとは別に、その三日前まで宇垣かつぎだしに奔走していて、岳父の牧野伸顕あてに、なんとしても宇垣をもってこの時局をのりきりたい、いつまでも陸軍を恐れるのではなく、「今度こそハ多少の磨擦《（ママ）》ハ之を忍ひても断乎たる方針堅持《けんじ》相成度《あいなりたき》ものと奉存候《ぞんじたてまつりそうろう》」という書簡を送っていた。そのうえで、牧野にも尽力を求めていた。

結局、吉田の野望は挫折するが、吉田はこのときを機に、国内での政治的工作にはさらに強い使命感をもってあたっていく。同時にグルーに対しては、積極的に意見を開陳し、グルーとの間でもときに見解の対立を露にしていくことになった。吉田の言動は、自らの信念を実現するためにひときわ活発になったのである。

昭和十五（一九四〇）年四月から五月にかけて、ヨーロッパではドイツ軍が北欧作戦や西部作戦を相次いで進めた。前年九月、ドイツ軍がポーランド領内に侵攻して第二次世界大戦が勃発したのである。ドイツ軍の西部作戦では、フランス軍のマジノ線を巧みに突破し、短期間のうちに英仏海岸にまで達した。フランスは実質的にはドイツの占領下で、国家としての機能を失っていく状態だったのである。すでにオランダはロンドンに亡命政府を置いていたが、フランスもまたそのような状態になることが予想された。

ヨーロッパのこのような軍事情勢は、日本国内の勢力図を大きく変えることになった。ドイツと手を結び、アメリカ、英国と対峙する気運が陸軍省の幕僚によって意図的に演出された。政友会の総裁久原《くはら》房之助《ふさのすけ》のように、米内内閣にあてて「速かに英米追従方針を更改して外交方針を確立すること」と申し入れる有力者もでてきたし、民政党も外交方針を改めて現下の国際情勢に即応すべきと説いた。新聞の論調も独伊との提携を骨格にすべきというものであった。昭和十四年八月の独ソ不可侵条約の締結により、日本はドイツの背信にも似た行為を知らされたにもかかわらず、その六カ月余後には、ドイツの軍事力に幻惑される状態になっていたのである。

吉田とグルーにとっての悲劇の構図

吉田はこの期、アメリカの駐日大使グルーとしばしば会い、日本の情勢は一時的な歪みを生んでいるだけだと説きつづけた。しかし、吉田の言には日々焦りが募っていった。グルーの『滞日十年』の邦訳版では割愛されているが、原著の中には、一九四〇（昭和十五）年四月十六日の項に次のような記述が見えるというのである（ジョン・ダワー『吉田茂とその時代』〔上〕）。

「私は吉田と長いあいだ話し合った。彼はいつも虹がそこまで来ているというが、今夜も例外ではなかった。彼は私に、六月には情勢に重大な転機が来るから、どんな事情があっても日本を離れるべきでない、クレーギーと私自身がそのころいないのははなはだ賢明でない、といった。彼の議論では、新しい税法が発効すると輸出業者は、輸出シーズンのはじめにあたって、輸出品がひどく制限されることを知るし、目下の高物価による農民その他の現在の楽観論はなくなってしまい、国民は中国との戦争をやめるように要求し、それは軍部にさえも影響を与える。そしてアメリカはその中国における利権が尊重されるようになることをすぐに知る、というのであった。私はいった。それが本当なら、大変いいニュースだが、中国におけるアメリカの利権に対する日本の干渉が次第に増えている事実（天津、北平、厦門《アモイ》、福州などからそういう報告が毎日のように私の手許に来ている、と私は吉田に語った）を考えれば、情勢の突然の急変について、それほど楽観的でない、と。吉田は前にいったことをただいく度もくりかえすばかりだったから、われわれは意見が一致するどころではなかった。（略）」

グルーは吉田家に招待され、そこには牧野伸顕も来ていたというのだが、そこで話されたのがこのような内容だった。つまり吉田は、日本の外交がほとんど機能しない状態にあり、軍部が動かしている変則的な状態を正直に語ったのである。吉田のいう「国民は中国との戦争をやめるように要求し」という事態は、当時の日本の政治状況ではまったく考えられないことだった。このような実現不可能な話をもちださなければならないほど吉田は政治的には孤立していたのである。

これは吉田にとっても、グルーにとっても悲劇の構図であった。グルーは、吉田との盟友関係もあり、吉田のその言をそのまま信じることはなかったにしても、吉田の言が実ってほしいとの期待は高めていったのである。吉田のような「穏健派」が政策決定のプロセスで力をもち——それはいずれにしても軍部とは対立することになるが、なんとか米内内閣そのものが「穏健派」の方向に進んでほしいと願ったのだ。しかし、事態は逆に進むだけであった。グルーの昭和十五年七月二日の記述である。

「日本の政治的混乱は緩和されぬばかりか、むしろ激しくなった。各所でのドイツの勝利、フランスの崩潰、一般に予想される英国の敗北は、とくに陸軍と、いうまでもないことだが、極端論者と親枢軸分子との間に、必然的な反応と効果を持ち来した。軍部はいたけだかに、政府はそれより幾分穏かな言葉で、仏印《ふついん》、香港、ビルマから軍需品が中国へ流れこむことを完全に中止させることと、上海の共同租界から英国軍を移動させることとを要求している。他方彼らは蘭印《らんいん》が、他国の正規な割当てと必要を無視して、日本が必要とする物資を自由に送り届けることの保証と、その諸島における移民と産業的開発の件で、日本と協力すべきこととを要請している」

ドイツの軍事的優位に応じて、枢軸派の力が増してきた。彼らがフランス、オランダ、そして英国の国力衰退を機にしだいに南方要域への進出を考えはじめていると案じているのである。こうした声に推されて米内内閣で穏健派に同情的だった有田外相の発言も少しずつ強硬になっていると、グルーは分析していたのであった。

三国同盟へ加速する日本

有田は六月下旬に「国際情勢と帝国の立場」と題してラジオ放送を行なったが、このときの演説内容は、世界が数個の経済ブロックに分割されると予想し、東亜や南洋地方では日本が安定勢力になるべきだといい、この分野には英米の介入を許さないというのであった。この強硬な演説は、外務省原案に陸軍省軍務局が異を唱え、きわめて強い調子に変えたためだったのだが、グルーの日記の記述にはそのような日本の政治情勢についても知悉《ちしつ》している節が窺えるのである。グルーは早晩日本が軍事力を発動するかもしれぬと憂い、その前に二・二六事件のようなクーデターが起こるかもしれぬとこの日（七月二日）の日記には書いているのである。そのうえで次のようにも書いていた。

「何事が起るか分らない。一般民衆は反英の度を増し、大部分反米的である。もし内閣が瓦解すれば、その時は近衛公爵が後継首班になるだろうとの説があるが、われわれとしては彼がまだ政府の手綱を受けつぐ用意は出来ていないと思う。われわれは平沼男爵だとにらんでいる。近衛公爵は単一政党制度を組織することに多忙であるといわれる」

グルーは、日本国内の政治の動きをかなりくわしく理解している。米内内閣が陸海軍内部に芽生えている蘭印、仏印への武力進駐論や独伊との枢軸体制提携論になんらの具体的な対応もできないまま停滞している有様を、グルーは正確につかんでいる。さらに近衛待望論が起こっているが、近衛は当時大政翼賛会にかかりきりで、この組織を自らの政治基盤として確立したうえで登場するつもりでいることさえつかんでいるのだ。こうした情報は吉田やもう一人の信頼できる友人樺山愛輔から入っていたのだろう。近衛がでてくれれば、日本とアメリカ、イギリスとの関係は大きく変わる、陸軍の軍事冒険主義を抑え、枢軸体制を変えるだろうといった情報が、吉田からは執拗に届いていたと推測される。

それこそがグルーにとっては、アメリカと日本の間にかかる「虹の橋」と思えたに違いなかった。

吉田は米内内閣がとにかく陸軍の政策担当者たちが主張する親独路線に抗している姿勢に好感を覚えていた。だがどのようにこの内閣を支えればいいかというプログラムはもっていなかった。それどころか陸軍の憲兵隊が吉田のような親英米主義者の周囲を徘徊し、威圧を加えてくる状態になると、それに気をつかわねばならなかった。グルーやクレーギー夫妻の外出時には、常時憲兵隊員がついてくるが、それにもかかわらず吉田は、彼らを、たとえば西園寺公望の秘書である原田熊雄に紹介したりした。そのような折り、原田は、西園寺の気持を代弁するかたちで、クレーギーに、

「ヨーロッパの戦争には絶対不介入の態度を堅持していくことが日本の使命だと思う。貴下の心配するようなことは恐らくないだろう」

と伝えている。するとクレーギーは、安心した表情になったというのである。

牧野伸顕の女婿として、そして宮中グループの親英米派の実行部隊の部隊長といったかたちで、吉田はグルーやクレーギーに「虹の橋」をかける努力を見せていた。といっても、吉田は自らの努力が実ることには絶望的な心理になっていったと思われる。陸軍を始めとする——外務省内部にも親枢軸派の革新外交官が生まれていたのだが——親独派の動きは、独伊との提携を進める三国同盟条約締結の方向に加速していたからだ。そのために米内内閣の影響力は失われていった。陸軍の幕僚たちは、重臣の木戸幸一に面会を求めて、

「陸軍は世界情勢の急激なる変化に対応し、万全を期するつもりであるが、米内内閣の性格は独伊との話し合いを進めるにはきわめて不便で手遅れとなる恐れがある。この重大時期に即応するためには内閣の更迭もやむをえない」

とつめよるようになったのである。米内内閣にその意がないと見ると、陸相の畑俊六《はたしゅんろく》を更迭するといいだす。陸軍省軍務局の中堅幕僚たちは、長老の畑の意向などまったくかまわずに、自在に自分たちの意思で内閣をつくりかえるとの認識をもっていた。

松岡外相の情実人事

吉田がそうした陸軍の動きに強い苛立ちと抑えきれぬほどの憤怒の念をもったことは容易にわかる。駐英大使時代に、ドイツへ傾斜する陸軍の軍人たちに露骨に嫌悪の念を露にして以来、吉田は親独になびく軍人たちとは不倶戴天の関係になっていたのである。

このことをもっとも示しているのは、戦後になって吉田が著した著作（『回想十年』）の中にある次の一節であろう。

「私の見るところ国家のために一番悪いのは、自分等の政治勢力の拡張に利用するために、この種の排外感情を刺激する徒輩が出てきたことである。その最も手近かな実例は、満州事変頃からのわが軍部のやり方である。当時のわが軍部、特に陸軍側の反英米は、前述のとおりいろいろの理由があったには相違ないが、その最大なものの一つとして、わが元老、重臣始め、当時の指導層が明治以来の親英米の大道を守るのに反感を抱き、彼等に対抗して、自分等の勢力の伸張を図らんがために、反英米を特に強調したということは、見逃し得ない事実である。そして彼等はこの反英米の主張を、現状打破とか新秩序の建設とかいった革新的な標語で表現したのである。しかも彼等の犯した最大の過誤は、反英米の極点として、独伊と提携するに至ったことである。（以下略）」

吉田のこの怒りは、当時——つまり昭和十五年頃のことになるが——の悔しさと無念さを端的に語っている。陸軍の幕僚たちは、自らの権力を確保し、拡大するために元老や重臣と対立し、それがたまたま反英米になったという理解なのである。この理解は、吉田が当時の新官僚と称される親軍的体質の官僚たちとは明確に一線を引き、むしろ彼ら新官僚に不快感をもっていたという意味である。

陸軍を中心とする親独派の軍人、官僚たちは、米内内閣を見限っていくが、このときに大きな役割を果たしたのは木戸であった。昭和天皇は、米内内閣の親英米を保とうとする姿勢に好意的で、木戸に対しても「なるべく米内内閣を続けるように……」と伝えていた。しかし、木戸は重臣に就いてまもないという期であり、しかも陸軍の幕僚たちから圧力を受けているためもあって、米内内閣更迭の意図をもっていた。さらに近衛文麿や平沼騏一郎らの反米内感情を巧みに利用しようとしていたのである。

米内内閣のあとに誕生した第二次近衛内閣は、当初から大政翼賛会を基盤とする新しい政治勢力の結集の意味をもった。この内閣は、外相に松岡洋右《まつおかようすけ》を据え、陸相には東條英機《とうじょうひでき》を据えた。東條は陸軍内部から推されてきて、近衛はそれを追認する以外になかった。近衛は東條についてはまったく情報をもっておらず、陸軍内部の知人などをつうじてさぐりをいれたところ、「この男は生真面目だけがとりえだ。四角四面の固い男だ」という評判を耳にいれ、それなら自分が容易につかいこなすことができるだろう、と判断した。結局この判断が一年後には見事なまでに裏切られることになった。

近衛が外相に松岡を据えたのは、この男なら陸軍を抑えられるであろうし、外務省内の枢軸派と英米派との対立の調整ができるだろうと考えてのことだった。実際、松岡は外相のポストに就くや、外務省内外の方針を一変することを高言し、この難局をのりきるには大胆な発想の転換こそ重要であるとくり返した。昭和天皇は、近衛が組閣名簿をもってきた折りに、松岡の名を指して、「この男で外交は大丈夫か」と念を押していた。それほど不信感をもっていたのである。

松岡は外務省内の人事にも手をつけ、自らの考えにそう人物を重用するといった、典型的な情実人事を進めた。それは結果的に枢軸派寄りの外交官を重用することになったのだが、これには吉田など外務省の長老組はなんとも我慢がならないと怒った。松岡が陸軍の幕僚と手を結んで日独伊の三国同盟を締結する姿勢を明らかにすると、その怒りをさらに増幅させた。

捨身の闘いに賭ける吉田

九月に入ると、三国同盟条約案についての国会での論議が始まったが、松岡は近衛内閣をリードするかたちでこの条約締結のプログラムを進めていった。吉田は松岡のこの独走ぶりに不信感を募らせ、九月にはいると、牧野伸顕や西園寺公望へ相次いで書簡を送った。松岡の暴走を止めるには、今や西園寺や牧野の力を頼む以外にないとの思いからであった。

九月三日付で西園寺に宛てた手紙は、この期の親英米派の苦衷がはっきりとあらわれていた。西園寺のもっている親英米派の体質に吉田は自らの言動のすべてを仮託させようとしていたのである。

「陳者《のぶれば》、昨今国状誠ニ寒心ニ不堪《たえず》、別而《べつして》老公閣下ニ於《お》かれ一段御痛心之義と乍恐《おそれながら》奉拝察候《はいさつたてまつりそうろう》、惟《おも》ふに禍源ハ当面の日支事変処理ニ専念せす将又《はたまた》専念する能《あた》ハさる事情の伏在するに在るへく、其処理ニして成らハ国家新体制、外交転換等自ら定まるところニ定まるへく被存候処《ぞんじられそうろうところ》、独伊側終局之勝利を軽信し、現状打破の声ニ眩惑して、英米在支勢力ヲ敵視し、将又《また》和平交渉当然之相手方たるへき蔣介石を度外視する等、外交之常道を逸脱し、政治経済其他方面も亦同様の始末ニして、日々ニ国民の不安を増長せしめ居るハ、一部の輩、兵時ニ藉口《しゃこう》して専恣《せんし》の風を致せるか故ニ外ならす、然れとも現状も自ら窮極するところ可有之《これあるべく》、英独之勝敗も近々相当の見《み》据《すえ》も付可申歟《つきもうすべきか》、其場合政局之収拾の任ニ当るへき内閣首班の撰衡に就てハ今より特ニ御用意相成度と奉存候、（以下略）」

吉田は西園寺にこのような書簡を送るのは、国事を私議するようなものでまことに心苦しいが……といってこの書を認《したた》めたといっている。実際、吉田はドイツがいつまでも軍事的に有利な状態にあるわけではなく、英国が力を盛り返すだろうといい、そうなったときのためにそれに即応できる内閣をぜひ考えておいてほしいと要請しているのである。そして宇垣一成の名をあげているところに、吉田のこの期の考えがあらわれていた。

吉田は、九月下旬にはフランスがドイツの支配下にあることを見て、北部仏印への進駐を図ろうとする陸軍の政策に強い反感をもった。しかも陸軍の参謀たちは、現地のフランス軍との間で条約を結んで進駐すればその範囲内に行動が制限されてしまうと案じ、強硬に武力進駐を主張した。これは勅命に反する行動でもあった。

北部仏印への武力進駐は、吉田にとってはまさに火事場泥棒のように映った。

吉田は九月十七日に近衛にあてて書簡を送った。先の西園寺への書簡、さらにこの近衛への書簡はいずれも牧野に宛てて報告し、その手紙の内容も原文のまま伝えている。吉田は岳父の見識を信じ、その枠内で自らも動いているとの意思表示をつねに怠らなかったのである。この近衛あての書簡で、吉田は近衛に対して冷静な筆調で、あなたは今あらゆる勢力によって利用されているのは自明のことであり、とにかく今は首相から身を退いたほうがいいとまで勧めていた。近衛の名に傷がつくとの友人としての心情まで書かれていた。

そして近衛自身その進退については、西園寺公に相談するのも一策ではないかと勧めている。

近衛への書簡の中には、「独の勝利を予想しての事なれハ其特使特派の事実こそ彼自身勝敗ニ確信動揺之証左と不可見歟《みるべからざるか》、既ニ其対英上陸も今年中ハ覚束《おぼつか》なきか如く、来年ニ持越し長期戦となれハ独の不利申迄《もうすまで》も無之《これなく》、抑《そもそも》日支事変の思ふ様ニ片付かぬハ助けニならぬ独伊を頼みて英米の在支勢力利用の用意を欠く故なるハ屢々《るる》進言之通ニ有之、昨今更ニ又仏印、蘭印ニ事を発せんとするやの風聞ニ世間の不安憂愁を加居候処《くわえおりそうろうところ》」とある。近衛が「ドイツがヨーロッパを席捲する」などと考え違いをしてはならぬとくり返すのだが、吉田は自らの苦衷を察してほしいといったニュアンスでこの書を認めたのがわかる。

結局、吉田は、日本の政治状況をきわめてわかりやすくするために親独派を軸にした枢軸体制の勢力図を明らかにし、そのうえでその図をコントロールできる人物を首相に据えるべきだと考えていたのである。これは吉田にとって、捨身の闘いを意味していた。

第3章　日米開戦前後、焦慮と敗北の日々

振り返ることのできない歴史

熱病に浮かされたように、時代の指導者が試行錯誤の行動をとることがある。時代を支えた基軸が動き、後になって振り返れば誰もがなぜあのような行動を……と自省の感情をもつのである。

日米開戦（昭和十六年十二月八日）までの時間の流れを追うと、幾つもの試行錯誤がなぜあのように重なりあったのかと、次代の者にも熱病に浮かされる症状の怖さが改めて思われる。開戦前から戦時下のある時期までを担った東條英機《とうじょうひでき》でさえ——しかも彼はその熱病を振りまいた一人にもかかわらず——、その側近に「気がついてみたら開戦になっていた」と官邸で密かに洩らしていた。結局、その状況ごとに選択肢を選んでいるうちに、しだいに選択肢の幅が狭まり、〈戦争〉という道を選ぶ以外にないとなったのである。

吉田が戦後になっての著作や発言等で、開戦前から開戦後の状況についてほとんど語っていないのは、熱病に浮かされた当時の時代空気に激しい嫌悪感をもっているからにほかならなかった。吉田の心中を推測すれば、熱病に浮かされるような輩は凡俗の徒であり、歴史についての見識もなければ、自らの経《けい》

綸《りん》や識見にも欠けていることを露呈していることにほかならないということであったろう。

吉田の三女である麻生和子《あそうかずこ》は、かつて私とのインタビューで、吉田は怒ったり機嫌が悪くなったりすると、すぐに表情にあらわれるといって、「本当に怒ったら目がピカッと光ります。虎みたいに光るんですよ。それを過ぎると優しくなります。たいがいの人は、その光ったときに身を引いてしまうので、実像が理解されない面があるかとも思います」と話したことがある。吉田は、相手を軽蔑したときにそれが色濃くあらわれるというタイプなのである。それゆえに吉田は無用に政敵をつくり、能力があって近づく者にもときに感情を露《あらわ》にして遠ざけたのであろう。

日米開戦前の日本の状況を吉田は信念と信念の対立、歴史観の対立と見ていた。

「一九三〇年代の国際政治は、変転きわまりない複雑な様相を示していた。それは世界的な視野からみて初めて理解されうるものであった。しかし、日本の政治を指導していた人びとの目は主としてアジアに限られ、ヨーロッパの政治の動きや、アメリカの考えを十分に理解できなかった。三国同盟を結べばアメリカに対する日本の立場は強くなるから、日本はアメリカから中国についての妥協を得ることができるというような誤った考えはそこから生まれた。(以下略)」

これは『日本を決定した百年』の中の一節である。この論文は、一九六七年版の『エンサイクロペディア・ブリタニカ』の巻頭論文(基本的な骨格は京大助教授の高坂正堯《こうさかまさたか》が書いている)として書かれたのだが、吉田が近代日本の功罪を論じた点で各国から注目された。吉田はこの中で日本の軍人の視野の狭さと歴史認識の欠如を一般論として論じている。前述の一節でも、重要なのは、「(一九三〇年代の国際政治は)世界的な視野からみて初めて理解されうる」という点で、世界的な視野をもたなかったがゆえに、あの時代は熱病が蔓延したのであろうといっているように判断できる。

吉田にとっては、その熱病を止めることができなかったというのは、悔恨の思いでしか振り返ることができないとの意味もこもっているように思うのである。

米国が提示した四原則

昭和十六年四月から始まった日米交渉は、当初から奇妙な歪みをもっていた。もともとこの交渉は極秘で進められたのであったが、アメリカ人神父ウォルシュとドラウトの二人が日本を訪れ朝野を訪ね歩き、日本とアメリカの外交関係を正常化したいと説いた。彼らは産業組合中央金庫理事の井川忠雄《いかわただお》宛ての紹介状をもっていたので、井川がもっぱらその窓口役を果たした。井川は元は大蔵省の官僚であった。ドラウトがもってきた覚書は長文であったが、その骨子はヨーロッパでの戦争が本格化しないうちに、太平洋での日米関係を良好にしておかなければならないという点にあった。

当時の外相松岡洋右《まつおかようすけ》は、この二人の動きに関心は示さなかった。なぜなら松岡は、アメリカとの協調より三国同盟にソ連を加えた四カ国通商条約を優先させ、当面はアメリカとの関係は凍結状態でかまわないとの考えであった。

だがこの交渉は、途中から陸軍省軍務局長の武藤章《むとうあきら》が井川の言を入れ、乗り気になり、井川の渡米に合わせて軍事課長の岩畔豪雄《いわくろひでお》を同行させるなど前向きに応じたことで煮詰まっていく。四月十六日に野《の》村吉三郎《むらきちさぶろう》大使は国務長官ハルと会って、日米諒解案を示した。ウォルシュやドラウト、それに岩畔などでつくったこの案は、日米間の友好を確認するという意味があり、太平洋で日米が共に平和に協力するという視点で貫かれていた。岩畔は、この協定にもとづいて日米交渉を進める意図を確かにもっていたが、そこには「三国同盟を死文化」してもかまわないとの覚悟もあった。

野村とハルの会談では、この具体案の中に示された四原則（一、あらゆる国家の領土保全と主権尊重、二、内政不干渉、三、機会均等、四、平和的手段によらぬ限り太平洋の現状不変更）をめぐって、ハルは日本政府がこれを認めるなら会談をはじめる基礎としてもいいとにおわせた。野村はそれを会談のスタートとしてもいいと解釈したが、実際にはハルの言はたとえ日本政府が同意しても、このあとでアメリカは提案することもあり、この四項目をもういちど詰めるという意味を含んでいた。

ハルは、野村の英語力が貧弱で、どこまで通じたか不安だったとのちに書いているが、野村もまたこの四原則について本省には伝えないという不手際を行なった。野村はこの具体案の意味をよく理解していなかったのである。加えて、井川も岩畔もアメリカは諒解案（それは満州の権益を日本が守る、といった項目もあり、ドラウト覚書の調整案でもあったのだが……）をもとに交渉を始めてもいいと誤解し、それを武藤のもとに送ったのである。

自分たちに都合のいい誤解と外交技術の拙劣さが、日米交渉のスタート台にあったのだ。

このころ松岡は、モスクワに赴き、ソ連との間に日ソ中立条約を結んでいた。訪ソ前には、すでにドイツを訪ねてヒットラーと会っていた。松岡はスターリンとまるで百年来の知己のようにこの条約を結んで親しげにスターリンと話し合った。すでにベルリンでは、ヒットラーとの会談で、日本はシンガポールを叩いてほしいといった要求を示されて、それを検討してみるとも答えたりしていた。なにより、ヒットラーとリッベントロップは近い将来にドイツはソ連との不可侵条約を捨てソ連領土への進撃があることもにおわせていた。松岡は、それを内々に知り、モスクワでスターリンと会って中立条約を結んだが、松岡の計算ではこの中立条約にそれほど信を置いているわけではなかったのである。

四月二十二日の夕刻、松岡は立川飛行場に戻った。そこで秘書官から日米諒解案の話を聞き、すっかりつむじを曲げてしまった。大本営政府連絡会議に出席しても、ヒットラーやムッソリーニ、スターリンとの会見の模様を長広舌でまくしたて、近衛がそれをさえぎって、日米諒解案で政府も統帥部も納得しているから、アメリカにその旨伝えるようにというと、松岡は自分はこの案には反対だと遠回しに語った。それから三週間ほど、松岡は外務省に出てこず、自宅に外務省の職員を呼んでは執務を進めるという状態であった。そのため松岡は閣僚の間にも不評を買った。

日本とアメリカとの外交交渉は、このような日本の指導者間の分裂によって、具体的な進展がないまま ワシントンで野村とハルがお互いの条件を話し合うという形で進んだのであった。

吉田はこのような政策決定集団内部の動きについては具体的に知らされなかった。だが吉田の情報網にはこうした動きはすべてはいっていた。吉田の情報網とは、たとえば東京倶楽部という親睦の場がそうであり、内大臣の木戸《きど》幸一《こういち》であり、そして外務省の長老たち、幣原喜重郎《しではらきじゅうろう》などがそうであった。こうした情報網の中に身を置いて、吉田は他の要人と共に松岡の態度には強い不満をもった。この男は何をやるかわからぬ、自分だけの一存でこの難局にあたっているのではないかという怒りをもった。

幣原が吉田にあてて送ってきた書簡(三月二十九日付。松岡がヨーロッパに行き、ヒットラーと会うころ)を、吉田はそのまま牧野《まきの》伸顕《のぶあき》にあてて送っている。牧野に、松岡は信用ならない人物だということを知らせておく必要を感じたのである。

関頭に立つ日本

幣原はこの書簡の中で、松岡について次のように書いている。

「松岡〔洋右〕氏今回の外遊に関し御深慮の次第寔《まこと》に御同感に堪へす候、同氏の渡欧ハ徒《いたずら》ニ其旅行先諸国をして各自国の国際的立場を有利ならしめむとする宣伝の具に供せらるゝことゝなり、グロテスクなる悲喜劇にて我《わが》国威の為《た》め遺憾千万に存候《ぞんじそうろう》、同氏自身も其現に受けつゝある歓迎の真意義を看取するに於《おい》てハ満身の冷汗を禁し難きものあるべく、内閣の責任亦《また》極めて重大と存候、(以下略)」

松岡が、ドイツやその他の国々で歓迎されている様子は、連日新聞に報じられている。それはどういう意味か。それぞれの国が外交上得策だからそうしているわけで、松岡もそのことに気づけば冷汗のする思いだろうというのである。幣原にしても、吉田にしても、英米協調路線の中で、松岡のような親枢軸であるだけでなく、スタンドプレイ好みの外相に敵意にも似た感情をもっていた。

この幣原の書簡の末尾には、「御送附の新聞切抜茲《ここ》に封入返送申上度《もうしあげたく》」とある。つまり、吉田は松岡のスタンドプレイと思われる新聞記事を切り抜いていて、それを幣原のもとに送っていたのだ。そのことは、吉田が英米協調路線に与する有力者につねにそのことを確認する連絡をとっていたということになる。

だが、現実には吉田は、日米交渉に期待を懸けるという点で、昭和十六年四月から八月まではそれほど大きな動きはしていない。妻雪子《ゆきこ》の病状が芳しくないということもあって、吉田はその看病に忙殺されていた。吉田にとって、時代への孤立感はますます高まっていたが、現実は政策決定に関与しているわけではなく、ともかく情勢を見守る以外になかったということでもあった。

しかし、この年の九月六日から吉田の動きは急に活発になった。雪子の容態はよくないようであったが、吉田は日本はまさに関頭に立っているという状態であることを憂い、居ても立ってもおられないという心境になったといえる。

九月六日というのは、いうまでもなく御前会議の開かれた日である。御前会議は、実際には大本営政府連絡会議での決定を追認するという会議にすぎず、この日の御前会議にしても八月三十日の連絡会議の決定をもとにその結論を天皇の前で示して、天皇の諒解をとるという意味があった。一般には天皇はこの会議でも特別に発言はしないことになっていた。それが慣例であった。

このときの連絡会議ではきわめて重大な決定が行なわれていた。「要領」という国策決定の内容には、

「一、帝国ハ自存自衛ヲ全ウスル為、対米（英・蘭）戦争ヲ辞セザル決意ノ下《もと》ニ　概《おおむ》ネ十月下旬ヲ目途《もくと》トシ戦争準備ヲ完整ス　二、帝国ハ右ニ並行シテ　米、英ニ対シ外交ノ手段ヲ尽シテ帝国ノ要求貫徹ニ努ム　三、前号外交交渉ニ依リ十月上旬頃ニ至ルモ尚我要求ヲ貫徹シ得ル目途ナキ場合ニ於テハ　直《ただ》チニ対米（英・蘭）開戦ヲ決意ス」

とあった。つまり十月上旬ごろまでに、アメリカとの外交交渉が成功しなければ、直ちに対米戦争を始めるという内容だった。四月下旬の段階と八月下旬の段階で、そこにはわずか四カ月の違いしかないにもかかわらずもう戦争を始めるという国策がでているのである。この四カ月の間に、日本は（というより、政策決定集団の内部はまるで熱病に浮かされたような状態だったということになるのだが）大きく開戦にカーブを切っていたのである。このことは改めて詳細に検討しなければならないことだが、なぜこのようになってしまったのか、というのは当事者でさえも理解できないほどではなかったか、と思われるのだ。

「一か八か国運を賭して一戦すべし」

六月二十二日の独ソ開戦を好機と見て、日本の軍内部では南部仏印に進駐して石油などの資源を確保するか、それともドイツと挟撃する形で関東軍がソ連を攻めるか、の声が高まり、とにかく南部仏印へ

の進駐を行なった。関東軍は大規模な軍事演習を行なって、ソ連を牽制《けんせい》した。南部仏印への進駐では、アメリカの反撃も考えながら、「対米英戦ヲ辞セス」の心構えで対応すると国策要領には明記した。それがしだいに一人歩きしたのである。アメリカはすぐに対日報復のための在米資産の凍結、石油禁輸を決めた。八月一日のことである。それに対して、大本営は開戦を主張し、陸海軍の政務担当者はそれに躊躇《ちゅうちょ》する者と同調する者とに分かれた。近衛《このえ》首相と豊田貞次郎《とよだていじろう》外相は、外交交渉に重点を置く立場をとるが、ひとたび明記した文案に拘束され、八月三十日の結論を受けいれる以外になかった。

　まさに熱病が政策決定集団内部を走り回ったのだ。

　吉田はこの様子を正確につかむことはできなかった。しかし、この日（九月六日）に御前会議が開かれることを知って、しかもそれが開戦か、外交交渉の継続かのいずれかの決定と知り、苛立《いらだ》たしい思いをもったのであろう。すぐに牧野伸顕にあてて書簡を認《したた》めた。この書簡は、吉田の怒りと不安がそのまままあらわれている。それだけに歴史的な意味ももっていたといえるのである。長くなるが引用しよう。

「拝啓、昨日東京クラブにて承知致候ところニよれハ、目下日米関係ニ付硬軟両論対峙し、若松（ママ）〔若杉要《わかすぎかなめ》〕、岩畔〔豪雄〕帰朝以来日米局面打解之途ありと力説し、陸海少壮派ハ其望最早無之座《そののぞみもはやこれなくざ》して此儘《このまま》ニせんよりハ一か八か国運を賭して一戦すへしと主張し、遂ニ今朝大本営会議（御前会議のこと）開催となれりとの事、又首相〔近衛文麿《ふみまろ》〕ハ両説ニ対し内心非戦親米ニ拘《かか》ハらす裁断の勇なく、外相〔豊田貞次郎〕亦《また》同様僅《わず》かに蔵相〔小倉正恒《おぐらまさつね》〕の後援ニ望ヲ継《つ》き、内相〔田辺治通《たなべはるみち》〕ハ国内右派の動向ニ懸念し兎角親米工作ニ難色あり云々、依而《よって》岡田《おかだ》〔啓介《けいすけ》〕大将ニ人を以而《もって》右の真偽を確かめ候処、仝《どう》大将いつニなく憂色を浮へ、今日の開（ママ）議ニて直ニ和戦の決ニハ到らさるへきも形勢甚た憂ふへく海軍の少壮士官中全く道理ニ傾耳《けいじ》せぬほとの狂奔《きょうほん》の状もあり此儘ニてハ到底不可救《すくうべからず》、とまで極言致居られし由、以上ハ既ニ御承知かと存候得共《ぞんじそうらえども》一応申上候、之よりクラブにて樺山《かばやま》〔愛輔《あいすけ》〕伯と出会、池田《いけだ》〔成彬《しげあき》〕氏ニ相談相頼候心底ニ有之、病院ニ参候為乍《ながら》乱筆《らんぴつ》書面ニて申上候、御宥免可被下候《くださるべくそうろう》、頓首」

九月六日の午前、雪子の見舞いに行く前にあわただしくこの書簡を書いたというのである。少壮の軍人が「一か八か国運を賭して一戦すへし」という状態に、なんらかの手を打たなければとの焦りがでている。

吉田は、この文面で見る限り、七月から八月にかけての国策決定の内側を知っていないことがわかる。考えている以上に事態は進んでいることに驚いているのだ。この日もすぐに東京倶楽部に行って樺山と会って相談するというのは、アメリカの駐日大使グルーになんらかの意思を伝えるためではなかったかと推測されるのである。国策の奔流を塞《せ》き止めるには、まず大胆な発想が必要だとの認識をもったといえる。

同時に、吉田は近衛首相に対して強い不信感をもつに至るのである。

九月六日（昭和十六年）の御前会議は、当時の国策決定の混乱ぶりをよく示していた。

この日決定した「帝国国策遂行要領」は、その第一項で「対米（英・蘭）戦争ヲ辞セザル決意ノ下ニ概ネ十月下旬ヲ目途トシ戦争準備ヲ完整ス」と明記している。第二項では、そのためにどのような条件内で日米交渉を行なうかの枠組みを決めるとあり、「別紙」では米英が「帝国ノ支那事変処理ニ容喙《ようかい》シ又ハ之ヲ妨害セザルコト」といった条件などが列記してあった。そして第三項は、十月上旬ごろまでに日本の要求が認められない場合は、直ちに対米（英・蘭）戦争を決意するとあった。

国策遂行要領を読む限り、日本は戦争か外交交渉かの瀬戸際にあり、もし外交交渉で日本の意見が入れられなければ戦争に訴えるとの決意を固めたことがわかる。つまり、政治、軍事指導者は相応の覚悟をもって戦争という政治的手段を有力な選択肢にしたのであろうと思える。この要領には、そうとしか受けとめられないほど明確に国家意思がにじんでいる。ところが実態はそうではなかった。

御前会議は、実質的には大本営政府連絡会議での決定にもとづいて、天皇を前にして行なわれる儀式の意味合いが強い。ここで決定される事項はすでに連絡会議での決定を追認することでしかない。この期の連絡会議は、実際には陸軍省と海軍省の軍務局幕僚が国策の素案を練り、討議にかける状態で外務官僚などは連絡会議の席上でささやかに抵抗じみた意見を吐くことしかできなかった。

御前会議での決定の意味

これは後年になって陸軍省軍務局高級課員だった石井秋穂《いしいあきほ》が私に洩らしていた回想なのだが、「この年の十月初めになって、陸海軍側が九月六日の御前会議の決定を順守しなければならないではないかと、とくに東條さん(陸相)が近衛首相や豊田貞次郎外相につめよったわけです。すると近衛首相はそれほど戦争が好きならあなたたちだけでやればいいといいだすし、豊田外相に至っては、いやあ実はわしは連絡会議の直前にあの案を見せられて、よく吟味していなかったといいだしたのです。これには東條さんも激怒しました。つまり、九月六日の決定には、近衛首相も豊田外相も真面目に対応していなかったということです」と証言している。石井は陸軍の政策幕僚という立場だったから、連絡会議の素案を最初に起案した人物である。その言には陸軍主導の政策決定の担い手という自負が感じられるが、しかしともかく近衛も豊田も御前会議では、真正面からこの国策決定に異議を申し立ててはいなかったのだ。

近衛はこうした開戦論に対して、確かに彼なりのプランをもっていた。もし日米交渉が暗礁にのりあげて動きがとれなくなったなら、直接アメリカにわたってルーズベルトとの首脳会談を行なって打開策を講じればいいというのであった。近衛は陸海軍内部の開戦論者にあれこれ言わせておいても、最終的には自らの案を実行すれば難局をのりきれると考えていた。結果的にこの見通しは失敗に終わるのであったが、近衛にすればこれこそがもっとも可能性のある案だったのである。

近衛は御前会議の前日に、開戦を主軸にした国策遂行要領案を内大臣の木戸幸一、そして天皇にも報告した。天皇はこの案の骨子に愕然としてしまった。近衛に対して、これでは戦争が主で外交は従であるとの感じがする、と当然の指摘を行なった。国策遂行要領案を読めば、それ以外には解釈の方法がないのである。近衛は、そのように読めるかもしれないが、政府としては外交交渉に努める所存であり、その順序はともかくとして外交交渉がまったく失敗に終わったら、そのあとで戦争の準備に着手するつもりであると答えた。近衛は天皇の懸念をひとまず晴らすことに成功したのである。

近衛は天皇に杉山元《すぎやまはじめ》、永野修身《ながのおさみ》の二人の統帥部の責任者を呼び、その意思を確認してはどうかと進言した。天皇はその進言を受けいれ、二人の説明を聞き、あくまでも外交交渉を主にするという確約をとって安心したのである。こうした舞台裏を検証していくと、この帝国国策遂行要領の文面は厳しい内容ではあるが、当事者たちはその内容を建て前と見ているだけで本音は戦争などできるわけはないと考えていたことが窺える。あえていえば、戦争を覚悟するつもりで不退転の決意をもって外交交渉に臨むという意味合いが強かった。

しかし、陸海軍の中堅幕僚は、先の石井秋穂の証言を見てもわかるとおり、外交交渉が十月上旬までに目途がつかなければ戦争に踏み切ると決めていた。陸軍大臣の東條英機もこの考えを受け継いでいて、近衛など天皇周辺の政治指導者とは発想も言動も異にしている状態だった。天皇は御前会議でもまったく発言することがなく、実際は臣下の者に自らの大権を賦与するという慣例を守っていた。それをこの九月六日の御前会議では破った。天皇は次のように発言したのである。

「私から事重大だから両統帥部長に質問する。先刻原（原嘉道《はらよしみち》枢密院議長。天皇の意を受けて御前会議で質問をした）がこんこん述べたのに対し両統帥部長は一言も答弁しなかったがどうか。極めて重大なことなりしに、統帥部長の意思表示なかりしは自分は遺憾に思う。私は毎日明治天皇御製の

四方《よも》の海皆同胞《はらから》と思ふ代《よ》に

などあだ波の立騒ぐらむ

を拝誦《はいじゅ》している。どうか」

天皇のこの意思表示は御前会議の出席者に改めて驚きを与えた。近衛はその手記（『平和への努力』）の中に、「かくて御前会議は未曾有《みぞう》の緊張裡に散会した」と書いているし、東條は陸軍省に戻ると「聖慮は平和であらせられるぞ」と叫んでいる。事務方として出席していた陸軍省軍務局長の武藤章は「戦争なんかとても駄目だ。陛下はそんなことお許しになられない」と石井ら軍務局の幕僚たちに伝えた。しかし、対米英蘭戦に固まっている参謀本部の幕僚などは、そういう天皇の意思表示にさして関心を示さず、連絡会議で決まったとおりの帝国国策遂行要領の文案に満足感を味わっていた。

「双頭の鷲」と化した日本

この九月六日の夜、近衛は極秘にアメリカの駐日大使グルーと夕食を共にした。そこで近衛は日米交渉の成立は自分の内閣以外ではできないと自信を示し、日米交渉に全力を投入する旨を約束した。天皇

も交渉の妥結を望んでいると伝え、ルーズベルト大統領がいつでも望めば会談に応じたいとも言った。だがグルーは、日本政府の約束がときとして反古《ほご》になることを憂慮していると答えている。この日の日記の末尾に次のように書いているのである。

「近衛公爵は懸案中の問題や事件はすべて、大統領との会見で相互的満足の行くように解決される自信を持っており、彼は提案された合衆国との関係の再建は、費用と個人的危険をかえりみず、必ず成功させる決意を持っているといって、今日の会談を終った」

グルーのいう「個人的危険」とは、たとえテロ行為にあっても首脳会談を行ないたいという近衛の熱意に注目したという意味である。グルーはこのときは近衛の熱意に期待を懸けていたし、彼のもとに天皇周辺の情報を届ける吉田茂や樺山愛輔のような「良識派」が軍部をうまくコントロールできればとの期待ももっていたのであった。そしてこのころが、知日派のグルーと近衛に代表される宮廷官僚の最後の蜜月となった。これ以後は、急速に両者の間の溝が広がっていった。

以上のように、昭和十六年九月六日の御前会議の実相を俯瞰《ふかん》してみて、なぜ政治、軍事指導者は天皇の「日米非戦」という意思を理解して具体的な行動をとらなかったのだろうという疑問がのこる。この期を研究する学者、外交官、ジャーナリストが一様に指摘するのもそのことなのだ。加瀬俊一《かせしゅんいち》の『日本外交史（23）日米交渉』には、「それにしても、近衛首相や永野、杉山両総長は、外交に重点を置け、との天皇の指示に賛意を表しながら、御前会議提出文書を書き改めようともしなかったのは、奇怪と評するほかない」とあるが、まさにこの言こそ至言である。

日本が戦争政策を選択するかもしれないというのに、政治、軍事指導者は自らの属するそれぞれの集団の面子《メンツ》や個人の思惑などに振り回されるだけで、歴史的な理念や信条などを少しも吐露してはいないのだ。

吉田は、この期官職もなく、ただひたすら宮中周辺の人脈に牧野伸顕の女婿、外務省の長老という立場で動くだけだった。これはきわめて乱暴な推測でもあるのだが、吉田がもしなんらかの官職にあったなら、このような無責任体系の政治、軍事集団に抗したと思うし、吉田なりの強い歴史的意思を示したことだろう。

吉田が九月六日（昭和十六年）の午前中に、妻の雪子を見舞いに行く前に、牧野伸顕にあてて書簡を送ったことはすでに述べたが、その書簡から浮かびあがるのは吉田が国策決定の中枢の動きに精通しているわけではないという事実である。そしてそれよりも重要なのは、近衛の態度に強い不満を持っていることだった。「首相ハ両説ニ対し内心非戦親米ニ拘ハらす裁断の勇なく」と指摘しているのは、近衛は外交交渉での日米和解を願っているにもかかわらず、その決断を容易に行なわないという批判であった。吉田のこの指摘は、近衛の決断力の不足という性格を嘆いているともいえるが、同時に吉田はこの期の政治、軍事指導者の責任感の欠如をなによりも嘆きたかったのでもある。

九月から十月にかけて、日米交渉の停滞という状況の中でしだいに九月六日の国策遂行要領が現実化してくる事態になった。日米交渉が結局は対中国政策をめぐる意見の衝突として続き、それを横目に参謀本部も軍令部も開戦の準備を進めていく。陸海軍とも南方要域への攻撃計画を具体的に練り始めていった。むろんこうした動きは、政府には知らされていないし、外務省もまたそうした事実を知っているわけではなかった。

日本はまさに双頭の鷲というべき状態で、国策の基本線がまったく確立していなかったのである。

吉田は妻雪子の死（昭和十六年十月七日）にもめげず、もっぱら外務省内の親英米派と接触を重ねた。

だがその内実は現在も十分調査されているとはいい難く、その動きを具体的に検証することはできない。ただ妻の病状を見舞う手紙をよこした宇垣一成《うがきかずしげ》にあてて送った書簡（昭和十六年九月二十六日付）の中に、この当時の心境を垣間見ることができる。病状見舞いに感謝の意を述べたあと、吉田は次のように書いている。

「対米工作ニ付首相（近衛文麿）決意ニ拘らす手段之《これ》ニ伴ハす、当路亦右顧左眄《うこさべん》して廟議《びょうぎ》の徹底を不斗《はからず》、国民従而《したがつて》適従するところニ迷ふかニ見、前途甚《はなはだ》覚束《おぼつか》なくと存候、日米関係改善せさる限《かぎり》日支事変当面の処理覚束なく財界果して久しきニ堪ゆへきや憂心此事ニ御座候。益々為国家《こつかのために》　御自重奉万禱《ばんとうたてまつり》候、（以下略）」

　宇垣にもまた近衛の優柔不断ぶりを嘆く。もっと指導力を発揮してくれなければ困るとの意を露にし、日米関係を確固とすることによって日中戦争の解決も望みうるといっている。当時、日米交渉はお互いにそれぞれの意見を多方面にわたって論じあい、文書を交わしている段階であったが、吉田はたとえ幾つかの点で日本が譲歩する事態になっても日米和解を基本にしなければならないと訴えていたのである。だがそれを国策の場で主張する機会はもっていなかった。

　九月も終わりになると、近衛自身、日米交渉が翌月の上旬までに目途がつくとは考えなかった。内大臣の木戸幸一にむかって、十月十五日までに交渉が妥結せず戦争などということになったら、自分はとてもそのような政策を担当することはできないと伝えた。近衛は辞職という政治的な身の処理で、自らも責任を負うコースから抜けだそうとした。木戸は「九月六日の御前会議を行なったのは君であり、それをそのままにして辞めるというのは無責任すぎる」とはねつけた。

吉田が中心にまとめた「乙案」

こうした話し合いをしている間にも、統帥部の作戦準備は着々と進んでいった。昭和十六年九月から十月にかけての日本の国策を決定する集団内部では、驚くほど分裂した政策が進んでいた。吉田の指摘するように要路にある者は国の存亡を賭けての論争を行なっても然るべきなのにまったくそういう動きは示さなかった。

そのあげくに十月上旬から中旬にかけての閣議で、近衛と東條の対立だけが露呈されていった。近衛がさらに外交交渉をつづけるよう主張するのに対し、東條は九月六日の決定を順守せよと詰め寄るという図である。こうして十月十七日、近衛は内閣を投げだした。次に首相になったのは東條英機で、これには天皇の意も働いていた。つまり、主戦派と目されている東條を首相にすることで、主戦派の軍人を抑えようというのであった。東條は天皇の意として九月六日の御前会議の決定を白紙に還元するよう木戸から伝えられていた。天皇は木戸に対して、

「虎穴に入らずんば虎児を得ずだね」

と言ったというが、九月六日の矛盾はこうして歴史的な意味合いを帯びることになった。

吉田はこのころしばしばグルーを訪ねている（ジョン・ダワー『吉田茂とその時代』〈上〉）。しかし、グルーの『滞日十年』の記述ではどの人物が吉田か特定することができないために、推測していく以外にないが、たとえば「一九四一年十月二十五日」の「信頼出来る日本の通報者」は吉田を指していると思われる。グルーにいわせれば、「日本の最上層部と連絡のあるこの通報者」は、グルーに対して近衛内閣倒閣の様子を語り、東條という首相が選ばれてもこれは戦争政策を意味しているのではなく、天皇に

日米交渉を成功させるよう命じられていると伝える。この通報者は、グルーに日本が戦争政策に傾いていると思わないでほしいと説いているのである。

むろんこの通報者が吉田ではなく、もう一人のグルーの友人、樺山愛輔という可能性もあるが、吉田と樺山の認識は共通点があるうえに、それは牧野を中心とする宮中側近の意向を代弁することにあるわけで、グルーに伝えられた内容は吉田の認識とまったく同じだったといっていい。

東條内閣は十月二十日から三十一日にかけて、ほとんど連日のように大本営政府連絡会議を開き、実際にアメリカとの戦争は可能か、日本は外交交渉でどこまで譲歩できるか、を改めて検討した。項目再検討と銘打たれたこの会議は、戦争か和平か、の根拠を求める意味をもっていた。

吉田はこの十日間、しばしば東條内閣の外相に就任した東郷茂徳《とうごうしげのり》と連絡をとっていた節がある。同時に、外務省の長老である幣原喜重郎、広田弘毅《ひろたこうき》などを訪ね、外務省長老が一致して東郷を補佐しなければならないと説いたと思われるのだ。その吉田の動きは、外務省の周辺でもかなり知られたようであった。吉田がめざしていたのは、日本がアメリカと外交交渉を進めるにあたって、外交条件の枠組みをゆるめることだった。そのためにグルーとイギリスの駐日大使クレーギーとも連絡をとり、その枠組みを詰めていたと思われるのだ。

来栖三郎《くるすさぶろう》の『日米外交秘話』には、アメリカとの交渉条件が幣原や吉田らの間で非公式に練られていたと明かされている。

吉田自身もその著（『回想十年』）の中にさりげなく書いている。吉田はこの期の詳細をなぜか明らかにしていないが、それでも次の文面ではこのころの吉田の動きはかなり密度が濃かったことが窺えるのだ。

「外務大臣には東郷茂徳氏が就任し日米交渉に当ることになった。そこで外務省の先輩幣原喜重郎氏や私たちも東郷外務大臣を激励、援助しようと図った。幣原氏は対英米交渉は主として支那問題であり、英国が重大利害を有しているから十分話し合う要ありとなし、私もこれに同感であったので、かねてから親交のあったグルー、クレーギー米英両大使と往復を重ね、わが国が戦争に捲き込まれぬように努力を試みた。（以下略）」

こうして吉田が中心になってまとめた案が、東郷の手にわたり、大本営政府連絡会議にかけられたのである。いわゆる「乙案」である。

会議に提出された乙案の波紋

東郷茂徳外相が、大本営政府連絡会議に乙案を提示したのは十一月一日午後十時のことである。この日午前九時からはじまった連絡会議は、十月二十日から続いていた項目再検討会議を踏まえて和戦の結論を出すことになっていた。東條首相自身は、「この日はたとえ徹夜になっても、和戦の結論を出したい」との意気込みを示していたが、会議は実際そのように進んだ。

統帥部の主戦論と東郷らの和平派との意見が、個別のテーマを論じる際にはしばしば衝突した。当然のことだが、主戦論の側が声高であり、今や事態は日米開戦以外に道はないとの論が東郷の一言ごとに激しく浴びせられた。外交交渉に重点を置きたいという東郷の論が渋々認められたが、その期限は「十二月一日午前零時まで」と統帥部に枠がはめられたあと、ではどのような外交条件で交渉を進めるかという段になって、東郷はこれまでの会議で決まっている案とは別の案を提示した。東郷はこれを「乙案」と呼んで説明したのである。

乙案は、三項目から成っていた。その内容は以下のようになる。

一、日米両国ハ孰《いず》レモ仏印以外ノ南東亜細亜及南太平洋地域ニ武力的進出ヲ行ハサルコトヲ確約ス

二、日米両国政府ハ蘭領印度ニ於テ其ノ必要トスル物資ノ獲得カ保障セラルル様相互ニ協力スルモノトス

三、米国ハ年百万噸《トン》ノ航空揮発油ノ対日供給ヲ確約ス

この三項目に続いて、「備考」とあり、そこには、「(一)本取極《とりきめ》成立セハ、南部仏印駐屯中ノ日本軍ハ北部仏印ニ移駐スルノ用意アリ　(二)尚必要ニ応ジテハ従来ノ提案中ニアリタル通商無差別待遇ニ関スル規定及三国条約ノ解釈及履行ニ関スル規定ヲ追加挿入スルモノトス」とあった。この三項目と「備考」の内容には幾つかの特徴があった。その最大の点は、日米間の衝突は中国での日本軍の武力発動やその権益をめぐる対立に根ざしているが、それをまったく棚上げしていることだった。さらに、この年七月の南部仏印進駐に対して日本はその非を認め、石油さえ確保されればそれ以前の状態に戻すという政策もこめられていた。三国同盟の消極的な否定にもつながる一項であった。

統帥部の暴走がアメリカやイギリスの権益をおかすことになっているので、それを中止させるというふうにも読めた。

東郷のこの案は事前に東條には説明されていなかった。そのため、東條は東郷の説明が始まるや不機嫌そのものといった表情で、東郷をにらみつけていたほどだった。統帥部にはむろん知らされていなかったので、東郷の説明が終わると、参謀本部の杉山や塚田、それに軍令部などもすぐに発言を求めた。とくに杉山と塚田は、身体を震わせて次のような意見を声高に述べたてた。

「乙案は支那問題に触るることなく仏印の兵を撤するものにして、国防的見地から国を誤ることになる。

仏印に兵を駐むることは、支那をして日本の思うようにならしめ、南方に対してはこれにより五分五分に物をとることを可能ならしむ。又、戦略態勢は対米政策上、又支那事変解決上、これにより強くなるのだ。米国と約束しても物をくれないかもしれぬ。乙案には不同意」

とくに塚田は、「南部仏印を撤するは絶対に不可なり」と激高してまくしたてた。すでに参謀本部は「主戦論」で固まっていて、いまさら外務省の新しい案などで外交交渉を行なわれてはたまらぬ、すぐにでも戦端を開くべきだというニュアンスで東郷を威嚇《いかく》した。

東郷は、「自分としてはこれまでの交渉がまずいと思うので、たとえ条件を狭くするようになっても、南方地域の懸案事項から片づけて支那のほうに取り組みたい」といい、「これまでの交渉内容（甲案）では、短時日に解決の望みはないと思う。出来ないことをやれといわれても困る」とはねつけて、乙案をもって日米交渉に努めるべきだとの態度を崩さなかった。杉山、塚田の恫喝《どうかつ》に対して、東郷もまた大声で応じた。

両者のあまりの激しさに、陸軍省軍務局長の武藤章が、「十分間だけ休憩にしよう」と申し出たほどであった。この間に、東郷と武藤は、杉山と塚田を説得し、乙案を受けいれる方向に変わったが、それでも幾つかの手直しを要求した。

その結果、連絡会議では第三項が「日米両国政府ハ相互ニ通商関係ヲ資金凍結前ノ状態ニ復帰セシムヘシ米国ハ所要ノ石油ノ対日供給ヲ約スヘシ」となり、新たに第四項が加えられた。

四、米国政府ハ日支両国ノ和平ニ関スル努力ニ支障ヲ与フルカ如キ行動ニ出テサルヘシ

簡単にいうなら、アメリカは日本が中国に対して行なっている軍事行動、政治行動に口を挟まないでほしいとの意味がこもっていた。この第四項を加えることで、第三項までの当面の南方での日米和解に

大きく網がかぶせられることになったのである。東郷はむろん抵抗したが、ここまでの譲歩は連絡会議を機能させるには仕方のないこととして受けいれざるを得なかった。

東郷は、主戦論の統帥部から集中攻撃を受けるなかで、必死に交渉への望みを訴えたが、それが全面的に受けいれられる空気にはなかったのである。

吉田に警戒心を強める幕僚たち

連絡会議が終わったのは、十一月二日の午前零時すぎだった。日本の国策は、十二月一日までかなり限定された条件で日米交渉を行ない、それが失敗すれば開戦に踏み切るとの結論をだしたのである。

東郷はこの結論にためらいを隠すことができず、二日に外務省長老の一人である広田弘毅を訪ね、辞任したいと思うのだが……と相談している。それに対する広田の回答は、「辞めてはいけない。辞めれば戦争に賛成する者が起用されるだけだから、その職にとどまって交渉成立に全力を尽くすべきだ」という説得だった。この段階において、外務省内部の長老や現役の指導層は「対米非戦」の側に大きく傾いていた。

この中心にいたのが、幣原や吉田だったのである。

東郷がいきなり乙案なる新案を提示したという事実に、陸軍省内部の政策担当者はすぐにその背景を理解した。陸軍省軍務局室で、武藤と軍務課の幕僚たちは、「この乙案は外務省の総意であろう」と話し合っていた。項目再検討会議を十月二十九日で終え、三十日にはすぐに結論をだす会議を開こうと東條や武藤らは主張したのに、東郷は「一日の休みがほしい」と要求し、それで十一月一日に連絡会議を開くことに決まった経緯を思いだしていた。この一日に何があったのか、と武藤たちは改めて外務省周辺の動きを調べると、吉田が内大臣の木戸幸一を訪ねていることがわかった。「乙案は宮中周辺の理解をとりつけているのだろう。吉田がその役目を果たしている」と分析したのである。陸軍省の幕僚にとって、吉田は対米英協調派の筆頭であり、三国同盟に反対した強硬な態度への不快感もあり、とにかく目障りな存在であった。この吉田が、国策決定のプロセスにあれこれ口を挟み、東郷の動きを支持しているという事実に、陸軍省の幕僚たちは警戒心を高めていった。

吉田を中心にした外務省の対米英協調グループが、どのような動きを続けて乙案を作成したのかはくわしくはわかっていない。その原案は幣原によって立案され、それに吉田が手を加えて東郷のもとに届けたとされている。こうした説の根拠になるのは、来栖三郎の書『日米外交秘話』の記述で、来栖もやはり外務省の長老として幣原や吉田、それに広田らとの間には情報ルートが確立されていたということでもあろう。来栖はこの書の中でおよそ次のように書いているのである。

「乙案については殆《ほとん》ど之《これ》と同様の案が、曾《かつ》て幣原喜重郎、吉田茂等の間で練られ、極めて非公式ではあったが、米英両国大使の意向も打診されていたし、且つ、これに対する英国大使の手応えは寧《むし》ろ有望と解された事等を、吉田氏から聞いていた。そこで秘かに私は、この案に気乗り薄であると聞いていた東郷外相が、遂にこれに賛成するに至った事を欣《よろこ》び、伝え聞く英国大使の態度とも考え合せて、或《あるい》はこの辺に局面打開の糸口を攫《つか》み得るかも知れぬと考えたのであった」

来栖が記している「英国大使の態度」とは、イギリスの駐日大使クレーギーの当時のその姿勢という意味である。

満州事変以後、日米関係は悪化したが、来栖や吉田は、これを打開するにはイギリスの仲介が必要と考えていた。この考えを、来栖は前述の書の中で「中国に関する諸般の経験も豊富であり、投資貿易等実際上の利害関係も非常に深く、従ってその対華政策も余程現実的であると判断される英国の仲介を得ることが非常に望ましいと考えられた」と書いているし、吉田は『回想十年』の中に「(東郷外相を助けるために) 幣原氏は対英米交渉は主として支那問題であり、英国が重大利害を有しているから十分話し合う要ありとなし、私もこれに同感であったので、かねてから親交のあったグルー、クレーギー米英両大使と往復を重ね、わが国が戦争に捲き込まれぬように努力を試みた」と書いている。クレーギーはこの期待を理解していたのだ。

乙案は、まず日本が撤兵し、南部仏印進駐前の状態に戻すという骨格で書かれていた。それ以上でも以下でもなかった。

ここにはアメリカやイギリスに対する日本の謝罪の意味がある。むろんそうした表現はなされていないが、ドイツがヨーロッパで軍事的な制圧を続けているときに、まるで漁父の利を得るかのような日本の軍事的突出を改めるという歴史的な案だった。吉田は十月下旬になんどかグルーやクレーギーのもとを訪ねたと書きのこしているが、それは日本の軍事指導者の思惑を巧みにはぐらかしながら、実はグルーやクレーギーとはその意を通じ合わせつつ、乙案の文面を書いたというべきであろう。

東南アジアをめぐる思惑

平成五(一九九三)年十一月に刊行された東郷茂彦の『祖父東郷茂徳の生涯』は、東郷家には乙案の草案(幣原が起案した英文)が三枚残されていたといい、その全文が紹介されている。英文で書かれていたという意味は、吉田がこれらの草案をもってグルーやクレーギーを訪ねて内諾をとっていたということだ。吉田はその英文の中に、たとえば東南アジアの単語のあとにインドシナやタイといった語を加えている。つまり東南アジアという語を補足するかのようにインドシナやタイといった語を加えて、具体的に日本軍が武力発動をしない地域を示している。

推測すれば、吉田は漠然とした東南アジアという語ではなく、地域を示すことでグルーやクレーギーの諒解をとっていたことになる。

吉田が東郷のもとに届けたこの草案の中から、東郷はインドシナやタイを削除して連絡会議に提示したのであろう。ここまで領域を明示するのは、統帥部をあまりにも刺激することになるとの、東郷なりの計算が働いたというべきだろう。

それにしても、この東郷の評伝は重大な事実を教えている。それは、〈吉田が東南アジアという語のあとにタイという国をつけ加えている〉という事実である。当時、タイは東南アジアで唯一の西欧の植民地支配を受けていない国で、日本はタイとは友好関係にあった。アメリカやイギリスとも独自の関係をもっていて、いわば東南アジアの緩衝地帯ともいうべき存在だった。吉田は、そのタイをなぜあえてつけ加えたのだろうか。

これを解く鍵は、実はグルーの『滞日十年』の一九四一年十月二十九日の末尾の記述にあった。グルーは、「過去において信頼性のあった筋から次の情報を入手した」といって、さらに「泰国《タイ》を（日本の）陸海軍共同で占領する緻密な計画が完成した。これらの計画はドイツのベルギー、オランダ攻撃を手本にしている。これらは空輸部隊と落下傘部隊によってすべての飛行場、港湾、戦略的中心地を同時占領することを要求する。命令一下この行動を起すべく台湾と河内《ハノイ》に輸送機二百五十が集結乃至《ないし》は容易に利用なし得る情勢に待機中である」とその内容を書きのこしているのだ。

吉田はグルーとの打ち合わせで、この情報の真偽を確かめられたであろう。それによって吉田は、その懸念を容れて、あえて草案の中に、日本はタイに武力侵出を行なわない、との意思を織り込んだにちがいない。吉田の加筆はそうしたグルーの懸念を図らずも裏づけたともいえるのではないか。

統帥部は、外交交渉とは別にすでに武力発動の計画を進めていた。南方要域への侵攻には、タイは重要な戦略拠点であった。確かに軍事と政治の面から、タイをどのようにして日本側につけるかという案が検討されていたが、グルーに伝わったような案は正式には論じられていないにしても、統帥部の中にはそういう考えがなかったとはいえない。グルーの情報網は、日本の各分野に根深く浸透していたともいえるだろう。

米国に旅立つ来栖への不安感

吉田は、この期（日米開戦前後）の自らの動きをほとんど書き残していない。むろんそこには秘密に近い行動をとらなければ、陸海軍の主戦派将校などから命を狙われるという懸念はあったろうが、それだけではなかったと解すべきであろう。私の見るところ、吉田は対米英非戦という大義のために、日本の国益を考慮しつつも、グルーやクレーギーと相当きわどい情報交換を続けたのはまちがいないと思われる。ときにはグルーやクレーギーが本国に報告する内容についての基礎的な判断材料まで提供したことが窺える。

昭和十六年十一月三日にグルーが国務長官のハル、国務次官ウェルズにあてた報告など、その一例である。そこには、「日本の政治思想は中世紀的なものから自由主義的思想にまでひろがり、従って世論は不定性を持っている。日本国外の出来ごとと情勢の衝撃は、ある時期に思想のどの派が優勢になるかを決定することがある」といった一節もあり、こうした表現は吉田との会話から生まれたものと考えられるのだ。

十一月一日の連絡会議は、吉田にとっても和戦を決める重要な会議であるとの認識があった。乙案をもとに外交交渉が行なわれ、これをもってさしあたり主戦論を抑えることが望ましいとの願いをもっていた。

この日の朝、吉田は牧野伸顕に宛てて書簡を認めた。そこにはこのときの吉田の焦りが明確に窺える。吉田は、この日（十一月一日）が和戦の決定の日となるだろうが、事態は楽観を許さないと洩らす東郷の言を伝えたうえで、二十九日に木戸に会って情勢を伝えたが木戸の認識も楽観的すぎると書いているのである。そしてこれから松平恒雄《まつだいらつねお》宮内大臣に会い、さらに木戸に事態を認識するよう伝えてくるという内容を綴っている。

翌二日にもやはり牧野に宛てて書簡を送り、木戸に会ったときの様相を伝え、連絡会議では外交交渉を続けることになってはいるが、それは軍事に押しつぶされるだろうとの懸念を伝えている。さらに十一月一日の連絡会議の結論を追認する御前会議は、自由討議も不可能だろうと絶望的な様子を伝えている。吉田にとって、日本の国策を大きく変転することは不可能に思えるという状態なのであった。唯一の頼みは、東條が軍事行動の準備期の前に外交交渉を進めると考えていることだが、とにかくその間に外交交渉が前進し、国内情勢も落ち着くようになれば……と期待するていどなのである。

吉田は、乙案が連絡会議でどのように扱われたかくわしくは知らなかったが、来栖が乙案をもってワシントンに出かけ、野村を補佐して日米交渉にあたると決まると、そこに期待を懸けた。十一月四日に吉田のもとに訪米の挨拶に来たとき、来栖はすでに吉田の気持ちを知っていたので、お互いに「行って来るよ」「行って来い」との会話を交わしただけだったという。ただ、吉田にとって来栖が三国同盟調印時の在独大使であったことにアメリカ側が不快感をもっていることが気懸りであった。

そして、事態はその気懸りが裏づけられてしまうのである。

もし吉田に、一生のうちでもっとも絶望的な気持を味わったのはいつかと尋ねたら、ためらうことなく昭和十六（一九四一）年十一月二十七日以後の十日間を口にしたであろう。いやあなたはしばしば巧みに権謀術数を用いたし、むしろそれを縦横に駆使したように思えるのだが、失敗した例としてどのような事実を指摘するかと質問すると、むろん不快な表情はするにしても、やはりこの期間をあげたであろう。

正直なところ、吉田にとってこの十日間は自らの人生を賭けた戦いだったといってもいい。吉田は単に日本がアメリカやイギリスと軍事衝突する事態を憂えていただけでなく、明治維新以来の近代国家日本の指導者がその範をアメリカやイギリスに求めてきたというのに、その先達と覇を争うのはまさに歴史そのものを否定することになると恐れたのである。日本の軍事指導者の無定見ともいえる冒険主義は、まさに国家崩壊を告げる鐘の音のようなものとさえ受け止めていたのだ。

イギリス駐日大使クレーギーに対する工作

吉田は、明治という時代空間を英明で、そして理知的と捉えていた。指導部にも国民にも江戸時代からの遺産が受け継がれていたが故のことと考えていた。その遺産とは、「よく働き、そしてそれを濫費《らんぴ》しないという倫理は儒教の遺産であった。日本が徳川時代に統一国家を形成し、共通の言葉をもつようになっていたことも、同じように重要な遺産」（『日本を決定した百年』）であるというのである。封建制度は近代国家の基礎をつくったという理解であった。その吉田の考える明治期の「近代的法治国家」日本の成功は、「国民の活力をくみ上げる巨大な国家組織をもちながら、その中枢部においては、明治の初めからずっといっしょに働いてきた経験によって、緊密に結ばれる少数の指導者たちがいるという国家」を形成していたからという分析である。

この指導者たちの存在こそ、日本を誤りのない方向（それはイギリス型国家ということだが）に向かわせる因であり、国民はそれを理解してエネルギーを生みだすというのであった。ところが軍事指導者たちは、その指導者たちの間に暴力をもって入りこみ暴れ回り、抑制のきかない一団と化した。それをコントロールする元老たちの力が急速に衰えていたというのが、昭和という時代であり、特にこの十年代であった。

十一月に入って、吉田は軍事指導者をコントロールする役を果たす者はいないとの絶望感を味わっていた。自らがその役を果たせるのなら果たしたいと思っても、その後ろ楯である牧野伸顕はむしろ軍事指導層にはもっとも忌避される人物となっていたのである。これは私が、当時の陸軍省軍務局の幕僚に昭和五十年代に聞いた話だが、軍内では「二・二六の生きのこりめ」という侮蔑で牧野を見ていたというし、牧野の親英米派体質は「君側の奸」そのものに擬せられていたというのだ。

吉田はこの期に、日本の軍事指導者をコントロールする役を当のアメリカやイギリスに求めたというべきである。具体的には、アメリカの駐日大使グルーとイギリスの駐日大使クレーギーを通じて、本国政府に天皇とその周辺はまったく戦争を望んでおらず、日本の国策は瀬戸際にあるように思えるが、それは天皇の真意ではないと伝えることだった。

現実の情勢は、二人の外交官にとってその申し出とは逆の状態になっている。吉田を信ずるにしては、あまりにも日本の国策は反英米の方向に傾いている。吉田は彼らの懐疑と戦いながら、国内では外務大臣の東郷を使って少しでも自らの望む方向に事態を動かそうと試みていたのである。

吉田の回想録『回想十年』は、この十一月の記述については、他日の記述とは異なって詳細になっている。そこでこの記述をもとに考えると、吉田は結局はクレーギーの説得をあきらめなければならないことに気づいた。その部分の記述は以下のようになる。

「十一月下旬情勢の変化を憂慮した私が、折から逗子の別荘にクレーギー大使を訪ねた際、大使は『先日のチャーチル首相の対日警告演説で、本国政府の肚はお分りのように、既に決まっており、最早説得のため自分の働く余地はなくなった』といって、まことに沈痛な顔付きであった。

チャーチル首相の演説というのは、十一月十日、ロンドンのマンション・ハウスで行ったもので『もし日米戦争が始まったら、英国は一時間以内に米国側に立って対日宣戦をするであろう』という内容のものであった。

当時私がこのチャーチルの演説から受けた印象は、英国としては、一日も早くドイツを撃破して、戦争を終結させるためには、なんとしても、米国を味方に引き入れて、参戦させる以外に途はないという境地を示唆しているということであった」

この十一月十日の演説とは、ロンドン市長の就任式でのチャーチル演説をさしている。チャーチルの『第二次世界大戦回顧録』によれば、この期にチャーチルは極東においてのイギリス海軍を拡充するために、日本を「できるだけ長く静かにさせておく」という考えであった。それゆえにアメリカに外交交渉で日本を動けない状態にしてもらいたかったのである。同時にチャーチルはつねにアメリカと共にあるという意思表示を日本に示しておかなければならなかった。対日警告演説はそのような政治的計算のもとで行なわれた。吉田が絶望感を味わった一節は次のようになっている。

「極東における米国の由緒深い利害関係は広く知られた事実であります。かれらは太平洋で平和を保持すべき方法を見出そうとして最善をつくしております。かれらの努力が成功するかどうかはわれわれにはわかっていませんが、もしその努力が失敗に終って、米国が日本との戦争にはいるならば、英国の宣戦が一時間以内にそれに続くであろう、と申し上げておくことは私の責務であります」

チャーチルのこの演説は、出席者の大きな拍手を受けた。日本はドイツの同盟国であり、ドイツの軍事力の脅威を受けているイギリス国民にとっては、日本もまた敵国の一員でしかなかった。

チャーチルは、中国の蔣介石《しょうかいせき》政府からしばしば日本の軍事力の膨張を懸念する書簡を受けとっていた。同時にルーズベルトとも日々の連絡を密にし、日本との外交交渉の内容もすべて知っていた。したがって、クレーギーがどのような報告をしてこようとも、チャーチルはその意見にほとんど関心を示さない状態にあった。

吉田は、クレーギーの沈痛な表情を見て、チャーチル演説の背後に英米提携の強い絆を見たであろう。吉田はクレーギー説得にまったく情熱を失った。のこされたのは、グルーへの説得——それは吉田の甘い見とおしを伝える願望にすぎないともいえたが——だけであった。

御前会議による開戦阻止の試み

日米交渉は十一月中旬の段階ではほとんど進展はなかった。日本国内では反英米の空気が助長され、ときにアメリカを批判する声高の論調が叫ばれた。その論調を知らされた駐米大使の野村吉三郎は、東郷に宛てて日本国内の形勢が急速に悪化していることはわかるし、国民の不満も高まっているようだが、と述べたうえで、「本使ハ国情許スナラバ、一、二ヵ月ノ遅速ヲ争フヨリモ今少シ世界戦ノ全局ニ於テ前途ノ見通シ判明スル迄辛抱スルコト得策ナリト愚考ス」とその胸中を打電した。

東郷からの依頼で派遣された来栖三郎がワシントンに入ったのは、このようなときであった。来栖はすぐに野村とともにハルを訪ねて会談を行なった。十一月十七日のことである。ハルもルーズベルトも来栖に三国同盟の話をもちだしたが、それは来栖に好感をもっていないという意思表示でもあった。この翌月、日本が真珠湾攻撃に踏み切ると、来栖は日米交渉を挫折させ、戦争への道を開くためにワシントンにやってきた、とアメリカ側は受け止めた。そのために、マスメディアなども、「Don't Kurusu me に」という造語をつくって見出しに掲げたりした。ＫＵＲＵＳＵというのは、侵略や騙し打ちの意の動詞と化したのである。

野村と来栖は、甲案では交渉が円滑にいかないことを理解し、東郷の指示どおり十一月二十日にハルに乙案を提示した。早急に回答を求める野村と来栖に対して、ハルは露骨に不快の態度を示した。当時、アメリカ陸軍の諜報部は、東京の外務省本省とワシントンの駐米大使館の間でやりとりされる暗号電文はすべて解読していた。そのためにハルは日本側の焦り（軍事当局が外交交渉に期限を切っていること）や乙案の内容などはすべて熟知していたのである。とにかく乙案の提示によって、日本側は和戦の関頭に立つことになった。

吉田は、ワシントンでの日米交渉についてその詳細とはいえないまでもしばしば外務省職員から情報を得ていた。十一月には吉田は牧野に宛てて日を置きながら数通の書簡を送っているが、十四日付の冒頭には「其後外相ニハ面晤《めんご》不致《いたさず》候得共、省員の話ニてハ華府《ワシントン》会談の前途未た見極め難く候処、一面南方への準備ハ着々進行、寺内〔寿一〕其他任命ありしやの風聞も専ら有之、（以下略）」とあった。寺内が南方軍司令官に任命されたことなど、確かに事実をつかんでいるが、体系だった知識はもっていなかった。

十一月二十日の夕方、吉田は東郷と会った。このときワシントンは十九日で、まだ野村と来栖は乙案をハルに示していない。東郷は吉田に対して、まだ乙案を示しての具体的な話し合いに入っていないが、と述べたうえで、外交交渉の期限を切られている以上、アメリカ側の出方によっては戦争も仕方がないかもしれないと打ち明けた。吉田はこの言に衝撃を受けた。東郷は心がわりしているのではないか、と案じた。吉田にすれば、ワシントンで野村を助けていた外務省の職員が日本に帰ってきて、吉田のもとにきての報告（日本軍部の動きにアメリカの国務省は強腰になっている。こうなったら御前会議を開いて開戦阻止を決定する以外にないのではという私見）を耳にしていただけに、東郷の心がわりは不安であった。

東郷の心がわりを不安に思い、御前会議での開戦阻止を吉田は内大臣の木戸幸一に伝えたいと思い、松平康昌《まつだいらやすまさ》に、会う日を依頼したと牧野に書簡（十一月二十二日付）を送っている。

吉田は、御前会議での天皇の意思によって開戦を避けるという案にこだわっていた。

だが実際にはこの案はそれほどの重みをもっているとはいえなかった。十一月一日の御前会議は外交交渉の期限を切るという結論をだし、統帥部は軍事行動の準備を着々と進めていたからである。軍部のクーデターを想定しなければ、御前会議を開いて結論をくつがえすということなどできる状態ではなかったのだ。まさにこれは吉田の焦慮を示すものでしかなかった。

手渡されたハル・ノート

十一月二十六日（アメリカ時間）夕方に、野村と来栖はハルに呼ばれて、乙案に対するアメリカ側の回答を受けとった。いわゆるハル・ノートである。その骨格は、アメリカ側は改めて四月に始まった日米交渉の段階に戻るという内容で、来栖がその回顧録（『日米外交秘話』）で語ったように「全然交渉の始めに戻つたといつた方が適当な点が多く、（中略）一口にいふと、乙案は受諾出来ないから更に論議しようといふのである」との感想がもっとも的を射ていた。外交交渉の期限が切られての訓令を受けていただけに、ハル・ノートを読むや野村と来栖も外交交渉失敗の覚悟をしなければならなかった。大使館に戻ると、二人は「アメリカ政府は日本を侮辱している」とか「アメリカ政府には誠意のひとかけらもない」と館員に口走った。

それはハル・ノートを受けとった日本側の総意ともいえた。東郷は沈痛な表情になり、東條は首相官邸で「ハル・ノートが要求するように支那から撤退することになると、帝国は威信を失墜する。何のための帝国の歴史だったのか」と嘆息し、開戦の決意を改めて確認することになった。参謀本部戦争指導班の部内日誌（『機密戦争日誌』）の十一月二十七日には、「交渉ハ勿論決裂ナリ。之ニテ帝国ノ開戦決意ハ踏切リ容易トナレリ芽出度《めでたし》〳〵之レ天佑トモ云フベシ」とあり、幕僚が一体となって開戦を喜ぶ有様であった。

ハル・ノートを手わたす前に、アメリカ政府内部では、首脳会議が開かれていた。「日本は無警告で攻撃を始めることで悪名高い国だから、次の日曜日、十二月一日に攻撃を仕かけてくるかもしれない」とルーズベルトは警告している。アメリカ政府首脳は、このハル・ノートが挑発であることをむろん充分に知っていた。そして日本の統帥部は易々とその挑発に乗るという構図ができあがったのだ。

吉田がハル・ノートの全文を見たのは、十一月二十七日であった。つまり、その全文がワシントンから本省に送られてきたその日に、吉田は目を通していた。

外務省顧問の佐藤尚武《さとうなおたけ》が平河町にある吉田邸に訪ねてきて、英文の文書を見せたという。それがハル・ノートであった。佐藤は、吉田に対して「この文書を牧野伯に見せてもらいたい」と頼んだ。そのいきさつを吉田の書（『回想十年』）から引用しておこう。

「伯（牧野伸顕）は嫌な顔をしながら、読んでいたが、何ともいわない。そこで私は『外務大臣があなたにこれを見せたいという以上は、何かご意見を聴きたいということでしょう』というと、伯曰く『この書き方は随分ひどいな』と嘆息してから、や、暫くして『和戦の決は最も慎重を要する。この重大な時に当って外務大臣として、その措置、進退を誤らざるよう希望して止まない。そもそも明治維新の大業は、西郷《さいごう》、大久保《おおくぼ》など薩摩の先輩が非常な苦心を以て大帝を補佐して成就したものである。今日もし日米開戦するに至り、一朝にして明治以来の大業を荒廃せしむるようなことあらば、当面の責任者の一人たる外務大臣として、陛下および国民に対して申訳ないことであるのはもちろんだが、郷党の大先輩に対しても顔向けできないというものだ。これは同郷人の一人として特に附言しておく』と語った。（以下略）」

牧野のこの言はどのような会話のなかで吐かれたのか、それを吉田は語っていないので、その意は推測する以外にない。しかし、容易に推測できるのは、現在のこの国家は自分たちの先輩の尽力によって明治維新以後に辿《たど》りついた到達点である。それを軍事指導者ごときに破壊させられるような事態はなんとも嘆かわしいという意味である。牧野の開戦に反対する理由のひとつが、この点にあるというのはきわめて象徴的だ。牧野の心奥に眠っているのは、まさに吉田が指摘している「その中枢部には……緊密に結ばれる少数の指導者たちがいる」という誇りである。その指導者たちこそ、大久保利通《としみち》に列なる同郷の士たちだというのであった。

吉田は、その書の中で牧野のこの言は「戦争はすべきでないということ」として紹介している。それは吉田なりの本質をそらすいい方のように、私には思えるが、少なくとも吉田は牧野のその言を佐藤に伝える折りには「東郷も薩摩出身である以上、同郷人の偉業を忘れるな」といういい方をしたであろう。

吉田自身もすぐに東郷のもとに行って、この言を改めて説明している。

東郷も、牧野のその意思に緊張したことであろう。さらに、吉田は東郷に対して、ハル・ノートと称される文書の欄外に、"Tentative and Without Commitment"（来栖は「暫定かつ無拘束」と訳している）、とあるのを捉えて、これは試案であると考えていると伝え、決して「最後通牒」ではないと説明した。ここに注意してほしいとくり返したという。そのうえで、吉田は東郷に次のように強い調子で言った。

「君はこのことが聞き入れられなかったら、外務大臣を辞めるべきだ。君が辞職すれば、閣議が停頓するばかりか、無分別な軍部も多少は反省するだろう。それで死んだって男子の本懐ではないか」

この言は東郷に対する忠告というより、人生観を賭けた戦いの言でもあった。

吉田はこの辺の記述は幾分ぼかしているのだが、要は〈君は郷党の先輩の偉業を破壊する役を担うのか。それが厭なら辞めるべきだ。たぶんそのために開戦にこだわる軍部の将校に暗殺されるかもしれない。それでも歴史はきちんと君を評価する。その大義に生きよ〉という内容である。吉田がそこまで言ったという裏には、東郷の姿勢がすでに閣僚として開戦やむなしの側にいることが明確になっていたからであろう。

吉田は、このときに東郷に対して絶望を味わったにちがいない。東郷とて鹿児島一中時代には、西郷隆盛《たかもり》を崇拝し、「誠意は自ら神明に通ずる」を訓にしている。吉田の言にどのような反論を試みたかは資料には残っていないが、激しいやりとりはあったに違いない。吉田は、実は「人生観を賭けた戦い」

であったという事実を別な表現で語っているように思える。

それは「ハル・ノートは最後通牒ではなかった」というこだわりのなかに窺える。その語に終生こだわり続けた吉田の真意を確認することが改めて必要になると思われる。

昭和十六年十一月二十六日（ワシントン時間）にアメリカ政府から示された日本政府への回答（ハル・ノート）は最後通牒だったのか。これに対する日本での論者の見解は、今も明確になっているとはいえない。なぜか。これを最後通牒と認めなければ、真珠湾奇襲攻撃に始まる日米戦争はその論理的根拠を失うからである。日本は外交交渉か戦争かの二者択一を迫られ、戦争に踏み切ったという「歴史的事実」を押し通すには、現在に至るも「ハル・ノートは最後通牒」という入口を固めておかなければならないのである。

吉田が掲げた抵抗の論理

だが吉田茂は、この「最後通牒か否か」の論に一貫して明確な答えをだしている。このハル・ノートが日本に着いたころから、その見解を主張しつづけてきたという意味で吉田はまさに歴史的な存在たりえているといっていいだろう。当時、日本の国策決定に関わる集団内部には、「最後通牒ではない」との見解をもつ者はいなかった。いやその見解をもったとしても、それを表明するには勇気が必要だった。ハル・ノートの内容は国家機密だったから一般に知られていたわけではない。限られたわずかの軍人や外交官がその内容にふれ、直線的に国策の選択肢をひとつの道にしぼったのであった。吉田は外務省の長老として、この内容にふれたときから、「これは最後通牒ではない」と東郷外相や宮廷の側近たちに説いたのである。

吉田は、大仰にいうならハル・ノートについての見解では、歴史的審判に勝ったと断じていい。

ハル・ノートが日本に着いて二日後（十一月二十九日）、吉田は、アメリカの駐日大使グルーと会った。この部分は、吉田の『回想十年』に詳細に書かれている。吉田とグルーは、今やお互いの国が交戦状態に追い込まれないよう戦う「歴史的同志」であった。グルーは吉田を穏健派の流れを汲むかつての外務官僚と見るだけでなく、日本の国策が軍事路線に傾くのを阻止する有力なスタッフとも見ていたのである。吉田は次のように書く。

「十一月二十九日だったと思うが、虎ノ門の東京倶楽部に行くと、グルー米大使が待ちうけていて、私を二階の一室に連れ込み、いきなり私に対して、ハル・ノートを読んだかと云う。読んだとは言えないから、内容はきいているといったら、大使は『ハル・ノートは決して最後通牒ではない。日米両国政府の協議の基礎として認められたことを明示したものである。是非直接その趣旨を東郷外務大臣に説明したいから、会見を申し入れて貰いたい』といった。

もとより私も大使の考えに賛成であったので、すぐさま東郷君に大使の申し入れを伝えたが、東郷君は、すでに政府の方針も開戦と決定していたから、会談を承諾しない。（以下略）」

グルーは、性急に吉田に「最後通牒ではない」旨を国策決定にあたる閣僚に伝えたいと願った。むろん外交ルートを通して東郷に面会を申し込む方法も行なっているのだろうが、吉田という「歴史的同志」を通してより明確にその旨を伝えたいと望んだのである。グルーは、日米関係がこの段階に及んで彼のもつ〝穏健派人脈〟をフル回転させて事態を好転させようと必死だったのだ。グルー自身、この十一月二十九日の記述に次のような期待と不安を記している。

「この草案（ハル・ノートのこと）が日本に手交された後の二、三日、私は規則的に東京倶楽部へいき、以上の線にそって有力な日本人数氏に話をしたが、その後純然たる個人的かつ非公式なものだと慎重にことわって話した以上のことが、東郷、近衛公爵、松平、木戸侯爵その他の耳に入ったことを知った。だからいくらか役に立ったかもしれない。しかし私が話しかけた人達の多くは、すでに草案を承知していたらしいが、その結果については極めて悲観的だった。私の意見が天皇にまで達することを希望している。非常に力強く述べた意見なのである。（以下略）」（傍点保阪）

「有力な日本人数氏」とグルーは意図的に吉田の名を伏せているが、ここで記述されている情報は吉田との会話で確かめた内容と思われる。グルーは、このハル・ノート（『滞日十年』の中では、「アメリカ政府の十カ条提案」といういい方をしているのだが）についての自らの理解を克明に記してもいる。この内容をくわしく分析すると、「最後通牒ではない」という意味が、吉田が語っている意味とは異なっていることにも気づく。いやグルーの言はむしろ実質的な最後通牒といっているかのようにさえ思える。ふたりの言には微妙な違いがある。

まずグルーは、この提案を「客観的にして政治道を具現した文書」と讃える。つまり政治的にも歴史的にも正道を歩んでいるきわめてレベルの高い内容だというのである。日本政府は軍事的侵略政策を採るか、それとも賢明な非軍事的な国策を採るかの瀬戸際にあり、むろんグルーは後者を支持する。そうすれば、「これ以上戦争することなくして、そのために（日本は）戦争を始めたと主張する要求、即ち戦術的、経済的、財政的、社会的保全のすべてをうることが出来る」と結論づける。それこそが外交的勝利を得ることであり、そのことを国民に納得させるべきだとも主張しているのである。

だが前者を選ぶとするなら、「日本が東亜の国々（美化して東亜新秩序と大東亜共栄圏と呼ばれる）を政治的経済的に抑圧しようと欲し――日本の極端主義者の多くはこれを欲している――武力によって南進を遂行せんとするならば、間もなくＡＢＣＤ国家のすべてと戦端を開くことになり、問題なく敗北して第三等国の位置に落ちる」と結論づける。

東京倶楽部でグルーが吉田に伝えた内容とは、以上のような私見であった。ハル・ノートがもつ歴史的意味をこのように解釈すべきであるというグルーの指摘に、吉田はむろん同様の見解をもったに違いないのだが、吉田が書き残した〈グルーが最後通牒ではないといった〉という言は、実は吉田にとって自らの見解ないしその期待だったことが窺える。なぜなら、グルーは、アメリカ政府の理に適ったこの提案を日本政府は受けいれる以外にないはず、といっているのであり、それは確かに最後通牒とはいえないにしても、いずれはこれを受けいれなければならないはずであるとの信念の吐露だったからだ。

吉田がこのハル・ノートを「最後通牒」ではないと説いたのは、あくまでも国内の軍事的指導者の恫喝に対する抵抗の論理としてこの言に固執したのである。吉田はその著（『回想十年』）の中で、この抵抗の論理の軸として自らが掲げた「最後通牒」を特別に説明してはいない。だが吉田のこれまでの軌跡を見るなら、グルーの述べた私見とまったく同様の内容で、この語を武器として利用したと解することができる。

冷静さを失った政治・軍事指導者

グルーと吉田は、心を許し合った友人であり、お互いに家族づきあいをする関係にある。吉田の妻雪子が十月七日に乳がんで病死するまでの闘病の間、グルー夫人アリスとその娘エルシーはほとんど毎日のように見舞いに駆けつけた。そこには国境を越えた信頼関係が生まれていた。だが、吉田は日本人として、グルーはアメリカ人として、しかもそれぞれが国策決定には直接の関わりをもたないにしても、その国策を間に挟んでむかい合わなければならないという事態は、この昭和十六（一九四一）年十一月から十二月にかけての期間では、悲劇というべきであった。

つけ加えておくが、この時期は悲劇であるにしても昭和二十一（一九四六）年、二十二年のころには、二人の関係こそが次の時代の日米関係をつくりあげていくという歴史的役割をもつ関係に転化するのである。

ハル・ノートを受けとった日本は、国家の一切の歯車を日米開戦へと回していく。その歯車がどれほどの勢いをもっていたか、どれほど冷静さを欠いたものであったか、の検証はすでに多くの書でも解析されている。それを改めてなぞることはしないが、ただひとつ確認しなければならないのは、この文書が「最後通牒」であるか否かなどまったく検討されていなかったという事実だ。日本の政治、軍事担当者は、一方的に、乙案を日本側の最終提案と決めつけ、それへの回答を最後通牒と思いこんでいたのである。十一月二十八日を例にとっても『機密戦争日誌』には、ハル・ノートに目を通した結論として「今ヤ戦争ノ一途アルノミ」とあるし、この日の閣議では、東郷の報告を耳にして閣僚たちは「戦争の外なし」という見解で一致したという。この度しがたい主観主義こそ、日米戦争を貫く一本の芯であり、日本の政治風土の汚点であった。

吉田には、その日本的主観主義という土壌から解放されていた宮廷官僚だったとの評価が与えられるべきである。

「日米開戦」といった国策の流れは、実は吉田の思惑や予想をはるかに超えていた。

十一月二十九日には、重臣懇談会が開かれ、政府側は開戦の意思を伝えた。若槻礼次郎《わかつきれいじろう》、岡田啓介などから国力差を質されても、東條英機は「万事充分検討の上である」とはねつけ、そうした疑問に真正面からは答えなかった。やはりこの日、大本営政府連絡会議が開かれ、統帥部は「偽装外交でやれ」と露骨に東郷に迫り、東郷が開戦日を知らなければ外交はできないと答えると、統帥部からは渋々とその日が伝えられた。この会議でもハル・ノートの内容を検討することなどまったく行なわれず、十二月一日の御前会議で開戦の意思を最終決定することのみを話し合った。

すでに統帥部では、大陸命、大海令などを発し、開戦予定日にむけてその動きを始めていた。山本五十六《やまもといそろく》司令長官の指揮下にある連合艦隊はハワイにむけて密かに太平洋の荒波の中を進んでいた。

十二月一日、午後二時から四時まで、宮中で御前会議が開かれた。この御前会議には、これまで出席していなかった閣僚も列席し、戦時体制になってからの国内指導についても意思統一が行なわれることになった。東條は首相として、ハル・ノートについての政府見解を述べているが、それは次のような内容であった。

「米国ハ従来ノ主張ヲ一歩モ譲ラザルノミナラズ、更ニ米英蘭支連合ノ下ニ支那ヨリ無条件全面撤兵、南京政府ノ否認、日独伊三国条約ノ死文化ヲ要求スル等新ナル条件ヲ追加シ帝国ノ一方的譲歩ヲ強要シテ参リマシタ。若《も》シ帝国ニシテ之ニ屈従センカ帝国ノ権威ヲ失墜シ支那事変ノ完遂ヲ期シ得ザルノミナラズ、遂ニハ帝国ノ存立ヲモ危殆ニ陥ラシムル結果ト相成ル次第デアリマシテ、外交手段ニ依リテハ到底帝国ノ主張ヲ貫徹シ得ザルコトガ明トナリマシタ。（以下略）」

それゆえに日本は自存自衛を守り抜くために日米開戦に踏み切る以外にないというのであった。もとより東條には、これを「最後通牒」と見なさないで、このアメリカ側の提案を逆手にとって部分的に受けいれ、一部は懸案事項として外交交渉に託するといった考えはなかった。陸軍内部の強硬派をつねに代弁してきた東條は、こういう歴史的な駆け引きよりも統帥部の開戦意思に配慮するだけの軍内官僚でしかなかったのである。東郷もまた今となっては開戦意思に抗する発言はしていなかった。

この会議を昭和天皇はどう見ていたか。参謀総長の杉山元が残した文書（『杉山メモ』）には、「オ上ハ説明ニ対シ一々頷カレ何等御不安ノ御様子ヲ拝セズ、御気色麗シキヤニ拝シ恐懼感激ノ至リナリ」とあり、開戦の決定には充分に納得したこともわかる。

奇妙なことに、というべきだろうが、吉田は二十八日から開戦にむかって進んでいる国策決定の内実を充分には知らなかった。昭和天皇の意思が開戦を容認する方向にむかっていたためか、吉田は宮中側近の知人ルートと接触をもとうと試みるが、意図したとおりには進まなかった。十二月一日午前、吉田は牧野にあてて書簡を送った。その書簡は図らずも吉田の動きは孤立していることを裏づけることになった。

「松平康昌侯談ニてハ大勢如何とも致難《いたしがた》しと申居、木戸、近ヱ（近衛）公と幣原男会談、木戸ハ時機既ニ遅しとて会談を断ハり、近ヱ公ハ遅きも兎も角今夜八時に松平侯邸ニて会見可致《いたすべし》との事ニ候、右之次第ニて今午後の御前会議も相当重要のものと存せられ、東郷ハ其部下ニ最早倒閣以外ニ開戦を阻止する方法なしと申居る由、了解の出来ぬほと日々急転致居候様ニ有之事情ハ一度松平康昌侯に直接御聞たゞし相成候てハ如何かと存候、不取敢」

状況はめまぐるしく変わっている、ぜひ内大臣秘書官長の松平康昌に聞いてほしい、との訴えであった。吉田は二十九日の連絡会議、十二月一日の御前会議が〈日米開戦〉を国策とする会議であることを知らなかったのである。正確な情報が吉田のもとにははいらなかったということでもあるが、そのことは政治、軍事指導者はハル・ノートの内容を見るなり、冷静さを失って開戦の道にはいってしまい、情報が洩れる時間もなかったことを意味している。

ハル・ノート改竄の疑い

吉田は、十二月一日の夜になって、御前会議の決定を正確に理解した。その夜おそく、吉田は東京倶楽部でグルーに会ったと推測される（グルーの『滞日十年』の十二月一日に記述してある「古い日本人の友達」とは吉田を指していると思われる）。「彼は老けて、如何にも疲れ果てたような感じを与え、内閣は会談決裂にきめたと話した。私はそうきまったならば万事休すで、私は間もなく日本を立去るだろうといった」とグルーは書き、「私の友人」はひどく押しつぶされたように見えたとまで書いている。吉田とグルーの落胆ぶりの違いは帰属する国家の違いを明確にすることになった。

さらに十二月五日の日記に、グルーは「政府筋と密接な関係を持つ有名な日本人」から一通の書簡を受けとったと書いている。その日本人の書簡は、具体的に判明しないが、吉田の持論と同じなのである。この書簡の主は、（国策の決定に影響をもつ）友人達と話し合ったところハル・ノートの具体的内容を知らされずにいて、アメリカ政府は「最後通牒」を送ったとだけ信じているといい、「日本人の心理はかくも悲しむべきものである……」といったうえで、ともかくアメリカ政府が日本の提案を仮りの形で受けいれてくれまいかと嘆願しているのである。

政府や統帥部は、ハル・ノートの内容など知らせずに、ひたすら「最後通牒が送られてきた」とだけいって開戦の歯車を回そうとしていると嘆くのである。これは具体的にどういうことかといえば、吉田の著（『回想十年』）と照らしあわせるとよくわかる。それは次の一節だ。「私の記憶では、政府はハル・ノートの訳文に多少手を加え、国民感情を刺激するようなニュアンスをもったものにして、それを枢密院に回附したとのことであった。私は確かに当時そのように強く印象づけられているが、しかしいまそれを確証づけるような資料は見出せない。(以下略)」。東條内閣は開戦を既成事実とするためにハル・ノートを改竄《かいざん》した疑いがあるというのである。ハル・ノートの欄外に書かれていた〝Tentative and Without Commitment〟を抜いて政策決定にあたる要人に配布した疑いがあるとも断じるのであった。

こうした疑問と怒りを記したあとに、もしこのような資料が現実に見出せないにしても、「私の強い印象は、当時の無暴な軍閥一部の策謀に対する私の憤懣《ふんまん》を証することにはなるであろう」と書くほどだから、日米開戦に踏み切ったときの政策担当者の主観主義と権謀術数は吉田の終生の怨みの対象と化しても不思議ではなかった。そうした担当者を吉田は、終生許さなかった。

大戦を挟んで継続した信頼関係

現在、アメリカ政府の資料の多くが公開された段階で、ハルとルーズベルトの間には、日本人の猪突猛進の国民性を利用しつつ、一方でマジック(日本の外務省と駐米大使館の電報をすべて解読していた)によって日本の国策を理解しながら、〝最初の一撃〟を日本軍に行なわせようとの諒解があったのは事実だ。ハルがハル・ノートを手交したあとに、陸軍長官スチムソンらに「次は君らの出番だ」といったのは、その事実をよく物語っている。

そして歴史上、日本の統帥部に見られた「開戦やむなし」の強硬論というのは、その策略に乗ぜられたこともよく理解できるのだ。

グルーもまた、ハルやルーズベルトを始めとするアメリカ政府の国策の真実を理解していなかった。いや知らされる立場にはなかった。グルーが「最後通牒ではない」といったとすれば、たぶんに彼自身の希望を交えた論だった。それはグルーもまた本国政府の権謀術数の犠牲者だったといえた。その点では、吉田とは似たような立場にあったのである。

昭和十六年十二月八日未明、日本軍は真珠湾に奇襲攻撃をかけ、多大の戦果をあげた。そのとき、吉田もグルーも深い絶望感を味わうだけだった。この十日後、吉田はグルーにあてて密かに書簡を認めた。グルーの尽力でさえも平和を救うことはできなかったのは悲しいことだといい、「あなたのわが国とわれわれに対する友情を、決して忘れぬことは確信をもっていただきたい」と書いている。そして、亡妻が「かくも悲しむべき終結を生前目撃しなかったのは、彼女の幸福です」としめくくっている。この書簡は十二月三十一日に外務省の加瀬俊一によって、グルーに届けられた。グルーはその内容を自らの日記にそのまま綴ったのである。それはグルーが吉田の友情とその役割を歴史の中にとどめようとの意思表示であり、日本の軍事指導者とは明確に一線を画す勢力が存在することをアメリカ国民に伝えようとの考えがあったからであろう。

吉田は日本官憲の監視下にあるアメリカ大使館に、昭和十六年のクリスマス、そして昭和十七年の正月には肉や香料、花束などを送った。そのたびにグルーやアリス夫人は涙を流して喜んだという。

吉田はグルーを「真の日本の友」といい、日米戦争時には交流はとだえたにせよ、その後も深い信頼を寄せた。

第4章　戦時下の孤独な終戦工作者

「風来坊」の和平工作

太平洋戦争下の三年九カ月間、吉田は精力的に終戦工作をくり返した。吉田には特別の官職はなく、それゆえに政治、軍事情報の中枢からは外れていたが、終戦工作のために吉田が練った各種の案は当時の彼自身の時代認識をよく示していた。

吉田の終戦工作は、その著（『回想十年』）で断片的に語られているし、『吉田茂書翰』所収の岳父《がくふ》牧野《まきの》伸顕《のぶあき》や宇垣《うがき》一成《かずしげ》、若槻《わかつき》礼次郎《れいじろう》に宛てた書簡によってその真意をさぐることが可能である。このような基礎資料をもとに考えると、幾つかの特徴が窺える。吉田は、日本が対米英戦争に踏み切ることに反対であり、ひとたび国策がそのような方向にむかったにしても、それを早急に正さなければならないとの強い使命感を土台に据えている。前提にあるのは戦争そのものに反対というのではなかった。畏友の今日《こんひ》出海《でみ》の書（『吉田茂』）には、「戦争そのものを嫌う平和主義から戦争回避を唱えているものではなく、勝味のない戦争を起こして、国家を崩壊に導き、営々と築き上げた繁栄を一朝にして突き崩す無意味を避けなければならぬと主張するのだ」とあるが、まさにこれが吉田の「対米英戦争反対」の論理といえた。

吉田が対中国戦争に反対を唱えなかったのは、この論を裏づける有力な事実といえるであろう。現実主義者としての吉田は、それゆえに戦勝の事実が積み重なっているとき、あるいは戦況悪化が極限に達すると予測される段階では特に激しい動きを示したのだ。

さらに吉田が終戦工作のために働きかけた政治、軍事指導層（たとえば、宇垣一成や真崎甚三郎《まざきじんざぶろう》など）は、いずれも戦争遂行指導者とは敵対ないし非同調者という立場にあった。それは吉田が、戦争遂行指導者にいかなる期待も懸けているわけでもないという意味であると同時に、吉田自身がそうした指導者からうとんじられる存在だったことをも示している。この点では、吉田の終戦工作は一定の限界をもっていた。

むろん吉田は、宮廷官僚ともいうべき立場で、内大臣の木戸《きど》幸一《こういち》や重臣の近衛《このえ》文麿《ふみまろ》という強力なルートをもっていたが、このルートが究極には大きな役目を果たしたのである。

さらに吉田は、自らの終戦工作がアメリカやイギリスに伝わることを期待していた。具体的には、グルーやクレーギーが自国に戻ったあとに、天皇は本来、対米英協調論者であると主張しつづけた吉田らの動きをそれぞれの国の政策決定集団内部で語り継ぐことをなにより望んでいた。このことは、『回想十年』の中に、近衛に対してミッドウェー海戦敗戦後の昭和十七（一九四二）年六月に和平案を具体的に示したときの問答がよく示している。渋る近衛に、吉田は、「(和平の見込みが）あるかないか当ってみなければ分らないが、少くとも日本側の和平に対する誠意を示すことだけでも効果はあると思う」と説くのである。誠意を示すこと、つまりそれこそが吉田のグルーへのメッセージといってもよかった。吉田は、そのような歴史のアリバイづくりを声高に語ったことはないが、その心中に歴史とむかいあう覚悟ができあがっていた。それを自らの誇りとして戦時下に身を置いた。

吉田自身が進めた終戦工作にみられるこのような特徴は、実は戦争終結後のGHQによる占領支配のときのもっとも輝かしい勲章になったのである。吉田はある時代を耐えることで次の時代にそれが生きるという賭けに勝ったのだ。

吉田は開戦まもなく宇垣から転居挨拶を受け取った。それに対する返信の中に、陸海軍の大勝にお喜びのことと思うが、「唯一懸念ハ戦捷《せんしよう》の後を善くする事ニ有之《これあり》」という一節を加えている。戦果をあげたという事実に溺れるのではなく、戦争をいかに終わらせるかを考えなければならないと明確に記していたのである。吉田は、陸軍指導部に自らが徹底して嫌われていたという事実を踏まえたうえで、彼自身のいい方を引用するなら、「(戦争が始まったといっても)相変らずの風来坊をきめこみながらも、蔭では和平工作を全然断念してはいなかった」(『回想十年』)という状態であった。

機をうかがう日々

戦時下での吉田の終戦工作には何回かのヤマ場があるが、その第一回は昭和十七年二月十五日のシンガポール陥落前後の動きだった。シンガポールはイギリスの対アジア支配の要塞といわれ、ここにはイギリス海軍の精鋭が配備されているといわれていた。実際には、イギリス陸海軍はヨーロッパでのドイツとの戦争にその大半の戦備がさかれていて、当のシンガポールに駐留する高級将校たちは、日本の軍事政策に対応できるとの自信はもっていなかった。日本陸海軍は、そのシンガポールを二月十一日の紀元節までに陥落させようとしていたが、実際にそれが達成されたのは二月十五日であった。

この二月十五日には、大本営発表が午後一時から十時までの間に六回も行なわれ、その報に国内はわき返った。十六日には勅語が発表され、「勁敵《けいてき》ヲ破リ神速《しんそく》克ク新嘉坡《シンガポール》ヲ攻略シ以テ東亜ニ於ケル英国ノ

根拠ヲ覆滅セリ　朕深ク之ヲ嘉尚《かしよう》ス」と陸海軍将兵は讃えられた。新聞にはイギリス陸軍中将パーシバルと南方軍攻略部隊の司令官山下奉文《やましたともゆき》との停戦交渉時の会話が日本人の戦争意識を高揚するように掲載されてもいた。全国到るところで、旗行列、提灯行列が行なわれ、日本は今次のこの戦争にまちがいなく勝利するであろうとの甘い観測と、そこからくる傲《おご》りが国策にも盛りこまれることになったのである。

吉田は、このシンガポール陥落は終戦工作のもっとも適当な時機だと判断した。そしてそのためにどのような和平案があるかを考え続けた。吉田は、むろん日本の政治、軍事の指導者と同様にシンガポールは「イギリスの生命線」と考えていたが、ここを日本軍が落とせばイギリスとの間に和平交渉の機会があるかもしれないと密かに予測はしていた。だが日本の軍事指導者のこの戦勝を足がかりに、さらに南方への侵出を深めるという案に対して——そして歴史は確かにそのように進んだのであったが——、吉田はイギリスの力を軽視するようなその案とは対照的に、ここで鉾《ほこ》をおさめればそれほどの被害が双方には出ないとの判断をもっていたのだ。

吉田は、こうした思考を自らの胸中でくり返しているときに、木戸が天皇に対して、「戦況のいいこのときこそ和平の機会である」と上奏したことを知った。天皇はその上奏に特別に政治的意味を置いて理解しなかったために、木戸の言は個人的な意見にとどまった。しかし、木戸の考えは内大臣秘書官長の松平康昌《まつだいらやすまさ》を通じて吉田に伝わり、大仰にいうならば、この情報を耳にした瞬間から、吉田は木戸を自らの側にいる人物と理解したのである（このことについて、吉田は『回想十年』の中で、「木戸内府もまたシンガポール陥落の時機こそ和平交渉の好機であるとの考えであることを知った」と書いている）。

吉田がまとめた終戦工作の案とは、重臣の一人であり、天皇にも自在の意見を開陳できる近衛をスイスに送って、米英との和平交渉を進めるという内容だった。木戸の見解を知って、吉田はこの案は決して実現不可能な案ではないと考えるようになり、その機をうかがう日々を過ごした。そして注意深く根回しを始めたのである。

諜報工作員に細心の注意を払う

実際に、この案を吉田が近衛に説明するのは、六月にはいってからのことだったが、その間に吉田は、自らの人脈の中にとにかく終戦について考える必要があるとの論を披瀝《ひれき》して歩き続けた。そのことは、四月三日に牧野にあてた書簡の中によくあらわれていた。その書簡をくわしく解析してみると以下のような構図ができあがるのである。

まず吉田は宇垣に対して、この難局をのりきるために「敢然難《かんぜんなん》に赴く」の気がまえをもつべきだ、世間の噂など気にかけることはないと説き（これは昭和十七年一月か二月のことと思われるが）、重臣の平沼《ひらぬま》騏一郎《きいちろう》と会ってほしいと連絡した。すると宇垣は、その言をいれて平沼と会った。吉田は、平沼に連絡して宇垣が訪ねてきたら、「虚心坦懐時事を談候《だんじそうろう》様《ようす》勧め候」と伝えていた。三月二十九日に二人の会見が行なわれたのである。二人が何を話したかは定かでないが、会談のあと宇垣はきわめて上機嫌であったと、吉田は牧野に伝えている。吉田は、宇垣・平沼会談を池田《いけだ》成彬《しげあき》と岡田《おかだ》啓介《けいすけ》に連絡したが、池田がこの事実にとりわけ喜んでいると知った。そこで吉田は、「近日中」に池田を訪ねて、池田に平沼や近衛、木戸との会見を斡旋してもいいと申しでるつもりだというのである。

牧野がこの書簡にどのような反応を示したかは現在のところ正確に判明していない。同時に四月三日以後に書簡のこの内容がどのような推移をしたかは定かではない。だが現実にこの期に終戦工作の方向に進まなかったことは、歴史的事実を見ても明らかなとおりである。

だが注目しておかなければならないのは、吉田は表面上は「相変らずの風来坊をきめこみながら」、終戦工作のための人脈づくりを行なっていて、重臣などの間に適切なくさびを打っていたということだ。吉田のこの政治力を当時の軍事指導者は見抜けなかったのである。

ここで理解しておかなければならないのは、吉田が昭和十四年三月に外務省を去ってからその言動は憲兵隊に監視される状態にあったことだ。憲兵隊の教育を受けた者（男女一人ずつ）が身分を隠して、吉田邸の使用人になり、その私生活まで調べあげるだけでなく、小型カメラなどを駆使して吉田の書簡などを盗撮しようとしていた。吉田はむろんこのことを熟知していたと思われる。それだからこそ、手紙類はすべて開封されると見抜いて、牧野や近衛、それに要人らへの書簡はすべて執事の安斎某に託してその自宅に届けさせたのである。終戦工作の動きは、その一端たりともこのような諜報工作員に見破られては困ることであり、それだけに吉田は細心の注意を払っていた。

私見になるが、吉田はこの期には人を難詰するときや批判のときも決して露骨な口調をしなかったといわれるのも、自らの周囲に張られた諜報員たちを懐柔させる巧妙な人心掌握術だったと推測されるのだ。

戦局を知る独自の方法

自らと意を通じる人脈づくりを果敢に進める一方で、吉田は、スイスに近衛を派遣する案を六月初旬に近衛に会って申し出た。早急にこのような行動に移らなければという焦りの因は、六月六日、七日のミッドウェー作戦の敗戦にあった。この作戦は、連合艦隊司令部が大量の空母や艦艇を動員して、アメリカ海軍の太平洋艦隊の主力を壊滅させるという目的をもって戦われたのだが、実際には日本海軍の暗号は解読されていて、連合艦隊の主力艦が壊滅されただけでなく、日本軍の優秀なパイロットが三千人余も戦死するという負け戦になった。むろんこうした事実は、「大本営発表」ではすべて隠蔽され、日本軍は逆に戦果をあげているかのように発表されたのである。

ミッドウェー敗戦は、日本の政治、軍部指導部の要人にさえ詳細には知らされなかった。だが海外情報を入手しようと短波放送に密かに耳を傾けている者には、その惨敗は容易に理解できた。外務省は、アメリカの短波放送を傍受し、その内容を「ショート・ウェイブ・ニュース」と題して、外務省の長老や宮中筋に配布していた。むろんこの小冊子は吉田の手元にも届けられていたが、ミッドウェー海戦の内実（アメリカ側は、太平洋艦隊司令部発表の「重大な勝利は将《まさ》に達成されようとしている」といった内容を報道していた）についても、軍事的に許容される一定の範囲内で伝えていた。吉田が、終戦工作を急がなければと焦ったのは、吉田の予測どおり、国力の差のある日本がもう劣勢に入っているとの理解があったためだろう。

戦時下の吉田の動きを見ると、吉田は確かに日本国内の政治、軍事の中枢情報にふれる機会はなかったにしても、この「ショート・ウェイブ・ニュース」や吉田自身が密かに短波放送に耳を傾けてアメリカの情報を耳にいれていた節は窺える。この点を確認できる事実は明らかになっていないにせよ、吉田はそのような手段（さらに軽井沢に幽閉状態にある〝敵性国〟の神父やジャーナリスト、外交官、あるいは東京に駐在しているスイスやスウェーデンなどの中立国の外交官の間に情報ルートがあったという説もある）で、戦況そのものは正確に理解していたとも思われるのだ。

木戸や近衛に対する不満

話を戻すが、吉田が近衛に自らの案を打ち明けたときに、近衛はすべてを聞き終わったあとで、「木戸の判断を聞いてみよう」と答えている。吉田が説明した案について、吉田自身は次のように書いている（『回想十年』からの引用）。

「（吉田の案を聞いて、近衛）公は驚いた風であったが、私は『皇室に最も近い公がスイスに出かけ、漫然と滞在しているだけでも、欧州各国の注意を引くべく、英国の戦況利あらざれば、公に働きかけるものあるべく、ドイツの苦戦となれば、また公に接近を試みるものがあるであろう。いま海空からの旅行は甚だ危険であるが、朝鮮、満州からシベリヤ鉄道を利用すれば、多少困難はあっても、スイスまでなら行けないことはない』というようなことを説いた。公は見込みがあるのかと聞くから、あるかないか当ってみなければ分らないが、少くとも日本側の和平に対する誠意を示すことだけでも効果はあると思う、と答えた。公は木戸内府にも話してみてくれと多少気動きが見えた。（以下略）」

近衛は、早期和平工作には賛成であったにしても、スイスに出かけて、そこでただじっと立ち止まっている状態には不安があったにちがいなかった。吉田も近衛に同行する意思はあったのだが、吉田は天皇の側近がスイスに立ち止まっていることこそ「日本の終戦の意思」になるとの強い信念をもっていたのである。それが三十年余にわたって外交官として生きてきた勘でもあったのだ。

六月十一日、吉田は木戸を訪ねた。『木戸幸一日記』にその訪問内容が正確に記述されている。「三時半、吉田茂氏来訪、近衛公渡欧の案につき別紙の如き意見を公に提出したる趣を以て、余の意見を求めらる。世界平和の為め一日も早く戦争終結に努力する根本の考には勿論異存のあらう筈はなきも、近衛公の出馬については尚ほ篤《とく》と考慮致したしと答ふ」とある。木戸は、吉田の案を諒としつつも、自らの具体的な意見を明らかにしなかった。

吉田が木戸に手わたした別紙の意見書も、『木戸幸一日記』には全文が掲載されている。この内容は、吉田が近衛に説いた内容と同じなのだが、近衛をスイスに送る意味を説き、「わが外交が公のこの地位を善用せば、和局において我を主動の地位に置かしむるに足るべし」ともいい、もし近衛に各国からなんらかの働きかけがあれば、すぐに「わが文武官、学者、実業家中の適材（成るべくは欧米に知人あるものがよし）を招致し、平和条約草案を準備せしめ、以て帝国政府の参考に資するとともに、列国をわれの利益に誘導啓発の任に当らしめ」と説いているのである。そのうえで日本が主軸になって講和会議を開くべきだとの提案でしめくくってあった。この歴史を動かす案は、結局、木戸が黙殺することで潰れてしまった。近衛もまた木戸が動かない以上、積極的にこの案を現実化するだけの意欲はなく、吉田の練り上げた案は棚ざらしになったままで終わったのである。

吉田は、この案がもし木戸や近衛の尽力によって天皇にも認められ、現実化されていたとすれば、日本が昭和二十年八月十五日に迎えたような惨憺《さんたん》たる状況にはならなかったであろうと考え続けた。それは戦争が終わったあとも、そして終生その考えを持ち続けたのである。

なぜ木戸は、このような思いきった案を無視したのか。吉田は、東條首相ら陸軍指導部が和平を期待する近衛の言動に目を光らせていて、具体的に取り締まるべきだと機を窺っていたから、そのことを木戸が恐れたためだろうと推測した。だからこそ、吉田のもとには、木戸は一切連絡をよこさなかったと解析したのである。――この予測は現実にあたっているか否か定かではないにしても、吉田が木戸や近衛に対して「強い不満」を抱くようになったことはまちがいない。とくに近衛にはこれまでもその優柔不断さに不満を抱いていたから、それがさらに加速したと思われる。

〈歴史と生きる〉覚悟

吉田は、この期の天皇の側近たちの優柔不断さに比して、明治時代の政治、軍事指導者はいかに政治と軍事の兼ねあいを理解していたことだろうとの思いももった。だからこそ、その著（『回想十年』）の中では、次のように嘆くのだ。

「満州軍総参謀長児玉源太郎《こだまげんたろう》大将の如きは、奉天会戦直後、戦地から帰って来て、時の政府に対し『この戦争は奉天会戦をもって最後とすべし』と主唱し、また元老伊藤博文《いとうひろぶみ》は、日露開戦後、金子堅太郎《かねこけんたろう》子爵を米国に派遣しておいて、後日のポーツマス会議の素地をつくらしめるなど、為政者にこれほどの周到なる用意があったればこそ、極東の一島帝国が、五十年の間に世界五大国の班に入るほどの偉業をなしとげたわけである」

児玉源太郎のような軍人はいないのか、伊藤博文に匹敵する人材は……金子堅太郎の役を果たす者は……という吉田は、「明治時代の遺産」を日々解体しているこの時代がうとましいものであったに違いない。せめて自分だけは……という気構えをもっても、それは空回りするだけであった。しかし、たとえ空回りを続けるにせよ、終戦工作の方策を練らなければならないと動き続けたのは、明らかに吉田の中に、〈歴史と生きる〉との覚悟があったからだと考えるべきであろう。

この和平案挫折のあと、吉田は戦時指導を担っている軍人を抑えるためにやはり陸軍の長老を使うべきだと考え直し、その方向に動き始める。近衛や木戸は、陸海軍の戦時指導者への影響力をもっていないとも考えたのだ。「外交ニ考慮を払ふ軍出身の政事家」（若槻礼次郎への書簡の一節）をかつごうと画策を始めるのである。

吉田茂が重臣の一人である若槻礼次郎に書簡を送ったのは、昭和十九年三月であった。日米開戦から二年三カ月、戦況は今や日本にとって不利な状態にあるときだった。吉田は友人の殖田俊吉《うえだしゅんきち》（元・大蔵官僚。このときは実業家）の伝手《つて》で若槻と連絡をとることになったのだが、そのような機会が出来たことを喜びとすると書簡の初めで述べたうえで、自分はこの時代の戦争をどのように考えているかを披瀝している。

もとよりその前提にあるのは、若槻も終戦工作を望んでいるとの理解で、その点では同志的関係をつくりあげたいとの思いを含んでいた。実は、この書簡にはこのときまでの吉田の終戦工作に関する経緯が簡潔に記されていた。この書簡は歴史的文書にもなりうる内容である。まず吉田は、シンガポール陥落後に重臣を海外に派遣させて和平工作にあたるよう進言したが、それが容れられなかったと述べた。近衛の名もスイスという地名も伏せている。その教訓を生かして、次のように考えるようになったと書いている。

「外交ニ考慮を払ふ軍出身の政事家か局に立たさる限タトヒ戦勝つも戦局の収拾六ケ《むつか》敷《しく》、況《いわ》ンヤ戦利あらす当路其人を不得、軍之暴状如今なるに於てをや、由来我外交の難ハ外ニあらす内ニあり、軍を抑へ外交政治ニ容喙《ようかい》を封するの用意あるに非《あらざ》れハ和局外交ノ遂行も到底覚付なしと考へ、（略）」

そこで宇垣一成と連絡をとったと伝えた。昭和十七年、十八年としばしば連絡もとったが、つまりは確固とした所信を聞くことができずあきらめたと書く。「結局ハ軍と妥協し其力を仮り〔ママ〕て政局ニ立たんとする真意なるか如し」というのだ。つまり吉田は宇垣に対して今や何の期待も抱いていないと告白したわけである。宇垣のように陸軍指導部と妥協を考えるようではだめだ、「軍自身の自省ニよりて軍本来の姿ニ立帰らしむる」ことが重要だ、そのためには真崎甚三郎一派を起用する以外にないと考えるようになったというのである。吉田はこの一派と連携しうる海軍の要人として小林躋造《こばやしせいぞう》大将に的をしぼり、交渉を続けたという。そこで小林から、終戦のために、小林内閣をつくろうといったことは望んでいないにせよ、自分で役立つことがあれば奉公したいとの気持はあるとの答を得た。吉田の書簡を分析していけば、これは昭和十八年春のことらしい。

なぜ真崎一派に望みをもったか

そこで吉田は、思想面では殖田と小林を接触させて考えを詰めさせているといい、陸軍内部の情報については、小林と真崎や小畑敏四郎《おばたとししろう》とをしばしば会合させたとしてその内実を明かす。外交関係の考えは、自分と小林とはほとんど同じなので心配はないと伝えてから、「斯くて小生共の間ニ於て最も内密ニ小林内閣案の研究を進め来れる次第ニ有之」と書いている。つけ加えれば、小林は海軍の駐英武官をつとめた経歴があり、吉田は十年来親交を重ねていた。この小林海軍大将擁立運動の現実の推移を吉田がありのままに明かしたのは、若槻にも終戦工作の一翼を担ってもらいたいと思ってのことであったろう。吉田は若槻とはこれまで接触はもっていなかったが、重臣の一人として反陸軍感情の強さを確かめたうえで、このような具体的な内容を語るという挙にでたにちがいなかった。

吉田は、若槻が陸軍内部の実情はすべて理解しているといい難くても、なぜ真崎一派で陸軍を抑えられるかと疑問を抱くだろうと予想して、その説明を記している。実は、吉田の書簡の末尾に書かれているこの部分がもっとも吉田の当時の感情（それは焦りであり、怒りであり、そして日本はどうなってしまうのか、という不安などだが）をあらわしている。たぶん吉田という多面的な人物を理解するためには、この感情を正確に捉えておかなければ、その実像はつかむことができないのではないかと思われるのである。
「此儘《このまま》ニ尚軍の現幹部を迎へて現状を継続せハ国家の前途更ニ重大なる懸念を抱かさるを得す、抑々《そもそも》軍部の暴状を看過し徒らに之を善導若《も》しくハ利用せんとし来れる事か現時態を誘致招来せる次第ニて、累年の積弊打破の為めニハ相当の覚悟を可要《ようすべし》、又斯《かか》る覚悟もなく軍部対策もなきものニ漫然此国家の危局を托するに於てハ前大戦末期の独乙《ドイツ》の覆轍を踏むへきハ明也、（以下略）」

終戦工作を円滑に進めるためには、現在の陸軍指導部に期待をかけたり、彼らを善導しようと考えるような小手先の対応では事態を変えることはまったく不可能である。終戦工作を進める者が相当に強い覚悟をもつことが必要だというのであった。その覚悟とは、逮捕・軟禁を恐れないだけではなく、国家が日一日と滅亡にむかっているのにそれを傍観視してはならないという強い信念ということができた。この信念のない者は第一次大戦末期の政治家がなにひとつ当事者能力をもたずに流されるように軍事的破滅にむかったドイツの姿とあまりにも似ているという歴史的教訓であった。

今、採るべき道はなにか。これは昭和十九年三月段階の案ということになるが、次のような内容を若槻に伝えたのである。

「当面の急務ハ何としても戦局ハ有利ニ展開せしめさる可《べか》らす、国防第一線ニ立てる南太平洋上の我海軍を増強して一応米国海軍を挫《くじ》かさる可《べか》らす、夫《そ》の為めニハ陸軍をして全力を挙げて海軍を増援するの態度ニ出てしめ、戦局ニ多少の余裕を生するの間、外交展開以て和局ニ誘導するの工夫を為さる可《べか》らす、然《しか》るに上下戦況不利の風聞ニ震駭《しんがい》して、国内態勢を整へ応戦準備ニ専念すへきを忘れ、茫然とし而《て》敵機の来らさる一日の安を貪り、刻々迫来る国家の危局匡救の途を講するの覚悟を欠くニ似たり」

ひとたび戦争が始まった以上、戦局を一時的、局部的にでもいいから好転させる、その事実をもって一気に外交交渉で事態を打開していく以外にない、そうした道を考えなければならないのに戦況は不利になっているにもかかわらずその日その日がアメリカ軍の空襲がないからといってぼんやりすごしている、こんなことでいいのだろうか、というのが吉田の怒りの言なのである。吉田は終生軍事学にふれるのを嫌い避けたが、この書簡の中にもそれがよくあらわれていて、「陸軍をして全力を挙げて海軍を増援するの態度」という乱暴ないい回しが用いられている。当時の戦況は、そういう雑駁なやり方では事態は好転しない状況になっていた。吉田が陸軍の軍人から軽視されたのは、このような軍事学の理解にとどまっていたからでもある。しかし、吉田のこの書簡からは、昭和十七年、十八年、そして十九年にかけての吉田の実像が前述のようによく浮きぼりになっている。

この実像は私の見るところ、二つの事実に収斂《しゅうれん》することができる。ひとつは、吉田が期待した真崎や小畑はほとんど陸軍内部の戦時指導者に影響力をもっていないにもかかわらず、あえて吉田が彼らの力を利用したこと。そしてもうひとつは、吉田は日本の政治、軍事指導者の能力、知識、そしてこれがもっとも重要なことだが、彼らの想像力の欠如に心底からの怒りを感じていたと思われる点である。吉田のこの書簡がこの時期にほとんど交流のなかった若槻にここまでの内容を洩らしたのは、何よりもこの二点を汲みとってほしいとの意思表示ではなかったかとさえ考えられる。時代を指導する能力のない軍人、というため息を首相経験者の若槻に汲みとってもらいたかったのだ。

「ヨハンセン・グループ」の動向

吉田は自身が陸軍指導部から反軍グループの中心的人物と名ざしされていることは、よく知っていた。吉田は東京憲兵隊によって昭和十四年から「外来要視察人」としてその行動のほとんどを押さえられていたが、当時の東京憲兵隊長の大谷敬二郎《おおたにけいじろう》が戦後になって著した書では、吉田に関する記録は克明に綴られていて、それは東條を始めとする陸軍指導者に定期的に閲覧されていたという。より過大に記述されているその記録を読む限りでは、吉田にはどのようなかたちであれ、陸軍内部の要人が接触をもつわけはなかった。

吉田が真崎や小畑に期待を懸けた理由のひとつは、彼らのような皇道派の軍人たちはこうした記録に目を通す立場にないし、吉田を先入観で見ることがなかったからだ。それが真崎や小畑への接触につながっていったと思われる。憲兵隊を動かし、そしてまるで国事犯のように吉田を追いかける陸軍指導部には、吉田自身はどうあれ徹底した忌避の態度をとりつづけた。

吉田の若槻への書簡の背景から浮かびあがる二つの点（なぜ皇道派に期待を寄せたか、体制内にいる政治、軍事指導部の想像力欠如を侮蔑したか）の解析の前に、陸軍の指導部がいかに吉田とその周辺の人物を危険分子と見ていたかを大まかに俯瞰しておかなければならない。

まず東京憲兵隊長の大谷、さらに陸軍省兵務局で憲兵業務を担当していた黒崎貞明《くろさきさだあき》らが戦後になって書いているところでは、吉田を軸にして吉田からの接触を受けた要人を、「吉田反戦グループ」、通称ヨハンセン・グループと呼んでいたそうだ。

吉田は平河町に自宅をもっていたが、大磯にも別邸をもっていてこちらですごすことも多かった。この大磯には吉田の友人、池田成彬や原田《はらだ》熊雄《くまお》、樺山愛輔《かばやまあいすけ》らが住んでいたが、吉田は彼らとも緊密な連絡をとっていた。いわば、彼らもヨハンセン・グループと見られていたのである。ただ、大磯に住んでいるグループは大磯和平グループといわれ、反軍和平の一派であるとしつつ、しかし原田、樺山は宮中内部にさらに強いルートをもっているがゆえに陸軍指導部はことのほか目を光らせていた。

ヨハンセン・グループとして、憲兵隊がマークしたリストの中には、宇垣一成や真崎甚三郎、それに若槻礼次郎なども加えられていくことになったが、その骨格にあったのは牧野伸顕と近衛文麿の二人である。吉田はこの二人を自らの支えにしていた。つまり牧野にはつねに自らの終戦工作が歴史的意思にかなっているかを報告して安堵させ、そして近衛は天皇と近い立場にあり天皇に自由に意見を開陳できる存在として、心理的には後ろ楯に見立てていた。

ただ、近衛にはしばしば幻滅感を味わったが、とはいえ実際に終戦工作を天皇の耳に届かせるには近衛との一定の関係は保っていなければならなかった。近衛には絶望と期待の両面で接するというディレンマの中にあったが、戦時下でもその針はしばしば大きく揺れた。

宇垣擁立運動の挫折と真崎一派との強い連携に、近衛の影も窺える。とくに近衛の陸軍内部の皇道派への肩入れが吉田にも影響を与えた。

吉田が近衛のもとを訪ねるだけでなく、近衛も平河町の吉田邸にときおり顔をだすことに東條などは苛立っていた。

ヨハンセン・グループの中心を成すグループは、先の若槻への書簡の中にあらわれた人物たちである。つまり殖田俊吉、真崎、小畑、そして吉田の親しい友人だった岩淵辰雄《いわぶちたつお》であった。岩淵は東京日日新聞や読売新聞などで政治記者をつとめたあと政治評論家という肩書きをもっていた。しかし現実には、吉田に情報をいれたり、ときにその意を政界内部に伝える役割を果たしていた。吉田の行動が制限されそうなときは岩淵がかわってグループのもとへの連絡役をつとめたのである。岩淵は真崎や小畑と親しかったために、その動きは重要であった。

このヨハンセン・グループは、むろん憲兵隊が名づけたもので、確固とした実態があったわけではない。この種のグループはしばしば過大に、誇大に調査報告書にデッサンされるように、実は吉田の動きを不必要に拡大しているとはいえる。吉田は自らの書の中で、終戦工作にふれるときヨハンセン・グループと目されていた組織的な動きについてふれていない。実態と憲兵隊の報告の間には大きな開きがあったことはまちがいないであろう。

それにしても吉田が、なぜ真崎らに期待をかけたのだろうか、という疑問は改めて検証しておかなければならない。

前述のように、皇道派の人脈は二・二六事件後にすべて解体してしまった。つまり陸軍内部での力を失ってしまった。荒木《あらき》貞夫《さだお》や真崎、それに柳川《やながわ》平助《へいすけ》、小畑などの将官は戦時下にあって陸軍内部にはほとんど何の影響力もなかった。

こうした事実を踏まえたうえで、吉田の動きを見ていくと、吉田は陸軍の軍人を見ぬく目をほとんどもっていなかったという結論になってしまうのである。

擁立の失敗と「敗北宣言」

吉田が真崎に初めて会ったのは、『真崎甚三郎日記』によると二・二六事件前の昭和十（一九三五）年十二月二十八日のことである。吉田は当時まだ外務省に籍を置いていたわけだが、友人の勧めで会ったという。ただし吉田は、その友人に真崎に会うことを周辺には伏せておいてほしいと頼んでいる。真崎は陸軍内部の長老格だったにせよ、あまりにも皇道派の重鎮という色彩が濃く、吉田にとっては益することはないと判断したのだ。

吉田は、真崎に対して「なかなか正直な男だ」との印象をもった。それを西園寺《さいおんじ》公望《きんもち》の秘書原田熊雄に伝えたところ、「そんな者にだまされちゃあ駄目だ」と批判がましい忠告を受けている。

その後、吉田は『真崎甚三郎日記』によるなら、昭和十六年八月二十五日に真崎を訪問し、宇垣とともに意見を交換してほしいと訴えている。吉田は二人の話し合いを大切にし、昭和十七年八月には小畑敏四郎と会い、真崎・宇垣の一角に加わるよう説得している。小畑はそのことを真崎に報告に行っているのである。

こうして吉田は八月から十一月にかけて、近衛に対してスイスに赴くよう説得したのとは別に、宇垣・真崎の連携を策して二人を自宅で会わせる動きを進めていた。やがて宇垣に見切りをつけたわけだが、その分こんどは真崎をかついで陸軍内部をコントロールしようと企てたのである。それが海軍の小林躋造擁立へと発展していったという経緯があった。

真崎は世間では二・二六事件時に青年将校をおだてあげた黒幕と見られ、同時にこの二・二六事件を機に自らの政権を画策した野心家とも受け止められていた。真崎も軍法会議にかけられたが、その折りに憲兵隊に取り調べを受け、ひたすら責任逃れの弁を洩らしたとして、陸軍内部では極端に評判がわるかった。昭和十二年九月二十六日の軍法会議の判決では「無罪」を言い渡されたが、そこに至るまでの判決文はまるで有罪ででもあるかのように記されてあった。陸軍省発表の判決文には、「（決起将校に対して）『諸君の精神は能く判って居る。自分は之よりその善後処置に出掛る』と告げて官邸を出て（略）同日午前十時頃参内したる際、侍従武官長室に於て陸軍大臣川島義之《かわしまよしゆき》に対し、決起部隊は到底解散せざるべし、此の上は詔勅の渙発を仰ぐの外なしと進言し、（略）」という一節さえあり、実際には青年将校の同調者だといわんばかりなのである。真崎よ、お前は青年将校の黒幕と断じていいが、しかし恩情で「無罪にしてあげよう」というのが陸軍上層部〈統制派〉の見解であった。

こうまで扱われた真崎は、陸軍内部からはすでに追放されたも同然だった。

吉田はそうした真崎の地位を正確に理解していたとは思えない。真崎を買いかぶった吉田は、真崎の動きの中に何を見出そうとしていたのだろうか。

当然なことに、ふたつの見解が考えられる。ひとつは、真崎の吉田への言がきわめて魅力的に映ったことであり、ふたつ目には真崎を使ってもういちど二・二六事件に匹敵するような軍事クーデターを画策しようとしていたこと、の二点である。だが、真崎を使って起こすクーデターは、兵士という手足をもっていない真崎自身には無理な話であり、さらにこれがもっとも重要なのだが、天皇が二・二六事件へ示した嫌悪感を知る限りとても実現不可能である、という認識を吉田はもっていなかったのだ。

私の見るところ、吉田は真崎とその同調者である小畑と接触することで、より陸軍内部への現実的な橋頭堡《きょうとうほ》を得ようとしたか、あるいは真崎の必要以上に自らの力を誇示する話法に幻惑されていたかであろう。真崎の話法とは、対ソ戦を主軸にする皇道派の本来の主張で、この論ならばアメリカやイギリスとの戦争はむしろ避けなければならなかった。吉田はその話法にすがることで、辛うじて陸軍内部に足がかりをつかんでいるという錯覚じみた綱渡りを演じていたにすぎないのである。

昭和十八年春以後、吉田は真崎一派をかつぎながらの小林内閣擁立を近衛を得ながら密かに練ったのだろう。だがこの擁立運動は東條内閣を打倒するという前提が必要だった。東條内閣を倒すための運動は、海軍省内の勢力、それに岡田啓介らの海軍出身の重臣などによって進められたが、その動きとも連動していなければならなかった。しかし吉田はその勢力と関係はもっていない。

結局、この擁立運動はそれほど大きな意味はもたなかった。重臣たちによる反東條の動きが表面化し、東條内閣が倒れたときにも小林内閣誕生の動きは表面化しなかった。後継首班を決める重臣会議でも、近衛は小林の名をあげなかった。むろん陸軍の皇道派の長老たちの名など誰一人口にはしなかった。見事なまでに吉田の動きは無視されたのである。

吉田がその回顧録（『回想十年』）に宇垣擁立、小林擁立について一言もふれなかったのは、吉田自身がこの擁立運動は「歴史的計画ではなかった」と認めた敗北宣言にほかならなかった。

太平洋戦争は三年九カ月にわたって続いた。戦端を開いた当初こそ、日本は軍事的な優勢を維持できたが、六カ月後のミッドウェー海戦、その後のガダルカナル戦などで、アメリカを始めとする連合国軍との物量の差、さらには戦争目的の曖昧さによって少しずつ劣勢に追いこまれていった。

昭和十九年六月の「あ号作戦」の失敗は、日本にはもう軍事的な勝利はありえないことを証明していた。サイパンの地上戦は、日本軍将兵や民間人の玉砕、自決というかたちで終わったが、この地がアメリカ軍に制圧されたという経過は、このあとに日本本土の爆撃が日常化する危険性が高まるという意味でもあった。開戦時から政治、軍事の両面で指導体制を布いていた東條内閣が瓦解したのも、この本土爆撃という予想される事態を憂慮にした重臣たちとその意を受けて動く海軍内部の終戦派や宮中周辺の意向によってであった。

近衛のいだいた謀略史観

次期後継首班を決める重臣会議では、近衛は吉田が進めていた海軍の長老小林躋造擁立を口にしなかった。吉田が陸軍内部の皇道派の長老と連携をとって小林擁立を望んでいることは、若槻、それに木戸などにも伝わっているはずであったが、実際には誰も口にしなかったのである。この事実は、吉田を軸とするヨハンセン・グループ、あるいは大磯和平グループの動きが、実際に権力を掌握している陸海軍の戦争指導層の軍人たちに影響力を発揮することができないほど弱体であったことを示す。つまり天皇の承認や支援がなければ、陸海軍の中堅幕僚たちには積極的な支持を広げることができないという意味でもあった。

ただこの重臣会議で、近衛は吉田らの動きをいずれ舞台の上にのせるという布石を打っていた。伏線を張っていたのである。近衛は次のようなことも発言していたのだ。

「十数年来、陸軍内一部に左翼思想あり。今日軍官民にわたり連絡をとり、左翼革命を企てんとするものあり。この点は敗戦以上の危険にして、敗戦は皇室、国体を維持しうるも、革命はしからざるを以てなり」

近衛にいわせれば、陸軍内部には共産主義の同調者がいて、革命の機会を狙っている、これらの勢力は敗戦を機になんらかの行動を起こすだろう、というのである。それゆえに陸軍大臣にはそれを防ぐような人物が必要だとつけ足している。

近衛のこの考えは、殖田俊吉がこのころにさかんに説き回っていた論理でもある。殖田は、陸軍内部の統制派を称して赤化分子とし、彼らはいずれ共産革命を起こそうとしているのだと、自らが集めた情報をつなぎあわせてほとんど謀略史観に近いこの論理を吹聴して歩いていた。極端なまでの情報閉鎖社会では、こうした論理は聞く者にとってはなんとも重い説得力をもったのである。

では、近衛はなぜそれを受けいれたのだろうか。私は近衛はこの論をかなり信じていたと思う。それを窺わせるのは、たとえば自らの内閣の時代に近衛や書記官長の風見章《かざみあきら》のもとに近づいていた尾崎秀実《おざきほつみ》がゾルゲと組んで日本の政治の中枢の情報をソ連に流して逮捕された事件への恐怖もあっただろう。共産主義者はどこまで入りこんでくるかわからないとの不安は増幅されたはずである。さらに真崎や小畑らの皇道派の長老たちは、統制派の幕僚を〝アカ呼ばわり〟していたのだが、その言に影響されたとも考えられる。

近衛は、自分の周囲に昭和七年の血盟団《けつめいだん》事件の中心人物だった井上日召《いのうえにっしょう》を置いていた。井上は昭和十五年に仮釈放になったが、近衛は井上を自らの邸内に住まわせて、右翼方面へのガード役にも配置していた。その井上にいわせれば、東條を始めとする統制派の軍人は、まさに共産主義者の仮りの姿でもあった。そうした言を井上からも耳にいれたはずである。

だが、吉田は近衛のこのような考えをどこまで信じたのだろうか。

吉田は共産主義者の狡猾さとその政治力の巧妙さを日ごろから口にしていたが、しかし陸軍内部に共産主義者がいるとは信じなかった。ただし敗戦が既定の事実であるにもかかわらず、そこに真正面に進む短絡さの中に共産主義者の乗ずる隙があるとの理解はもっていたと思われる。吉田と近衛のこうした違いは、二人の性格の違いでもあった。吉田は英米を敵に回して戦うのは明治維新以来の日本の政治的コースに逆行するとの感をもっていて、その終戦工作は確信犯のそれであった。

ところが近衛は、青年期の論文「英米本位の平和主義を排す」（大正七〈一九一八〉年）を読んでもわかるとおり、第一次大戦後の世界史が英米文化や英米の価値観で進んでいることに必ずしも納得していなかった。むしろ批判派といってよかった。したがって太平洋戦争そのものには積極的とはいえないにしても、それを受けいれる心構えはあったのである。近衛は要は敗戦により国体が崩壊することを恐れたのであり、加えてその人間的弱さゆえに謀略史観に易々とのってしまったといえた。近衛には自らで状況をつくるほどの確信犯風の性格はなく、むしろ時局に便乗する性格が強かった。

七人の重臣たちの参内

吉田は、昭和十九年秋から二十年初めにかけて、確かに近衛に「再び総理になるべきだ」と言ったこともあるし、あるいは近衛とともに天皇の信任の篤い鈴木貫太郎《すずきかんたろう》のもとに行き、「終戦工作に力を貸してほしい」と説いてもいる。鈴木はその言に協力を約束しなかったが、それでも耳を傾けるていどの度量は示している。

私は、昭和十九年終わりから二十年初めにかけて、天皇は相当の困憊《こんぱい》状態にあったと考えている。昭和十九年の終わりというのを十一月ごろと解釈していいが、それはレイテ決戦で日本軍が致命的な打撃を受け、特別攻撃隊作戦が始まった以後という意味である。

『木戸幸一日記』や侍従長の藤田尚徳《ふじたひさのり》の『侍従長の回想』を読み、さらにはこの期に侍従であった岡部長章《おかべながあき》らの証言を検証すると、天皇は自らの気持をどのように固めるか、たった一人で悩んでいたと思われる。天皇は髪もとかさずに政務室をなんども歩き回っていたとか、御所の庭にでて花に水をさしていてもいつまでも水入れを同じ状態にしていたとか、さらには岡部の証言によるなら、天皇はこの期にしばしば政務室で一人言をいい、ときには「誰を信ずればいいのか」とか「陸軍が勝手なことをするからこのようになった」といった言が侍従たちの耳にはいっていたというのである。

天皇は百二十四世の皇統を継ぐ存在として、もし戦争で敗れたら天皇家の歴史を断絶する汚名を浴びるとの恐怖感をもったであろう。しかもこの気持は天皇自身にしかわからないのである。側近といっても、天皇の心中にひそむこの感情を決して理解できない。

昭和二十年一月に入って、天皇は精神的に極度に自らの気持を問いつめていったのではないか。一月六日、天皇は木戸に対して、「比島の戦況はいよいよ重大となるが、その結果如何によりては重臣等の意向を聴く要もあらんと思うが如何」と尋ねている。それまで天皇は政治、軍事指導者が正規の手続きに沿って上奏する内容しか耳にいれなかった。それは憲法上の慣習にもとづくシステムであり、天皇はそれに忠実に従っていた。今、それをくつがえし、重臣たちの意向を聞いてみようというのであった。同時に、天皇にとって顔見知りであり、それぞれの時代に自らに忠誠を誓った首相経験者たちの表情を見ることで気持に安らぎを得たいとの思いもあったのだろう。

天皇は木戸に対して、一月の間になんどかこの提案を行なっている。そこで木戸は藤田と相談して、二月七日の平沼騏一郎を最初とし、二十六日の東條まで七人の重臣と天皇との会見を設定した。近衛は二月十四日と決まった。

近衛はこの日午前十時に参内した。そこで御文庫で自らの意見を伝え、天皇に上奏文をわたした。七人のうちで上奏文をわたしたのは近衛だけだが、その分だけ近衛は天皇に強く自らの意見を伝えたかったというように、客観的には見てとれるのだ。しかも近衛を除く六人は戦況の今後に不安をもっている旨を遠回しに伝えるか、あるいは東條のように事態は決して悲観的ではない、今は敵も苦しいのだと強弁する重臣もいたが、この難局をどうのりきるかに明確な意見を明らかにできる者はいなかった。それは彼らが天皇にしかわからない皇統を継ぐという重さにただ一人悩んでいるということを想像できなかったということでもある。その点で、近衛上奏文は天皇に具体的な内容を示し、その方向も示唆している。公卿という出自のせいもあるだろうが、近衛自身は天皇の悩みを理解できる立場にあったということになるだろう。

近衛上奏文の奇妙なトーン

この近衛上奏文は、全文三千六百字に及ぶ。冒頭に「敗戦は遺憾ながら最早必至なりと存候」と書く。そして、「以下此の前提の下に申述べ候」とあり、前半部で世界情勢を分析している。「つらつら思うに我国内外の情勢は、今や共産革命に向って急速に進行しつつありと存候」とあり、ヨーロッパ情勢をかなり具体的に分析している。たとえば「占領下のフランス、ベルギー、オランダに於ては、対独戦に利用せる武装蜂起団と、政府との間に深刻なる斗争が続けられ、且つこれら諸国は、何れも政治的危機に見舞われつつあり、而《しこう》してこれら武装団を指導しつつあるものは、主として共産系に御座候《ござそうろう》」という具合にきわめて適確な情報が網羅されている。近衛にはむろん独自の国際情勢についての情報ルートがあっただろうが、精緻で正確な情報分析は、近衛一人でこの上奏文をまとめたとはとうてい考えられない内容である。

イタリアの敗戦やドイツの劣勢、連合国の躍進などが謳《うた》われているし、そうした情勢の背後にソ連の勢力が伸びていると指摘している。しかし、ともかくこの分析は相応の説得力ももっている。筆調もきわめて明快なのだ。

ところが後半部になると、この上奏文は具体的な事実ではなく、感情交じりの表現に変わる。この部分では、国内に共産主義勢力がいかにはびこっているか、あるいはそういう勢力にいかに乗じられやすくなっているかが説明されている。論理はくずれ、まるで自分の怒りや憂いがどれほど深いかを切々と感情的に訴えているかのようでさえある。たとえば、次のような一節さえでてくる。

「職業軍人の大部分は、中以下の家庭出身者にして、その多くは共産的主張を受け入れ易き境遇にあり、又彼等は軍隊教育に於て、国体観念だけは徹底的に叩き込まれ居るを以て、共産分子は国体と共産主義の両立論を以て、彼等を引きずらんとしつつあるものに御座候。抑々《そもそも》満州事変、支那事変を起し、これを拡大して遂に大東亜戦争にまで導き来れるは、これら軍部内の意識的計画なりしこと、今や明瞭なりと存候」

あるいは、次のように、

「昨今戦局の危急を告ぐると共に、一億玉砕を叫ぶ声、次第に勢を加えつつありと存候。かかる主張をなす者は、所謂《いわゆる》右翼者流なるも、背後よりこれを煽動しつつあるは、これによりて国内を混乱に陥れ、遂に革命の目的を達せんとする共産分子なりと睨み居候」

と言ったりもする。最終部分には、こうした軍内の共産主義者一味を一掃しなければならないとし、そのうえで「軍部の建て直しを実行することは、共産革命より日本を救う前提先決条件なれば、非常の勇断をこそ望ましく奉存候。以上」としている。和平を行なわず敗戦という事態になるなら、軍内の共産分子が共産主義革命も起こしますぞ、皇室の安寧もない、と決めつけているわけである。

この近衛上奏文について、猪木《いのき》正道《まさみち》は『評伝吉田茂』で、「何もかも共産革命の陰謀のせいにする近衛上奏文は、まことにグロテスクな文書である」と決めつけているし、脈絡のない部分が多く、近衛ともあろうものがどうしてこのような内容を書いたのだろうか、という論者もいる。概して、この上奏文そのものは奇妙なトーンをもっていて、冷たく見られているのが現実である。

天皇は、近衛の上奏そのものに興味は示した。

参謀総長の梅津《うめづ》美治郎《よしじろう》は、「米国は日本の国体を破壊し、国土の荒廃を考えている。そこでソ連の好意ある援助のもとで米国と抗戦したい」といったが、近衛はどう思うか、と天皇は尋ねている。近衛が

「私は米国と講和する以外に途はないと思います。無条件降伏しても、米国ならば国体を変革し、皇室をなくすようなことはないと確信します」と答えると、天皇も納得しているというのである。天皇は、軍人として誰が軍内を抑えられるか、と尋ねてもいる。近衛がどのように答えたかは定かではないが、宇垣一成や真崎甚三郎の名をあげたと説く論者もいれば、小畑敏四郎や石原莞爾《いしはらかんじ》、阿南惟幾《あなみこれちか》などをあげたとの書もある。

天皇は、近衛から皇道派の将官や現実に陸軍内部にさほどの力をもっていない将官の名があがったことに驚いたのだろう。もっとも阿南の名があがったとするならば、天皇も近衛の軍内との交流に安心感をもったかもしれないが、小畑や真崎では、近衛の推す人事に乗る気はなかっただろう。天皇は皇道派については、二・二六事件そのものの不快感を重ね合わせていた節があるからだ。

近衛は、天皇に明確な意思表示を行なったという満足感をもって天皇のもとから退出したが、心中では自分の案が受けいれられないだろうとの予感をもったと周囲の者に洩らしている。

確かに、近衛上奏文は、天皇に関心はもたれ、そこにある程度の評価は与えられたといわれつつ、現実にはその構想は受けいれられなかったというのが歴史的な評価として語り継がれることになった。

上奏文に秘められた意図

だがこうしたこれまでの見方を検証していくと、ここには、幾つかの無理な解釈がある。まず近衛は、単に共産主義者の勢力拡大という恐怖だけで天皇にこの上奏文を書いたのだろうか。天皇もまた近衛のこの上奏文を具体的に採らなかったがゆえに、近衛の申し出はほとんど無視されたに等しいということになるのだろうか。吉田はこの上奏文にどのていどまで関わりをもったのだろうか。そのことを確かめてみよう。

二月十三日夜、平河町の私宅にいる吉田のもとに近衛が訪ねてきた。フィリピン諸島のリンガエン湾にアメリカ軍の上陸が始まっていたときで、日本は〝天王山〟と呼号した作戦にも失敗しているころである。吉田は天皇が重臣を招いて意見を聞いていることは知っていただろうが、翌十四日が近衛の拝謁の日であったことも知っていたのではないか。つまり、近衛は吉田と会ってその上奏文の内容を確認し、天皇をいかに説得できるかの打ち合わせをするとの事前の約束もあったのではないか。

吉田の著（『回想十年』）にはそのときの模様を以下のように書いている。

近衛は、吉田に自ら書きあげた上奏文の書簡を見せる。共産革命が敗戦後におとずれるのではないかというその論調に、吉田は納得する。吉田は、

「私は公のこれら意見には全く賛成であったので、二人して内奏文の補校に努めるとともに、私はその写しをとり、夜の更けるまで語り合った。私が写しをとったのは、これを牧野伯に見せて欲しいという公の希望に従ったものであるが、これが憲兵隊に捕われる証拠品の一つになろうとは、夢にも考えなかった」

と書いている。これだけでは明確な断定はできないが、近衛上奏文は近衛と吉田との合作だったとのニュアンスは感じられる。一部の論者は、すべて吉田の補筆になるとさえ推測している。ここまで断じることができないまでも、吉田がつかんでいる世界情勢などが前半部で披瀝されているとの推測はできるのだ。

後半部について、近衛と吉田はこの上奏文の内容を合作しながら、あまりにも謀略史観であることを充分に理解していたであろう。文脈の乱暴さ、論理の強引さ、そうしたすべてを充分に知っていると思

われるのに、二人がこの上奏文を作成した理由は、たったひとつしかないと、私には結論づけられる。それは、天皇に対して刺激的な表現と内容で迫り、終戦工作にのりだしてほしいとの意思を訴えたと解釈すべきなのである。

私なりにかみくだいて記述することにしたいが、そこには次のような二人の思いがこめられていたと考える。

〈お上のもとには、政治、軍事指導者からのみ情報が伝えられることでしょう。しかし、現実は今このように動いているのです。日本陸軍の指導者たちが、ソ連を頼りにするというのは、結局は共産主義勢力に乗ぜられるということです。このことを正確に理解しなければなりません。現実にこの危惧はさし迫った問題なのです。陸軍指導部は、満州事変以来、ある特定の意思をもって、日本を共産主義の方向に進めてきました。このことが私（近衛）は、今になってよくわかります。どうか、お上もこのことにお気づきになり、一刻も早く陸軍の現在の体制を変えさせなければなりません〉

私は、もう少し乱暴な表現で語ってもいいと思うが、近衛と吉田は、天皇を恫喝《どうかつ》するほどの意味をもたせたようにも思う。つまりこのままでは、天皇家やそれを支えているわれわれ忠臣は、解体させられてしまう。今こそ決断が必要です、と諫言《かんげん》したのである。

皮肉なことに、この日の上奏ではなぜか藤田が風邪をひいたといって天皇の傍に佇立《ちょりつ》していない。木戸が佇立していたのである。木戸は近衛が吉田とともにまとめてきたであろう上奏文の内容を、藤田には知られたくないと判断したのではないか。藤田は確かに忠臣ではあろうが、木戸や近衛が天皇と交わす会話の深さなどは理解できない。体よく藤田を追い払って、木戸、近衛、そしてその背後で吉田の三人が天皇に終戦への道を進むべきだとつめよったと解してもいい。近衛は、天皇の前から退出すると、すぐに吉田のもとに来て、上奏の顚末をくわしく報告した。吉田はその報告の内容の一部を『回想十年』の中に紹介している。しかし、どのような感想をもったかは書いていない。

すべての重臣の上奏が終わったあと、それは三月にはいってからのことだが、天皇はある強さを身につけたように思われる。天皇自身が自らの身がどうなろうとも、とにかくこの戦争に決着をつけようと考えたのである。小磯《こいそ》内閣が現実に政治的権力を失っていくプロセスで、天皇は次期首班に密かに鈴木貫太郎を擬していき、その方向で木戸を動かし始めたように思う。

吉田は、天皇のそういう変化をすばやく見抜いた陸軍指導部の指示によって憲兵隊に検挙された。昭和二十年四月十五日のことであった。鈴木内閣が誕生した十日後のことだが、この誕生にいきつくまで吉田は、鈴木自身に会って第四次近衛内閣を進言し、鈴木も諒解して、実際に鈴木は重臣会議でその名をあげた。だが木戸が天皇の意を受けて、鈴木を説得したのである。昭和初期に侍従長をつとめ、妻たかは天皇の幼年期の養育掛りでもあった。天皇は鈴木を慈父のように慕っていた。鈴木は首相を引き受けたときの心境を、昭和二十一年に著した『終戦の表情』のなかで、「太平洋戦争は陛下のこの御製の御志とは全く相反したものであり、陛下の世界平和への御希望は往々にして、幕府的軍閥の専断政治に依つていがめられ世界にひろめられ、国民にも曲解されて来てゐる」といい、そのために日本は「典型的な侵略主義国家となり、好戦的野蕃な国」と受け止められるようになったのだから、それを正したいと決意したという。

このような鈴木内閣の誕生が和平につながると焦り、陸軍指導部は吉田を突破口に、近衛にまで検挙の網を広げようと画策していたと解せよう。

吉田茂が憲兵隊によって逮捕された直接の理由は、流言飛語を撒き散らしたということと軍機保護法違反である。だがこれは表面上の理由にすぎず、本質的には戦況の悪化のもとで各界で起こっている和平論議、終戦工作への見せしめでもあった。

吉田は岳父牧野伸顕と連携し、宮中内部に和平論を撒き、それがこの期に徐々に形を整えてきているとし、東部軍憲兵隊はその見解のもとに吉田と殖田俊吉、岩淵辰雄の三人を四月十五日に逮捕したのだ。殖田と岩淵は、いわば流言飛語を撒き散らすというのにふさわしい身の軽さで、憲兵隊が名づけていた「ヨハンセン・グループ」のなかを歩き回っていたのであり、吉田のように宮中内部にも影響を与える人物とは思われていなかった。それが証拠に、憲兵隊に逮捕されたあと、吉田は黙秘を通していたが、殖田の供述調書を見せられて、お前の発言がここに盛りこまれているだろうと詰めよられても「それは殖田の言ったことであり、私の知ったことではない」とはねつけていた。吉田の胸中には、信念の徒と口舌の徒との境界線を分けるのはこのようなときだとの思いが湧いたはずでもあった。

吉田が黙秘を貫いた理由

吉田自身はこの期に東部軍憲兵隊によって逮捕されるというのは予想していなかった。

この日（四月十五日）早朝、大磯の吉田邸の門を叩いたのは、東部軍軍法会議の法務官の拘引状をもった憲兵隊の検挙班のメンバーであった。吉田は特別に驚く風でもないかのように装って、車に乗りこんだ。吉田の大磯宅はすぐに家宅捜索されたが、吉田は近衛上奏文の写しを家人の帯に隠したため、押収されることはなかった。

もっとも吉田の回想録（『回想十年』）には、「家宅捜索で憲兵隊に押収された」とあるが、実際には、東京憲兵隊長から東部軍憲兵隊司令官になった大谷敬二郎が『昭和憲兵史』で書いているように、このときは押収されていなかった。実は吉田の平河町の私邸には、憲兵隊から女中が、大磯邸には陸軍省兵務局防衛課の秘密部員が送られていた。さらに平河町には別の防衛課の秘密部員が入りこんでいた。吉田がこのことを充分に知っていたか否かは不明だが、彼らに警戒心をもっていた節は窺える。

だが吉田の近衛上奏文の写しは、すでにこれらの秘密部員によって転写され、陸軍の秘密情報機関が入手していたのである。吉田は、外務省の先輩秋月左都夫《あきづきさつお》の言を容れて、海軍内部にイギリスとの和平交渉を進める動きがあるという噂を信じ、軍令部次長小沢治三郎《おざわじさぶろう》を訪ねてそれとなく打診したことがあり、その一件が訊問されるのだろうと考えた。むろんこのときの吉田の心中を推し測る資料、証言はまったくないのだが、私は、吉田は自らの逮捕が本土決戦に疑問をもつ天皇と宮中筋、あるいはその意を受けている鈴木貫太郎などが陸軍強硬派を牽制《けんせい》すると見抜いていたと考える。陸軍の軍人の歴史的、国際的視野を欠く本土決戦論に侮蔑感さえもっていた吉田のことだから、自らの逮捕は自らの存在を賭けた戦いと覚悟していただろう。

これは天皇に対する忠臣と天皇への忠誠を口にしながら、その実その解体の方向へと進む「偽物」との存在そのものを問う戦いとの気構えを意味していたにちがいなかった。これが吉田が黙秘を貫こうとした動機であったろう。私見を大胆に語るなら、吉田はあるいは死を覚悟したのではなかったろうか、とさえ思う。

憲兵隊で、吉田は次のような取り調べを受けた。『回想十年』からの引用である。

「召喚される原因は、多分前述の秋月翁の潜水艦の一件だろうと想像していた。ところが九段の憲兵隊での取調べは、秋月翁のことには一切触れない。『二月に近衛公が内奏した詳細な内容を貴殿は承知しているはずだから白状しろ』というのである。これにはいさゝか見当が外れた。しかし私はこの憲兵隊での取調べでは、一切答えないことに肚を決めた。旧憲法ですら、親書の秘密が保証されていたから、内奏文の内容を話す必要はいさゝかもないと考えた。今流でいう黙秘権を行使したわけである」

近衛上奏文をめぐる駆け引き

東部軍憲兵隊の狙いは、あまりにも異様であった。つまり近衛の上奏文の内容を明らかにせよ、というのである。考えてみれば奇妙なことだ。重臣の近衛が天皇に届けた上奏文を吉田に白状しろ、というのだが、吉田のいうとおりこれはまさに親書の秘密を明かすという以上に、天皇のもつ「大権」に触れることにもなるはずである（明文化されていないが重臣が天皇に上奏する内容の公開を求めるというのは、天皇の上奏を受ける権利に干渉することになる）。吉田の黙秘は当然のことでもあった。

さらに吉田は記述しているが、憲兵隊がもっとも聞きたがったのは、近衛が天皇から下問を受けたときにどのような回答をしたのか、また吉田は近衛と謀って何を画策しているのか、の二点だったという。吉田はむろん回答を拒否している。

憲兵隊は、結局近衛の上奏文の内容が流布したこと（これは牧野への写しが該当するという意味だ）、さらに吉田の近衛への接触などには反戦の色合いが目立つこと、そして軍中央は赤化していると誹謗《ひぼう》していること、などを上奏文を梃《てこ》に訴因としたかったのだ。

東部軍憲兵隊司令官の大谷敬二郎は、先の『昭和憲兵史』のなかで、吉田は近衛上奏文の内容が暴露されることによって、検挙の手が近衛に伸びる事態をなにより恐れていたと記している。「したがって近衛上奏にはなんの関係もないと頑強に否認しつづけていた」というのである。憲兵隊にすれば、当初は上奏文の写しをもっていることを伏せて吉田に接していたが、吉田があまりにも黙秘を続けるために秘密部員が転写していた写しを突きつけている。吉田はこれには驚いたらしい。自らの周囲にスパイ網が張られていることは警戒していたにせよ、自らの書斎にはいりこむまでになっているとは思いもよらなかったと思われるのである。

吉田はむろん上奏文のなかに盛りこまれている考えを自らのものと同じとは認めたうえで、軍中央は赤化しているとの考えは、必ずしも事実とはいえないと思うという供述はしたようである。むろんここには、吉田なりの計算があって、近衛に責が及ぶのを防ごうということでもあった。ただし近衛は、アメリカの指導者が天皇を排除する動きはしていない、そこにはグルーの力もある、と考えているようだと説明し、自分はその考えを牧野に伝えようと思った、という言い方もしていた。

一見複雑な供述に見えるこの言い方は、アメリカ政府は国体を破壊する意思はない、つまりそれが自分の考えでもあるという意味になる。和平工作や終戦工作の眼目は、国体を護持しつつ戦争終結をめざす、との範囲内にあるとのくさびを打ち込んだわけだ。軍中央に赤化分子がいて、日本を共産革命の方向にむけようとしているとの上奏文の内容の意味合いが、このくさびによって異なってしまうほど巧みな言い方でもあった。

正直なところ、このような供述に取り調べを担当した大谷などは迷路にはいってしまったような感をもったのではないか。吉田を逮捕し、近衛をその先の標的に据えているというのは、決して憲兵隊の発想ではなかったからだ。

陸軍省や参謀本部のなかに勢力を広げている「本土決戦」派は、このころ（昭和二十年四月、五月のころだが）天皇の意思そのものを自らの側に引き寄せることに懸命であった。鈴木内閣が天皇の意思を巧みな政治技術で実行しようとしていることへの焦りであった。沖縄戦は芳しくなく、戦況は押されっぱなしであり、一戦局で勝利の機運を盛りあげ、それをもって終戦交渉も視野にいれるという状況など生まれる余地はなかった。

六月六日の最高戦争指導会議では鈴木内閣に対して、陸相の阿南惟幾や統帥部の幕僚は本土決戦のための基本大綱をつくるよう要求している。結局、これは八日の御前会議で決まる「今後採ルべき戦争指導ノ基本大綱」に収斂していくのだが、そこには「飽く迄戦争を完遂し以て国体を護持し皇土を保衛し征戦目的の達成を期す」という方針が掲げられた。国体護持と皇土の保衛という聖戦目的さえ認められれば、戦争状態を終結させることは可能という読み方もできる内容であった。一見、声高に見えるこの方針も、こうして終戦方向をめざす鈴木内閣と本土決戦を呼号する統帥部の妥協の産物ともいえた。

そしてこれは、吉田が供述した近衛の考え方やそれに共鳴している吉田自身の方向とも一致していたのである。つけ加えれば、六月から七月にかけて、ソ連を仲介とする終戦工作案が外務省を中心に練られて、それが御前会議でも承認されるが、その外交使節に近衛が擬せられている(七月十日)。

近衛はこのとき天皇自身から、「身を挺してほしい」との言をもらい、恐懼《きょうく》して退出している。この事実は、近衛をバドリオ(イタリアの軍人、敗戦処理内閣の首相)に擬して失脚を意図する陸軍の本土決戦派に無言の圧力を与えたことになる。天皇が近衛を救ったのである。

追及される前駐日アメリカ大使グルーとの関係

吉田を取り調べた憲兵隊は、近衛上奏文とともに、開戦時の駐日イギリス大使クレーギーや駐日アメリカ大使のグルーとの関係を執拗に質した。やはり『回想十年』から、その部分を抜きだしてみることにしよう。

「憲兵隊の調べはグルー大使との関係に及んで、大使と密会する約束をしたはずだ、何処で何の目的で会う積りかと聞く。妙なことを聞くなと思ったから、別に約束したことはないと返事すると、証拠があるという。見せろといったら、私のグルー大使宛の手紙の写しを示した。見ると大使が交換船でいよいよ帰国するというので出した手紙である。検閲にやられたと思ったが、グルー大使宛のお別れの挨拶であるといっても聞き入れない。これは何だといって指すから、のぞいて見ると"Some better days"と書いてあった。『これは何時か機会があったらまたおめにかゝりましょうということだ』といったら、『それが即ち密会の約束だ』といって承知しない。（略）」

吉田は、この語は日本語で「さよなら」という意味であり、密会などではないと説いた。まったく馬鹿げた話だが……と吉田はあまりにも低劣なので驚いてしまったようだった。結局、この密会の件はうやむやに終わった。だが、吉田は書いていないが、ここには巧妙な罠があったということでもある。もし、「密会の約束などではなく、また平和な時代にはいったら、良き友人として会いましょうの意味だ」などと答えたら、これはたちまちのうちに、吉田は、アメリカと和平交渉の意思を開戦時からもっていて、その機をうかがっていたとのデッチ上げそのものの逮捕理由があげられることになっただろう。

吉田は明確に書いていないし、他の資料などからも充分に窺うことはできないのだが、このときのやりとりはこれほど児戯にも似た問答ではなかっただろう。吉田はここを逃れなければ——つまり憲兵隊の仕かけた罠を逃れなければ、自らが〈肉体の死〉ではなく〈政治的な死〉に陥れられると考えたのではなかったろうか。吉田は自らの逮捕が、和平工作、終戦工作への見せしめだけでなく、実は、自らの抹殺を意図していると気づいたはずである。

いみじくもジョン・ダワーがその著（『吉田茂とその時代』）で、「大谷は決して公平な観察者とはいえず、したがって、逮捕事件に関する彼の回想録は、何ほどかの警戒をもって見なければならない。彼はほかのどこからも手に入らない吉田の尋問調書から二つの引用を提供している」といい、一点は必然性があるが、もう一点（私の思慮が足りなかったために迷惑をかけて申しわけなかったという意味の言）は信じられないと指摘している。

私はこの論に賛成である。というのは、昭和五十年代初めのことだが、私は、佐賀県のある町に住む大谷を取材したことがある。『東條英機と天皇の時代』を著すための取材であったが、このとき大谷の証言には明らかな特徴があることに気づいた。一言でいえば、死者に反論の機会のない証言を好むタイプだったのである。たとえば、憲兵は結局は東條英機の私兵だったと逃れる。自らが権勢を誇った時期には、相当に強圧的な取り調べをするタイプだったはずなのに、である。

したがって、私は、吉田逮捕の裏を分析するには、『回想十年』をもとにそこから当時の情勢を読んでの複雑な組み立てが必要だとも思っているのである。

吉田を黙認した阿南の胸中

吉田は四月十五日に逮捕され、五月二日までは東京憲兵隊で取り調べを受けた。その後は代々木にある陸軍刑務所に移された。そして五月二十五日まで監房にいた。

憲兵隊の訊問は大谷のようなタイプに代表されるように厳しかったが、待遇はわるくなかったといわれる。

外務省の長老であり、宮中にも独自の人脈をもち、加えて陸海軍以外のどの分野の有力者ともつながっている。しかも、かつての皇道派の流れを汲む予備役の軍人とは良好な関係にある。さらに吉田は陸相の阿南惟幾とは、官舎が隣り組だったときもあり、顔見知りであることも明らかになった。鈴木内閣の外相東郷茂徳《とうごうしげのり》は、閣議のあとに「阿南君、吉田君の逮捕はひどいじゃないか」としばしば申し入れた。阿南も、吉田逮捕には無理があると思ったのか、釈放を関係機関に働きかけたという。そのような働きかけと陸軍刑務所が空襲で焼けたためもあって、五月二十五日に釈放になった。

今、私の手元には吉田家に書生として入っていた東輝次《あずまてるじ》の手記（昭和二十六年十一月執筆）がある。東は陸軍の中野学校出身の軍曹で、当時陸軍省兵務局防衛課に籍を置いていた。兵務局幹部の練った吉田家への潜入工作にもとづいて、書生として入りこむことに成功したのだが、そのプロセスや活動内容をその後、四百字詰め原稿用紙九五枚にまとめている。この稿には随所に興味ある事実が明かされている。

その中から吉田が釈放になって、大磯の自宅に戻ってきたときの部分を以下に引用しておこう。

「五月三十一日、その日も一日の仕事を終え本を出して読んでいた。突然、『おい』『おい』、表玄関で声がする。『東さん、旦那様ですよ』、しづ（吉田家のお手伝い）の嬉しそうな声、ガラ〱と開かれた玄関から何時もと変らない『ヨハンセン』の顔が現れた。『お帰りなさい、お帰りなさい』、家の者の喜こび様はたとえ様もなかった。余は内心吃驚《びっく》りした。何の連絡もないのである。何故釈放したんだ。こんなに早く釈放する位いなれば、俺がこんな生活をする必要がなかったではないか。余は口惜しかった。でも主人の室に行って喜こびの言葉を述べねばならない。一通りの挨拶の済んだ後、余は尋ねた。
『御感想はいかがですか』
『いや、人間一生に一度は入って見てみるのもよい処だよ』と言って大笑した。この笑顔を見て居ると余等の工作班、否軍閥が完全なる敗北をした様に思えた。それ程天下晴れての自信が見受けられたので

う。

東は秘密の連絡法で上司に、なぜ釈放になったのかを問い質している。すると回答が返ってきたといある。（以下略）」

「釈放の理由は、この戦争に対する軍部の自信がなく成ったこと、重臣連の釈放運動がはげしく鈴木貫太郎首相からも発言が出る様になったこと等であった。そして、〝吾々の工作は成功した。然し結果は惨敗である。吾々は今くじけてはならない。今こそ中野精神を発揮すべきときである。吾等は与えられた任務に精励する丈である。その結果を云々することは軍人として許されない――又新しい工作が準備されている。出来る限り早く退邸せよ〟」

という命令が伝えられてきたというのであった。新しい工作とは、「コーゲン工作（注・近衛追い落とし）」だったと書いている。

吉田は、陸軍省の幕僚の張りめぐらした網によってみごとなほどその生活が監視されていたのだ。東は、自らのスパイという行為とは別に吉田のもつ人生観に魅かれたこともこの稿では告白している。

吉田は釈放後は大磯で静養していたが、再び呼びだされると法務中将が待っていて、「閣下、閣下ほどの愛国者はいない」といわれたというのだ。不起訴処分にするが、それは阿南陸相の裁断によると伝えられた。吉田は、阿南によって助けられたと聞かされている。

このことは、戦争末期に本土決戦派の最高指導者が、組織の建て前として強硬論を唱えてはいたが、その実吉田の動きを黙認しようとの意思であったのかもしれない。阿南は天皇とその信任を受けている鈴木に、なんらかのメッセージを送ったともいえないだろうか。

吉田は釈放のあと鈴木と東郷に書簡を送り、改めて和平工作案を伝えている。蔣介石《しょうかいせき》政府を仲介に、アメリカ、イギリスとの和平策を講じるべきで、それは共産主義の拡張を防ぐ有効な策と説いている。だが、これが政府部内で検討されたことはない。

吉田は、要注意人物ということが知られたのか訪ねる人もなく、静かに敗戦の日を迎えた。戦時下の孤独な終戦工作者の道程はこうして終わりを告げた。吉田は戦時下で一度も「聖戦完遂」を叫ばなかったという事実がのこった。

第5章　再生日本の守護者という道

日本側の貴重な切り札

敗戦という事態は、日本の指導層に恐怖感を与えた。軍事指導者は近代日本の先達の「功績」を瓦解せしめ、天皇に歴史的な屈辱を与えたと恐懼《きょうく》したし、天皇周辺の宮廷官僚たちは敗戦によってどのような変化が起こるのか、その具体像が浮かばずに困惑していた。政治指導者は、軍事的敗北がこの国を根本から崩壊させることになったことを改めて知り、しかし政治家としてはどのような態度をとるべきか、まったく理解できないでいた。

ポツダム宣言受諾を公表した鈴木《すずき》貫太郎《かんたろう》首相は、辞意をあらわしていた。敗戦時の政治的処理は行なうが、それ以後は自分の任ではないとの意思は当然のことでもあった。木戸《きど》は、次期首班についての相談に、平沼《ひらぬま》騏一郎《きいちろう》を枢密院《すうみついん》議長という肩書きをもっているという理由で呼んだ。そして、東久邇宮稔彦《ひがしくにのみやなるひこ》王《おう》を首班にし、それを近衛《このえ》が政治的経験を生かして補佐するという案をまとめ、天皇の諒解を得た。このとき、東久邇は自分はその任ではないと断わっているが、木戸は、「今は重臣には軍部を抑（え）る力がないし、表面にでる気力も意思もない。陛下は時局を非常に心配され、その御内意は東久邇宮になさるお考えである」と説得している。この説得の言こそ、この時期の政治、軍事指導層の心理状態をよくあらわしていた。まさに、誰もが表面にでる気力も意思も失っている状態だったのだ。

だがこのような難局にこそ、人間の器というものがあらわれるのかもしれない。天皇は昭和二十（一九四五）年八月十五日の玉音放送のあと、それまでの苦悩をふっきってしまったかのようにふるまっていた。玉音放送のあと、侍従のひとり岡部《おかべ》長章《ながあき》を呼び、「今の放送はどうだったか」と感想を求め、涙ぐんでいる岡部に対して実兄の長挙《ながたか》（朝日新聞社の村山家に養子に入っていた）が社長をつとめる朝日新聞社に行って反応を確かめるよう求めたのである。岡部は、天皇が「すべてを割り切り、はればれとした表情」なのに驚いた。敗戦後の情勢に真正面からたちむかおうとの意思を感じたのだ。私見をいうなら、天皇はまさに近衛上奏文が指摘していた共産主義者の策動と、この日の朝に起こった近衛師団の将校らによるクーデターまがいの事件を気に懸けていたのだろう。だが、その二つとも断固鎮圧するという意思をもっていたにちがいない。

吉田は、このときの天皇と同様の落ち着きと心がまえをもっているタイプとして記憶されなければならない。

確かに吉田は、敗戦という事態が現実のものとなると、寂寥《せきりよう》感をもったことはまちがいないし、八月十五日に雑音のまじるラジオによって放送を確かめたあとは、表だって動いていない。逮捕・取り調べ・拘禁・釈放とこの四カ月ほどの間に、めまぐるしく変わった吉田の環境は、軍部の圧力を恐れる人からは敬して遠ざけられる状態にあった。吉田はそうした人たちと交流を戻すには、心理的にもしばらくの時間を必要としたのである。吉田は、八月十五日以後、社会の動きや指導層に属する人びとの変化を注意深く見守っていた。

その間、吉田にとっては幸運な出来事もあった。八月十五日、十六日に東久邇は木戸や近衛、それに書記官長に据えた緒方竹虎《おがたたけとら》などと共に組閣人事を進めたが、もっとも重要なポストである外相人事について議論が白熱していたのである。東郷茂徳《とうごうしげのり》や有田八郎《ありたはちろう》らの名と共に吉田の名もあがった。しかし、これには木戸が、吉田には外相経験がないことを理由に反対し、結局は東條《とうじょう》・小磯《こいそ》内閣の外相であった重《しげ》光葵《みつまもる》に決まった。東久邇や木戸、近衛は、アメリカ側と交渉するのに外相経験者がいいとの判断をもったのだが、それはあくまでも〝日本側の論理〟であって、アメリカ側の、手垢のついていない人物を望むという方針を見抜けなかったのである。

　この一事は、吉田にとって僥倖《ぎょうこう》そのものだった。吉田はもっとも有力なアメリカ好みの指導者として、このときも汚れずに済んだといえる。貴重な切り札として温存されることになった。

　八月下旬か九月初めの出来事だが、吉田は、回想録（『回想十年』）に次のようなエピソードを書きのこしている。

――東久邇内閣が発足してまもなく、副総理格で無任所国務大臣の近衛から、ある件で牧野伸顕《まきののぶあき》伯の意見を聞いてほしいと頼まれた。そこで牧野の意見を聞き、それを首相官邸にいた近衛のもとに行って報告し、帰ろうとしたら、やはり無任所大臣の小畑敏四郎《おばたとししろう》が官邸に来たので、結局三人で近衛の自宅（荻窪の荻外荘《てきがいそう》）で食事をすることになった。三人は戦争末期に終戦工作に情熱を傾けたグループだったから、その折りの話がはずんだ。吉田はシャンペンをそれこそ大量に飲んだ。近衛から泊まっていくように言われたが、用事があるので大磯に帰ると断り、汽車に乗ったはいいが熱海まで乗りすごし、駅の待合室で一夜をすごすという不手際まで演じている。

「後日近衛公に会ったら、『あの晩は無事に帰ったか』ときくから、斯々《かくかく》の次第だと話したら、公は笑いこけながら、『あの時はずいぶん飲んだものなあ』といわれた。よほど飲んだものと見える」と吉田は書いている。

新しい時代のヴィジョン

つまり吉田は、この何年かのうつうつとした感情から解き放たれ、それこそ自由にふるまえる時代の到来が嬉しくてたまらなかったのだ。経済的にも社会的にも、日々の国民の生活は不安そのものの状態にあるが、吉田もむろんそのような辛苦のなかにあったにせよ、そのような環境のなかで英気を養っていたというべきであろう。

敗戦と同時に、吉田のもとにはアメリカ側からなんらかの連絡もあったと思われる。たとえば、国務次官であるグルーからは、人伝手《ひとづて》にメッセージのようなものが届いたであろうことは想像に難くない。だがこの面の詳細な資料は現在のところ未発掘なため（あるいはそのような資料はないのかもしれないが）筆をそこまで伸ばすことはできないのが現状だ。

吉田がともかく自由な空気を吸い、どこにでも自由に動けるようになって、やはり心を占めたのはこれからの日本に自分はどのような協力ができるかを模索することであった。

それを具体的に示しているのは、八月二十七日付の来栖《くるす》三郎《さぶろう》あての書簡である。この書簡は、『吉田茂書翰』に収録されているのだが、これを読むと吉田の感情の昂ぶりとこの敗戦を受けいれるプロセスのなかに日本の将来像が宿っていることを指摘している。

と同時に、吉田が軍人に対して心底から憎しみをもち、この感情をどのように処理するか、自分でも自己抑制できないほどの怒りだったことがわかるのだ。吉田は、軍事主導国家そのものが悪いというのではなく、日本の軍人のように人格に著しい偏りがある連中が指導する国家が悲劇的なのだと主張していたのだが、それもこの書簡にはよくあらわれている。この書簡は、当時の吉田の胸中をよく示していると思われるので、その大半を以下に引用しよう。

「敬覆《けいふく》、遂ニ来るものか来候《きそうろう》。If the Devil has a son, surely he is Tojo. 今迄の処《ところ》我負け振《ぶり》も古今東西未曾《みぞ》有《う》の出来栄《できばえ》と可申《もうすべく》、皇国再建の気運も自ら茲《ここ》ニ可蔵《ぞうすべく》、軍なる政治の癌切開除去、政界明朗国民道義昂揚、外交自ら一新可致《いたすべく》、加之《これにくわえて》科学振興、米資招致ニより而《て》財界立直り、遂ニ帝国の真髄一段と発揮するに至らハ、此敗戦必らすしも悪からす、雨後天地又更佳《さらによく》、兎ニ角事態存外順調、茲《ここ》ニ至れるハ一ニ聖断ニよる戦局終結、よくこその此《この》御勇断と唯々感激の外無之《これなく》、誠ニ皇天尚未た我を捨てすと奉存候、老兄の世界的名声も、ウソツキの真相判明せハ自然雲消霧散可致、余り気ニ病まれ間敷《まじく》、米人気質わかれはグズ〳〵申さぬ流儀、之より日米善解ニ努力するか吾等の御奉公ニ可有之《これあるべき》、（略）」

「因果ハめぐる何とか、嘗《かつ》て小生共を苦しめたるケンペイ君、ポツダム宣言ニ所謂《いわゆる》戦争責任の糾弾に恐れを為し、米俘虐待の脛疵《すねきず》連、昨今脱営逃避の陋態《ろうたい》、其頭目東條ハ青梅の古寺ニ潜伏中のよし、釈放せられし当時、実ハ今ニ見ろと小生も内々含むところなきニ非《あらざ》りしも、今ハザマを見ろと些《いささ》か溜飲を下け居候、此間の味ハ老兄の如き娑婆ニて楽をせし人ニハわからす、是非一度経験を御勧め申度呵々《もうしたくかか》、鳩公［鳩山一郎《はとやまいちろう》］もなか〳〵のもの、嘗《かつ》てハ小生同様の厄《やく》ニ合ひそふの処、浅間山ニかくれ今や頃合《ころあい》とのこ〳〵下山、米の注文通デモクラシーとなれハ、差当り我世の春ハ先生独占か、東京ニて今頃ハ浦賀沖の米艦隊を見て本郷の撰挙民か船ニ乗つて来た位ニ考て居るへく（マサカ）、家の子朗《(ママ)》党も大ニあやかり度と、先生〳〵と大ハシヤギかと存候、コウなると役人上りハ孤影粛然、平生居候を世話する心配なき代ハリニイツモ同様ニ不景気ニ候、（以下略）」

このあとに来栖から借りている英書（トレヴェリアンの『イギリス史』）を読んでいるが、アメリカの独立戦争当時のイギリスに今の日本がよく似ているといい、イギリスにはピット父子、ピール、カッスルレー、カニング、パーマストン、ディズレーリと有能な外相が生まれて、十九世紀のイギリスができあがったと指摘する。

そのうえで、来栖と吉田が共同してこうした外相の役を引き受けて、「狂瀾既倒後ニ泳出す案ハ如何」ともちかけている。

吉田一流の遠回しの表現を用いているが、新しい時代に自分たちの能力を発揮するつもりはないか、どうだ、やってみようとさりげなく誘いかけているのである。

来るべき吉田時代の体質

この書簡では、吉田自身がこのころの自分の気持を率直に語っていると意識していて、この書簡の写しを原田《はらだ》熊雄《くまお》に送っている。自分の気持をあらわしたものだと添え書きしているのだが、このころ吉田はさかんに原田に書簡を送っているし、会ってもいる。むろん動きつつある当時の情勢、とくに宮中を中心にした人びとの動きをつかんでおこうとの意思があったのだろう。

私見を記述していくが、吉田が来栖に送った書簡は、外務省内部でまだ現実に日本の政治の前面にでたことのない来栖に、われわれはアメリカ側には白紙の状態で受け止められているだろうから、少し前面に出ないか、と誘っていると見るべきかもしれない。

各方面に情報をもち歩く原田にもその意思を伝えたのかもしれないとの感も与える。

来栖には、日米開戦時に特命大使としてワシントンに出向き、結果的に開戦の通告大使となったという経緯があるし、しかも開戦通告も遅れてしまったために、アメリカ政府や国民の間にも「嘘つき」といわれていて、きわめて評判が悪い。吉田は、そのことを気にすることはない、真相がわかれば、「グズ〳〵申さぬ流儀、之より日米善解ニ努力するか吾等の御奉公ニ可有之《これあるべく》」とこれからの態度のほうが重要なのだと説いているわけである。

前述した吉田と近衛、そして小畑の久しぶりの懇談も、吉田はなにげないかたちではじまったとしているが、田々宮英太郎《たたみやえいたろう》（当時、同盟通信社政治部記者）の『吉田鳩山の時代』によるなら、実はこの懇談は政治評論家の岩淵辰雄《いわぶちたつお》の根回しによるという。岩淵は昭和二十年四月に吉田とともに逮捕された、いわば同志のようなものだが、その岩淵が戦後まもないころ吉田を訪ね、「近衛《このえ》、小畑も入閣している。あんたが入閣すれば顔が揃うことになる」と説き、吉田もそれにうなずいていたというのである。

岩淵も三人の懇談の席には同席したが、その後、吉田と岩淵は仲違いをして口もきかぬ関係になったために、回想録を発表するときには、吉田は意識的に岩淵の名を削ったと、田々宮は岩淵らの証言をもとにこの事実を明かしている。私は、田々宮（平成十二年現在、九十一歳）に直接このことを質したところ、「吉田にはそういった偏屈なところがあり、私は岩淵の指摘のほうがあたっていると思っている」とのことであった。

こうした証言をもとに考えるなら、吉田はいずれ近衛や小畑の助力を得て外相として入閣する計画を進めていたことになる。アメリカ軍の日本駐留がはじまり、ＧＨＱ（連合国軍総司令部）が発足し、ダグラス・マッカーサーがその司令官となって占領政策が動きはじめると、戦犯の逮捕や公職追放などがすぐにでも行なわれるだろうと予測されていた。このような情報は、吉田は比較的入手しやすい立場（むろん外務官僚というだけでなく、天皇周辺の情報なども入手できる立場にいたわけだが）にいたために、重光が更迭を要求される状況になったらいつでも代わる心算はもっていたということでもある。

東久邇内閣は日本側の主体的な意思で組閣されたわけだが、重光が身を退く事態になればそれはGHQの占領統治の意思が明らかになるわけだから、吉田は汚れていない外務官僚の長老として光があたることになる。それが前述の吉田にとって幸運だったという意味なのである。

この三者会談（岩淵も出席していれば四者会談になるが）は、来栖への書簡の前になるのか、後になるのかは定かではない。だがこの書簡ににじんでいる吉田の解放感や、新時代にわれわれの経験と知識で助力しようといった使命感は、吉田の胸中に明るい発奮材料ができたと解釈することによって、大きな意味をもってくるのだ。つまり吉田の書簡は、この期の自らの「乃公出《だいこう》でずんば……」の所信を明確に示していたといえる。そのために、この書簡は歴史的にきわめて重要な資料であると同時に、その後の吉田の政治姿勢を窺わせる内容に満ちているのである。吉田時代をつくりあげた吉田の戦後の体質を、この書簡からはかぎとることができるといっていい。

再生日本と「皇国の再建」

来栖への書簡がもつ吉田の姿勢を整理しておくと以下のようになるのではないか。

㈠東條以下の軍閥に対しては、徹底的に排除し、その影響力をいかなるかたちでも排除する。憲兵隊のごとき組織の指導部に列した者は相応の処罰を受けて当然であり、彼らの影響力は決して再生させない。

㈡敗戦後の日本の情勢を見ると、表面上は旧体制の解体がうまく進んでいる。この延長線上で軍事力廃止、政治勢力の結集、国民の道義確立などが行なわれれば、敗戦は決して悪いことではない。

㈢このような円滑さは、天皇の聖断の確かさと先見の明を示していることでもあり、これは日本の歴代の天皇の存在がいかに大きかったかを示していることではないか。

㈣アメリカ人の性格や気質を理解すれば、むしろわれわれ外務官僚は事実を知らされずに軍部に利用されていたという事実を積極的に明らかにしていかなければならない。

㈤政党政治家は己れの身が安泰とわかったところで、顔をだしてきて家の子、郎党たちとはしゃいでいる(この書簡では鳩山一郎の例をもちだして、政党政治家たちによる政党樹立の動きを皮肉っている)。

㈥結局は、時局に便乗した外務官僚を排斥し、われわれのような外務官僚が前面に出て救国の任にあたらなければならない。それには十九世紀のイギリス外交を範にしていくべきだと思う。


吉田が、敗戦からまもない時期にこの六つの姿勢を胸中深く期していたことは、充分に記憶され、記録されなければならない。東京裁判に対する傍観者としての態度、政党政治家とはとうとうなじめなかった体質、外相になっての外務省内での人事刷新、警察予備隊発足時の旧軍人脈の再点検など、吉田の政治的な動きは、すべてこの六点をもとに形づくられていることに気づく。

吉田は表面は豪放に見えても、細心で緻密で、そして執念深さを秘めた人物であったことを理解しておくべきだろう。

敗戦のとき、吉田は六十七歳をむかえようとしていたが、それまでの人間的鍛錬のなかで「許すもの(本物)」と「許さないもの(偽物)」との線を明確に引いていた。とくに人間関係については、それがいえる。その吉田からは、再生日本こそが「皇国の再建」と同義語であり、ときに「許さないもの」のなかに「皇国の再建」に敵対する者を含んでいたことが明らかになってくる。GHQ内部の人脈を密かに吉田が峻別していったのも、この尺度だったのだ。マッカーサーを、この「皇国の再建」に組み込もうとしたのが、吉田の本質的な戦略だったと考えれば、吉田の動きには一本の芯が見事にとおっているとわかるではないか。

九月十七日、外相の重光は、東久邇内閣は終戦事務を行なう内閣であり、その役割はほぼ一カ月で終わったので、今後は旧体制の閣僚ではなく新しい人間を登用すべきと人事一新を訴え、東久邇をのこして閣僚全員の辞職を主張した。それが受けいれられないとわかると、自らは辞表を提出した。後任には東久邇や近衛、緒方が推した吉田が選ばれた。吉田はこうしてはじめて閣僚の一員になったが、それは私の見るところ重光の意図とは別に仕組まれた外相交代劇だったようにも思える。重光の正論の言は、あたかも吉田を引きだすために利用されたとも見えるし、逆に「皇国の再建」をめざす吉田の動きを封じるための拘束のようでもある。

吉田茂が首相の座を退いてから著した書や自らの権勢を誇った時代を語った証言などを丹念に読んでいくと、GHQ最高司令官マッカーサーに対してきわめて高い評価を与えていることがわかる。ときにその賞賛の言は、吉田にしては歯の浮くような表現を用いている。昭和三十二(一九五七)年に著した『回想十年』(第一巻)には、とくに「マッカーサーという人」という一節を設け、「私は東久邇内閣の外務大臣として、占領後間もない時にこの人に初めて会ったのであるが、最初のうちこそ、何となく厳しく、いさゝか気取っている感じさえしないではなかったが、その後会見を重ねるに従って、実に物わかりのいゝ人であることが感得された」と書いている。さらに昭和三十八年七月に書き下した『世界と日本』には、やはり「占領の恩人マッカーサー元帥」という一節があり、マッカーサーが存在することによって、日本は再生ができたと言っているのである。

「占領の恩人という言い方には、言葉自身に若干の矛盾が含まれているようにも思われるし、また戦勝国進駐軍の司令官を恩人などと呼ぶことに抵抗を感ずる人もあるかと思う。しかし、私の知り、私の感ずるところでは、占領の恩人という表現が、私の言わんとするところに最も適切に合致するように思われる。日本が今日あるに当り、マッカーサー元帥の配慮と好意とを度外視して考えられぬことが多々あると確信するからである」

物わかりのいい人、話のわかる人、真に日本を理解した人、といった表現は、吉田が他人を誉めるときに決して用いられていない。それなのに、マッカーサーに限って、このような賞賛をなんども、しかも執拗に惜しまないのはなぜなのか。いささか奇異な感がするほどである。

この奇異な感を疑問にして、吉田とマッカーサーの関係を追っていけば、実に簡単な推測に落ち着くのではないか。その推測とは、この賞賛を吉田がマッカーサーとの「戦い」に勝ったという勝利宣言の意味と理解することである。

マッカーサーに対する勝利、それは何を意味するかといえば、吉田には戦略があり、その戦略にマッカーサーは巧みに乗せられたという構図である。吉田は、敗戦後の日本の進路を明確に定めていた。その進路を端的な語で語るならば、〈皇国の再建〉であり、〈対米英への全面的な帰依〉であり、その進路の阻害物でしかない陸海軍の軍事組織の解体である。吉田にとって、米英を軸にした連合国との戦争は、近代日本の軍事組織のどうにもならないほどの硬直化から生まれたのであり、半ば理性も理知をも放棄したこのような組織を壊滅させなければならないとの方向を明らかにしたのである。このことは、大日本帝国そのものの根本矛盾ではなく、たまたま近代日本の歴史そのものをも忘れてしまった軍事組織を当面は壊滅してしまわなければならないとの使命感につながっていた。

天皇はこうした不埒《ふらち》な軍事集団の囲いのなかにとりこまれ、そこから出るに出られぬ状態にされていたというのが吉田の理解である。宮廷官僚としての吉田は、そう考えることで、太平洋戦争前からの天皇の言動を解釈したともいえる。吉田が近代日本の草創期の政治家、軍人を高く評価したのは、彼らがイギリスとの協調に徹しきったからという、「明治維新当時の先輩政治家たちは、国歩艱難裡《かんなんり》に国政に当り、よく興国の大業を成し遂げたのであるが、その苦心経営の跡は、今日よりこれを顧みるに歴々たるものがある。そうした先輩苦心の開国当初の日本外交の基本方針は、要するに英国との提携というにあった」(『回想十年』)。吉田は対英・対米関係が円滑に機能しているそのときこそ、天皇と政治、軍事指導者との間が順調に回転していると理解していたのである。

その姿こそ、まさに皇国日本の理想的な姿であった。

それがいつから崩れさったのか。吉田にいわせれば、それは軍部が政治上の発言をゴリ押しするようになってからであり、とくに「満州事変から太平洋戦争に至る日本の対英米関係の狂いは、歴史の大きな流れから見れば、日本の本然の姿ではなくて、たゞ一時の変調であった」というのが、吉田の基本的な姿勢であり、歴史観でもあった。

吉田の戦略とは、この「一時の変調」を正す点にこそ狙いがあった。マッカーサーとの戦いとは、この「一時の変調」を正すためにマッカーサーを自らの盟友とする戦いでもあった。そして結論からいえば、吉田はその戦いに完全に勝利したわけではなかったが、相応の勝利を得たという述懐だったのである。

マッカーサーに何を期待したか

この述懐を本書では確認しようと思うのだが、そのもっとも大きな〝戦果〟というのは、九月二十七日に天皇をマッカーサーに引き合わせたことだった。

吉田自身は、東久邇内閣の外相として重光葵の後任に座るや、その三日後の九月二十日にはマッカーサーを訪ねている。この期に外相であることは、もっとも困難な役目を担わされるという意味でもあるが、それには敗戦国日本の最高権力者として君臨する指導者に面識を得たうえで良好な関係をつくりたいとの思惑があったからであろう。吉田にすれば、太平洋戦争下とその前の日本の国政には直接たずさわっていない、つまりまったく汚れていないとの自負があり、それを最大の武器にしたであろう。

さらに吉田は、連合国側がまだ対日占領方針を具体的に打ちだしていない時期に、彼らの方向をさぐろうとの意思ももっていた。とくにその方向のなかで最重要の課題は、天皇をどのように扱うか、その内容を確認して、対応策を考えようとの思惑もあった。吉田は、外相に就任直後の職務の大半を天皇を守り、その制度を維持するための「皇国日本の再建」に賭けたというべきであった。ポツダム宣言受諾にむけての戦時指導者は、ただ一点「国体護持」にこだわりつづけたが、吉田は彼らとは対極の立場からその目的実現のために全力をそそいだともいえた。

吉田はマッカーサーに対して、自分は日本の戦時指導者とは異なるとの態度で接した。笑顔をつくり、外交官として公式に用いる用語を駆使し、この最高指導者の前にでたのである。吉田がマッカーサーが執務室を歩き回る姿を見て笑いだし、マッカーサーが「何がおかしいか」と尋ねたのに対し、「いやかつてロンドンの動物園で熊を見たときのことを思いだしたものだから……」と答えて、二人の間に友好的な空気が生まれたというエピソードはこの第一回目の会見のときであったようだが、吉田はむろんこのような巧みな交際術も意図して行なったというべきであろう。事実、マッカーサーはこの交際術に屈した。

吉田にすれば、マッカーサーは実直で生真面目で、そして禁欲的な軍人であり、これまでに出会ったアメリカやヨーロッパの外交官よりは与《くみ》しやすいとの意識もあったであろう。正直に自らの気持を吐露すれば、それに正直に答を返してくるとの関係をつくりあげたのだ。

二人の初めての会談では、マッカーサーはまず自らの考えを具体的に述べた。マッカーサーは、ミズーリ号上の降伏文書の調印式でもきわめて高邁《こうまい》な自説を披露したのだが、とにかくそのようなピューリタニズムにあふれた言を好んだ。マッカーサーは、このときも日本の軍事指導者があまりにもお粗末な戦争を始めたことに軍人として軽侮の念をもっていることを口にしたようでもあった。

マッカーサーの吉田への短いスピーチについて、リチャード・B・フィン（元アメリカ国務省日本課長）は、その著（『マッカーサーと吉田茂』）のなかで、次のように書く。

「さらに、日本側が対処すべき問題点のいくつかを――日本は、荒廃した都市や七〇〇万の復員兵の問題を処理しなければならない。選挙権をもっと多数の国民に与えるようにしなければならない。報道の自由を認めなければならない――指摘した。そして、日本には『民主主義』の力と良き指導者が必要だと力説してやまなかった」

これは、マッカーサーの個人的な使命感というべきものだった。むろん吉田にとっては、このような指摘は容易に受けいれることが可能な内容であった。

国体護持の前提としての会談

吉田もこのマッカーサーの演説にこたえるかのように自説を披露した。その内容は、吉田の書や前述のフィン書、さらに吉田について書かれた書から推していくと、次のような内容ではなかったかと思われる。

〈もともと日本はあなたの国によって世界への目が開かれた。かつての先達は、あなたの国とイギリスとを範にしながら国の舵取りをしてきた。第一次世界大戦には、連合国の側に加わり、実際に同盟国でもあったし、国内にも民主主義の芽は育っていたのである。イギリスの立憲君主制を範としながら、天皇はこの国の権威として存在してきたと断言できる。私が思うに、この日本が一九二九年の大恐慌によって経済基盤の弱い産業界が打撃を受け、軍部が発言力を強める一方で共産主義者が活発に動き回るようになった。この『一時的変調』が今次の大戦につながったが、それを旧に復したいというのが私の考えである〉

むろんこの間の会話のニュアンスには、ときに占領者と被占領者の対立が露骨にあらわれたであろうし、とくに吉田はマッカーサーの言がさらに含むものはないか、頭を回転させながら会話を進めたはずである。天皇について話を進めたときには、そのことが色濃くあらわれたにちがいない。

吉田は、天皇の問題にふれたときに、天皇自身はマッカーサーを迎えることを歓迎していて、できるならばいちど訪問したい意向をもっているときりだした。このことは、吉田が天皇周辺の側近たちから確認していた事実で、とにかく天皇とマッカーサーを会見させることによって二人の間に感情のかよいあう関係をつくろうという計算があった。

この申し出は、マッカーサーにも渡りに舟であった。マッカーサーは、彼の幕僚たちの「天皇がなんらかの意を示してくるまで待つのではなく、司令部に呼びだしたほうがいい」との助言に対して、「それではこの国の国民も黙っていないだろう。なんらかの意思が伝えられてくるまで待ったほうがいい」と答えていたのである。

マッカーサーは、自らの権威を守るには天皇からの出方を待つという構図を頭にえがいていた。それはマッカーサーにとって、占領国の最高権力者が誰であるかを如実に示す儀式になるはずであった。吉田の申し出にマッカーサーは、余裕を示すかのように、「天皇と会見することは自分も賛成である。自分としては天皇に辛い思いをさせるようなかたちで会いたくはない」と答えている。

吉田が、そのための日時と場所を尋ねたところ、この日から一週間後にアメリカ大使館で会ってもいいとなった。吉田はこの段階でマッカーサーと天皇が会見することで、まずは自らの計画が円滑に動くことを確かめたのであった。

つけ加えるなら、吉田がマッカーサーと会った二日後（九月二十二日）に、マッカーサーはアメリカ政府からの「アメリカの初期の対日方針」を受け取っている。この方針は全四部から成っているが、第二部には、最高司令官がどのようなかたちで日本統治を行なうかを命じていた。「最高司令官はアメリカの目的達成を満足に促進する限りにおいては、天皇を含む日本政府機構及び諸機関を通じてその権限を行使すべし」というのだが、もし天皇や政府の代表者がその命令に背くのであれば、更迭するなり罷免するなりしていい、あるいは直接行動をもって円滑に機能するようにせよ、と命じていた。

つまり天皇を利用して、あるいは政府を利用して間接統治を行なうべきだが、彼らがその命令に反するときは躊躇《ちゅうちょ》なく直接行動で支配せよというのであった。

対日方針と吉田戦略の対立

マッカーサーはこの指令に接しながら、吉田との会見で得た教訓をかみしめていたにちがいない。吉田を自らの意に沿う人物として利用できると考えたであろうし、二十七日の天皇との会見ではそのことを試す格好の機会になるとの計算をしたであろうと思われるのだ。

アメリカ政府からの対日方針の第三部には、政治的目的として、日本を徹底して武装解除させること、戦争犯罪人には相応の処罰を与えるための軍事法廷を開くこと、さらに日本国民には民主主義的自由を保障せよ、と謳《うた》っていた。非軍事化と民主化こそを当面の柱とせよというのであった。

むろんマッカーサーは、この対日方針を自らの理念と合致すると理解し、そのための効果的な施策を練り始めたのである。

ここで重要なことは、この初期対日方針はもともと吉田が考えていた「皇国日本の再建」とは大きな違いがあることだ。吉田はこうした方針をこの段階で知ったわけではなかったが、その後のGHQのニューディーラーたちの考え方にしだいに過激な色調を感じ、警戒心を起こしたように、「皇国日本の再建」という自らの旗をマッカーサーにかつがせるには、日本の非軍事化と民主化を認めるかわりに、「国体を護持」させるためにマッカーサーを籠絡《ろうらく》するという政治テクニックを駆使することを自らに課したのだ。

九月二十七日、天皇とマッカーサーは初めて会見を行なった。その二日後、二人の会見写真が日本の新聞にも掲載された。現人神《あらひとがみ》の天皇がカーキ色の軍服姿のマッカーサーと並列して写っている写真は、確かに日本の国民にとっては衝撃的であった。これを不敬罪に抵触しているとした内相の山崎巌《やまざきいわお》は、G

HQによって逆に罷免されることになった。それは「初期の対日方針」が具体的に発動されたことを意味したのである。天皇とマッカーサーの会見でどのような話し合いがなされたかは現在も不明である。しかし、マッカーサーの回想録をはじめとするこれまでの説に従えば、マッカーサーは天皇に対してきわめて好感情をもったことはまちがいない。ひとつの例をあげれば、マッカーサーは天皇が自らに命乞いをすると思っていたが、逆に「自分が一切の責任を引き受ける」と発言したことに感銘を受けたというエピソードなどがあげられるであろう。

吉田はその著（『回想十年』）に、次のように書いている。

「この第一回の会見が済んでから、元帥に会ったところ、『陛下ほど、自然そのままの純真な、かつ善良な方を見たことがない。実に立派なお人柄である』といって、陛下との会見を非常に喜んでいた。その後、陛下は幾度か元帥を御訪問になったが、陛下もすっかり元帥に親しまれ、お心置きなくお話をせられるようになった」

天皇とマッカーサーの会見は成功だったというのである。いや吉田はそのような歴史的評価をつくりあげることで、マッカーサーを誉めつづけるという論理を推し進めなければならなくなったのだ。「皇国日本の再建」の前提条件である占領者の心情を和ませるのに成功したという意味だ。そして吉田は、このためにこの後に起こる新憲法制定や東京裁判など幾つもの政治的課題では、マッカーサーと徹底して妥協していく。「国体護持」という大義のために、吉田が次々にマッカーサーと妥協していった政策は、一面では基本的な矛盾を含んでいた。その矛盾は戦後社会の日本とアメリカの矛盾として内包され、一定の時間を経て噴出する宿命をもったのである。

吉田はマッカーサーという絶対権力者を人間的に籠絡したかわりに、新生日本の対米観を過大に肥大化させるという歪みも生んだのである。

吉田が専任の外相ポストにあったのは、昭和二十（一九四五）年九月十七日から翌二十一年五月二十一日までの八カ月間であった。戦後すぐに誕生した東久邇内閣の外相こそ重光葵だったが、重光が人事一新を訴えて辞任（他にもGHQとの間に不協和音もあった）したのを受けて、吉田が後任に座ったという経緯があったにせよ、実質的に戦後初期の外交政策を担ったという見方でいえば、吉田は「戦後初の外相」ともいえた。

吉田は、この期間に自らに課した使命は、前述のように八月二十七日付の旧友来栖三郎へ宛てた書簡に明確にあらわれており、私は、それを「六つの姿勢」と考えるが、そこに通底している吉田の姿勢は、新生日本の国家像を「皇国日本の国家像としてありうべき姿に戻す」という執念である。宮廷官僚の牧野伸顕の家系に列《つら》なる婚姻を梃《てこ》に、明治元勲のつくり得た国家を、日本のありうべき姿つまり正道とし、自らは宮廷官僚たらんと自覚し行動の核としてきた。吉田から見れば、不幸なことに陸軍を中心とした野卑な勢力によって正道の国家像が破壊されたのであり、それを本来の姿に正すことこそ自らの歴史的役割と規定していた。

この使命をもとに、戦後初の外相は確かに機敏な動きを進めた。歴史的な目で俯瞰《ふかん》してみれば、吉田のこの戦略は八カ月の間にきわめて首尾よく回転したといえる。吉田の予測を超えるほど、天皇とマッカーサーの間には信頼関係が生まれたのである。

それが結実したのが、昭和二十一（一九四六）年一月二十六日のマッカーサーから本国政府へ宛てた電報でもあった。

この一週間前（一月十九日）に、マッカーサーの名によって極東国際軍事裁判所憲章が発表されている。天皇をA級戦犯の被告の座に座らせるべきか否かは、すでに戦時下でもロンドンに設けられた連合国の戦争犯罪委員会やアメリカ政府、それに対日理事会でも論議の重要な対象になっていたが、最終的にそれに断を下す結果になったのは、この電報でもあった。

マッカーサーは、この電報のなかで、明確な表現を用いて〈天皇には戦争責任はない。この国でもし天皇を裁くとなると、百万から二百万の軍隊を必要とするし、それこそ百年戦争も覚悟しなければならなくなる。その愚を犯すべきではない〉と伝えたのである。そしてこれが、「天皇には手をふれない」という連合国側の結論につながっていった。

これは吉田の戦略の成果でもあった。吉田はともかく第一ラウンドでは、マッカーサーを自らの側に引きつけることに成功したのである。もっとも吉田に対する見方として、アメリカ政府部内でも、現実に吉田が内閣を組閣する時期（昭和二十一年五月の第一次吉田内閣）には、「吉田のような人々は保守派の再来であり、思想を発表する訓練を受けた人々の大衆選挙で彼らがはたして選出されるかどうかは疑わしい」との見方もでている（ジョン・ダワー『吉田茂とその時代』）。こうした見方は、「皇国日本をありうべき姿に戻す」という吉田の真の狙いを見抜いていたとも解釈できるであろう。

戦略を生かすための態勢づくり

だがマッカーサーは、ときに吉田にうとましさを感じることもあったと思われるが、現実にはこのような見方にまったく与しなかった。マッカーサーにとって、吉田は占領統治を容易にする力強い手駒だったのである。吉田がアポイントもなしに不意に司令部を訪れることがあっても、時間が許す限り会見に応じていたのは、この人物を使って自らの理念をこの国に移植させたいとの強い使命感をもっていたからであった。マッカーサーは、「自分は有能な軍人として名を残さなくてもいい。東洋のある国にデモクラシーの使徒としてやってきて、そのような国家をつくった教育者という評価を受けたい」と語ったが、それは吉田の戦略に対して対極に位置していながら、吉田を利用する方が得策という意味に通じていた。マッカーサーと吉田は、軍事で決着が着いた戦争のあとで、それぞれの理念と戦略をもって、政治戦争をつづけていた戦士であり、それゆえに二人の間には奇妙というべき友情関係も生まれていったのである。

吉田はこの八カ月間に、きわめて巧妙なふるまいをした。

たとえば、この間の吉田を幾つかの局面で分析してみれば、そのことがよくわかる。私の見るところ、吉田はマッカーサーとの戦いをつづけるために、幾つかの情報ルートを確保すると同時に根回しを進めていたといえるし、自らの陣地を固めるために大胆な手も打っていた。この陣地を固めるという例としては、外務省内部の改革が指摘できる。外務省は国家主権を失ったために、外交権が停止になり、在外公館からは外交官がすべて引きあげてきた。吉田が外相のときに、政府は行政整理を始めたし、昭和二十一年から公職追放も始まった。この公職追放はGHQの命令によったとはいえ、外務省の人選は吉田の裁量にかかっていたのも事実で、省内枢軸派、大東亜省、旧満州国、領事警察の面々は、行政整理か公職追放のいずれかの対象とされ省内から追われた。

さらに吉田は、行政整理、公職追放という大ナタに加えて、自らの好悪の感情で幹部職の者も俎上《そじょう》にあげた。外務省にあって、この追放は密かに「Y項パージ」と語られたが、要は親英米色を明確にしない者、外交官としてのスマートさに欠ける者、あるいはアメリカンイングリッシュに通じていない者などに、「君は辞めてもらうよ」とあっさりと宣告する有様だった。外務省の長老とはいえ、この傍若無人ぶりにはさすがに省内にも「吉田批判」の声はあがった。だが吉田は、そうした声にまったくとりあわなかった。吉田にすれば、「この時代にアメリカ人気質を理解できない者など省内にいてもらいたくない」というつもりだったろう。むろんその胸中をさらにたどっていけば、戦前、戦時下で諸々として枢軸派に従っていた外務官僚など許せるものか、との怒りもあったに違いなかった。

外務省に代わってGHQとの交渉を円滑に行なうために、終戦連絡事務局（通称・終連）が設けられたが、ここに追放された職員が吸収されたとはいえ、吉田はこの終連には自らの意を通じる者を送りこんで、東京だけでなく、地方からもどのようなかたちで占領政策が進んでいるかの報告をつねに自らのもとに届けさせた。

寺崎英成を動かす

外務省内には、将来の講和会議に備えて日本側はどのような対応をすべきかの研究グループ（「平和条約問題研究幹事会」）が生まれた。条約局長を幹事長とし各課の課長クラスをメンバーに、講和条約が結ばれる時期はいつか、その内容はどのようなものが望ましいのか、の研究にはいった。吉田はこの幹事会にそれほど熱心ではなく、それだけにメンバーには外務省の長老である芦田均《あしだひとし》の息がかかっていたのだが、それでも吉田が外相を辞めるころには「根本方針」をまとめている。その方針では、日本がポツダム宣言を誠意をもって実行し、占領軍が望んでいる「国民民主主義体制確立」を進め、そのことによって連合国側の「其ノ敵愾《てきがい》心、憎悪、復讐心ノ自然的消失ヲ馴致《じゅんち》スルニ向クルヲ要ス」と言っているのである。

この結論に、外相としての吉田の意が反映しているのは当然であった。吉田はポツダム宣言にもとづいたマッカーサーの指令は、何を措いても実行するとの言辞をマッカーサーに示していたからである。吉田は講和の時期がどの段階で訪れるかの見通しは周辺に積極的には語っていないのだが、だからといって単純な愛国者の弁でもある「講和、すなわち日本の主権回復は早ければ早いほどいい」といった見方はとっていなかった。吉田は、このような陣地を固める戦略に併行して、天皇を元首とする旧体制温存の根回しをも進めていた。吉田がなにより恐れていたのは、天皇家とその権力がGHQ内部のニューディーラーや日本国内の共産主義者の策動によって崩壊することであった。

吉田は、外務官僚のなかからもっともアメリカ側に抵抗なく受けいれられ、英語力もあり、加えて天皇への想いも強い人物を密かにさがしていた。こうしてのちに天皇とマッカーサーの会見時に通訳を務めることになる寺崎英成《てらさきひでなり》に白羽の矢を立てたのである。寺崎は太平洋戦争の開戦時に駐米大使館の一等書記官を務め、とくに情報関係に携わっていた。そのころに陸軍内部に流布していた噂によると、寺崎は日系人の間に諜報網をつくりあげていて、それゆえにそのことを察知したアメリカ政府は開戦と共に日系人を収容所に押しこんで、その諜報網を断ち切ることに全力をそそいだと言われているほどである。吉田はそれが事実か否かを直接に確かめたことはなかったろうが、その程度の力をもつ者を評価する度量はあった。

加えて、寺崎は夫人がアメリカ人で、それゆえに戦時下では家庭を守るために日本社会そのものと軋轢《あつれき》を起こし続けた。昭和十九年七月以後は長野県蓼科《たてしな》の別荘に身体の変調を訴えて引きこもり、そこで敗戦を迎えた。敗戦と同時に東京にでてきて復職運動をはじめたのだが、十一月下旬に終連の連絡官になった。GHQと日本政府との連絡業務を行なうことになったのだ。

寺崎の妻グエンとGHQのフェラーズ准将（マッカーサーの軍事秘書）とは従兄妹の関係にあり、その縁もあって寺崎には特別の任務が与えられる条件が整っていた。寺崎自身もそのつもりでいた。

昭和二十一年一月二十四日の「寺崎日記」（正式には『寺崎英成御用掛日記』）によれば、寺崎は天皇の戦犯問題が起こるとGHQと官庁の連絡を積極的に行なってもいいと自覚していたことがわかる。実兄の太郎が、吉田外相のもとで特命全権公使を務めていたこともあって、寺崎は太郎から吉田の意向を伝えられた。次のようにである。

「大臣曰く『宮中のGHQとの連絡係ハ英語ハ出来るが米国の事ハ知らず鴨猟をやったり〈ケーター〔宴会〕〉許《ばか》りしていかぬので人選をした。松本、沢田との話あったるも僕ハ反対、君がい丶と思ひ首相も賛成した。松平《まつだいら》〔慶民《よしたみ》〕宮相に話した処自分ハい丶が内奏申上げると、陛下の〈スポークスマン〉となり、天皇制護持に全力を尽してくれ玉へ』余承諾す。（以下略）」

吉田の強い推挙によって、寺崎は宮内省御用掛となる。この職務は実際には通訳であると同時に、吉田がいうように「天皇制護持に全力を尽く」す信念をもっていなければならない。松本《まつもと》〔重治《しげはる》〕や沢田《さわだ》〔廉三《れんぞう》〕より寺崎のほうが国体観が明確であるというのが吉田の判断であった。

「天皇独白録」の演出者

こうして吉田は、昭和二十一年一月末からは寺崎を使ってGHQ内部の情報収集を進め、それを利用して効果的な対応策を考え、天皇制を護持するための環境をつくりはじめた。吉田のこうした動きは、むろん公式には記録されていないし、その意が寺崎を中心とする宮内省（庁）関係のスタッフにどの程度反映したかは明らかでない。吉田自身この面の動きは意図的に封印しておこうとの思惑もあったように思われる。しかし、平成三（一九九一）年に、前述の「寺崎日記」が初公開されると、吉田は寺崎を自在に動かしていたことや、寺崎もまた吉田に会っては自らの動きを克明に伝えていて、そのつど指示を仰いでいたという事実が明らかになった。昭和二十一年二月一日、寺崎は吉田に昼食を共にしようと呼びだされて、そこで忌憚《きたん》のない会話を交わしている。寺崎は御用掛が自分に務まるか、陛下にはしばしば会えるだろうか、自分の職務を果たすにはどのような心構えが必要なのか、と吉田に尋ねているのだが、寺崎の記しているところでは、吉田は次のように答えたというのである。

「吉田曰く

㈠陛下と新聞記者（スポークスマン）を知る事

㈡陛下と司令部　ガバメントセクション〔民政局〕『フィトネー』（民政局長のホイットニーのことであろう）

連絡官（二等）御用掛　陛下によく会えるか？　宮中の事知らないと?!　宮中の空気ハ？　バケモノ屋敷也と答ふ。（以下略）」

つまり、吉田は天皇の存在を好意的に報道させるために新聞記者をよく知ること、そしてGHQ内部のホイットニーはニューディーラーの指導者のようだから、警戒してつきあいながら籠絡せよと助言したのである。なによりこの記述の中で注目されるのは、吉田が宮内省の官僚をまったく信用していないという事実だ。この歴史的試練のときに、あの連中ときたら何もわかっていない、ああいう連中に任せていたらどうなるかわかったものではないという吉田の本音があらわれているのである。

寺崎に正式に辞令が発せられたのは、二月十日のことだが、寺崎はこのころになるとフェラーズとしばしば会い、日本側としては天皇制護持のためにどのような対応策をとればいいかを身内の会話として打診した節もある。それとともに天皇の昼食にも陪席し、太平洋戦争にいきつくまでの経緯を天皇自身にも確かめている。天皇には戦争責任は直接にはなかったという歴史的認識を確固とするために個々の事実について質問を発していたのだろう。

そのような会話やGHQ内部の動きはすべて吉田に報告されていた。

寺崎がフェラーズの言を参考に考えだしたのは、今次の戦争とそこに至るまでの経緯で天皇自身がどのように考えていたかを整理して、その証言録をつくることであった。その聞きとりが三月十八日から数回にわたって行なわれたが、そこには寺崎と侍従次長の木下道雄《きのしたみちお》や宮内大臣の松平慶民なども列した。――この証言録が、平成二年に発表された「天皇独白録」である。

ここで天皇は、自らの苦衷を訴えているが、独白録の構成自体は天皇に戦争責任がないようになっている。寺崎が天皇の聞きとりをまとめたといわれているが、それはこの独白録が天皇を訴追させないというマッカーサーの意思を補完する意味をもって作成されたからであろう。

吉田はむろんこの独白録の内容も、これが意味することも知っていたし、むしろ吉田が寺崎をリードして作成させたと解釈するほうが自然である。

天皇とマッカーサーの会見日が予定されると、吉田は寺崎を伴い、天皇に会って、マッカーサーとどのような会話を交わすべきかそのつど打ち合わせている。吉田のこうした動きは、実は歴史的に大きな意味をもっているが、吉田が終生この時期の自らの動きは封印したままにしていたことは注目されることだ。そして幣原《しではら》内閣につきつけられている憲法改正問題を検証しても、吉田のこうした封印した部分の一端が窺えてくるのである。

新憲法まで

新憲法制定までの経緯で、悲劇的な役割を演じたのは、近衛文麿であった。東久邇内閣の無任所国務大臣として、近衛は新憲法制定の中心人物になろうと動いたのだが、それが見事にピエロのような結果になった。近衛がＧＨＱにマッカーサーを訪ねたのは、昭和二十年十月四日のことだ。このときマッカーサーは、近衛に対して「日本国憲法は改正すべきと考えている」と示唆したのである。それは近衛にその任を担えという意味を含んでいたか否かは不明だが、近衛自身はそのように受け止めた。近衛は、そこで東京帝大教授の高木八尺《たかぎやさか》を伴い、改めてＧＨＱを訪ねてその意を確かめた。むろんそれは近衛の側の記録によるのだが、実際にはＧＨＱ側は示唆を与えたにしても、近衛をどのように利用するか、方針は明確には定まっていなかったともいえる。ともかく近衛は、新たな歴史的任務を得て張り切った。憲法学者の佐々木惣一《ささきそういち》の助力のもとに草案づくりにはいった。近衛は、天皇退位の条項を盛り込むことも考えていたといわれている。

幣原内閣が誕生したのは、十月九日のことだが、近衛の動きに関してはしばしば閣議で問題になった。吉田の著（『回想十年』）によるならば、「一体憲法の改正というような重要国務を宮中機関たる内大臣府が手掛けるのは筋違いだという論が政府部内にはあったが、かくなった以上、政府としても、このまゝ放置はできないということで、憲法問題の調査を始めることとなった」とある。そこで幣原内閣のもとでも、独自に憲法問題の研究に着手することになった。国務大臣の松本烝治《まつもとじょうじ》を委員長とする憲法問題調査委員会が非公式につくられることになった。

憲法改正に関しては、こうして近衛ルートと内閣の委員会の二つが動きだすという奇妙な構図が生まれることになった。もとより松本は、近衛に対して「あなたの進めている作業は天皇への私的な作業であり、公式のものではない」と釘をさしている。だが近衛には、この新憲法条文のなかに自らの戦争に対する責務を果たすという使命感があった。

しかし、近衛への世論の風当たりは強く、たとえば毎日新聞は「近衛は戦争責任者のひとりであり、その近衛が憲法制定に積極的に携わることなどおかしい」と正面から批判をしたのである。アメリカ世論もこうした見方で共通していて、「むしろ近衛は戦争犯罪者に指定されるべきではないか」との論さえあらわれてきた。

近衛にとっては、GHQこそ頼みの綱だったが、そのGHQは十一月一日になって、「近衛は東久邇内閣の副総理であったがゆえに憲法改正の検討を依頼したが、現在はそうした立場にはない。それゆえに近衛はその任にあるわけではない」とつきはなした。五日になると、マッカーサーが「近衛に憲法改正を依頼したことはない。それは近衛側の通訳の誤訳である」と発表した。近衛はGHQによって梯子を外されたというべきだった。その後、近衛には戦犯容疑者として逮捕令が出され（十二月一日）、巣鴨プリズンへの出頭前夜に私邸で青酸カリをあおって自決したのである。

吉田はこの間外相として幣原内閣の側にいるわけだが、近衛に対してどのような感情をもっていたかは定かにはわからない。だが人間的には、戦前、戦時下の宮廷官僚としての誼みから相応の信頼感をもっていたことはまちがいないにしても、近衛の憲法改正の独断的ともいえる動きには一切関わろうともしなかったし、事実、関わってもいない。吉田にすれば、乱のときは優柔不断、そして乱がおさまり身の危険が及ばない状態になると、いかにも指導者然としてふるまう近衛の態度に、一線を引かなければ自分もそのような人物と見られるという危険性を感じていたのではないか。

松本委員会と吉田の関係

『吉田茂書翰』によれば、近衛の自決（十二月十六日）のあとで枢密顧問官伊沢多喜男《いさわたきお》に送った書簡のなかに、「扨而《さて》近衛公之事又云ふに忍ひす、嘸《さぞ》かし老閣御愁嘆の事と奉存候《ぞんじたてまつりそうろう》、誠ニ惜しき仕《（ママ）》候、何れ拝晤の日、故公の追懐ニ往時を忍ひ度と奉存候」という一節が見える。近衛の思い出話にふけりたいというだけで、それ以上の関心はないと告白しているかのようにさえ見えるのだ。

私見では、吉田は近衛をもう歴史的な存在としては見ていないとつきはなしたのではないか、と思える。

吉田は、「皇国再建」のためにＧＨＱの改革やマッカーサーの幾つかの指令は、利用できる限りは利用すべきにしても、それはあくまでも政策レベルのことであって、国家の大本である憲法改正には早急に手をつけるべきではないとの考えだった。吉田は、議会内でも「現憲法はそれ自体はきわめて民主的であり、人民の、人民による、人民のための政治の根幹になりうる。軍人たちはそれを悪用したのであって、その悪用を防ぐための手直し（改正）にとどめるべきだ」という意見を明らかにしていた。

具体的には、天皇の大権を大きくは変更すべきではないとの考えだった。吉田のこうした意見は、必ずしも幣原首相を納得させるものではなかったが、それでも松本とは充分に気脈を通じていたといえる。こうした宮廷官僚の、まさに真骨頂ともいうべき姿勢は、前述の近衛のように時代の空気にふり回される姿とは対照的でもあった。

松本委員会は、吉田や松本に代表されるこのような考え（憲法改正というのではなく、部分的に条文の手直しをすべきであり、天皇大権はのこすべきであるとの考え）をもとに「調査」から「立案」にむかった。

「立案」は、幣原内閣としても最低限にとどめるべきという方針で固まっていった。ただ、幣原個人は必ずしもその方針を納得しているわけではなかった。

松本委員会が、改正の範囲をどのていどにするかを明らかにしたのは、昭和二十年十二月八日の衆議院予算委員会においてであった。委員の中谷武世《なかたにたけよ》（無所属クラブ）は、憲法改正に際して政府は秘密主義をとっていると批判し、政府は進んでその見解を明らかにすべきで、「議会とともに、国民とともに、この問題を討究するというような、開放的な民主的な態度でこれに当たることが必要であると考える。憲法の民主化が要請されている今日、政府の態度が不透明な官僚的秘密主義をもって終始していることは、はなはだ遺憾である」と詰めよったときの答弁においてである。

中谷の著（『戦時議会史』）によるなら、いずれGHQは憲法改正を要求してくるから、自主的に日本人の手によって民主主義的改革をすべきという趣旨での質問だったといっている。

こうした質問に、幣原は「飽クマデモ民意ニ基キ民意ヲ反映セル政治運営ヲ行フと云フコトガ最モ緊要デアリマス」と答えているが、中谷も幣原も「天皇統治ノ下議会中心政治ノ確立、ト云フコトガ、日本ニ於ケル民主主義ノ行キ方デアル」という点では一致していた。吉田は、むろんこの考え方に即していたが、「民意ヲ反映セル政治運営」という幣原の考えに対して、民意の部分はむしろ聖慮という意味あいが本意だったことは記憶されておくべきであろう。

「臣民」にこだわり続ける

松本が明らかにした原則（一般には松本四原則といわれている）は、次の点である（この部分は、吉田の『回想十年』から紹介することにしたい）。

㈠天皇が統治権を総攬《そうらん》せられる原則には変更を加えないこと。
㈡議会の権限を拡張し、いわゆる大権事項をある程度制限すること。
㈢国務大臣の輔弼《ほひつ》の責任は国務全般に及び、帝国議会に対し直接責任を負うこと。
㈣臣民の権利、自由を保護し、その侵害に対する国家の保障を強化すること。

実は吉田のこの記述は、吉田の思想やその理念の幅をよく物語っている。松本は、答弁のなかでは「人民」という語を用いているのだが、吉田はそうした語を用いず、㈣にあるように「臣民」という語にこだわっている。吉田は人民（当時、日本の社会主義勢力は「人民革命」を呼号しつつあった）という語に体質的反発を露骨に示していたのである。

ところでこの松本四原則は、㈠に見られるように大日本帝国憲法の枠組みを壊さないという意味を内外に宣明することになった。幣原内閣の有力閣僚である吉田の考えは、松本の口から語られ、それを幣原の答弁が若干民主化の方向に飾りつけを行なうという構図ができあがった。

吉田はそうした構図を巧みに利用しながら、自らの真の姿を隠蔽することに成功していたのである。現在では、こうした答弁を行なった松本に対しての評価として、たとえば猪木正道《いのきまさみち》の著（『評伝吉田茂』）に見られるように、「このあたりに松本国務相の政治感覚のずれが示されている。彼は憲法改正が日本の内政問題であるばかりでなく、わが国をめぐる国際政治の焦点となっていることに気づかなかったのだ」といった言い方がされている。

だがここで猪木のこの見方に幾分の前提を加えるならば、吉田という固有名詞を猪木書からの引用部分の松本の名と併列してみると幾つかのことがわかってくる。吉田にもまた政治感覚のずれがあったのだ。ところが吉田は、松本のように、憲法改正が国際政治の焦点となっていることを充分理解していた。それゆえに自らが考えている思想や理念を、松本が代弁している様を見て、それが内外の政治勢力にどのように受け止められているかを確認する余裕や計算をもっていたということができた。

ホイットニーに照準をしぼる

吉田は、近衛や松本のように占領国と被占領国の本質にふれる部分では、こうした巧みな政治技術を用いて自らの政治行動をつくりあげていった。それは既述したように、寺崎英成を用いてGHQ側に天皇を温存させる働きかけを行なう一方で、どこまでがGHQの日本側への要求なのかを確かめる策として利用していたのと同じ手法だった。こうした政治的駆け引きをしながら左右を見てみると吉田は、この期にこの時代しか見えなくなって身動きできなくなっている政治家や官僚に対して、心理的には優位に立ち、さらに軽侮感をさえもつことができたのだ。

GHQ内部では、松本委員会の動きを知るにつれ不快感が広まっていった。アメリカ本国政府は、こうした松本委員会の動きとは別に、日本に対しての民主化政策として「日本の最終的な政治形態は日本国民の自由に表明する意思によって決定されるべきである」との見解をなんども伝えていた。マッカーサー司令部は松本委員会の憲法私案が実質的に大日本帝国の枠組みを壊さないものであったら、面目は丸つぶれという状態に置かれていったのである。同時に、GHQ内部でもマッカーサーに日本の憲法改正の権限が与えられているかの論争も起こった。この点で、マッカーサー自身は日本側に自らの意思を伝えておけばなんとかなるはずだ、と考えていたが、そのような態度は、むしろ危険ではないかとの論があった。とくにそれを主張したのは、民政局長のホイットニーであったが、彼は、対日政策に発言権をもつ連合国の集まりである極東委員会が、ソ連を中心とする反天皇の感情が強い国々の意を受け、露骨に天皇制廃止を軸にした新憲法草案をつくりかねないと、マッカーサーの泣き所を刺激しながら、日本側にすべてを任せておくのは得策ではないと説得を始めたのである。

松本国務相は、年末から翌二十一年一月にかけて委員会の討議をまとめての草案をつくった。そして一月三日に天皇に会いその内容を説明した。この二日前には、いわゆる人間宣言が発せられていて、天皇は現人神《あらひとがみ》ではないとの認識をもつよう国民には説明されていた。にもかかわらず松本の示した案は、ほとんど大日本帝国憲法そのままともいえ、とくに第一条から第四条の天皇主権を謳った条文はまったく変更は加えられなかった。ただ、第三条の「天皇は神聖にして侵すべからず」を「天皇は至尊にして侵すべからず」と変えられただけだったのである。

これでは、天皇の人間宣言が滅殺されてしまうことが明らかだった。さすがに委員会のなかにも、不満の声があがり、幾つかの手直しが行なわれた。それでも、臣民を国民に、帝国議会を国会に改めるといったていどにとどまり、基本的な枠組みを変えるには至らなかった。

松本自身は、これは叩き台であり、これをもとに論議がされるだろうから、政府内部の手直しを狭い範囲にとどめようと考えた節があった（このことは吉田も認めていた）。松本委員会で手直しされた案は、閣議にもはかられた。吉田は基本的にはこの案に賛成であることを明らかにしつつ、しかしこの内容をもとにホイットニーらと打ち合わせてみてはどうかと勧めた。自分たちの論理だけで作業を進めてきたが、GHQの民主化の筆頭であるホイットニーらの賛成を得ることが条件になると、吉田は閣僚たちに説いたのである。ここで重要なのは、吉田はホイットニーがこれを読んでどのような反応を示すかによって、GHQの真意をつかむことができると考えたことだ。

毎日新聞スクープの功罪

この閣議のあと、毎日新聞が松本委員会の私案全文をスクープと称して紙上に公開した（二月一日）。これは松本私案そのままではなかったが、それでも大日本帝国憲法とほとんどかわらない条文が並んでいることは、誰にも理解できる内容であった。たぶんこれは、新聞を使って、GHQの反応を確かめようとの幣原内閣側の意図を含んでいたということができるであろう。ただ、毎日新聞はその紙上で、この案はあまりにも保守反動であり、これでは民主化に反するとの強い筆調で批判を行なった。このスクープには、奇妙な謀略じみた動きがひそんでいることは否定できなかった。

吉田はこのスクープが発表された日に、当のホイットニーへ面会の申し込みを行なった。吉田としては、このスクープの内容を説明するという名目で、その実、GHQの内部の動きをさぐろうとしたとも考えられる。

さらに面会申し込みのこの事実は、重要な意味ももっている。つまり吉田は、憲法改正に関してはマッカーサーの意を受けているのは、ホイットニーであり、彼を中心にGHQ内部に憲法改正のための運営委員会が設置されつつあることを知っていたのだ。吉田は着実にそこに照準をしぼっていた。そしてこの運営委員会は、マッカーサーの命令によって二月三日に、独自に民主化の範になるべき憲法草案を作成することになったのである。

マッカーサーのこの命令は、ホイットニーが毎日新聞の記事を読んで、このような私案がもちこまれる前に、こちらから指針を与えたほうがいい、私が吉田と会うのもその指針を固めてからにするつもりである、といった助言を受け入れたためであった。

ホイットニーを中心とする運営委員会は、この二月三日からほぼ一週間で憲法草案をまとめたらしい、と吉田はその著に書いている。実際、ホイットニーはGHQ民政局のスタッフを集めて、これからの一週間は憲法草案づくりに没頭せよと命じたというし、この草案づくりに参加したのは、「軍人、民間人、専門家、秘書など総勢二七名の職員だった。このなかには弁護士もいれば、教師も公務員も、さらには軍事専門家もいたが、憲法を専門とする法律家は一人もいなかった」（リチャード・B・フィン『マッカーサーと吉田茂』）という。松本私案はGHQ側に二月初旬に届けられたが、それは紙くずのようなもので、実際には日本側はすでに主導権を失っていた。

二月十三日、吉田は外相公邸で、会談を受けいれたホイットニーと会った。ホイットニーは、「日本案は受け入れられない。そこでモデル案をつくった。これにもとづいて日本案をつくってほしい」と、英文タイプの書類を何部か手渡したのである。吉田は、このときに真に日本の歴史に立ち会うことになった。

吉田は、昭和二十年代半ばから三十年代にかけて、憲法改正の話がもちだされると、途端に不機嫌になり、怒気を含んだ声で反論した。吉田が旧軍人の中でただひとり気を許した辰巳《たつみ》栄一《えいいち》（吉田が駐英大使時代の駐在武官）が告白しているのだが、昭和二十九年ごろに自衛隊を認めるために憲法改正が必要ではないかと申しでたところ、吉田は次のような態度をとったというのである。

「吉田さんは顔を真赤にして『憲法が国の基本法として一たん制定された以上、五年や十年で、そうやすやすと改正出来るものではない』と語気を強くして怒られました。吉田さんの性格をよく知っている私は、それ以来、憲法改正のことはタブーとして、再び吉田さんに進言しませんでした」
辰巳に限らず、この期の吉田は、憲法改正という語に激しい拒絶反応を示したと証言をする者は多い。政敵ともいえた鳩山一郎が、憲法改正をスローガンにして政界復帰を果たしたことに吉田は終生こだわりをもち続けたというのもその一例である。吉田は、この新憲法の守護者をある時期まで任じていたことは、自らが制定の中心に座っていたとの強い自覚があったからであろう。

話をもういちど制定時に戻すことにするが、昭和二十一年二月十三日に外相公邸でホイットニーらと会ったときに、英文のモデル案を手わたされたことはすでに記した。『回想十年』によるならば、ホイットニーは、この案は、アメリカ政府や日本占領の監視役である極東委員会も承認するであろうし、日本政府はこの案にそって憲法改正を行なうことで、天皇の身を保障することにもなると伝えたというのである。そのうえで、ホイットニーは、「日本政府にこれを命ずるわけではないが、日本政府が総司令部案と基本原則及び根本形態を同じくする改正案を速やかに作って出すことを切望する」と強い口調で断じたともいう。

いわばこれは「希望」という語を使った命令というふうに解釈できた。さらにホイットニーは、総選挙の前に憲法改正案を国民に示し、その意思が表明できるようにしたいとも考えているし、あるいはこの憲法改正案のみの国民投票を考えてもいい、とさえ強い口調で伝えた。

ホイットニーは、同行したスタッフとともにその部屋を退出し、しばらくは日本側だけで考えてほしい、と話した。そして二十分後に、彼らは再び外相公邸の貴賓室に入ってきた。

その間、吉田は松本烝治、終戦連絡事務局次長で吉田とは長年の親友であり、日本でも有数の英語の理解力をもつという白洲次郎《しらすじろう》の三人でホイットニーの案を検討していた。この二十分間に、三人の間でどのような話し合いが行なわれたか、それを物語るのはやはり吉田の著(『回想十年』)以外にないが、そこには次のように書かれている。

「松本君は草案を熱心に見ていたが、私もそれを一瞥すると、第一前文には、『我等日本国人民は』というようなことが出ており、第一条は『天皇は国のシムボルとする』というわけで、これは飛んでもないものを寄こしたものだと思った。なおこの案では、国会は一院制になっていた」

三人の間には、まず当惑があり、それがしだいに怒りに変わったという筆調が確かにここには見え隠れしている。吉田の著に記された文章によるなら"Emperor is at the head of the State"という語を、マッカーサーはホイットニーに指示したが、実際にホイットニーからマッカーサーに示された案では、"head"に代わって"symbol"という語が書かれていたという。むろん吉田たちにはこのときにこうした事情は知る由もなかったが、天皇が元首の地位ではなく、単なるシンボル(象徴)にすぎないという位置付けは、激しい怒りと深い失望感をもたらしたと推測することができる。

GHQ案への抵抗の構図

「この総司令部案の内容が、当時としていわば革命的なものであったことは言うまでもない」と吉田は書いているが、天皇が主権をもった存在から単なるシンボルに変わるというのは、確かに革命的な変革でもあった。松本はホイットニーに、憲法全般についての私見を語り、草案に憂色を示した。しかし、ホイットニーはこの草案は日本を世界の精神的指導者に押しあげる意味をもつと自賛し、なにより「マツモトがこの案を承認したら、歴史に名をのこすことになるだろう」という意味の言を用いてその心情をくすぐった。この二月十三日以後、松本は政府の意向を代弁して、ホイットニーに対して草案に日本側の意向を含めたいと交渉を続けることになった。だが、それは容易に認められず、その壁が厚いことも知らされた。同時に松本は、日本側の案をまとめる作業も進めて、法制局のスタッフとともに案文のとりまとめにかかった。それが松本の意地でもあり、そこには旧体制の意識につかっていた法曹界の焦りにも通じる構図が浮かんでいたのである。

この後の、憲法改正の動きがどのように進んだか、まずそのことを時系列風に記しておこう。そのなかで吉田がどのような態度をとったのか、あるいはどういう意見を公表したのか、それを理解しておくことにしよう。そこから実は、吉田の歴史的な時局認識が窺える。

二月十九日、松本はGHQ案を閣議で説明した。『芦田均日記』のこの日の記述には、マッカーサーもこの案を支持していると松本は述べたあと、「日本国民が真に要望する案なりと思ふ。MacArthur は天皇を支持するものであって、この案は天皇反対者から天皇の person（御一身）を護る唯一の方法である」と紹介したという。閣議はもとよりこの案に不満で、そこで松本はホイットニーらと会い、その意を詳細に伝える。そこでとにかく日本側も松本案とは異なる視点で再度案づくりを行なうことが決まる。

二月二十一日、幣原首相はマッカーサー司令官を訪ね、GHQ案の意味するところをさぐった。その内容を翌日、幣原は閣議で報告するのだが、マッカーサーは天皇の安泰を願っていることを口にしたという、そのうえでこの草案の骨子は第一条の天皇を国の象徴とするという部分と第九条の戦争の放棄であると語ったと報告した。幣原は、それ以外の条文は話し合いの余地があるとも補足した。

三月二日に松本は日本側の案文をまとめ、それをGHQに日本語のまま提出した。その意とするところは、アメリカ側のペースで進む改正の動きにひとまず水をさすという意味もあったろう。この日本側の案文では、GHQ案の前文を省き、天皇は政治的に助言と承認の権利をもつ点が加えられていた。つまり実質的には天皇を特別の地位に置いて、政治的には依然として統治権の総攬者ともいうべき地位を謳っていた。

これに目を通したホイットニーやその腹心のケーディスは激怒し、松本やそのスタッフたちと激しい論議をすることになった。旧体制への回帰が強まれば強まるほど、ホイットニーやケーディスはそれに反発したともいえた。日本側の抵抗は逆にGHQ側の結束を固めることにもなったのだ。

三月四日の午後から五日の午後四時すぎまで、GHQ案と日本側の案文をもとにして最後の案文づくりが行なわれた。日本側からは白洲と法制局、外務省のスタッフ、そしてGHQからは、ケーディスを中心にしたスタッフが集まり、双方の憲法改正案を調整し明文化していった。とはいっても、日本側の意を入れたのは一院制を二院制にするとか土地や資源の国有化を削らせるといった程度であり、GHQ案が主張する「天皇の象徴化」(第一条)と「戦争放棄」(第九条)の二点は、まったく議論の対象とされないほどのGHQの強硬な態度で手をつけられることはなかった。白洲はこの会議が終わったあとに、「こうして日本の敗北を世界に告知した憲法が誕生した」と無念さを書きのこしているが、その言は確かにあたっていたのである。

この徹夜で日米スタッフがまとめた案は、すぐに待ち構えている閣議の席に届けられた。閣僚たちが抵抗したのはむろん天皇の地位に関する条項で、この不満は閣議のなかにも渦巻いていた。ところが条文の内容の報告を受けていた天皇が、「閣議決定が遅れるのはあまりよくない。天皇の地位については総司令部案でいいではないか」と発言していると閣議の席に伝えられると、吉田の回想録から引用するならば、「漸く各閣僚も大体この案に従う外はあるまいということに纏まったのである。結局、皇室の御安泰を図るにも、この外に途はないということであった」という事態になる。

この天皇の決断を称して、猪木正道は（『評伝吉田茂』）のなかで、「つまりポツダム宣言の受諾に際しての二つの聖断に続いて、第三の聖断が下った」と書いているが、それはまさしく至言でもあった。

結局、ＧＨＱ主導でまとまった「憲法改正草案要綱」は、三月五日の夜に全面的に天皇の諒解を得た。そのうえで六日午後五時に詔書が発表された。詔書には、新しい憲法が国民の総意を代表し、基本的人権を守るものであるならば、これは望ましいことだとの一節もあったし、天皇は納得して草案づくりを見守っているとのニュアンスがあふれていた。マッカーサーもまた声明を発表し、旧憲法の不行き届きの部分を手直ししたうえで、新しい時代に即応する意味をもち、自分の部下と日本側のスタッフとの間で熱心な討議をくり返して生まれたものであると自賛した。

マッカーサーを支える役割

当時の世論は、天皇の地位が象徴であることや戦争放棄、さらには基本的人権の法律上での保障を強調していて、その制定プロセスについての詳細は報じられなかったが、おおむね歓迎の意をあらわしたのである。天皇の人間宣言、天皇の戦後初の行幸、と天皇がすこしずつ国民の前に姿をあらわしていたときでもあり、戦争による疲弊のあとに、確かにこの憲法は光明がさすかのような印象を与えたのであった。

この後、憲法改正案は、四月二十日の総選挙の争点ともなり、次いで誕生した第一次吉田内閣のもとで議会に提出される。吉田は外相として改正に関わった立場から、一転してその責任者として議会での各党からの質問に答えることになった。この間、マッカーサーは、この憲法改正がＧＨＱの主導によるのではなく、日本側の自主的な意向によって生まれたという経過をしばしば強調したが、たとえそれがその通りでないと糾弾されることはあっても決して認めないことで一貫していた。そこにあるマッカーサーの真意は、天皇に個人的に好感情をもったことと吉田を信頼するという人間的なつながりであったと思われる。

マッカーサーは、極東委員会や本国政府からの憲法改正に際しての越権行為という批判（たとえば、戦争放棄などは本国政府の承認を得ていなかったし、極東委員会の各国の代表はマッカーサーの態度が独善的だと強い批判をくり返していた）はあたらないとしていて、天皇と吉田をもっともよき盟友と評価していたのである。

吉田は、マッカーサーがこの憲法改正案にどのような意図をもってとりくんだか、それを自らの書のなかに書きのこしている。吉田はむろん二月十三日以後のＧＨＱ案に不快感を示し、当初は天皇の地位についての不満を口にしていたが、しかしそれ以後はほとんどそれを口にすることはなくなった。表面上は、天皇が「元首」から「象徴」に変わるという曖昧さに問題を含んでいることを理解しても、そしてそれに不満はもっているにしても、天皇そのものは制度としても温存されるという事実を重くみたからである。さらにこの期の日本は、戦争の傷あとも大きく、復興こそが第一義であり、加えて、〝人民革命〟からも天皇を擁護するのが先決だと考えたからであろう。あるいは、極東国際軍事裁判（東京裁判）の開廷時に天皇を被告の座につけないというＧＨＱの意図のためにも、とにかくその制度と身の安全を保障しておくべきだという考えを優先したとも思われる。

そうした背景を踏まえたうえで、吉田の次の述懐を読んでみるべきである。

「元帥の天皇制に対する好感と熱意が相当大きな働きをなしたと、私は思う。（略）その後日本国民の天皇に対する敬愛の念深きを元帥自ら十分会得、認識したためであろう。元帥が天皇制の支持者であったことは、甚だ明瞭であった。

次ぎに、極東委員会との関係も元帥の懸念するところであった。前述の如く天皇制の支持者たる元帥としては、極東委員会あたりで、この問題が論議され出した場合、ソ連や濠州側の意向を考えれば、如何なる結果になるやも測り難しとして、早きに及んで、どこからも文句のつけようのない改革案を出させて、既成事実をつくってしまいたいという考えから出たことと思われる」

ここで吉田が語っているのは、天皇制護持という最大目標をマッカーサーがとにかく保障した以上、この憲法改正案は守り抜かなければならないという点である。ソ連やオーストラリアがもっている反天皇感情を、マッカーサーが防波堤になって防いでいるのだから、マッカーサーを窮地におとしいれてはならない。短期間の目で興奮してこの構図を見失ってしまうと、歴史的にはとんでもない誤りを犯すのではないか、それが吉田の考えであった。

と同時に、吉田は他の閣僚たちが天皇の擁護者を自任し、GHQ案に異を唱えることにもとくべつに冷水を浴びせたりはしなかった。そうした反対意見が日本国内に一定の存在をもっていることをGHQ内部に理解させることは必要だと考えたのである。だが自らはその役を務めるつもりはまったくなかったというのが、吉田の口を閉じていた理由でもあったのだ。吉田は天皇の侍従のような立場に送り込んでいた寺崎英成をつうじて、GHQ内部の意向を巧みに確認していた節が窺えるが、この期にどのような態度をとるかを自分なりに正確に把握していたといえる。

吉田は、閣議で条文に不平を鳴らすだけの閣僚には内心軽蔑の念を抱いたとも思われる。憲法改正までのプロセスで、これに携わった日本側スタッフは、国際感覚をもつ有能さがあり、立法技術などにこだわっているだけではなんの策も生みだしえないという意見を回想録で明らかにしているのは、まさにその軽侮を語っているのである。

さらに私見を進めていくならば、吉田はこの憲法条文を通読して幾つかの肚《はら》づもりももったと思われる。憲法改正に携わった吉田の軌跡のなかにみられる二重構造は、その運用にあたっても生かされると考えたに違いなかった。それはどのようなことかというと、憲法の「解釈」と政治が生みだす「現実」の亀裂は法理論や道徳規範で決まるのではなく、「権力者の意思」によって埋められるという認識である。このことは、その後の吉田内閣のもとで自衛のための軍事機構を決して「軍隊」としては認めなかったという事実を指摘すれば容易にわかるであろう。

「権力者の意思」という亀裂を埋めるための尺度にこだわっていく吉田は、どのようなことがあれ最高権力者の地位を保持しなければならないという十字架を背負ったのである。昭和二十年代の日本の政治はまさにその意味で吉田哲学の現実化であり、その葛藤がつくりだした矛盾であった。

吉田が歴史とふれあったというのは、その葛藤を戦後日本の政治家の誰かが担わなければならず、吉田は自らそれを買って出たという意味なのである。

第6章 「吉田時代」、その戦いの前史

政党人との距離

吉田は戦後まもなく誕生した保守政党に関心を示していなかった。自らも政党政治家をめざしてはいなかった。

昭和二十(一九四五)年十一月九日に日本自由党が結党されたが、総裁は鳩山一郎《はとやまいちろう》、幹事長は河野一郎《こうのいちろう》、そして政調会長には安藤正純《あんどうまさずみ》が就任した。戦時下の議会で軍部に対して距離を置いた政治家が多く、鳩山は政友会の主流に属する議会人とみられていた。自由党は緊急政策として、「国体を護持し、責任政治体制確立を目的とする憲法改正を行なう」を掲げたが、その体質は基本的には旧体制に染まっていた。十一月十六日には、日本進歩党が生まれた。結党に至るまでに議会人の確執もあり、総裁の席は空席にして、幹事長鶴見祐輔《つるみゆうすけ》、総務会長犬養健《いぬかいたける》という布陣になったが、のちに町田忠治《まちだちゆうじ》が総裁となった。この政党も「国体を擁護し、民主主義に徹底し、議会中心の責任政治を確立」と謳っていた。

こうした保守政党の誕生と前後して、高野岩三郎《たかのいわさぶろう》、安部磯雄《あべいそお》、賀川豊彦《かがわとよひこ》らの呼びかけで日本社会党も生まれた。

吉田はこのような政党結成にあたって中心人物たちから声をかけられることもなかった。吉田は議会人と見られていたわけではなく、反軍部の姿勢を貫いていた外務官僚出身の宮廷官僚グループの一員と受け止められていたということであろう。吉田は議会人特有の裏に回っての理念なき工作や機を見るに敏な性格に愛想尽かしをしていたという事実も指摘できた。

その吉田が首相にかつぎだされるのは、まさに僥倖《ぎょうこう》な状況がつくられたせいでもあるが、幾分歴史を運命論風に論じるならば、時代が吉田を呼びだしたというい方もできるだろう。新憲法の草案が練られていくプロセスで、幣原内閣の外相としてGHQ側と接触する立場にいながら、吉田が頑迷に旧体制の規範を護りつづける一派とは一線を画していたのは、GHQの草案が意味する理念と実際に日本の指導者がつくりだす現実とが乖離《かいり》していくときに、自らがその埋め合わせの役を果たすと心に決めていたからであり、それには必ずしも自らが政党指導者になる必要はないとの考えをもっていたと思われる。むしろ吉田は旧体制に存在した元老や重臣のような立場を新憲法の下でもつくりあげ、自らをそれに擬していた節さえ窺えるのだ。

昭和二十一年四月十日に総選挙は行なわれたが、これはGHQ側に、民意を問う時間を引き延ばすことで旧体制の露骨な守護者が息を吹き返すことにでもなれば、日本の再生は遅滞するとの判断があったからだ。さらに新憲法の草案がまとまった以上、一刻も早く新しい議会の中で承認させ、公布する必要を意図していた。総選挙は三六三もの政党(その大半は一人一党でもあったが)の候補者が乱立するという状態で、女性にも選挙権が与えられ、選挙活動も自由という状態になったためににぎにぎしい選挙になった。鳩山一郎の自由党が第一党になると予測され、実際に結果はそのとおりで一四〇議席を獲得した。進歩党九三、社会党九二で、自由党は過半数をとることができずに比較第一党となった。この結果はＧＨＱの望んでいたリベラル勢力の勃興という現実とはひとまず符節を合することになった。幣原《しではら》は進歩党に属していたが、自らの内閣で憲法改正を行ない、政局の安定を図りたいとして居座りを策した。そのため改めて進歩党の総裁のポストに就いた。吉田はこのときは幣原内閣の居座りを策する側にあって、幣原内閣で政局ののりきりを考えていた。だが、第二党が与党になるというのは憲政の常道に反するというので批判も強く、結局、幣原内閣は総辞職することになった。これが四月二十二日である。

岳父牧野と練った権力者の像

政局は鳩山の自由党が主導権をにぎることになった。しかし、鳩山は日本の議会人に受けはよくても、ＧＨＱ側にはきわめて評判が悪かった。昭和八（一九三三）年の文部大臣時代に京都帝大の滝川幸辰《たきかわゆきとき》教授を追放した責任者であること、あるいは昭和十三（一九三八）年にヨーロッパを回ってきて著した書でヒットラーを讃える一文を発表していたことがその理由だった。ＧＨＱは総選挙の前後に、幣原に対して鳩山は「好ましくない人物」と伝えていて、公職追放に該当するだろうと洩らしていたのである。幣原が居座りを策した裏にはこのような事情があったからともいえた。

鳩山政権が現実味を帯びてくると、「ＧＨＱ側は鳩山を追放するだろう」という噂がますます広がり、実際に政権を担うのは無理だとの声があった。

吉田は、実際に鳩山が追放になったときに、その報を聞いて『回想十年』の中に、「鳩山一郎君の追放は全くの寝耳に水だった。後で知ったことだが、鳩山追放の示唆は早くから政府部内に通じてあったらしく、如何なる筋から来たものか知らぬが、書記官長の楢橋渡《ならはしわたる》君と内務大臣三土忠造《みつちちゆうぞう》君あたりが握って温めていた形跡がある」と書いている。つまり吉田は鳩山追放の幣原への内示を知らなかったというのである。

鳩山が追放になる可能性が高いというので、自由党は混乱状態になった。後任に旧政友会主流派の古《こ》島一雄《じまかずお》や元宮内大臣の松平恒雄《まつだいらつねお》などが擬せられたが、古島の推挙によって吉田がその任にふさわしいとなった。吉田の回想録には、鳩山に頼まれて古島や松平を訪ねたが、結局不調に終わり、「（鳩山は）そこでまた私に是非やれという。話が元へもどってきたわけである」と書いている。吉田は固辞するが、幣原や松本国務相などからも「どうしても総裁の座を引き受けろ」と説得されたというエピソードを紹介している。吉田推挙の動きが各方面からあがり、吉田もしだいにその気持を固めていったというのが、ひとつの定説として喧伝されてきた。

だが、吉田をもうひとつの別な角度から見ていけば、こうした事実とはまったく異なる姿が浮かんでくる。平成五（一九九三）年に邦訳版が刊行されたリチャード・B・フィンの著した『マッカーサーと吉田茂』は、その立場上アメリカ側の原資料を克明に分析して記述されているために新たな視点をわれわれにも提供してくれる。この書では吉田がこのころからマッカーサーという最高権力者にしばしば書簡を送り、その意をさぐりながら、身を処してきたという事実が明らかにされている。

実は吉田は、幣原は後任の首相を鳩山とするように天皇に上奏する予定だ、とマッカーサーに書簡を送っていた（五月四日）。平成十二（二〇〇〇）年五月に刊行された袖井林二郎編訳『吉田茂＝マッカーサー往復書簡集（1945-1951）』（以下引用の場合は、『吉田・マッカーサー往復書簡集』と記す）には、その全文が掲載されている。そこには、

「幣原男爵は、鳩山氏に新内閣を組織する権限が与えられるよう陛下に奏請すべきだと感じております

が、男爵はそれに先立ち、このような奏請が貴官の御承認を得られるか否かを前もって知りたいと希望致しております」

という一節があった。

これに対して、吉田のもとにすぐにホイットニーから連絡があり、鳩山は追放される、それは以下のような理由だと具体的な事実が列記されていたというし、さらに鳩山を好ましく思わない外務省の高官が鳩山追い落としをGHQ高官に伝えていることも吉田は知っていたはずだ、と先のフィンの書は指摘している。

鳩山追放を、吉田にとって寝耳に水というのは少なくとも事実とはいえないわけである。吉田はこのことを存命中は決して明かさなかった。

つまり吉田は、総選挙後も幣原内閣を希望するが、それが認められないならば、鳩山ではGHQとは対抗できるキャリアをもっていない以上、まずは鳩山内閣を潰さなければならないと考えたのである。GHQによる追放という重い一手で鳩山が追いだされるとすれば、そのあとを誰が担うのかというとき、自らが登場する状況が演出されることが重要と考え、手を打っていったとも思われるのだ。そして政治の舞台に出ていく最終的な決断をしたのは、五月十二日午後に岳父《がくふ》の牧野伸顕《まきののぶあき》に相談してのことだった。牧野の励ましを得て政治の前面にのりだすことになったのである。

鳩山一郎と何を約束したか

吉田は五月十一日に書簡を牧野のもとに届けている。その内容は、鳩山から自由党を引き受けるよう申し出を受けたが断わったところ、町田忠治や幣原にも勧められていると伝えたうえで、次のように書いている。

「是迄《これまで》鳩山氏の希望ハ聞流し来れるも愈々《いよいよ》との事なれハ同君の真念を更ニ確かめ考慮可致《いたすべき》と答置候《こたえおきそうろう》、要ハ進歩自由両党協同戦線ニて政界の安定勢力結集の能否ニ可有之《これあるべし》、何《いず》れ明日午後参上御意見も承ハり度奉存候《たくぞんじたてまつりそうろう》、(以下略)」

鳩山の真意はどこにあるのか、それを確かめたいと思うが、要するに自由党、進歩党を結集できるか否かが重要だと思う、と言っているのである。この点を翌十二日に会って話を聞きたいと訴えている。吉田は、牧野に相談することで、この期の政局を担当することが可能か、どういう方向の政策を進めるか、そして現在進めている憲法草案の内容では旧憲法と比べると天皇の地位は著しく低くなっているが、これをどのように運用して実際には国体護持につなげるか、などをくわしく語り合ったと見るべきであろう。二人の会見はむろんどのような資料にものこっているわけではないが、この一週間前から始まった極東国際軍事裁判で、ともかく天皇は被告の座に着くことはなかったという既成事実をもって、アメリカ側の意をさぐることも可能であり、日本もそれに応える譲歩の線があるだろうといった話し合いも行なわれたと考えるべきであろう。

吉田が、当面日本の権力者となることで、国体を護持するという役割を歴史的に果たすべき、といった会話が牧野との間では語られたに違いなかった。牧野はこのころ要人たちへの書簡の中に、「君民のへだてなき御代の姿こそさかゆる国のしるべなるらん」という歌を添えるのが常だった。

五月十三日に、吉田は鳩山に会って自由党総裁を引き受ける旨を伝えている。そのうえで三つの条件をだした。「金はないし、金作りもしないこと、閣僚の選定には君は口出しをしないこと、それから嫌になったら何時でも投げ出すことの三点であった。鳩山君はそれで結構という。そこでとうとう引受けることとなった」（『回想十年』）というのである。吉田が示したこの三条件は、責任政党の指導者のポストを引き受ける内容とはとうてい思えないほど利己的である。

このとき、吉田は政治指導者としてこの昭和二十年代というもっとも舵取りのむずかしい時代に長く君臨しようとは思っていなかった。それはこの三条件がよく示している。

吉田はこの三条件を自由党幹事長の河野一郎にも示して諒解をとりつけたのである。

後年、鳩山は回顧録（『鳩山一郎回顧録』昭和三十二年刊）のなかでこのときに吉田と話し合った内容を書きのこすのだが、三つの条件はほぼ同じだが、「君のパージが解けたら、直ぐ君にやつて貰う、とこういつて吉田君はこれを四ヵ条に書いて私のところに持つて来た」と書いている。ところが追放が解けたら、また君に代わってもらう、という一項が吉田の回想録には抜けている。その後の河野一郎の証言やその周辺の政治家は、吉田が見せた条件を書いた念書には、鳩山のいう一項があったと認めているから、この点では吉田は逃げ道をつくった証言をしていることにもなる。

吉田は、そうした条件も牧野と相談してまとめたのだろうが、重要なことは政党政治家になるつもりがないことを明示していたことである。自らの役割は新憲法下でも国体護持を守りぬくだけと考えていたと推測できる。しかし昭和二十九年になると、吉田はこの約束をめぐって鳩山とその同調者との間で激しい抗争を行なうことになる。戦後の日本の保守政治はこの吉田の変節と鳩山との暗闘から始まったともいえるが、それは保守政治が政治理念よりも怨念で動く派閥抗争の遠因ともなったのである。

「容共」の批判を浴びた農相人事

鳩山と話し合いがついたあと、吉田はマッカーサーに覚書を送った。五月十五日のことだが、その覚書には、幣原が自分を首相として天皇に推挙することになるので（このときはまだ旧憲法下の手続きが採られていた）、その前にマッカーサーの承認を得ておきたいとあった。吉田は、天皇とマッカーサーの会見を設定し、天皇には事前にマッカーサーとどのような話をすべきかを説いていたこともあり、二人が自分をどれほど頼りにしているかも知っていた。吉田は天皇に対しても首相就任を内示した節があり、二人に対してまず周到な根回しを行なったともいえる。マッカーサーは、吉田の覚書に対して、「連合国最高司令部は異議なし。幸運を。マッカーサー」と書き送ったという（リチャード・B・フィン『マッカーサーと吉田茂』）。吉田は巧みに権力者の懐にとびこみ、信頼を得て、そして操縦していったが、マッカーサーを自らの側に引き寄せておくことで、占領下の日本では独自の強大な権力を築くことができると、他の誰よりも知り抜いていたことの証になる文面である。

別な言い方をすれば、吉田は天皇制を守るために、つまり近代日本の発展を促した旧憲法下の天皇の役割を維持するためには、綱渡りにも似た芸当ができる宮廷官僚が必要であると自らの役割を規定していたかのようでもあった。

五月十六日、吉田は組閣の大命を拝し、内閣を組織することになった。

吉田自身は社会党も加えての大連立政権、いわば挙国一致内閣を一案として提案したが、社会党に断わられたために、結局は自由党と進歩党の連立を基盤とすることになった。それでも議会では安定多数であり、吉田は自在に政策の提言ができる立場に立った。それだけの安定政権を背景に組閣を進めることになったが、吉田は鳩山と約束したとおり、組閣自体は自分の思うとおりにと考えていた。だが、実際に官邸で組閣にはいると、それが口でいうほど簡単なものではないということがわかってきた。組閣の大枠はすでに党のほうで決めていたために、吉田もそれを引き継ぐかたちになったが、しかし吉田は吉田なりに二つのポストについて自らの人事を断行するのに躊躇《ちゅうちょ》しなかった。

吉田は、食糧不足のこの期をのりきるために農業政策には大胆な発想が必要と考えていたし、経済政策を安定させるにはむしろ計画的な市場管理策を採用しようとの発想をもっていた。吉田は、そこにマルキシズム理論に好意的なスタッフを据えることを画策したのである。これは旧体制の議会人には衝撃的でもあり、吉田は「容共派ではないのか」とか、「農林省は容共派の巣窟になる」、あるいは「吉田は罷免だ」と罵る声さえあがった。

吉田は農相経験のある石黒忠篤《いしぐろただあつ》に相談して、当初は東京帝大農学部教授の東畑精一《とうはたせいいち》を考えた。東畑は初めは拒否していたが、リベラルな志向をもつ農林官僚に説得されて、「経済安定本部長官に大内兵衛《おおうちひょうえ》教授が就任するならば」と条件をつけた。大内が色よい回答を返さなかったために一時は東京帝大教授の間で自薦、他薦の動きさえ活発になった。それにつれ、政界では「吉田の学者好き」と謗《そし》る声があがったほどだった。

結局、農相は農林省の農政局長だった和田博雄《わだひろお》を抜擢することにした。和田は戦前に企画院事件で赤化官僚として逮捕されたことがあり、逆にそれが戦後になってプラスになり、幣原内閣の松村謙三《まつむらけんぞう》農相から農政局長に引きあげられたのである。吉田がこの機に和田に最終的に決定したのは、五月十九日の食糧メーデーが三〇万人もの人波で埋まり、まさに食糧暴動が起きかねない情勢だったからだ。マッカーサーもまた、吉田の密かな書簡に賛意をあらわしていた証として、デモ禁止命令と小麦粉の放出指令を発し、吉田の組閣工作を側面から支えたのである。和田の存在は、その政治的バランスの中でもっとも巧みな人事だった。むろん自由党や進歩党の旧体制守護派は抵抗したが、しかし自由党結成の中心人物三木武吉《みきぶきち》が、吉田に閣僚名簿をすぐに天皇に届けるよう策を伝え、一人で党内の反対の声を封じてしまった。政治家が使うこのようななまなましい政治的駆け引きに吉田が直接ふれたのは初めてであった。『回想十年』には、このときの驚きを書いたのだろうが、「政党というものには局外者が観察するよりは、遙かに深い、また根強い伝統の流れがあるものだと、その時しみじみ思った」と述懐している。そして吉田は、この駆け引きにはとうとうなじめなかったのである。

昭和二十一年五月二十二日、第一次吉田内閣は発足したが、内外のマスコミの論調は幣原内閣の亜流と称し、日本の民主化は期待できないと評した。吉田はその論調に心中密かに期するものがあった。それは自らの権力を自在に用いて「皇室中心の一大家族国民」という、前述の牧野の歌に込められた理念を具現する信念であった。そのために幣原という政治家の路線を継承すると思われるのは、吉田にとってきわめて好都合だったのである。

改革とは近代日本の草創期への回帰

昭和二十一(一九四六)年五月から翌二十二年五月までの一年間、首相として日本の国政を担う吉田には、歴史的使命感とよほどの克己心、人心掌握術を兼ね備えた能力がなければならなかった。この一年間は平時の五年から十年という時間に相当するほどの難問を抱えていたからである。

吉田が戦後日本のもっとも刮目《かつもく》すべき指導者として位置づけられるのは、ともかくこの一年間を担ったという一事だけでも充分である。この間、吉田の置かれた状況を解析するなら、上位にはこの国の主権を掌握しているマッカーサーがいて、旧体制(大日本帝国憲法)から新体制(日本国憲法)への移行期にそのマッカーサーの政策を現実化するという歴史的な役割が与えられていた。さらに軍事的・政治的敗北の結果、生存そのものを脅かす食糧不足と心理的支柱を失ったあとの混乱とがこの国全体を覆っていた。天皇の存在と地位はきわめて不安定で、マッカーサーの意もあって東京裁判で被告席に座ることはなかったにせよ、連合国内部には一貫して天皇の責任を問う声があった。天皇とその側近は人間宣言を発したあと、全国行幸を企図し、実際に国民にどう受け止められるかの賭けにでなければならなかったのである。

もしこの期に人間的な性格が弱い指導者であったなら、マッカーサーに異を唱えたり、その意に反するような行動をとることはできなかったろう。第一次吉田内閣と第二次吉田内閣の間にはほぼ二年間ほどの開きがあり、その間に片山哲《かたやまてつ》や芦田均《あしだひとし》が首相に就いているが、彼らはマッカーサーの前では異を唱えることができず、ひたすら頭を垂れる下僕のようでさえあった。マッカーサーは確かに自らをこの国を救う救世者になぞらえ、人類を代表する平和の使徒のようにふるまったにせよ、自らの前にでてくるこの国の指導者に経綸や識見を要求していた。それに欠けると判断した人物にはすげない態度をとった。

なんども書くように、吉田はマッカーサーのそうした性格をよく踏まえて、自らの側にこの権力者を引きつけることに成功したのだが、それには、マッカーサーに対してときに私信のようなかたちで、相談、確認、指示を仰ぐという密かな連絡ルートをつくり、マッカーサーの本心をさぐると同時に自らの意思も伝えるという策を弄した。それをときに公表し、あたかも対等であるかのような関係を国民に誇示することで政治的権力者としての地歩を固めた。

第一次吉田内閣の一年間は、この地歩を固めるための政治的教育期間といえた。マッカーサーも、吉田を支えるために前面に出ること——それは昭和二十二年二月の労働組合のゼネストに中止命令をだしたことなどによくあらわれているが——をいとわなかった。それによって吉田は政治的危機をのりこえることができたのである。吉田は、天皇に対して尊敬の念をもつ宮廷官僚である以上、日本の改革といえど、近代日本の草創期のシステムに戻すという意味でしかなく、現状は、昭和にはいっての愚かな軍事指導者の政策の誤りに起因するのだから、そこを手直しすればいいとの本心は露にしなかった。

吉田はその考えをマッカーサーや彼の部下たちに決して見せようとはせず、たとえば憲法改正のプロセスでは自らと同じ考えの国務大臣松本烝治《まつもとじようじ》がその私見を明らかにし、その結果、GHQから徹底的に批判され、排除される様子を見ながら、自らは口をつぐんで事態を見守るという姿勢を示した。こうした吉田の巧妙な政治姿勢こそ、実は一年間の第一次吉田内閣を貫く政治手法だったのだ。

新憲法草案の論議のなかで

吉田は、マッカーサーがこの機に性急に日本の民主化と非軍事化の政策を要求するのに対し、それを受けいれつつも現実につくりだす状況はその政策の理念とは異なることを想定していた。その亀裂は、占領が解けたときに改めて政策を手直しすればいい、それまではその亀裂を認めなければいいとの政治判断をもっていたかのようであった。将来、政策の手直しが遅れるのであれば、現実を優先させればいいとの判断をもっていた節さえあった。

第一次吉田内閣時の吉田自身は、マッカーサーとGHQの権力に抗しつつ、逆にそれを利用することで自らの政治権力を高めたマキァヴェリスト、彼自身の思想は復古的保守主義と枠づけすることができた。それは新憲法の論議の過程で明確になったのである。

新憲法草案は、吉田内閣の成立前に全文が公開された。吉田は自らの内閣に憲法問題専任大臣を置き、それに法制局長官の経歴をもつ金森徳次郎《かなもりとくじろう》を任命した。吉田はこの金森とともに、衆議院の国会審議で答弁を続けたのである。

新憲法草案は、まず枢密院《すうみついん》で審議が行なわれ、六月八日に改正案が可決された。

次いで六月二十日から始まった最後の帝国議会で審議されることになり、まず二十五日に提案説明が行なわれ、二十九日から憲法問題特別委員会で徹底した討論が続いた。そして十月七日に、この憲法改正案は賛成票三四二、反対票五票で可決された。この反対票は共産党員によるものだったが、憲法改正には賛成票が三分の二は必要という条文には充分に則っていた。十月二十九日、枢密院には天皇も出席して改正法案に改めて賛成の意が確認され、枢密院もまたこれを最後に廃止と決まった。

こうして新憲法草案はわずか百日ほどの審議で所定の手続きを終え、十一月三日に政府によって公布され、翌二十二年五月三日から施行されることになった。十一月三日は、旧時代の明治節（明治天皇の誕生日）であったが、吉田はマッカーサーに対して、この日に公布するよう説得し、マッカーサーはそれを受け容れたのである。「連合国最高司令部の内部では、旧日本できわめて大切だった祝日を民主憲法公布の日と決めた選択のまずさを指摘する声もあがったが、マッカーサーは吉田の勧めに従った」（リチャード・B・フィン『マッカーサーと吉田茂』）という経緯もあった。

吉田のこのやり方はGHQへの意趣返しという側面もあった。この年五月に始まった東京裁判は四月二十九日（天長節。昭和天皇の誕生日）に二八人のA級戦犯が決められ、法廷は五月三日に始まった。四月二十九日にA級戦犯の被告が決定するというのは、あきらかに戦勝国の意思であり、この裁判はかつての日本の祝祭日に節目を迎えるよう、その後も演出された。これに対抗して、吉田は明治節に新憲法が公布されるよう要求することで、新生日本は明治維新以降のあるべき正道に戻すとの意味を与え、さらに旧体制を裁く裁判開始日に新憲法が施行されるということで、次代の者になんらかのメッセージをのこしたともいいうるのであった。

新憲法草案が論じられるプロセスで、幾つかの論点がときに理論的に、ときに感情的にもちだされた。吉田はそのいずれにもきわめて巧妙な言い方で答えはしたが、そこにはマッカーサーの〝吉田支援〟という声明を利用する計算も浮かんでいた。たとえば、六月二十一日（帝国議会の開院式の翌日）にマッカーサーは、新憲法草案の審議にあたって国会に望む声明（三原則）を発表したが、審議には時間をかけること、旧憲法との法律上の連続性をもたせること、そして法案改正の所定の手続きは日本人の意思によること、といった原則が示されていた。この声明の本意は、自分たちが示唆した案を日本人が認めて、相応の権威をもって改正していくとの日本人の意思を示せとの意味があった。占領者から押しつけられたというかたちは避けてほしいとの確認でもあった。

天皇の地位については答弁を使い分け

この新憲法草案の骨子について、吉田は議会で次のように説明した。

「本改正案の基調とする所は、国民の総意が至高のものであるとの原理に依って諸般の国家機構を定め、基本的人権を尊重して国民の自由の福祉を永久に保障し、以て民主主義政治の基礎を確立すると共に、全世界に率先して戦争を放棄し、自由と平和を希望する世界人類の理想を国家の憲法条章に顕現するにあるのでありまして、この精神は本改正案の前文に詳細に示されているところであります」

主権在民、基本的人権の尊重、民主政治の確立、戦争放棄を強調しているが、これがポツダム宣言の条項が示す大道でもあると、吉田は言っている。そのうえで、改正案の重要な点として、天皇の地位と戦争放棄、基本的人権の尊重条項などをあげ、そして「法の民主化を図り、成るべく一般国民の理解を容易ならしむるよう口語体を以て表現し、平仮名を採用する等の措置を執った」とつけ加えている。吉田は、漢文調の条項による憲法の壮厳さより平易な記述で国民と憲法を一体化したいとまずは約束したのである。これは吉田自身の発案か否かは定かでないが、吉田自身の功績として歴史的には語り継がれるべきであろう。

百日近くの新憲法草案審議のなかで、吉田がもっとも神経を使った答弁は、天皇の地位とその存在に私見（権力者の意思）と条文の客観的解釈をいかに整合させるかという点にあった。その分、戦争放棄や基本的人権の保障などには、吉田はそれほど気を配っていない。『回想十年』のなかにも書いているが、第九条は自衛権を否定するわけではなく、自衛の名において行なわれる戦争を否定しているのだと答えて、それ以上の深入りした論議は避けている。

こうしたことを法律上で論じだすと、際限なく論議が複雑化するために、あえて『回想十年』では、「今日わが国に対する疑惑は、日本が好戦国であり、何時復讐戦をして、世界の平和を脅かすかも知れぬということが、日本に対する大きな疑惑となっている。先ずこの誤解を正すのが、今日われわれとして為すべき第一のことである」という自説を披瀝《ひれき》するていどでとどめている。現実に、戦勝国がもっている不安感を柔らげるという政治目標を重視しなければならないとのこの論は、GHQ内部にむけてであると同時に、質問する議員への、「あなたはこんなあたりまえのことがわからないのか」という居丈高の意味も込められているように思える。

天皇の地位について、当時の議会は自由党にしても進歩党にしても、綱領で「国体護持」を最初に掲げていたから、議員の質問はとにかく吉田からその言質をとろうとするものだった。

当初、吉田はそうした意味を含んだ質問に素直に応じた。吉田が、国体はこの新憲法によってもいささかも変更されることはありえないと答えれば、金森もまた天皇が骨格となって国民が統合しているという点に日本という国家の根底があり、「その点においては少しも国体は変わらないのであります」と答えたのだが、二人は勤皇家のレッテルを貼られることをまったく躊躇しなかった。その心情を隠すことはしなかった。

マッカーサーと天皇の間に立って

とはいえ当時の吉田答弁を検証すると、吉田は意図的にその心情を使い分けていることがわかる。国民の心理的紐帯《ちゅうたい》としての天皇と制度的な天皇の役割とを意図的に混乱させているかのようであった。それは、かつての憲法下で統治権、統帥権の総攬《そうらん》者であった天皇と、現人神《あらひとがみ》として国民の心情深くはいりこんでいた天皇との二面性を曖昧にすることを意味した。吉田の本音は、新生日本の器（制度、機構など）は改めるにしてもその意識までは変えることはないという点にあった。だから国家主権は誰にあるのかという社会党など野党の質問で、その点をつかれると、たちまちのうちに矛盾を含んだものになり、当初は「天皇を含めて国民にある」という内容で応じていたのに、具体的に統治権は誰にあるのか、天皇にあるとするなら新憲法は基本的には旧憲法と変わらないではないかと執拗な質問を受けるや、こんどは一転してそれを否定して天皇には統治権はないとしぶしぶと答えるのであった。

吉田の答弁はかなり簡潔で、ときには怒気を含んだ口調であったのは、このような使い分け（それは当面は曖昧にしておくということだったが）を行なうには饒舌《じょうぜつ》こそ避ける道だと判断していたからである。

吉田や金森の答弁が、しばしば旧憲法下の主権認識で立ち往生することがあると、それを牽制するようにGHQの意向が吉田や金森のもとに届けられた。吉田が「主権は国民にある」となかなか明言しなかったときには、ホイットニーは吉田に対してこのことを明確に憲法の条文に盛りこむように要求し、吉田もそれを受けいれるという一幕もあった。しかし吉田はそのことに不満をもっていて、主権は国民にあると認めても、天皇制（これを国体という語で語っているが）そのものはそういう法体系を超越しているという言い方で逃げた。つまり現人神としてその存在を認める心情こそが、この国の超法規的存在であるというのである。それを吉田は、「日本は家族共同体（君臣一家）である」と表現した。

さらに、新憲法で民主主義体制を保障されたというのに、国体を護持するという意識は民主主義体制にふさわしいとはいえないのではないかと議会で問われると、吉田は次のように答えた。この答弁は議会の速記録を吉田自身がその趣旨をうまくまとめて回想録に引用しているので、それを紹介したい。

「日本の憲法は五箇条の御誓文から出発したものといってもよいのであるが、この御誓文を見ても、日本は民主主義の国である。故に民主主義は新憲法によって初めて採り入れられたものではない。憲法と皇室との関係についても、皇室の存在は、日本国民の間に自然に発生した国体そのものの中にあり、君と臣との間に相対立した関係のないことは勿論であって、いわゆる君臣一家である。国体は新憲法によって何等変更されない。

象徴という文字を使ったのは、天皇が日本国の象徴という考え方が日本人の誰の頭にもあるからである。君臣一如は日本の国の形態で、これを象徴という文字で表したのである」

そのうえで、日本国民にはあたりまえのことを自分はいっているにすぎない、とつきはなした。マッカーサー自身は直接にはこうした吉田の見解に具体的な反応は示さなかったが、ただマッカーサーのもとには、自らが進めている民主化と非軍事化という政策や「自分はアジアの国に民主主義を植えつける使徒になりたい」という使命感とは明らかに異なっている認識だ、との報告は届いていた。しかし、その報告にもマッカーサーは特別な反応は示さなかった。吉田はマッカーサーがこうした意見に特に注文をつけることはないとの感触を得ていたであろうし、天皇自身ともその認識を調整していたと思われる。戦後も二十年を経て、天皇が宮内記者会での会見で五箇条の御誓文をもって日本はもともと民主国であったと発言したのは、吉田との間で調整を図っていたことをはからずも裏づけた。

新憲法が公布されたとき（昭和二十一年十一月三日）、天皇はこの憲法によって国家再建の土台が固まったといい、吉田は民主主義を改めて確認し、国民の総意でこの憲法が定まったと素直に喜びを表明した。戦争放棄の条項についても、吉田は世界を指導する責任を日本はもったとの声明を発表したのである。そこに注目を集めることで、天皇の地位についての表現は新しいけれども、その内容は変わっていないとの確認を密かに試みたということができた。

吉田は、この一月三日にマッカーサーから一通の書簡を受けとっていた。これは前述の『吉田・マッカーサー往復書簡集』に収められているが、実はきわめて重要な内容であった。その全文を引用しておく。

「昨年一年間の日本における政治的発展を考慮に入れ、新憲法の現実の運用から得た経験に照らして、日本人民がそれに再検討を加え、審査し、必要と考えるならば改正する、全面的にしてかつ永続的な自由を保障するために、施行後の初年度と第二年度の間で、憲法は日本の人民ならびに国会の正式な審査に再度付されるべきであることを、連合国は決定した。もし日本人民がその時点で憲法改正を必要と考えるならば、彼らはこの点に関する自らの意見を直接に確認するため、国民投票もしくはなんらかの適切な手段をさらに必要とするであろう。換言すれば、将来における日本人民の自由の擁護者として、連合国は憲法が日本人民の自由にして熟慮された意思の表明であることに将来疑念が持たれてはならないと考えている。

憲法にたいする審査の権利はもちろん本来的に与えられているものであるが、私はやはり貴下がそのことを熟知されるよう、連合国のとった立場をお知らせせするものである」

これに応じて、吉田は一月六日付の返信で、「書簡たしかに拝受致し、内容を仔細に心に留めました」と述べている。

この憲法はわれわれが押しつけたわけではなく、日本国民がいずれ自由に改正するのを拘束するものではないことを理解しておいてほしいというのであった。吉田はマッカーサーのその意思を自らの胸に含みながら、改正の機を窺うという政治的主導権は握ることになった。

昭和二十一年五月から翌年五月までの第一次吉田内閣が直面した多様な難問を四角錐《すい》にたとえてみるとわかりやすい。四つの面には、「食糧危機の克服」「憲法改正」「GHQの命令による各種改革」「労働攻勢」などがあり、表から見えない底部の四角の面には、吉田自身のこの期の歴史的意思と本音が隠されていた。実はその意思と本音が憲法改正論議のなかに、垣間見えるのである。四角錐の頂点の一点は、吉田個人のその姿で、自分が日本人の代表として、マッカーサーやGHQと対峙しているとして、自らを先のとがった錐《きり》のような存在に擬していたのではないか。吉田は表面上は円みを帯びた人間であるかのように——つまりGHQ側には忠実な被占領国の指導者を装うということだが——ふるまって、占領改革を日本風に変化せしめていたのである。

このことをもう少しくわしく記すと、吉田はGHQが要求してくる民主化と非軍事化の政策を自らの理念にもとづいて、巧みな政治技術を用いて骨抜きにしたり、遅延したりしたという意味である。むろんそれには吉田の政治的基盤が強固でなければならず、加えてマッカーサー個人との盟友関係を強い絆で結びつけておくとともに、GHQの将校をその絆で押さえつけることが肝要だった。同時にマッカーサーと対峙するときは、国内の政治勢力を代弁しているとの確固とした保証をつねに示していなければならなかった。さらに、天皇には新憲法によって、旧体制から新体制に移行したとしても、日本人の精神的紐帯という存在であることを理解してもらわなければならなかった。天皇がその役に弱音を洩らすようなことがあってはならぬ、と懸念もしていた。吉田が、マッカーサーと天皇の会見前に、必ずといっていいほど天皇に会って政務の上奏を行なっているのは、天皇がマッカーサーとの信頼感を崩すような会話をしないように釘をさすためだった。

吉田の意を受けて日常的にその役を担っていたのは、吉田が宮中に送りこんでいた外務官僚の寺崎英成《てらさきひでなり》だが、この期の寺崎の日記（『寺崎英成御用掛日記』）を読むなら、寺崎が天皇と時局についていかに打ちとけて会話を交わしていたかがわかる。「吉田総理に廊下で会ふ」（昭和二十二年一月一日）となにげなく書かれているなかに、吉田との意思交流があったとみることができる。

寺崎は天皇との会話をくわしく書きのこしているが、そこには天皇が「常識が民主々義の根底なるハ事実なるも常識の依って来《きた》る処にハ教養そして信仰心が核心となる処、強きよき常識となる。常識丈けでハ不充分との御話あり」と語ったとある。常識はこの期のGHQの民主化政策を指し、信仰心とは臣民としての感情と解すべきであろう。さらに昭和二十一年十二月九日には、寺崎は天皇と、もし日米戦がなかったら日ソ戦はあったかもしれない、いや日英戦のほうがよかったのかもしれないという会話を交したといい、そして次のように書いている。

「よくわかりませんが、もし英国が居たら『マックアサー』ハ居りませんでせう　と申上げしに　陛下ハ　それハその通りなりと御仝感《どうかん》あり」

マッカーサーを自らの側に引き寄せているとの自負が、天皇にも寺崎にも共有の感情だったことがわかる。

吉田は、寺崎からこうした報告を受け、天皇をつねに自らの枠内に引きつけ、その囲いから逸脱しないように配慮していた。新憲法の施行（昭和二十二年五月三日）を前にして、吉田は牧野伸顕に書簡（昭和二十二年三月二十四日付）を送り、「天皇ハ政治面より一歩退かる丶事ニ相成《あいなり》、夫《それだ》丈け内面ニ於ける御存在ハ一層拡大せられ御地位益々重大且微妙を加候ニ付、従而《したがって》常侍輔弼《ほひつ》の侍従長の撰任ハ最も慎重を可要《ようすべき》」といっている。こうした書簡こそ吉田の配慮を裏づけているといえるのだ。

望ましい日本人像とは……

第一次吉田内閣時の吉田の理念と本音は――それは前述の四角錐の底部になるが――、「昭和の日本人」を改革してしまうという一点である。それはいみじくも天皇が「常識の依って来る処にハ教養そして信仰心が核心となる処、強きよき常識となる」と語ったように、教養と信仰心を民主化、非軍事化政策という土台の上に付与するという意味でもあった。吉田は、どのような日本人こそ望ましいと思っていたか。『回想十年』のなかでその像を語っているが、敗戦直後に露呈している、権威や肩書きを利用して居丈高だった人物たちのまったく意気地なく、卑屈な姿、「アメリカ人に哀訴嘆願するという体《てい》たらくの日本人」に心底から絶望感を味わったとこきおろす。

吉田自身は、戦前、戦時下にこのような態度の偽物とは一線を引いていたとの自負がある。

「（私は）どうしても教育の在方をやり直して、日本人の人間性をた丶き直さなければならぬと思うようになった。極端な言い方かも知れぬが、今の日本人には、一個の独立した人間としてみると、国際的な社会での田舎者が、まだ多い。昭和時代の日本人より、むしろ明治時代の先輩の方が、世界のどこにだしても恥かしくない人間が多かったようにさえ思う（略）」

「第二には、日本人の一人一人を、裸一貫の人間として、自分というものによい意味のプライドを持つ人間に作りあげなければいけない。それには、世界どこに行っても通じる人間としての教養を持つと共に、日本人としての、また日本人らしい、独自の、よい素養を身につけていなければならぬ。（略）」

こうした認識は、先に記した天皇のそれとほとんど同一の枠内にある。しかし、そのことをもってすぐに戦前回帰、大日本帝国への郷愁という考えを引き出すのは的を射ているとは思えない。吉田は、「明治時代の先輩」を牧野に代表されるような人物――つまり幕末に生を享《う》け、私塾で知識を学び、明治初期に外国留学の体験のある人物と擬していて、大日本帝国下の軍事教育、官僚養成教育に忠実に従った「田舎者」を批判し、否定していると解すべきである。

昭和時代の日本人をつくりかえる――それこそまさに教育の役目であった。吉田はなによりこの期に、教育制度とその内容をつくりかえ、次代の日本人を自らの理念に合致するようなタイプに育てようと考えたのだ。GHQの指令する農地改革や財閥解体、さらには食糧危機、それを利用しての労働攻勢と革命の空気の醸成などは、この時代に限っての現象であったが、教育改革こそ実は日本人改革の歴史的第一歩と理解していたのである。

吉田は自らの内閣を組閣した折りにも、文部大臣には文部官僚を据えることはせず、司法界にあってリベラリストの色彩の濃い田中耕太郎《たなかこうたろう》に就任を要請し、それを認めさせていた。だが新憲法成立の過程で吉田とともにその任にあたった金森徳次郎や、この田中も、国会の審議では、教育勅語は人間の道義そのものであり、この内容は日本人の道徳的徳目としてなんら誤りはなく、民主主義の基礎になりうると答えていた。吉田自身も同様の考えだったが、当初はそのような答弁をせず、それが吉田の政治手法でもあるが、この答弁がＧＨＱにどのように受け止められるかを見守った。吉田がいう「日本人らしい独自の素養」とは、まさにこの教育勅語をさしていたと思われるが、現実には、金森や田中の発言はＧＨＱ側に、「封建制にこだわる典型的な例」と受け止められ、昭和二十二年三月に成立した教育基本法では寸分もそれが認められなかった。教育基本法は、新憲法に呼応するかたちでＧＨＱ主導のもとにほとんど吉田自身は意思表示をすることなく草案が練られていったのである。

吉田は自身の内閣のなかに、自らに直結する機関として教育刷新委員会を設けていた。その委員長には幣原内閣の折りに文部大臣で、学習院の院長でもあった安倍能成《あべよししげ》を据えた。副委員長に、当時の東京帝大総長の南原繁《なんばらしげる》を据え、日本の教育改革を託した。教育理念と制度をこの委員会にまかせるかたちにしたのである。

とはいえ、この委員会もＧＨＱの要求に背くことはできなかった。この年（昭和二十一年）三月に、ＧＨＱは本国から教育使節団（団長はイリノイ大学Ｊ・Ｄ・ストッダード総長）を招き、日本の教育事情を視察させ、そのうえで報告書を提出させた。この報告書が日本の教育改革の原本になったが、その冒頭で個人の能力や創造性を尊ぶことこそ民主主義の精神であると謳《うた》い、そのために日本の教育制度の手直しを訴えていた。六年間の初等教育、その後は三年間の中等教育と三年間の高等教育の採用を勧め、義務教育は中等教育までの九年間としたのである。この制度改革の骨子は、旧体制の教育制度は六年間の義務教育のあとはその進路が複雑に分かれ、そのため多様な学校が存在したのだが、それを一気に解消してわかりやすい形にしようというものであった。教育刷新委員会は、この報告書で謳われている民主主義の精神やその教育理念については特別に異論を挟まなかった。つまりアメリカンデモクラシーの基本精神を教育の根幹に据えることは受け容れたのである。むろんそこには、教育勅語や五箇条の御誓文をその精神と合致させて日本流の教育を行ないたいとの思惑があった。吉田もまたそうであった。それは次のようにもいえただろう。

〈現在はアメリカの占領下にある。その占領意思を具体化しなければならないが、いずれ独立を回復したときに教育内容は手直しすればいい。さしあたり旧体制を打破するには、アメリカの説く民主主義精神は有力な武器になる〉

吉田も教育刷新委員会のメンバーもその点で一致していたのである。

独自の素養をもつ日本人の姿

だがその彼らも、六・三・三・四制という教育制度には不安を隠さなかった。旧制高等学校のエリート教育になじんできたメンバーたちは、当初はこの制度はのこすべきだなどと気軽な論議を交わしていた。このことを知ったGHQは、ますます報告書の方針にそうよう委員会に圧力をかけた。

吉田は、この報告書の原文にふれたときアメリカンデモクラシーの根本精神については一定の理解をもっていることを委員会やGHQ側に伝えるとともに、しかし六・三・三・四制の教育制度には難色を示した。これは、教育刷新委員会のメンバーが意図した旧体制の良質な部分をのこすという考えと一致しているかに見える。しかし、吉田の批判的な態度はそのようなものではなかった。

吉田はその著（『回想十年』）のなかに、この制度に疑問をもった理由は二点あるとして、その第一点に次の点をあげた。

「学校制度をよくするのはいゝが、何が、教育の精神的中心であるか、そしてそれを具体的に示せるかということである。すべての日本人に通じて、中心としてつかめる精神を、具体的には、どう現わしていくかという問題である」

第二点として、六・三制という義務教育には莫大な経費を必要とする、戦前には六年制が日本の国家財政の上でも限界だったのであり、今この制度を実施するならば、食糧も充分でない状態でとても無理だというものであった。

この二点を挙げて、理想は理想としておいて実現可能な方策から手を打つべきだと考えたのである。だがGHQの圧力、それに呼応する教育関係者、そして「進歩的な世論」などがこの方向をまっしぐらにつき進み、あげくのはてにGHQは、この制度を昭和二十二年度から実施するよう吉田内閣に迫り、教育基本法もまたそのような背景のもとで成文化されていったと吉田はいうのである。

吉田はこの直線的な教育改革に表向きは妥協したが、前述のように内心では怒りに燃えていた。吉田は、ともかく教育使節団の教育精神も教育制度の改革も受け容れよう、だがそれを実行するのは日本が主導権をもって……という目論見が崩れたことを知ると、心中密かに「教育の正常化」（それは吉田の立場に立てばということだが）を自らの政治的方針に加えた。それゆえに第二次、第三次と内閣を組織していくたびに、教育の環境、条件の手直しを画策したともいえた。

吉田は、こうしてこの期に自らの意にそった教育改革に失敗したことになるが、しかしGHQの教育改革に終始曖昧な態度をとりつづけた真の理由を、その書にも記述していないし、そして吉田周辺の人びとからも充分に説明されていない。だが、吉田のこのころの言動や著述を分析していくと、私は、吉田から教師に対する不信感、教師への軽蔑感にも似た感情を読みとることができるように思う。吉田が『回想十年』の教育改革についてふれた箇所でさりげなく、「教育改革について大事なことの一つとして私の考えていたことは、『先生』の問題である。教師にりっぱな人々をそろえなければ、教育改革は、絵にかいた餅にすぎない」と書いているのはその例証になる。六・三制を義務教育とした場合、それだけの教育施設を揃えるのに膨大な予算が必要だと吉田は主張しつつ、実際にはそれにふさわしい質の教師を揃えることができるか、現実に「日本人らしい独自の素養」をもつ教師が存在するといえるのか、というのが吉田の本音であったのだ。

第一次吉田内閣のとき、もっとも反吉田の動きに積極的だったのは、教職員の組合であった。国民学校の教師たちは、戦争そのものに加担したのは軍国主義者の策動にのせられたからといい、反戦を教育の骨子に据えると称して教員組合全国連盟や全日本教員組合協議会などを組織し、反政府闘争を進めていた。当初は最低生活要求などを主張していたが、やがて新聞通信放送労組や全逓などとともに労働運動の中核となり、昭和二十二年一月十五日に結成された全国労組共同闘争委員会のなかにあって、二・一ゼネスト決行の主要な産業別単一労働組合となっていった。

吉田反動内閣打倒、社会党を中心とする民主戦線の樹立などのスローガンを掲げた二・一ゼネストは、単に吉田内閣そのものの打倒を主張するだけでなく、まさに人民革命前夜の様相にと変化していったのである。

「不逞の輩」への激しい憤り

このような労働運動の攻勢は、その背後に共産党の革命戦略があった。吉田はこの危機をのりきるために社会党右派をまきこんで、この革命戦略にくさびを打とうと試みたが、結局、このゼネストはマッカーサーとGHQの将校が組合幹部を呼びつけ、「もし諸君がゼネストを行なうなら、占領軍は中止させるための行動をとる」と伝えることで、中止に追いこんだ。吉田にとっては、マッカーサーは救いの神であった。

しかし、こうした労働攻勢に対して、吉田が真に憂いていたのは革命騒動そのものではなかった。吉田は昭和二十一年十二月から翌二十二年一月にかけて、労働攻勢の名のもとに革命の気運が盛りあがっているとき、閣議でも共産革命に脅えている閣僚たちと異なってまったく動じた様子を見せていない。

吉田は、一月一日のNHKの放送で革命の気運を盛りあげている指導者とそれに追随する人民、労働者をあえて「不逞《ふてい》の輩《やから》」と呼び、「かかる不逞の輩がわが国民中に多数あるものとは信じませぬ」と決めつけたが、それは経済状態も、食糧状態も最悪だというこの期に、このような社会不安を助長させ、生産を阻害しようとする連中は、「国民の愛国心」に訴えて排撃しなければならないとの心底からの憤りの表現だった。吉田は労働攻勢にひるむことはなく、そして脅えもしなかった。ただひたすら生来の度胸のよさを示すかのように、沈着冷静であり続け、周囲の者には奇異な目で見つめられたほどだった。

当時すでに、吉田はマッカーサーからゼネストになったら、GHQは弾圧するとの内示を受けているとの噂はあった。それはきわめて確度の高い噂であり、真実であったと思われるが、しかしそのことを裏づける資料はまったくない。だが、吉田は直接にマッカーサーと会ってその確約を得ていたと断じる以外にないほど、吉田は冷静に、混乱期の政治家や官僚の動きを見て人物評価をしていたのである。だが、マッカーサーとすれば、吉田が国内の政治的基盤の弱体化に苦しむのを見て、この政権に不安をもった節はあった。つまり吉田の危機を救ったとしても、それは吉田個人との盟友関係からでたものではなく、自らの統治能力が本国政府からも問われるという不安があったからだろう。昭和二十二年二月七日、マッカーサーは吉田に宛てて書簡を送り、この一年間、日本の情勢は大きく変わったので総選挙をする必要があるといい、「日本の社会が当面する基本的な諸問題について、近い将来に日本国民の意思をあらためて民主的に表明させることが必要」と伝えた。

二・一ゼネスト鎮圧のあと、吉田は社会党右派の西尾末広《にしおすえひろ》などとの連立に消極的になり、それゆえ吉田内閣そのものが危機に追いこまれたこともあってこの要求を受けいれた。

吉田は、こうした複雑な時代の動きのなかで、共産主義者の政治工作とそれにのせられる労働者に対して、きわめて強い反感を示すようになった。それは、自らの想定する十年、二十年先の日本で、彼らの存在を肥大化させるような事態になってはならない、とくに時勢におもねって赤旗を振るような教師を教壇に立たせてはならない、との強い信念を固めていった。社会の動きに右顧左眄《うこさべん》するような教師、進歩的の名のもとに青少年層を甘やかす教師、そうした教師は「教育上の見識がない」と酷評した。教職員の組合が、産業界の組合と同じような動きをして、「青少年の教育の事はほったらかしにしておいて、柄の悪い政治屋や職業的アジテーターのようなことばかり」しているとも批判した。吉田の激しい言葉は、それだけ「教育」に携わる人材への絶望のあらわれであり、自らの理念を汚すそれこそ「不逞の輩」であるという怒りのあらわれでもあった。

昭和二十二(一九四七)年四月二十五日に行なわれた衆議院選挙は、戦後二回目の総選挙であった。とはいえ、第一回(昭和二十一年四月十日)は大日本帝国憲法にもとづく帝国議会の選挙だったから、再生日本の議会政治はこの第二回がスタートともいえた。新憲法は昭和二十一年十一月三日に公布され、翌年五月三日から施行されることになっていたために、この総選挙はその承認という意味ももたされたのである。

加えて、この総選挙直前に選挙法の改正が行なわれ、中選挙区単記制が採用されることになった。前回の大選挙区制限連記制では、社会党や共産党に有利という吉田内閣と自由党の計算があったからで、選挙法改正案の審議を進めた選挙法特別委員会では、強行採決を目論む与党側と反対を唱える社会党、国民協同党など野党側との間に乱闘騒ぎが起こるほどの対立があった。結局、総選挙は、社会党が一四三議席を獲得して第一党になり、自由党が一三一、民主党一二四、国民協同党三一、共産党四、諸派二〇、無所属一三という色分けになった。民主党は、指導部を公職追放で失った進歩党が自由党や国民協同党の一部と連携して、選挙前に結成した政党で「修正資本主義」の旗を掲げ、自由党と社会党の中間に位置しようとの思惑をもっていた。総裁には自由党から離脱した芦田均が就任している。

吉田は、この総選挙で初めて選挙運動を体験することになった。首相として続投するためには、新憲法では衆議院議員であることが条件になるわけだから、吉田にとって未知の人びとに頭を下げるという体験をしなければならなかったのである。大日本帝国憲法のもとでは、首相は天皇の信任によるものであり、国民に目を向ける必要はなかったが、吉田自身、大日本帝国憲法型の体質になじんでいたから、再生日本のこの洗礼は結果的に吉田の人間的側面を表出することになったのである。

実父竹内綱《たけうちつな》が最初の帝国議会選挙で選ばれ、さらに実兄や義兄も議員として選ばれたことのある高知県を選挙区としたのは、衆議院議長だった山崎猛《やまざきたけし》の勧めによった。吉田のもとには神奈川県からの立候補を勧める声も数多く寄せられていた。『回想十年』によるなら、山崎に次のように諭されたのだという。

「第一回は当選するでしょう。しかし第二回以後は落選請合《うけあ》いです。あなたなら選挙区に対するお愛想も悪いだろうし、選挙区民が訪ねてきても努めて会うこともしないでしょう。そうすれば第二回以後まで人気をつなぐことは覚束ない。高知県ならば、第一遠いから選挙区へたびたび顔を出さなくてもそう文句はいわれんでしょう。選挙民が上京することも余りあるまい。上京してきても、林譲治《はやしじょうじ》君など応援してくれるだろうから、あなたの無愛想も目に立つまい。だから高知の方が恰好《かっこう》です」

この言は吉田を充分納得させた。その後の議員生活は高知県から選出されつづけるのだが、ここを選挙区に選んだことに終生満足感をもちつづけた。『回想十年』にも「これはよかったと、今でも思っている」と書いているほどである。初出馬の総選挙では、吉田は三日間高知県にいただけだったが、それでも数回の演説はこなしたという。演説は決して巧みではなかったにせよ、ユーモアを交えての説法で少なからずの有権者をつかむことになった。結局、吉田は九万八千票近くの票を獲得して、第一位の当選であった。総理という肩書きも有効ではあったが、吉田のこの期の政治的業績――たとえば新憲法の制定など――が受けいれられたことも事実であった。

吉田は、一代議士としてみるなら、この選挙区を選んだことで確かに陳情政治とは一線を画すという幸運を身につけた。

ただこの期の日本は経済的には疲弊状態にあり、日々インフレにあえぐ国民にとっては吉田政治はなまぬるく映った。もっと大胆に現状打破を、という国民の願いは、二・一ゼネストの挫折という状況で社会党に傾くのはやむをえなかった。

この総選挙から一カ月余の期間を経て、社会党内閣が誕生する。その間、日本の政治はどのような政党の組み合わせになるかをめぐって駆け引きがつづいた。吉田のこの期の政治姿勢は実に明快であり、第一党に政権を譲るという憲政の常道を守る姿勢が一貫していた。

心を許した側近の人生観

そのことを『回想十年』から引用するならば、次の箇所がそうであろう。

「革新政党たる社会党は第一位にはなったが、過半数にはなお遠い。それに対して、保守系両党を合すれば、優に過半数を制するという微妙な情勢となった。そこで民主党と組んで、保守連立で行けという議論が出たり、甚だしきは、民主党から引き抜きをやって、第一党を作れといった説まで出たが、私は、第一位の社会党に譲って、この際わが国の民主政治のルールを確立するということに決めていた」

吉田が、策を弄さずに下野して再起を期すという点で一貫していたのは歴史的にきわめて妥当性のある態度だった。吉田には確かにそのような潔さがある。しかし同時にその建て前だけで目前の情勢を見ていたわけではない。吉田は、この期に政治の指導層にいる人物たちを実に丹念に見つめていたのである。むろんこの場合、それぞれの人物の政治的信念を第一義の判断基準としながらも、その政治的信念と人格がどのように一致しているかを密かに確かめていたといってもよかった。

人物を見る目、という点では、吉田は卓越した能力をもっていたと評されてきている。どの人物が信じるに値するか、どの人物が信用できないか、という尺度を明確にもっていたというのだが、そのほかにそれぞれの人物はどの程度の能力が発揮できるかを冷静に見きわめていた。この第二回総選挙で第一党の党首としての地位を失い、下野することを決めたときに、人物鑑識眼を養うというテーマを自らに課したようにさえ思えるのであった。

吉田は、このことを「野党としての勉強」といういい方をしたのだろうが、人物を見つめる目が必要なのは、天皇に命じられる政治指導者という時代から国民に選ばれる政治指導者への移行にあたり、かつての天皇の役割を自らが引き受けようとの責任を自覚したからのようであった。だから吉田は、真に心を許す人物をこの期の政治指導者のなかに求めることはなかったのである。

では誰にその役を求めたか。

昭和二十年代半ばの新聞、雑誌をひもといていると、吉田という政治家を動かす人物が二人いるといって、麻生和子《あそうかずこ》と白洲次郎《しらすじろう》の名があげられている。つまりこの二人は、吉田のもっともよき私的相談役というべき立場にいたというのだ。

麻生和子は吉田の三女だが、九州の炭鉱資本の代表的人物である麻生太賀吉《たかきち》のもとに嫁ぎ、戦時下には九州にあって太賀吉を支える役割に徹し、戦後になっては東京に移り住み、政治家として出発する吉田の秘書のような存在になった。夫の太賀吉も吉田の補佐役として政治家に転じ、昭和二十年代には吉田の懐刀のような役目を果たした。

白洲次郎は、神戸一中を卒業したあとケンブリッジ大学に入学した（卒業は大正十五年）。得意の英語力とイギリス社会で身につけた政治的個人主義を信条とし、卒業後は日本水産でロンドン駐在員を命じられ、昭和十年代前半はイギリスで生活を送った。吉田と知り合ったのは、このロンドン時代のことで、二人とも向こう意気が強いという性格のためか気が合った。加えて、和子と太賀吉の間をとりもったのが、この白洲でもあった。白洲の夫人正子《まさこ》は、吉田と同じ宮廷官僚ともいうべき貴族院議員樺山愛輔《かばやまあいすけ》の娘で、しかも和子と親しく、その縁でも吉田とは気脈を通じる関係といえた。

吉田は、自らの本音やその胸中にある自身の思惑を決して他人には明かさなかったが、それは生来他者に対して容易に心を開かないタイプだったためで、だから親友というべき関係の友人をまったくといっていいほどもっていなかった。それだけに、和子と白洲にはしばしば自らの胸中を洩らしてもいたのだ。

白洲は、戦後は終戦連絡中央事務局参与、同事務局次長というポストに就いて、外相の吉田を支えた。

吉田が第二次内閣を率いているとき（昭和二十三年十二月）には、貿易庁長官となり、商工省を牛耳るほどの勢力を誇った。この間、白洲は吉田に遠慮のない直言を浴びせたが、二十歳余も年下のこの直情径行の士を吉田はいたく気にいって耳を傾けていたのである。

その白洲が、昭和二十九年に「占領政治とは何か――己所不欲勿施於人（おのれの欲せざるところひとにほどこすなかれ）――」と題して興味のある一文を発表している（『文藝春秋』七月号）。白洲にいわせれば、占領時代のGHQ将校の姿勢は、「色々の施策の対象が実は日本及び日本人でなくて、ワシントン政府及び米本国であった」というのであった。マッカーサーは演出好きの「大した役者」であり、確かに英雄や天才といった枠内にはいるかもしれないが、その周辺の将校はあまりにも程度が低すぎたと罵ってもいる。こうした連中がのさばった背景に、軍部がはびこればそれに頭を下げ、GHQが実権をもてば、すぐに尾を振る「巾着切り（スリ）みたいな日本人」が存在したからだと断じている。白洲のこうした怒りは、もとより吉田と同じ次元のことで、二人はしばしば「巾着切りみたいな日本人」のより分けを同時代の者に対して行なった節があった。白洲は日ごろから、周辺の者に「私はあの人を知っていますということはないんだよ。あの人は私の敵です、あるいはあの人は私の味方なんです、のどちらかなんだ」と語っていたという。この峻別の厳しさが、吉田の側近第一号といわれる所以《ゆえん》でもあった。

吉田は、戦時下の、いわゆるヨハンセン・グループの人脈とのつきあいは、この期にはほとんどつづけていない。あれほど吉田の意を体して動いたといわれている殖田俊吉《うえだしゅんきち》とも交流を深くしていないし、ましてや宇垣一成《うがきかずしげ》などかつて自らがかつぎだそうとした人物にも積極的に接触していない。吉田にとって、そのとき、その状況に応じて、誰がもっとも必要とされているか、その人物は人間的に信頼できるのかといった政治的な目で見つめてその人物と接していたのである。

容共派への激しい敵対意識

そこで社会党に敗れて、新たに片山哲社会党内閣が誕生するまでの一カ月間、吉田がどのような人物評価を試みたかを知っておくべきであろう。

総選挙の結果がでたあと、社会党委員長の片山哲と書記長の西尾末広が吉田を訪ねている。そこで片山から、「どうせあなたは入閣してもらえないか」と誘われた。「どうせあなたは入閣してくれないだろうが、次の社会・民主連立内閣には、自由党からも閣僚を送ってもらえないか」と誘われた。つまり自由党を含めての連立政権を打診されたわけである。吉田は、「社会党の左派はどういう考えか」と質問している。すると片山は、隣室にいた西尾を招いて説明させた。西尾は左派は容共派であることを認めた。そこで吉田は反論する。

「それではだめだ。われわれは最初から反共なんだ。反共と容共とで連立内閣がつくられるわけがない。それは社会党にとってもよくない」

しかし、ともかく片山の意を受けいれて、社会、自由、民主、国民協同の四党会談を開くことに同意した。この四党会談は、五月九日に開かれた。会談に出席したのは、社会党の片山、西尾、それに自由党は吉田と幹事長の大野伴睦《おおのばんぼく》、民主党は斎藤隆夫《さいとうたかお》最高委員と幹事長の芦田、それに国民協同党は岡田勢一《おかだせいいち》中央常任委員会議長と書記長の三木武夫《みきたけお》である。これにはこの期の政治指導者の顔合わせという意味があった。吉田は、ここでそれぞれの人物の評価を再確認したり、あるいは新たな評価をしているのである。

西尾末広の自伝『西尾末広の政治覚書』によるなら、ここで奇妙な光景が演じられたという。

芦田が出席者の発言を克明にメモしはじめた。吉田にとってこの行為は約束違反と映った。そこで厳しい口調で注文をつけた。

「芦田君、メモをとるのはやめにしたらどうか」

芦田は、狼狽しながらも「メモをとるのは私の癖なので……」といいながら、いっこうにやめない。吉田は不快げに見つめるだけだったという。その表情は、不快というより軽侮という意味のほうが強かったであろう。

この四党会談では、ひとまず「社会党が中心となって四党連立内閣をつくるべき」という結論をまとめた。しかし、この結論は、吉田の消極的な姿勢によってつぶれていったが、その間、吉田は大野の勧めで、何度か西尾と会っている。そのたびに西尾は、吉田に対して自由党の協力を得たいと説得し、ときには「外相として入閣してくれないか」とポストまで示した。吉田は、そうした話し合いにのることはなかったが、西尾という人物には関心をもった節があった。社会党にこの人物がいる限り「この政党は一定の枠内で信用できる」と考えたのである。片山というクリスチャンも吉田の許容の範囲の人物と判断したようであった。

吉田自身は片山内閣に加わるつもりはなかったが、片山内閣の誕生には協力するという姿勢を崩さなかったのである。ひとまず片山と西尾で社会党内部の容共派を抑えてもらい、しかしいずれ彼らが内閣を投げだすときには必然的に第二党の自由党に政権が回ってくるとの判断をもつことになった。

吉田は、民主党の芦田には好感をもたなかった。というより、芦田に代表されるタイプを嫌った。自由党にあって反吉田であるのならまだしも、自前の政権を目ざして脱党し、政党を結成する、そうした政治行動が、自らの利害得失だけで動いていると吉田には映った。芦田は、同じ外務官僚の出身であり、戦時下では衆議院議員として反軍部の立場にいた。しかし、戦後のこの期には、民主党のなかに芦田派ともいうべき一派を結成し、とにかく社会党との連立に走ろうと意図していた。そのうえ民主党内の長老幣原喜重郎、斎藤隆夫に代わって総裁のポストに就くや、ますます社会党との連立を意図し、そして社会党・民主党の連立政権を発足させた。この発足の日、吉田は自由党の非公開の代議士会で、次のように述べている。

「片山首班内閣の出現には好意をもって努力している。したがって反共が容れられるならば閣僚を送る、といって党内干渉に出るわけにはいかない。またかりに連立内閣ができたとしても、自由党の主義主張にあきたらずとして党を去り、その後わが党の党員引き抜きをやっている芦田氏を総裁とする民主党の一部に対しては感情的にも融和できぬ」

秘密会では芦田に対する憎悪感を明らかにしていたのだ。吉田がここまで名ざしするときは、明確に敵ときめつけたという意味である。

吉田が容共派を嫌うのは、その思想にあるのでなく、彼らの「行動」にあるとしばしば口にした。その行動は「モスクワの指令」によって動かされ、意図的に「わが国の安定と復興」を妨害するというのである。戦争が終わるまで自前で思想をもつ体験のなかったこの国の国民は、「共産主義を何かしら進歩的な時代思想であるかに思いなし、仮りにそこまで至らぬとしても、これが厳正なる批判において臆病である傾向が著しい」(吉田茂『世界と日本』)とも書いている。

こうしてみると、吉田は、まずこの時代を共有している政治家や社会的な指導者を「容共か、反共か」という目でより分けするのである。これが白洲が指摘していた「敵か、味方か」の真の意味である。すでに昭和二十二年には米ソの間で冷戦が現実の姿になっていて、日本は「反共」の側に立つことを政治目標としなければならない、と吉田はいうのである。そのときに中立というのはありえない。中立という政治上の立場は、容共に通じているという意味であった。

自らの権力欲を満たすことにのみ奔走し、この構図を見抜けない政治家は、吉田にとっては「偽物」であり軽蔑の対象であった。吉田がとくに西尾とそれに列《つら》なるグループを気にいっていたのは反共に徹しているからであり、芦田を嫌ったのは、反共を唱えてはいるがその私欲の行動は容共派に利用されるという歴史的構図を見抜けないタイプと考えたからであった。自由党の連立政権参加を主張したグループも吉田はこのタイプととらえていた。ただひとつ奇妙なのは、共産党指導者の徳田球一《とくだきゅういち》だけは、吉田はそれほど嫌っていなかったことだ。徳田の人間性に関心をもっていたからかもしれない。

麻生和子や夫の太賀吉、それに盟友の白洲次郎といった内輪の心を許せる相手に、吉田はかなり辛らつな人物評を行なった節がある。結局、それは外部に洩れてくることはなかったが、吉田は「容共派」で「人間的に信頼できない人物」をいかに扱ったか、あるいは「反共派」でも「自らに敵対した人物」をどのように無視していったか、それはのちに第二次、第三次と内閣改造を重ねることにより鮮明になっていったのである。

占領下での日本の政治は、片山や芦田のような、人物の好き嫌いも明確でない政治指導者の手腕では無理だということが、片山内閣、次いで芦田内閣で短日のうちに明らかになっていく。片山も芦田も結局はマッカーサーとは特別の関係をつくることはできなかったのだ。吉田は、そのことを予想しながら、野党の党首の地位にとどまって待機していたのであった。

社会党・民主党・国民協同党の連立内閣である片山内閣は、そのスタートから不安定な要因をかかえていた。衆議院では片山首班こそ決定したものの連立の政党組み合わせの混乱が続き、片山首相だけが昭和二十二年五月二十四日に宮中で認証式を受けるという変則的な状況で、しばらくは組閣も難航した。

吉田の率いる自由党が、最終的に連立に加わることを拒否して、社会党・民主党を中心にした日本で初めての社会党内閣が誕生したことになるのだが、当初、片山に首相としての使命感を与えたのは、連合国最高司令官であるマッカーサーであった。片山内閣誕生の時期は、新憲法が発足するときでもあり、新生日本という舞台では、このクリスチャン首相が、大日本帝国のいかなるマイナス面も背負っていないがゆえに、なによりふさわしい指導者として歓迎されたのだ。

事実、マッカーサーは、「片山が新首相に選ばれたことは、日本の政治が中道を歩んでいるなによりの証拠である。加えて、より重要なことは、公共の必要にもっともよく奉仕できるような政府をつくるために、種々異なっている政治的見解を融合して、そこに現実的な型をつくろうと努力する姿勢があることだ」と讃えた。これはGHQのGS（民政局）局長のホイットニーらの意思を代弁したともいえ、GSのスタッフは、吉田を二つの点で嫌っていたから、片山内閣は彼らにはなによりの贈り物でもあった。吉田が嫌われていた理由のひとつはマッカーサーと直接に交渉してホイットニーらを無視すること、そしていまひとつは、吉田の思想には旧体制の部分的温存を図ろうとする反動性が見え隠れしていると判断したことであった。少なくとも、彼らは吉田の体質を見抜いていた。

社会党内閣が組閣を終えて発足したのは、昭和二十二年六月一日だが、それから翌年二月までの八カ月間、吉田は、きわめて冷めた目と政治姿勢で社会党内閣を見つめつづけた。自由党という政党の総裁になり、自らも議席を獲得したという意味では、吉田はまぎれもなく政治家になったのだが、各地を遊説して有権者の心理を理解しながら、野党党首としての誇りと冷静な言動により、政治的修練を積んだ期間ともいえた。

吉田はその一方で、片山内閣を期待感をもって見つめるという余裕ももっていた。その期待感は、イギリス型の二大政党（保守党と労働党）の国会での論戦を軸にした議会政治を日本に定着させたいという願いでもあった。吉田の忌憚のない言をまとめたともいえる『大磯清談』によると、

「わたしは、社会党も勤労者を基礎とする立場からどう見事に国政を担当するか――このことを、国民と世界の前に示してもらう必要があると思つて、単独社会党内閣の実現を強く主張したものであつた。ところが、当時の社会党は、あくまで連立内閣に固執する、つまり、自分たちだけで、日本の難局を背負つていくだけの、自信がなかつたわけです」

というくだりがあるが、社会党が容共派と絶縁して健全な議会政党に育ってくれるなら、長い目で見れば日本の議会政治は充分に機能していくと期待していたのだ。健全な政党――それはイギリス労働党を範にしているが――に育つための社会党内の勢力として、吉田は片山には過激な社会主義者ではなく、温厚なクリスチャンとして安心感をもち、この内閣の舵取りを担う西尾末広の反共姿勢には信頼をもっていたのである。社会党内の容共派と反共派の対立、加えて社会党と民主党の間では、最終的には社会主義政権の方向をめぐっての対立が火を噴くであろうと予測はしていた。しかし、そのために過度の片山政府攻撃を控えるのが、自らの務めとも考えていたのである。

吉田は、社会党政権の内部崩壊の時期は、GSが片山をどこまで支えきれるかにかかっている、と分析した。片山は別名「グズ哲」と仇名され、好人物ではあったが、決断力に欠けていた。マッカーサーの前にでてもとくべつに自説を披瀝するわけでなく、マッカーサーの弁説にただうなずくだけだった。昭和天皇も、社会党内閣には警戒を隠さなかったが、侍従次長の木下道雄《きのしたみちお》に対しては、「片山を励ましてやりたいのだが……」とまで洩らした。天皇は、片山という人物を人間的には気にいっていたのであ

る。

ウィロビーとの共同戦線

しかし、当時の日本の立法府は、この国の最高機関であるという時代ではなかった。GHQ内部の対立の影をそのまま反映する舞台という側面があった。片山内閣が中道政治をめざしているといい、旧体制の残滓が少ないという意味では、GSは局をあげて、スタッフをあげて、片山内閣の議会運営に協力を続けたが、同時に社会主義に関心をもつニューディーラーたちは、炭鉱国家管理法（炭管法）についても、そして片山内閣のもとでの警察改革問題にも、積極的に片山を支持する方向で動いたのである。

炭管法は、与党の民主党のなかでも「私企業を否定するものだ」という論があり、実際にそれはきわめて社会主義的な意味あいを帯びていた。社会党は、「労使同数の生産協議会をつくり、その権限を拡大」することを目的に、その期間については五年を含みとするも明文化しないという案を主張したが、民主党は企業主の権限を保障し、「国家管理は二、三年」という時限立法で対抗した。両党の基本的な立場の違いが明らかになった。昭和二十二年六月からこの案の調整が続いたが、しかしばらくは時間を空費するだけであった。

警察改革問題は、旧体制の内務官僚による警察行政を打破して民主化を図るのだが、これはGSと参謀第二部（G2。治安・情報担当セクション）の対立の巻きぞえを、片山内閣が露骨に受けるという背景があった。東西冷戦を意識したG2の責任者C・A・ウィロビーは、警察力の強化を意図したが、GSは逆に民主化政策を徹底させるために警察力の小規模化にこだわった。GSとG2の対立は、この問題をきっかけに一挙に表面化した。

音をあげた片山はマッカーサーの指示を仰いだが（八月二十六日）、結局、GSとG2をなだめるための折衷案として、国家警察（国警）と自治体警察の二本立てを目ざすというアメリカの連邦政府と州政府の警察力を意識した形となった。しかし、その内容はGS主導ということができた。

こうした片山内閣の取り組みは、確かに社会党政権らしい姿勢でもあった。第一次吉田内閣よりは、GS主導の民主化路線ともいえた。こうした傾向に、苛立ちを強めたのは、G2責任者で軍人のウィロビーであった。彼の回想録『知られざる日本占領――ウィロビー回顧録』によると、その対立の図式を次のように書いている。

「わがG2は、日本占領にあたって、治安、情報担当とともに、占領政策の施行にも関与するはずだった。一方、GSは、ホイットニーが〝民主主義国家〟としての日本への改革を目標に、新憲法起草はむろんのこと、公職追放、財閥解体、農地改革、国会対策、さらには婦人参政権、隣組問題にいたるまで、手を拡げていった。民主主義は絶対に守らなければならない。これには私も同感である。しかし、一口に民主主義といっても、何が真の民主主義かということになると、ことはややこしくなり、個人の主観が混じってくることになる。私はGSの〝民主主義〟なるものを信用できない。彼らの〝民主主義〟とは、容共的要素の濃厚なものであり、私にはとうてい是認しがたいものであった」

ウィロビーは、GSのホイットニーやケーディスに対して、そして彼らが肩入れをする日本側の指導者に抜きがたい不信感をもっていたのである。このウィロビーは、GSとの「正面切っての対立」はやはり警察改革問題だったと述懐し、G2の主張する「アメリカ式の改編はされたけれども、懸念していたとおり、どうも日本の実情にそぐわない雑多な問題」が起こって、次の吉田内閣によって講和後に手直しされることになったのは、G2の主張が正しかったことを裏づけていると自賛した。

マッカーサーは、占領初期はGSとG2の対立では、明らかにGSの側に立っていた。フィリピンでのホイットニーの占領行政の巧みさに全幅の信頼を置いていたからである。しかし、東西冷戦が明確になり、日本を反共陣営の橋頭堡《きょうとうほ》とする政策が設定される過程で、しだいにG2の側に比重を移していった。

吉田もまた、GSとは意識的に対立状態をつくりあげたといっていいだろう。吉田も、ホイットニー、ケーディスなどGSの容共的体質に不安があったし、なにより彼らがこの国を自らの思想の実験場に利用するのではないかと案じたのだ。その不安は、当然なことにウィロビーに近づくことで解消されることにもなった。

ウィロビーは、このころ帝国ホテルに居を構えていたが、吉田は第一次内閣時代にもGSと対立すると、帝国ホテルの裏口から密かにウィロビーの部屋に入り、そこで密談を重ねるのが常であった。吉田だけでなく、反共を旗印とする有力な政治家はウィロビーと連絡をとる者が少なくなかったし、片山内閣時代にはこのルートはきわめて強固なものとなった感がある。

自らの政権をめざす布石

前述のウィロビーの回顧録は、その強固な結びつきをとくべつに隠していない。「私は帝国ホテルに居を定めて以来、吉田とは会う機会が多かった。私は積極的に吉田を支援するとともに片山・芦田両内閣の〝非〟を指摘していった。マッカーサーは、はじめのうちはGSの言葉に耳を傾けていたが、私の主張の正しさを認め、だんだん吉田支持に傾いていった。私は、GSと吉田の対立の渦中、何度もマッカーサーにGSの非を語ろうとしたし、事実、語りもした」と書いているほどである。

片山・芦田内閣の〝非〟というのは、むろん共産主義勢力への甘い対応をさし、その危険性を憂えていたという意味だ。しかし、ここで理解しておかなければならないのは、吉田がウィロビーとしばしば接触していたことをもって、ウィロビーのあまりにも極端で軍人的な反共意識と反民主的な体質をすべて許容していたとみることはできない。吉田は、ホイットニーの市民感覚のもつ初々しさに反感をもつと同様に、ウィロビーの直情的な感性を受けいれる体質はもっていない。吉田が、博識の軍人とはいえ政治情報を私見のみで解析するウィロビーと接するのは、GSの対抗勢力として利用するためで、吉田はマッカーサーとの直接的な接触——首相の座を退いてからはそれが不可能だった——ができぬ間、ウィロビーのもとに行くことで、GHQ内部の〝内戦〟そのものに深くかかわる意思をもっていたといえるのである。

吉田は、近い将来にこの片山内閣が倒れて、自らの内閣ができると信じていた。その日にそなえて、自らの信頼する人物を内密にウィロビーに引き合わせていた。このころウィロビーは、かつての日本の大本営の中堅幕僚たちと接触し、ひとつに旧日本軍の体制を復活させることを画策すると同時に、もうひとつは彼らに太平洋戦争の内実を日本側から書かせることで、日米双方の目で見た戦史を編もうとしていた。

この二つの意図は、マッカーサーに対して自らの評価をあげるためと、共産主義陣営との対立という側面で、こうした旧軍人たちを利用しようとの肚づもりがあったからだった。

大本営の作戦課長で、東條陸相の秘書官も務めた経歴をもつ服部卓四郎《はっとりたくしろう》を中心に集まったグループは、服部機関と称され、表面上は戦史研究というテーマが与えられながら、その実東西冷戦が日本にもちこまれたときの手駒として利用される運命にあった。このような旧軍人の、しかも日米戦争を起こした中心人物たちへのウィロビーの庇護は、吉田にとっては不快なものであった。なぜなら、吉田は、こうした戦時下の戦争指導にあたった旧軍人には、強い侮蔑感をもっていたからだった。

その対抗のためか、吉田が、ウィロビーに紹介した人物は、たとえば辰巳栄一《たつみえいいち》（吉田と同時期の駐英武官）のような、自分の意に即している軍人だった。辰巳は、吉田に心服していると公言していたし、服部機関に集まる大本営の作戦参謀のような「過去の汚れたタイプ」ではなかった。吉田の目から見ると、このような旧軍人こそ復権すべきであった。昭和二十二年八月二十九日に吉田が辰巳にあてた書簡が残っている。それを読むと辰巳が吉田を訪ねてきた折りに「依頼のあった件」といういい方をしているが、「『ウ』代将の都合尋ねさせ居候《おり》」とあり、両者の面談の連絡役は終戦連絡事務局の幹部に託していることがわかる。加えて吉田はウィロビーのもとに恒常的に外務省の幹部を送りこんでいたことが窺える。

片山内閣は、ＧＨＱ内部の〝内戦〟の片側に組み込まれるという外圧と、社会党、民主党の肌合いの違いからくるほころびを、実にあっけなく露呈した。この弱体内閣はしだいに政権内部からも、国民からも愛想づかしをされていくようになったのである。

崩壊していく連立政権を見つめて

炭管法は、商工相の水谷長三郎《みずたにちょうざぶろう》の熱意でひとまず法案としてまとまりはしたが、そこでは有効期間三年の臨時法として、一定の基準をもつ指定炭鉱を対象とすることとなっていた。片山はこの法案をマッカーサーのもとに送って、判断を仰いだ。マッカーサーは全面的な支援を約束し、「政府が強力なる指導力を以って本件を処置するならばこれによって最も利益を受ける日本国民は、必ずや心からなる支持を以って答えることを私は確信する」と励ましていた（九月十八日付書簡）。

しかし、民主党の芦田派にはこの法案に反対する者が多く、自由党と呼応して反対運動にのりだし、そのあげくに民主党は除名騒動、脱党しての新党づくりという波に襲われた。一方で、社会党内では、左派を中心に民主党にふり回されるのは不快だとして、社会党の主体性を主張するグループの勢力が拡大した。

その対立が頂点に達したのは、社会党右派の平野力三《ひらのりきぞう》農相の罷免をめぐる内紛であった。昭和二十二年十一月に片山は平野を、内閣に非協力という理由で罷免したが、それは、GSのケーディスの要求を受けいれたからだった。ケーディスは、平野が農相就任時から、戦時下での皇道会の遊説《ゆうぜい》部長だった経歴を問題としていたが、あろうことか吉田とも親しいうえに、現職の閣僚であるのにG2のウィロビーのもとに出入りをつづけているという事実を知って激怒し、片山のもとを直接に訪れて、解任を迫ったという経緯があった。ケーディスは罷免だけでおさまらず、のちに平野を公職追放にも追い込んでいる。平野は農相罷免とともに脱党し、社会革新党をつくって片山内閣と対決するという行動にでた。まさにこの内閣は日を追って傷つく状況になったのである。

炭管法、平野農相罷免、民主党や社会党内部の脱党騒動は、自由党の地位を必然的に引きあげ、党首としての吉田の評価を高めることになった。このような状況は、昭和二十二年から二十三年にかけて、大きなうねりとなり、二十三年二月の片山内閣総辞職、芦田内閣の誕生後にはさらに加速を続け、吉田待望論にまで高まった。とくに官僚の間でその声は大きくなった。たとえば、当時各省の次官による次官会議が定期的に開かれていた。大蔵省の池田勇人《いけだはやと》、運輸省の佐藤栄作《さとうえいさく》らの官僚が中心になっていたが、彼らの間では片山内閣やその延長線上にある芦田内閣の混乱に無力感がただようようになり、官僚としてこの内閣を支える意欲を失っていった。

片山内閣の官房長官西尾末広は、こういう次官たちに目をつけ、社会党に引きこもうと試みたが、彼らは今や関心を示さなくなっていた。むしろ彼らは吉田への接近を図り、吉田もまた彼らの意を受けて、政治指南役を引き受けたりもした。のちに吉田学校といわれる吉田人脈は、このときの次官たちを中心に形づくられていったのである。

吉田は、むろん政治家として、自らの待望論が起こるようにとの布石は打っていた。この次官会議を掌握したのもそうだし、国民にも積極的に自らの理念を説いた。同時に、社会党内部が左派主導になっていくのを苦虫をかみつぶしたような表情で見つめ、健全な政党に育つわけはないという見方を露骨に発言するようになった。

平野農相罷免問題では、吉田は、すぐにウィロビーのもとに駆けつけ、「平野は保守政権成立時には重要な役を果たす人物だから守ってほしい」と頼みこんでいる。ウィロビーもそれを受けいれ、平野を守ろうとマッカーサーにも働きかけたが、結局は成功しなかったにしても、ウィロビーのホイットニーに対する私怨まじりの戦いは、その思想や人間関係そして政治路線のすべてに及ぶことになった。吉田は、野党党首として、ウィロビーの反共の体質に依拠するかたちで、旗色を鮮明にしながらGHQ内部の権力闘争にも口を挟んだ。

昭和天皇の全国行幸が続き、どこでも国民の歓迎を受け、GSのニューディーラーたちの天皇に対する国民の怨嗟《えんさ》が爆発するだろうとの見通しをはね返した。東京裁判では、東條英機《とうじょうひでき》をはじめA級戦犯が断罪されていた。つまり日本が旧体制から新体制へさまざまな面で衣をぬぎかえようとしているとき、吉田は、自らの歴史的役割を固めて待機の姿勢にはいっていたともいえるだろう。

再生日本という目標を自覚するとともに、政権をとりにいくのではなく、政権党が崩壊するのを待つ熟柿《じゅくし》主義に徹したのは、吉田の計算が確かなことを物語っていた。昭和二十二年十二月三十一日に牧野伸顕にあてた書簡のなかで、古島一雄や馬場《ばば》恒吾《つねご》といった自らの政治指南役の言を入れ、「従而《したがって》余り早まりてバスは出さぬよう二心懸居候」と告白したのは、そのことを物語っていたのである。

第7章　歴史に呼ばれた政治指導者

「憲政の常道」を説いて待ちの姿勢

片山《かたやま》内閣が倒れたのは、政府の補正予算案の撤回動議が左派の抵抗によって予算委員会で可決されるという醜態の責任をとったからだった。実際に社会党内の左右対立は吉田の予想どおりの形を辿《たど》り、公務員の生活補給金の残額〇・八カ月分は、鉄道運賃と通信料金の値上げに頼るべきではないという左派の主張の前に、片山内閣はなす術もなく倒閣したといっていいであろう。ＧＳ（民政局）側は、片山内閣を総辞職させるな、と政府に善処処置をとらせようとしたが、左派はその支援を見限ったという側面もあった。

この内閣を継いだのは、民主党の総裁芦田均《あしだひとし》である。基本的な枠組みは、社会党、民主党、それに国民協同党の三党連立政府である。片山内閣で官房長官であった西尾末広《にしおすえひろ》は、芦田内閣には副総理格で入閣したが、そうした人事は「政権のたらい回し」の批判を浴びることになった。吉田はこのとき自由党総裁としてきわめて巧妙な演説を行なった。芦田内閣ができる前、つまり芦田と西尾の間で政権を三党で担おうという画策が進んでいるときに、吉田は自由党の議員総会で、「問題は首班を誰にするか、あるいは政権をどこに持っていくかということではなく、議会政治によき先例をつくり、よき先例の上に憲法を生かしていくかである。政府が政策のいきづまりから辞職した場合は、その与党がみずから政治上の責任をとり、いさぎよく反対党に次期政権を譲り、淡々たる気持で議会政治の美をなすという心得が、議会政治の最高の政治道徳でなければならない。この純正至高の政治道徳を各政党が堅持してこそ、民主政治、議会政治の基礎が確立する」との考えを明らかにした。

むろんこれは吉田が英国の議会政治を日本にも定着させようと考えていたことをあらわしているのであったが、同時に日本の議会政治に、「憲政の常道」という正論をもちこむことで、自らの政治的立場を明確にしたことにもなった。このとき、もし吉田が自由党に政権を譲られたとしても、現実には自由、民主、社会の三党並立状態であり、自由党の政策が実行できるわけではない。このときも「憲政の常道」を説くことで、むしろ野党の側に立っていたほうが得策だという計算をもっていたというべきであった。

昭和二十三（一九四八）年二月の衆議院では、芦田が二一六票、吉田が一八〇票だったが、参議院では吉田が一〇四票、芦田が一〇二票になるという逆転現象が起こった。衆議院の優位性をもとに芦田内閣が誕生することになったが、この現象は与党内部に吉田に好感をもつグループが存在することを物語っていた。芦田内閣の誕生のあとに、民主党内部の反芦田派や社会党との連立否定派など三六人が脱党し、自由党に合流した。そこで新たに民主自由党が結成されることになったが、吉田はこの政党の総裁として、芦田内閣が早晩いきづまるであろうとの見通しのもとで政治的にはひたすら熟柿《じゅくし》主義に徹していた。

吉田が他の政党人と異なっていたのは、権力を奪取するために貪欲であるよりも、権力が自らの側に寄ってくるとの辛抱強さをもっていたことであろう。水の流れる有様にたとえて、吉田は権力の移行を論じることがあったが、しかるべき状況さえつくっておけば、権力はごく自然に自らの側に流れてくるとの確信をもつだけの度量のある政治家は確かにこの期には少なかったのだ。

GHQ内部でのGS（民政局）とG2（参謀第二部）の対立は、アメリカ政府の政策が共産主義への寛容をやめ、ベルリンなどで東西冷戦の芽が生まれ始めるやしだいに露骨になり、G2の側がGSのホイットニーやケーディスの追い落としを進めるようになった。それはGSが、G2とつながりをもち、日本の民主化の阻害役と吉田を見ているがゆえに芦田内閣に肩入れするのに対し、吉田はウィロビーと接しながらGSの〝ゆきすぎた民主改革〟に歯止めをかけようとするかたちで対立することを意味していた。吉田は、東西冷戦の激化、G2路線の顕在化によって、自らの側に権力が寄ってくることを明確に意識していたのである。

むろん吉田は、そのような計算を自らの周辺の議会人には明かしていない。ただひとり岳父《がくふ》の牧野伸顕《まきののぶあき》には、千葉県の柏に住むのではなく東京か鎌倉に居を構えて「今後更ニ御指示も受け度《たし》」と依頼している。吉田は自らの計算を本心から打ちあけることのできる身近な者を求めていたということにもなるわけだ。

芦田内閣はわずか七カ月で倒れた。昭和電工事件がきっかけになったが、これは昭和電工の経営陣が復興金融金庫からの融資をめぐっての贈賄をはじめ、物資の横流しなどの不正があるとの指摘から、一大疑獄事件に発展した。さらに西尾への土木業者からの献金問題など、たてつづけに芦田内閣は汚職の内閣と誹《そし》られる事件が相次ぎ、これにGSのケーディスが民主党首脳や一部の財界人などと経済的に不明朗な関係があるとして、G2側が意図的に芦田倒閣運動をすすめた動きが重なった。

芦田内閣の七カ月間は、実は表面の政治的対立より、裏面の謀略まがいの工作が激しいと推測されるのだが、これは現在に至るも不透明な部分が多いとされている。

しかし、吉田内閣をつくりだそうとするG2とそれを阻止しようとするGSの最後の戦いだったということはできる。G2の責任者ウィロビーは、その著書『知られざる日本占領――ウィロビー回顧録』のなかで、ケーディスはワシントンに行って、日本の民主化政策を変えるべきでないと説いたが、逆に批判されたと明かしている。次のように書いているのだ。

「当時のワシントンは、マッカーサーの対日政策に批判的になっていた折りであり、加えてケーディスを中心としたGSの若手リベラル派の〝独走〟に顔をしかめているだけに、彼ケーディスにプラスするはずはなかった。おかげで、ペンタゴンにつづいて国務省、上下院などを訪問する予定のケーディスの計画は完全に狂い、逆に自分を弁解しなければならないハメに陥ってしまった」

しかもウィロビーは、ケーディスの女性関係（鳥尾《とりお》元子爵夫人）を徹底的に調査したともいっているので、GSとG2の戦いは人身攻撃に及んでいた。こうした事実を見ると、両者の間では、歴史的には吉田内閣を歓迎するか否か、という尺度に変わっていったことがわかる。つまり吉田は、被占領者の側の指導者であったが、占領者にとっての象徴的存在という立場まで高まっていた。

芦田内閣が閣僚からも逮捕者をだす事態になり、加えて社会党も西尾が逮捕され、党内には政権担当の意欲が急激に萎えていって総辞職が決まった。水の流れは、まったく無傷の野党民主自由党、そしてその総裁である吉田にゆきつくのが当然という事態になった。

まさに吉田が指摘していた「憲政の常道」がそれであった。吉田は、自らの賭けに勝つはずだった。当然なことだが、吉田は内心で勝利感に酔っていたであろう。吉田の著書（『回想十年』）には、このことをこまかくは語っていないのだが、「次期首班には野党第一党たる民主自由党総裁が推されるのが、民主政治、議会政治のルールとして当然のこと」と思っていたのに、突然奇っ怪な動きが起ったという書き方をしている。

芦田内閣が倒れると、ホイットニーらGSの幹部は、最後の抵抗として、吉田ではなく民主自由党の幹事長である山崎猛《やまざきたけし》を首班に据えるよう民主自由党の幹部に働きかけた。山崎は衆議院議長の経歴をもつが、そのときの民主的態度がGSのスタッフに受けいれられたという説がある。この案のきっかけは、民主自由党副幹事長の山口喜久一郎《やまぐちきくいちろう》がケーディスから、吉田ではだめだとの示唆を受け、それで党内にもち帰って広めたという経緯があった。山崎もこの案には乗り気になり、「首班に指名されれば受けいれる」といいだした。当時の新聞を見ると、ケーディスらが反吉田であることはまちがいないにしても、具体的に山崎の名を挙げたかは疑問であるとの声もあった。日本の国会とGHQとの間の連絡役を気取る政党人が、GHQの将校が話していない内容をつくりあげるケースもあるとのGHQ将校の証言（たとえば、H・E・ワイルズ『東京旋風』など）もあるので、真偽は不明だとの見方もされている。

しかし、この〝吉田外し〟の政治工作は、社会党右派、民主党、国民協同党、それに民主自由党のなかにも歓迎される空気を生む。吉田は政党人になってまだ三年余にすぎないのに、つねに陽のあたる道を歩んでいる、あるいは総裁として自らは汚れ役をやらずにきれいごとをいっているとの党内の批判が、鳩山一郎《はとやまいちろう》に近い代議士や政権参加に積極的な代議士の間からは一斉にあがったのである。

まさに吉田は窮地に陥ってしまった。

マッカーサーを利用しての首班指名獲得

このとき、吉田には幾つかの戦い方があった。民主自由党内の山崎擁立計画を強引に切り崩す方法もあった。とはいえ、たとえ切り崩しに成功したとしても、民主自由党単独で政権を獲得することはできない。さらにGSの反吉田の将校を、ウィロビーを使ってGHQ内部で壊滅状態に追いこむ手もあった。しかし、それに成功するか否かは、吉田自身の手の届かないところでの戦いにすぎず、ウィロビーも傷つくとすれば、それは吉田にとっても賢明とはいえなかった。吉田が選んだ戦いの方法は、きわめて吉田らしいのだが、ひとつはマッカーサーと直接に会って、自らが首班指名を受けるつもりがあると明確に伝えることだった。そしてもうひとつが、当の山崎に対して議員を退かせるという荒療治であった。水は自分の側に流れてきたというのに、それを妨害する者は許さないとの断固とした決意を自らの戦いの骨格に据えたともいえた。

吉田は、山崎を擁立しようとする党内の幹部を前にしての緊急役員会で——これには山崎も出席していたのだが——、たぶん吉田の人生にとっては重要な意味をもつほどの凄み方をしたのである。

「マッカーサーが、私を外すというのなら受けいれよう。だがどこの国の政党にも総裁が首相にならずに幹事長が首相になるということがあるか。それをマッカーサーがいうのなら従うが、そのかわり世界にこのことを伝えよう。だがその前に私は、マッカーサーに直接会って確かめてみることにしよう」

この凄み方は、吉田には俗な言葉でいえば「なめるんじゃない」という気持があったということだろう。吉田の迫力に、民主自由党の役員たちは、たちまちのうちに恭順の意を示したといわれているほどだ。もとより吉田は、ウィロビーにマッカーサーを説得させていたし、吉田自身、マッカーサーに会えば自らの意を通すという自信はあったはずだ。しかし、マッカーサーが、吉田首班に好意的ではない回答をしたなら、吉田の立場は一気に崩れてしまう恐れもある。だが、現実には「マッカーサーに会って直接確かめる」という段階で、吉田にはすでに勝算があったと考えられるのだ。

十月九日に、吉田はマッカーサーに面会している。民主自由党が政権を担当する用意があり、自らが首相になると語ったとされる。これについては、充分な歴史的資料はない。だから当時GHQのスタッフの一員だったリチャード・B・フィンの『マッカーサーと吉田茂』の下巻に書かれている次の指摘が的を射ているように思う。

「吉田とマッカーサーは十月九日に二人だけで会っているが、この会議の記録は誰もとっていない。吉田はその後、さまざまな表現でこのときのマッカーサーの態度について述べている。たとえば自分の立候補に対するマッカーサーの態度は『理解と激励』に満ちたものだったとか、『承認』を与えたとか、『あなたに立候補してもらいたい』と述べたなどである。これらの言葉はどれもマッカーサーの吉田支持を表明したものだったから、吉田ははっきりと首相の座をめざす決意を改めて確認することができたというわけである」

そのうえで、フィンは、吉田はマッカーサーから情報を入手できる唯一の日本人という利点を生かした、という見方を示している。実際、マッカーサーは吉田と会ったあと国民協同党の三木武夫《みきたけお》に会い、「芦田のあとの首相になってほしい」と語ったというエピソードを紹介している。フィンの見方によれば、マッカーサーは政府の人事に関しては表面上は介入しない姿勢を示していたので、たとえば三木が自分は多数党を率いているわけではないと拒むとそれ以上はなんらの意思も示さなかったというのだ。三木へのリップサービスだったというわけである。

吉田とマッカーサーの間で、実際にどのようなやりとりがあったのかは不明だとしても、吉田は〈マッカーサーと会って次期首班の話をした〉という事実はもちえた。他の政治家はこのような機会などもつことはなかったのだから、吉田の言は政治的には有効な切り札となった。

敵と味方を峻別する契機に

吉田がマッカーサーの諒解を得ている、という噂は、民主自由党内部にたちまちのうちに広まり、本来の形である総裁が首相になるという議会政治の枠組みは守られたという諒解も広まった。

のこされたのは、山崎をどのように説得するかであった。吉田は、自由党の長老である益谷秀次《ますたにしゅうじ》に「山崎説得」を委任することになるが、益谷は首班指名の行なわれる二日前（十月十三日）に山崎を訪ねて、政党人の仁義や正義を説き、「もし指名選挙で君が当選して首班の地位に就いたら、それは謀反ではないか。謀反政治が堂々と闊歩《かつぽ》するようになったら、それはもう民主政治とはいえないではないか」と諭したというのだ。いってみれば、こうした古いタイプの政党人の間では、まるで任侠の世界のような会話が交わされていた。ここには吉田のもっとも嫌う義理人情の世界があるということにもなる。

山崎は、益谷の言を受けいれ「もしほかの政党などから山崎首班の申しいれがあれば、すぐに衆議院議員を辞任する」と約束した。山崎としては、一時は首班にという気持ももったが、吉田とマッカーサーの「合意」を耳にしたり、あるいは民主自由党に分裂をもちこむことになれば、それは自分の本意ではないとして身を退くほうが政治生活の晩年を汚さないと判断したのである。翌十四日午前、民主党の幹事長竹田儀一《たけだぎいち》が「民主党は山崎首班を決定したから、保守統一のためにも出馬を願いたい」と山崎に申しいれてきたが、山崎は、「それは保守統一のためにはならない。考えたうえで行動をもって答えるようにしたい」と応じている。そのあと、衆議院議長に辞任届けを提出している。

十四日夜、衆議院では記名投票が行なわれたが、第一回目は吉田が一八四票、片山哲が八七票、三木武夫二八票となったが、白票は八六票だった。過半数に達しないために再度の投票になったが、吉田が一八五票、片山哲一票、そして白票が二一三票にもなった。つまり吉田は国会では必ずしも歓迎される首班ではなくなっていた。

首班に選ばれたときの吉田は、この結果に憮然《ぶぜん》とした。しかし、このころ世論は吉田に好意的で、汚職や政争に明け暮れる国会の姿にあきあきしていたためもあって、吉田を歓迎する空気にあふれていた。吉田はそこに期待を賭けることにし、「率直にいえば、今回の指名は国会における投票以前に世論の支持を獲得できたためである。日本の復興をはかるため、国民の後援を願いたい」と記者団に語ったが、それは、本音であった。こうして第二次吉田内閣は誕生することになったが、吉田はこのときに政治家の分別を行なったといえるだろう。誰が自分の味方か、誰が敵か、どのような人物がより信頼に値するか、吉田は六年七カ月の占領期という時間帯に歴史的意思で呼びだされた首相だと私は考えているが、それを補佐する人物のリストを自らの胸中ではつくりあげたといえるのではないか、と思う。

「結局総司令部にあった私への反感を利用して、あわよくば、連立の形ででも政権の座に残ろうとした民主党内の連中の策謀に、解散回避をねらう民自党の一部もこれに加わったところから生じた運動だと見るのが最も真相に近いであろう」

と吉田は『回想十年』には書いたが、山崎擁立運動に動いた政治家に対して、吉田は徹底して排除の姿勢をとった。ときに閣僚にむかえざるをえなくなっても決して重いポストにはつけず、露骨に無視する姿勢をとった。

昭和二十年代の吉田政治は、民主自由党のなかに自らの系譜をひく人脈を「保守本流」という流れに押しこむことに成功し、ここから外れた人材は徹底して干しあげるという図をつくりあげた。そしてこの山崎擁立運動の失敗によってGHQ内部でも、GSのニューディーラーたちは急速に発言力を失っていったのである。

第二次吉田内閣が誕生したのは、昭和二十三（一九四八）年十月十五日であった。衆議院で首相に推されたのは、前日の夜だったから、まずは皇居で吉田だけの任命式を行なうという不規則な形をとった。吉田は、前内閣の閣僚を罷免し、首相に任命されたあとで新たな閣僚を選んで内閣を発足させることになった。

閣僚の銓衡《せんこう》を終えて、内閣を発足させたのは十月十九日であった。閣僚名簿が公開されるまでに、吉田は二人の人物を閣僚名簿から外すようマッカーサーから求められていた。そのひとりは木村篤太郎《きむらとくたろう》で、法務総裁に任命したいので公職からの追放を解除してもらいたいと申し出たのに対し、マッカーサーは拒否していた。もうひとりは、経済安定本部長官の永田清《ながたきよし》で、「永田氏が社長（日本ゴム株式会社）をしている会社が闇行為の容疑で捜査を受けている間は、同氏を経済安定本部長官として任命することは、全く愚かなことであり、社会的信用を乱すものであると本官は信ずる」とはねつけられた。

吉田の人事にはマッカーサーを不快にさせるニュアンスが浮かんでいた。

こうして明らかになった第二次吉田内閣は世間を驚かせたが、とくに目をひいたのは官房長官人事であった。吉田はこのポストにまだ四十八歳の佐藤栄作《さとうえいさく》を据えたのである。確かに吉田は、佐藤に目をかけていた節があり、第一次内閣のときだが、運輸大臣に就けようと画策している。しかし、GHQは佐藤が戦犯の岸信介の実弟であるがゆえに難色を示すと、運輸次官に就けて、いずれは重要なポストに据えるとの意思を示していた。今回はマッカーサーも承認していた。

この内閣は、奇妙な人材を混合させた内閣で、それは敗戦後の人材の流動化を示すものであった。当時の新聞報道によるなら、政友会出身の益谷秀次（建設相）、森幸太郎《もりこうたろう》（国務相）、井上知治《いのうえともはる》（国務相）、工藤鉄男《くどうてつお》（国務相）らがいるかと思えば、「小型地方政治家」といわれていた小沢佐重喜《おざわさえき》（運輸相）、岩《いわ》本信行《もとのぶゆき》（国務相）などもいた。吉田は、こうした戦前からの政治家に好感情はなく、悪しき政党政治家の体質を色濃くただよわせていると井上や工藤などはもっとも排撃したかったのである。結局、吉田が総裁として自らの意思を通したのは、佐藤と増田甲子七《ますだかねしち》（労相）、周東英雄《すどうひでお》（農相）、そして殖田俊吉《うえだしゅんきち》（法相）の四人であった。

増田は、内務官僚の出身で昭和十三年から敗戦直後まで病で倒れて実務に携わっていなかったことが幸いして、昭和二十一年には北海道長官のポストに就いた。その折りに炭鉱ストが相次いだ道内の争議を巧みにまとめあげ、加えて炭管法にもとづく道内有力炭鉱の生産拡大にその政治力を発揮した。吉田はその能力を見抜いて労相に抜擢したのである。周東もまた農林官僚として食糧増産に行政上の手腕を発揮するだろうとの期待を込めての起用であった。殖田は、戦時下の、いわゆる「ヨハンセングループ」の一員であり、その反共的な体質は吉田にとって法運用を委ねるのに信頼に値すると考えた。むろん殖田起用には、木村を拒否されての吉田の恩情人事という側面もあったが、それも吉田なりのあの苦しい時代に自らを支える一員であったとの思いから発していたと見ることができた。

吉田は口にこそだしていないにしても、既成の政治家が長年の政党間の対立をいつまでも引きずって政争を続けることに愛想をつかしていた。私の見るところ、既成の政党政治家のもつ状況追随者としての一面にあきれはてていたというのが真相であろう。

あの戦時下で、彼らは何をしたというのか。陸軍が横暴な権力をふるえたのは、度しがたいほどの追随があったからではないか、ということになるだろう。

翼賛政治会の政治家は、昭和二十一年から二十二年にかけての何度かの公職追放令によって、現役から追われた。それははからずも政界の人材交代を促すことになり、吉田はそれにより歴史的な幸運を身につけた。この幸運を生かすための試みが、当初は失敗続きだった学者の登用と若手官僚から人材を求めることだった。第一次吉田内閣で、吉田は事務次官クラスの人材に目をつけ、彼らの意見を大胆にとりいれる一方で、自らの目にかなわない者は露骨に冷遇をした。片山内閣、芦田内閣時代には、各省庁の次官会議はふたつの内閣にあからさまに非協力な姿勢をとった。

彼らは、日本の政治権力の中心が吉田に収斂《しゅうれん》しつつあることを敏感に見抜き、むしろ吉田にGHQの信頼が傾いていると計算したのである。GHQのニューディーラーの旗頭であるホイットニーらも吉田に屈しつつあるとの情報は、彼らに吉田の存在を幾重にも重く見せることになった。ある官僚は吉田のもとを訪ねては、官庁のつかんでいる情報を流していた。

中堅官僚たち登用の裏表

ただ第二次吉田内閣は、吉田の人材登用が危険であることも裏づけた。というのは、蔵相に起用した泉山三六《いずみやまさんろく》は、吉田にとってまったく未知の人物だったが、戦前から同志ともいうべき関係であった三井財閥の支配者のひとりの池田成彬《いけだしげあき》の秘書というだけで信用した。池田は、泉山に政治的な才能があると見たわけではなかったのだろうが、猪木正道《いのきまさみち》の『評伝吉田茂』によるなら、「財界の大御所的な存在の池田成彬は、政務次官にでも使ってほしいという気持で、泉山三六を推したのだが、吉田首相はほかならぬ池田の推薦というので、いきなり大蔵大臣に任命してしまった。池田成彬はこれを聞いて驚いたといわれる」とあるのだが、正直なところこの見方があたっている。

その泉山が、予算審議の過程で泥酔して民主党の婦人代議士に言い寄ったあげくに、控え室のソファで寝込んでしまうという醜態を演じた。泉山は即日辞表をだす破目になったが、吉田は「よく決心しましたね」と皮肉っぽくいうだけだった。人物を見誤ったこの事件は、吉田の人材登用の危険な芽を浮かびあがらせることにもなった。

もともと吉田は、ひとたびその人物を信用すると、許容の幅を広げる気質をもっていた。泉山の登用は、GHQの占領政策が後述するように日本の非軍事化の方針から経済システムの解体と再構築へと移っていくときであり、財政担当者の責任は重かったのだが、それに合致する大臣なのかという批判はあった。しかし、吉田にすれば民間企業で育った泉山の経済知識をおおいに活用しようとの思惑があった。そういう大胆さが裏目にでてしまったのである。

このような失敗があったにせよ、吉田は民主自由党の人材が薄くなっていくのに危機感をもって、官僚の入党を勧めた。野党時代の昭和二十三年七月の党発表によるなら、各省庁の次官たちを中心に二五人を入党させることに成功した。そうした官僚がのちの「吉田学校」といわれる保守本流の第一期生となるのだが、このなかには佐藤栄作（前運輸次官）を筆頭に池田勇人《いけだはやと》（前大蔵次官）、岡崎勝男《おかざきかつお》（前外務次官）、吉武恵市《よしたけえいち》（前労働次官）、橋本龍伍《はしもとりようご》（前内閣官房次長）、北沢直吉《きたざわなおきち》（前外務参事官）、福永健司《ふくながけんじ》（埼玉県副知事）、大橋武夫《おおはしたけお》（建設院次長）、そして前尾繁三郎《まえおしげさぶろう》（大蔵省造幣局長）などが含まれている。彼らは一様に、吉田の再生日本の理念や識見を受けいれていたわけではないが、しかし官僚としてかつての大日本帝国の指導層を目前にした位置にあり、その将来はその時代が続けばいずれは指導者になる道を歩んでいた。「天皇の官僚」という時代から、建前としては「国民への奉仕者」となったが、その動きに順応できる体質をもつ者と結局はもともとの地肌を隠すことのできない者とに二分されることになった。

同時に、吉田に目をつけられる理由も異なっていた。

先の二つのタイプのうち前者である前尾繁三郎の著（『政の心』）を読むなら、片山内閣時代の蔵相・栗栖《くるす》赳夫《たけお》の税政策にからんで主税局長の前尾は栗栖と対立状態になり、そこにGHQ内部の思惑も重なり、前尾は造幣局長に左遷される経緯が浮かんでくる。自由党は不当財産特別委員会で栗栖の影響力をそぐために関係者を証人として呼んだ。このとき、前尾は一貫して自らの能力不足のためにポストの異動があったにすぎないと証言し、自由党が意図する栗栖との対立という図式にはまったくふれなかった。「自由党としては私を（証人に）呼び出したことで問題が大きく取り扱われるようになったことや、昭電事件の発端となったことで、十分効果があったものと評価されたのであった」と前尾は書いているが、その抑制のきいた態度に吉田が着目した節があった。前尾は、昭和二十四年一月の総選挙に出馬するが、その折りに京都府連は公認しないにもかかわらず、自由党本部は公認するという奇妙な形になったのである。

吉田は官僚たちのこの時代での対応を実によく見つめていた。どの人物が有能か、GHQとどのような対応をするか、そして自らの権力を拡大していくのに誰が適任者たりうるか、そしてなによりも吉田は、日本がアメリカ型の民主主義国家にこの期には変化するように見えても、基本的には明治期の新体制国家の延長におちつく国家像を納得し、それを実行できるのは誰かという視点で人材を見つめていたといえるだろう。吉田が、佐藤をして自らの視野に最初にとりいれたのは、吉田の理念をよく理解していたという事実がむろん存在する。同時に、自らの側近に据えた主たる因は、やはり閨閥《けいばつ》上の結びつきがあったからということもできる。佐藤が運輸省幹部として、労働争議をおさめたというほかに、戦争直後の物資配送、復員列車のダイヤ確保などで有能な手腕を発揮した事実に着目したとしても、閨閥の信頼が強かったというべきなのである。

歴史を封印した責任も

佐藤の従兄弟・吉田寛《よしだひろし》は、東京帝大法学部在学中に外交官試験に合格して、外交官生活に入る。若手外交官の時代に吉田の長女櫻子《さくらこ》と結婚したが、アメリカ局の課長時代に病死してしまう。吉田にとって女婿は、佐藤ともっとも親しい血縁者という関係があった。それは、吉田に佐藤という人物を視野にいれる機縁となり、さらにはその佐藤が官僚としても有能であるという事実は、側近に迎えいれるなによりもの条件になった。

吉田が公職追放とは別に、自らの意にそわない官僚を体よくその組織から追い払ったのは外務省の人事異動をよく検証するとわかってくるが、それは佐藤や先に述べた中堅官僚をこぞって自由党に入党させて側近として活用していくのとあまりにも対照的であった。吉田にとって重要な人材とは、時代の空気に飲まれて左傾化してしまうような粗忽者ではなく、着実に政策立案能力をもち、実際的にこの国を動かすことのできるプラグマティストだったのだ。

外務省は敗戦直後にもっとも悲惨な状況に置かれた。外交権を失ってしまったわけだから、在外公館からの外交官はすべて日本に引きあげてきたうえに、行政整理や公職追放が始まったために、職員にしても戦前の六五〇〇人のうち昭和二十二年には一六〇〇人に激減するという有様だった。敗戦という現実に直接ふれたあとに、さらにその幹部のなかには吉田の意にそわぬということで追い払われた者もいたのである。その数は三十人余に及んだというが、なかにはその性格が地味すぎるといって詰め腹を切らされた者さえいる。通称、Y項パージともいわれた。しかし、吉田はその過程できわめて重要な誤りも犯していた。つまり吉田は、新しい時代に即応する人物に期待をかけ、そうした資質をもつ官僚を優遇するという建前のなかで、結果的に歴史を封印するという誤りを犯したのだ。

その一例は、昭和十六年十二月八日の日米開戦時のワシントンの駐米大使館員たちによる不始末である。本省からの訓電は、ハル・ノートに対する日本側の回答（これは外交交渉の停止を訴えた内容で、直接には開戦通告の意を含んでいなかったが、実質的な宣戦布告の意味をもっていた）を指定された時間に届けるよう命じていたが、館員の不手際によってその時刻は大幅に遅れた。そのため日本は、アメリカ政府の巧妙な宣伝によって「騙し打ちの国家」として汚名を浴びることになった。この責任は、当時の野《の》村吉三郎《むらきちさぶろう》大使、井口貞夫《いぐちさだお》公使、さらには奥村勝蔵《おくむらかつぞう》、寺崎英成《てらさきひでなり》などに及ぶはずであった。だが吉田は、やはり側近の岡崎勝男に外務次官としてこの調査にあたらせたにもかかわらず、その内容を公表せず、実質的にうやむやにしてしまったのだ。とくにこの責任を負うべき奥村を、吉田はマッカーサーと天皇との会見での通訳にあてた。奥村以外に二人の会見に立ち会わなかったというのは、勘ぐれば奥村が自らの歴史的誤りを正すためにここでは名誉挽回のチャンスを与えたというふうにも見える。しかし、吉田のその政治的姿勢から推測するなら、このような奥村の負い目をもつ立場があったからこそ、天皇とマッカーサーの会見に吉田の解釈を含んだ奥村の「通訳」が必要だったと考えられるのである。現在に至るまで、天皇とマッカーサーの会見が曖昧になっている理由は今となっては決して解明されることはないだろうが、吉田の深慮遠謀が歴史の中に継続しているといえるのではないか、と私には思える。

奥村の記すところでは、昭和二十二年五月に奥村は天皇とマッカーサー会見の内容を洩らしたという理由で一時的に外務省を辞めさせられている。しかし、これは外務省内部でもいずれ奥村は外務省に戻るだろうと噂される人事で、このときは東京裁判で通告遅延問題の証人問題がさわがれている折りであり、表面上奥村を通訳から外すという措置になったのだろうといわれていたのである。実際に、奥村は講和後の昭和二十七年十月に吉田内閣のもとで外務次官に復帰している。

第三次内閣での池田蔵相

奥村に代表されるように、吉田は当時の駐米大使館員たちに特別の罰を与えなかった。そのことによって、日本は騙し打ちを行なった国という汚名を浴びることになった。

吉田は、井口や奥村、それに寺崎をはじめとする中堅官僚の能力を評価するという一方の針を重視し、歴史的な針の揺れには目をつぶった。この事実は、吉田の側近政治の弊害ともいえたが、占領下の権力者としての吉田にとってはさしあたりの重要な問題とはいえなかったというふうにも考えられる。というのは、奥村に対して〈おまえは歴史的な誤りを犯した。それは外交官としての失態そのものである。ならば、お前はその責任をとるために働いてみろ〉との感慨をもっていて、吉田は自在に奥村らの能力を駆使して自らの理念の具現化を図ったという解釈も可能だからであった。

しかし吉田には、泉山の登用とこの期の外務省人事の計算に溺れた歴史的責任が伴いつづけることになったのである。

第二次吉田内閣は、議会では少数派だったから、吉田はすぐにでも解散に打って出る考えであった。しかし、この内閣には二つの問題が課せられていた。ひとつは、ＧＨＱが吉田に対して芦田内閣時代からの懸案である国家公務員法改正法案の成立と官公労組合員の給与改定による補正予算案の編成を要求していたのである。もうひとつは、野党に転じた社会党などがこの期に選挙を行なうことになれば惨敗するという政治的計算から、解散阻止へさまざまな手を打っていたのである。

吉田は、解散をあきらめてGHQから要求のあった政策の処理にあたった。結局、吉田は十二月二十三日に野党提出の内閣不信任案の成立を待って解散にふみきることになった。この間の二カ月近くが第二次吉田内閣の実質的な期間となるわけで、吉田にとっては政治家として辛苦をなめさせられることになったが、その半面で政策を遂行する能力においてGHQの評価を高める契機にもなったのである。

第二次吉田内閣のこの二カ月の間に東京裁判（正式には極東国際軍事裁判）の判決が出されていた。このときの吉田の胸中にふれておくが、これまでの吉田の書は、東京裁判に対する吉田自身の感想について記述されていないために、吉田がこの裁判をどのように見ていたかは明らかになっていない。

吉田は、法廷で裁かれているA級戦犯について——特に軍人関係はまったく交流のなかった人物であったにせよ——いい感情はもっていなかった。むろん外務省関係や一部の海軍関係者には信頼感をもち、彼らの身の不運を嘆くだけでなく、GHQ内部になんらかの働きかけを行なう用意もあったようだが、実際には現実の政治にふり回されて身動きできないという状態だった。吉田が日本の最高指導者として、東京裁判に特別に見解を表明していないのはなぜなのか、そのことについて、私の推測や見方を語っておきたい。

A級戦犯に対して、ウエッブ裁判長が判決文の朗読に入ったのは十一月四日の午前九時からで、これは十一日まで続いた。その内容は、軍部の侵略政策が世界平和に多くの罪業を与えたといって、特に日本陸軍の指導部を名ざししたうえで、個々に果たしたその役割を弾劾していったのである。この法廷でその朗読文を聞いている限りでは、陸軍の軍人たちに厳しい判決が下されるであろうことは容易に推測することができた。

翌十二日の判決言いわたしでは、七人の戦犯に絞首刑の判決が下された。六人は陸軍指導部に身を置いた者たちだった。ただひとり文官からは、外務省出身である広田弘毅《ひろたこうき》が断罪された。それは法廷では予想されていないことであり、広田に「デス・バイ・ハンギング」と言いわたされると、どよめきが起こったほどだった。広田は特別に驚くふうでもなく、傍聴席にいる妻子に目をやり、それから法廷を去った。

吉田は、外務省同期入省の広田の絞首刑について公式にはどのようなコメントも発表していない。この刑がきわめて苛酷であり、広田は確かに二・二六事件後の首相として陸軍の横暴な政治への介入を防げなかったことは同情こそされても、絞首刑になるべきほどの罪かという見解は外務省内にもあったが、吉田はそのことについて特別に意見を洩らしてはいないのである。むろん首相として感想を話せといわれれば、多くの言が口をついてでたであろうことは予想されうる。しかし、吉田は表向きは口を出すことは一切していなかった。

A級戦犯のうち絞首刑の判決を受けた七人が、実際に処刑されたのは十二月二十三日未明（二十四日午前零時を過ぎてからということになるが、それはアメリカが意識的にクリスマスの日を狙ってのことだった）である。処刑の事実は、午前四時の臨時ニュースによって、国民に知らされた。二十五日になって、GHQは巣鴨プリズンに収容中の一九人の残りのA級戦犯の釈放を発表した。そのうちの二人はすでに死亡していたために、実際には一七人であったが、彼らは七人の絞首刑と交換に釈放されたという言い方もできた。

皮肉なことにというべきだろうが、七人の被告が処刑されたその日に衆議院は解散されることになった。まさにひとつの時代が終わりを告げ、もうひとつの時代が始まることを意味していたのだ。

天皇の東條観に衝撃を受ける

七人の戦犯が処刑されたとき、昭和天皇の胸中には複雑な思いがあった。十一月十二日に彼らに絞首刑の判決が下された折りには、天皇は、政務室で目を赤くして、自らも退位する意思がある、と侍従長に洩らしたりもした。だがそれからどのような経緯があったかは、現在でも判然とはしていないが、十二月二十四日には、天皇は「皇祖に対しても、国民に対しても、そしてポツダム宣言の主旨に沿うためにも、退位ではなく留位を選ぶ」という心境を洩らすようになっていたのである。

たとえば、重臣だった木戸幸一《きどこういち》は、巣鴨プリズンにあって臣下の者に絞首刑の判決がでたのだから、退位するほうが望ましいとの説を天皇に伝えたとの見方もある。敗戦時に天皇が退位の意思を洩らしたときには木戸は、そのような選択をすべきではないと諭したともいわれているだけに、木戸としては判決が改めて国民の怒りを呼ぶのではないかと恐れてのことであったのだろう。

しかし、判決から処刑までの間に、天皇に退位の意思を翻意させたのは、首相の吉田ではなかったかと考えられる。吉田は宮廷官僚としてこの期にもっとも天皇に影響を与えたと思われるが——そしてその間の天皇とのやりとりはほとんどといっていいほど伏せられていて、現実には史料もないが——、退位よりは留位という立場で現実に向かいあってほしいと何度も説得したと考えるべきではないか、と私は推測している。

私は、昭和五十年代半ばに後代の者の目で東條英機《とうじょうひでき》の評伝を書いてみようと思い立ち、東條夫人のカツや遺族に何度か取材を行なった体験をもっている。その折りに東條家であるメモを見せられた。そのメモは、七人が絞首刑となった日から六日後の二十九日、まさに師走のあわただしい一日、民主自由党の有力政治家である大麻唯男《おおあさただお》——戦時下では大政翼賛会の幹部であり、東條の意を受けて議会を動かした政治家でもあった——が、東條家を訪れた模様を綴っている。大麻は仏前で合掌をしたあと、次のように言ったと家人のメモには記されていたのである（拙著『東條英機と天皇の時代（下）』に収録）。

大麻唯男氏来訪談
吉田首相「東條ノ事ヲ聞キタシ」（大麻氏ニ）と言フ、僕賞《ほ》メル。吉田「悪口ハ聞イタガ賞メルノヲ聞イタコトナシ、ソレヲ聞キタカツタ」ト。大麻「何故」。吉田「陛下ガ私ニ斯《か》ク言ハレタ『東條ハ真直ナ人間デアル。某（或先輩ノ名ナルモ御想像ニマカスト大麻氏言フ）ハ贋物デアル』ト。此言葉ヲ聞イテ、東條氏ノコトヲモツトヨク聞キ度《た》イト思ツタ」ト。依テ色々御話セリ。

これは歴史的に重要な意味をもつ。つまり吉田は、戦時下に東條という政治・軍事指導者に厳しい弾圧を受けた体験があり、むろん好感はもっていない。戦後になると、吉田周辺に集まってくる戦前、戦時下の政治家たちも、東條を悪く言って、自らがいかにそれに抗したかを歴史的なアリバイとする。世論にしても、東條を嘲笑する論調であふれている。吉田がえがく東條像は、歴史的識見もなければ理念ももちあわせていない凡愚の人物でしかなかった。
ところが天皇は、東條という人間は、きわめて正直であり、天皇の前にでても裏表のなかった人物と評するのである。
実際に、東條は一本気な生真面目な性格ゆえに天皇には信頼された。その信頼の言を吉田は直接に聞かされたのである。吉田は東條という人物を確かめたかったのだろう。戦時下の議会でもっとも東條と親しかった大麻に質したということになる。しかし重要なのは、そのことにあるのではない。この期に、吉田が天皇と、東條について話しあう関係にあるという一点だ。それはむろん単なる雑談ではない。あるいは、東條の性格の一端を吉田が聞かされたというだけではあるまい。私は推測するのだが、天皇は、臣下の者が処刑されたという事実に衝撃を受け、退位にも似た言を洩らすのを吉田が必死に説得して思いとどまらせたということではないか、と考えるのである。その過程でこうした東條についてのエピソードも、天皇の口から語られたのではなかっただろうか。

実際に、吉田はこのころから東條を名ざしで語ったりはしない。確かに、吉田は首相退陣後に著した『回想十年』（全四巻、昭和三十二年刊）で陸軍指導者を徹底して批判しているし、その視野の狭い見方を嫌うような表現を用いているが、特定の人物を窺わせるような言い回しは慎重に避けている。ある人物を批判的に語らなければならないとき、吉田はその人物について決して語らないという不文律を自らに課しているように思う。

その一方で、昭和三十四年九月に伊豆にA級戦犯として絞首刑になった「七士の碑」が建てられたときに、その碑には吉田自身の署名をしているし、さらに昭和三十五年には愛知県の三ケ《さんが》根《ね》山《さん》国定公園の尖端に「殉国七士の碑」が建てられたときも、吉田はその建立に尽力をしたという経緯がある。

戦犯自主裁判の知られざる一面

すでに首相の座をはなれている吉田が、そして決して歴史的には好感をもっていない軍事指導者に対してこのようなふるまいをしたというところに奇異な感はある。それは、天皇に対しての軍事指導者の責任は重いが、ある時期には天皇が信頼を寄せたという事実を理解した「臣茂《しんしげる》」の行為だったということではなかったか。断っておかなければならないのは、それは吉田が軍事指導者を許容したという意味ではない。むしろ次の事実を知れば、それは吉田なりの贖罪《しょくざい》だったのかもしれないとの推測が成り立つ。

昭和二十年十月六日に誕生した幣原喜重郎《しではらきじゅうろう》内閣で吉田は外相に就任し、それ以後はマッカーサーやGHQの将校としばしば接触を図ることになった。吉田がマッカーサーと親密なる関係になっていくのは、すでに何度か書いてきたとおりだが、吉田はこのような関係のなかからGHQはポツダム宣言に則り、戦争責任者を裁く裁判を行なう意思が確かなことを知り、それに機先を制する形で、日本側が独自に戦犯自主裁判を行なったらどうかという意見を幣原内閣で主張し、実際に密かにその具体案づくりがこの内閣で始まっている。もしこの戦犯自主裁判を行なえば、それは自動的に連合国が行なう戦犯の裁判が形骸化することになり、天皇の責任も問われなくなりうる。なにしろ天皇自身が開く裁判だからである。たとえ連合国の裁判が開かれても、日本は天皇免責という事実をつくりあげていることはなによりも重くなる。

幣原内閣でこの戦犯自主裁判案をまとめたのは、書記官長次田大三郎《つぎただいさぶろう》と法相の岩田宙造《いわたちゅうぞう》であった。彼らは十一月五日に協議を始め、二十日過ぎにはまとめている。これを急いだのは、この二十日にドイツの戦犯を裁くニュルンベルク裁判が始まる予定になっているためだったらしい。

とにかく次田と岩田、それに法制局がまとめた「民心ヲ安定シ国家秩序維持ニ必要ナル国民道義ヲ自主的ニ確立スルコトヲ目的トスル緊急勅令（案）」という戦犯自主裁判は、天皇の名において発せられる勅令によって開かれることになっている。その第一条には、明治天皇の勅諭に背いて事変、戦争を起こし、「内外諸国民ノ生命財産ヲ破壊シ、且国体ヲ危殆ニ陥ラシメタル者」を裁くのを目的とするという、第二条には「叛逆罪トシテ死刑又ハ無期謹慎ニ処ス」として次の二号を掲げていた。

一、天皇ノ命令無クシテ兵ヲ動カシ、妄《みだ》リニ軍事行動ヲ惹起シ侵略的行動ヲ指揮シ、満州事変、支那事変、大東亜戦争ヲ不可避ナラシメタル者

一、明治十五年軍人ニ賜リタル勅諭ニ背キ軍閥政治ノ情態ヲ招来シ、国体ノ真髄ヲ破棄シテ専横政治、又ハ之ニ準ズル政治行動ヲ以テ天皇ノ平和精神ニ逆ヒ、大東亜戦争ヲ必至ナラシメタル者

さらに、第三条「叛逆罪共犯トシテ無期又ハ十年以下ノ謹慎」としては、一号に直接参画したる者、二号を支援した者などをあげ、新たに、「軍人政治家、其ノ他ノ者ノ好戦的策謀宣伝ヲ情ヲ識リテ支援シ之ニ協力運動シ、天皇ノ平和精神ニ背キテ主戦的輿論ヲ造成シ、開戦ヲ余儀ナカラシメタル者」もつけ加えている。この案は十二条まであり、それぞれの条項のもつ意味はあまりにも大きい。

この案は、最終的には天皇が「臣下の者を裁くことはできない」と判断して表面化することはなかった。だがもしこの案が現実化していたら、国内には少なからず混乱が起こったにちがいなかった。軍事指導者は「昨日の高位高官、今日は戦犯」という状態になったからである。幣原や吉田、それに次田や岩田などの閣僚の間では、この案文に示されているほど軍事指導者への怒りが深かったともいえるし、ここまで方針を明らかにしなければ、連合国による裁判で天皇が裁かれるという状態になりかねないとの不安も強かった。

こうした案をひそかにまとめた幣原内閣にあって、吉田の果たした役割は大きかった。吉田は、実際の東京裁判の経過を見て、天皇免責という流れで終わったことを相応に納得したと思えるが、それは、A級戦犯たちが天皇に累を及ぼす証言をしなかったという一点でその人物像を見直すことになったのであろう。幣原内閣の戦犯自主裁判は実現されなかったが、「東京裁判の現実」の推移に安堵感をもったとき、吉田の胸中には、「戦争の結末はこれで決着がついた」と考えたにちがいなかった。

第二次吉田内閣の解散は、吉田にとって戦争に決着のついた真のスタートを意味していたと解すべきであろう。そう解することで、〈吉田時代〉の本質がより理解できるのではないか。

結局、六九日間の第二次吉田内閣に課せられたのは、前述のように経済政策をめぐってのGHQとの対立、そして新たな経済システムの確立へ移行するという課題であった。そのために吉田は、第二次吉田内閣の組閣では充分にその能力をもつこうした中堅官僚の新党員を登用することを進めようとしても、まだそれだけの余裕と実力をもっていなかった。吉田がそれを着実に実らせていくのは、第三次内閣になってからである。

昭和二十四年一月二十三日の総選挙は、投票率が七四パーセントを超えるという高さを示した。その結果は、吉田の率いる民主自由党が二六四議席を獲得した。四六六の定数だから、まさに文字どおり絶対多数を確保したわけである。吉田は前述の中堅官僚たちを立候補させたのをはじめ、実に四一九人の立候補者を立てた。これには、吉田の自信があったからともいえるわけだが、吉田は大勝を予想していた節があり、このていどは当然とも考えていたようだった。ただ吉田は過半数を確保できなかった最悪の事態に備えて、民主党の総裁である犬養健《いぬかいたける》に連立政権の可能性も密かに打診していた。

しかし、その民主党は昭電疑獄事件の傷や党内の対立があり、選挙運動でも民自党に押されていて、候補者自身が運動の過程で弱音を吐くという一幕もあったほどだった。民主党は六九人、そして社会党は四八人、共産党だけは大きく躍進して三五人にふえた。共産党の躍進は、社会党内閣への失望やこの内閣がGHQの対日政策に公然と反対しなかったことなどもあげられるが、占領当初の民主化という方針の延長に社会主義像を具体的にイメージする国民が一定数は存在したともいえるだろう。

ほかに国民協同党一四、労農党七、諸派一七、無所属一二という議席のわりふりとなり、当時の新聞では、片山、芦田内閣を担った中道三党の退潮ぶりが明確になったと分析された。実際のところ、民主党では楢橋渡《ならはしわたる》、一松定吉《ひとつまつさだよし》、社会党では片山哲、西尾末広、加藤勘十《かとうかんじゅう》、野溝勝《のみぞまさる》といった閣僚クラスの有力者が落選するという状況だったのである。

吉田が保証人となった形の官僚たちは、相次いで当選していった。佐藤栄作、池田勇人、吉武恵市、岡崎勝男、大橋武夫、前尾繁三郎など、実に三十数人が当選したのである。吉田はこうして、自らの周辺を固める官僚を政治家に変貌させた。新生日本はここにきて保守本流の名のもとに新時代に合致する官僚集団の政策立案能力に依拠していくことになった。

だがその反面、総選挙の二日後の二十五日に岳父であり、師でもあった牧野伸顕を喪っていた。吉田自身、心中の支えを失ったことになるが、その分だけ新しい時代を担う官僚たちに牧野・吉田ラインの継承を託さなければならなくなった。

吉田は第三次内閣で、自らの意にそう人事を実行してすぐに官僚たちの登用を図った。GHQが要求している「経済安定九原則」の実施を担う蔵相には池田勇人を据えたが、それは池田側の証言によれば、「吉田がいちばん心配したのは新内閣の大蔵大臣の人選で、吉田はこれを日清紡会長の宮嶋清次郎《みやじませいじろう》に相談した。宮嶋は向井忠晴《むかいただはる》をおしたが、追放中で起用できない。困った宮嶋は腹心の桜田武《さくらだたけし》（日経連）に相談し、桜田が池田をおしたのである。のちになって池田はこのことを私に教えてくれた……」（伊藤昌哉『池田勇人とその時代』）という事情があった。つまり池田は産業界の期待を担っていたのである。

第三次吉田内閣は、昭和二十四年二月から二十七年十月までの三年八カ月にわたってつづくが、その時間帯は図らずも太平洋戦争の期間と同じである。この間、吉田は権力を一手ににぎり、経済復興、講和前後の「内」と「外」の課題にいどみ、保守政治の枠組みづくりと人材の育成にあたった。まさに吉田は、GHQ権力をもしのぐ最高権力者として君臨しつづけたのである。その人材が戦後政治を担い、それが現在にも引き継がれて「現実」をつくっているのである。

昭和二十四(一九四九)年一月二十三日の総選挙で、吉田の率いる民主自由党(民自党)が単独で圧倒的多数を占めたのは、戦後初の現象であった。この背景にはこれまでの期間で、社会党、民主党、国民協同党などの中道政治が、その政策が曖昧なのと実質的には権力を動かすだけの能力をもっていないとの判断が国民に生まれたからである。国民が望んだのは、なによりも安定した保守政権によって、日本の進む方向を明確にしてほしいとの期待であった。吉田自身もその方向を明確にしながら、本来吉田のもっている「新生日本」ではなく「再生日本」の路線を進めようと考えていた。保守勢力を結集することにより、占領政治からの脱却を心中では企図していた。さしあたり、占領期という枠組みのなかで日本型の議会政治を確立しようと考えていたのも明らかで、この二大政党の一方に、社会党右派や国民協同党など労働者階級の声を代弁する政党を想定したといってもいい。二大政党が存在する基盤には、両党の政治家が、近代日本の草創期の革命的変化(明治維新)を諒解するという前提がなければならないとも考えていた。

第三次吉田内閣が誕生するころ、吉田はマッカーサーの信頼を克ち得ていると受けとめられていた。民自党が保守政権の基盤を固めるための議席を獲得したという事実について、マッカーサーは「喜ばしい」状態といい、イギリスの駐日大使アルバリー・ガスコインは、本国政府に宛てて、マッカーサーのこうした言を幾つか紹介し、一時は吉田に対して不信感をもっていたマッカーサーが今では「吉田は目端のきく外交官だったし、日本の国内政治や占領下にある日本の現状について最近はいろいろと多くのことを学んできている」といって評価を改めていると報告していた(リチャード・B・フィン『マッカーサーと吉田茂』)。

つまり第三次吉田内閣が成立するころ、吉田がマッカーサーの信頼を得た裏に、G2のウィロビーなどとの連携が盤石になっていたという事実がある。加えてGSのニューディーラーたちは、片山内閣や芦田内閣時代の汚職に関わったとの疑いがかけられ、GHQ内部で東西冷戦に固執するウィロビーなどの軍人たちとの権力闘争に敗れているという状況があった。さらに吉田は国民の信頼を獲得したことになり、吉田にとって目障《めざわ》りな政治家は大体が追放になっているし、官庁内部でも戦前派の官僚は追放になるか、現役からは身を退いている。

吉田はまさに戦後政治のあらゆる権力と権威を自らのものとして、政治を動かすことになった。その政治を動かすために、吉田は学者と官僚を自らの輩下におさめようとしたのだが、学者には逃げられてしまったとはいえ、官僚は次々に吉田の軍門に下った。

以上のような状況を理解したうえで、吉田はきわめて特異な能力をもっていたことも認めなければならない。民自党が圧倒的多数で政権をにぎったとき、誰もが単独政権と考えていた。選挙が終わった一週間後に、民自党の役員会は「吉田総裁に単独政権を進言する」との決定をして、それを吉田につきつけた。つまり吉田が民主党総裁の犬養健に選挙前に連立を打診していたのを反古《ほご》にさせようとの意味を含んでいた。

しかし、民主党内部は連立派の犬養と幹事長の保利茂《ほりしげる》に対して、芦田均や苫米地義三《とまべちぎぞう》、小川半次《おがわはんじ》らの有力者が反対を唱え、党内は一本化できない。そこで吉田は犬養を伴って、マッカーサーのもとを訪れ、諒解をとり、吉田と犬養の総裁共同声明を発表した。これが民主党内部の連立反対派を刺激することになったが、犬養は代議士会で「マッカーサーは私の手をにぎって保守連携に努力するよう訴えた」と声泥ともにくだる演説を行って説得した。しかしこれも実らなかった。犬養は自らが入閣しないことを条件にして、その系列の者二人を入閣させることにしたが、これがさらに連立反対派の怒りを買い、犬養やその他二人を除名するなどの動きが起き、逆にこんどは連立派が反対派を除名するなどその内紛は泥仕合のような状態になった。

独断で決めていく首脳人事

吉田はその著（『回想十年』）のなかに次のように書いた。

「（第三次）内閣の成立はだいぶん遅れた。というのは、私は絶対多数の民主自由党だけでなく、性格を同じうする保守勢力を打って一丸となすことによって、政局の長期安定を確保し、国家再建を成し遂げたいと考え、民主党に対し、保守連立政権の話を持って行ったところ、話が意外に長引いたからである。そして民主党全部との連立は結局実現せず、同党内連立派の中から稲垣平太郎《いながきへいたろう》君と故木村小左衛門《きむらこざえもん》君だけの入閣を迎えて第三次内閣を組織した」

吉田は、むろん保守勢力の結集と称してそれには民主党を分断させるという高等な政治技術を用いたのである。民主党内部に連立派と反連立派の線引きを行なうことで、真に自分の側に立つのは誰か、中道政治に傾斜するタイプはどれか、そうした人材の区分けを行なった。すでに国際情勢は東西冷戦であり、民主化と非軍事化という〝日本解体〟の意を含んでいる初期の占領政策は、「日本は東アジアの反共の防壁」という戦略にそぐわないし、民主党内の連立反対派のような政治的に曖昧な立場の者は、あの太平洋戦争下での対米英強硬派と非戦派の間に立ってどちらつかずの曖昧さをもつ連中とかわりはないと吉田は判断したのだ。

第三次吉田内閣は、法務総裁（その後、法務大臣に改称）の殖田俊吉を除いては、国会議員がすべての閣僚を占めた。殖田を重用する吉田は、この期に炭鉱国管法の汚職事件などが裁判中であり、法務総裁の客観性を守るために留任させなければならないという事情を明かしたが、戦時下での〝同志〟という側面を重視したのである。共産党の議会進出がこれまでにない状況となり、吉田にとっては「この状態が伸びきった最高のもの」との理解があったにせよ、法体系の枠内からはみでる共産主義者の違法行為についてはやはり〝同志〟のような立場の者を周囲に配して監視させることがなによりも重要だと考えた節があるのだ。

吉田は、閣僚や党人事、それに政務次官、さらには国会の常任委員に至るまで首脳人事はほとんど独断で決めていった。当然なことにまるで自分たちをないがしろにするとして戦前からの党人政治家（たとえば大野伴睦《おおのばんぼく》などだが）は一様に不快感を示した。しかし、吉田はこのような不満にまったくとりあわなかった。

吉田にすれば、彼らはすでに歴史的役割を終えていて、「再生日本」のプログラムをもたない人物であるとの断を下したのである。

かつて三年八カ月余の太平洋戦争の大半が、東條英機という軍人政治家によって担われたが、その誤りを正して日本を近代日本の路線に戻すにはすでに役割を終えたような人物を舞台に引きたてることなど不要だというのが吉田の本音、と窺うこともできた。このような考えのもうひとつの側面として共産主義者の動きに対する吉田の警戒心を重ねあわせれば、吉田は旧体制の忠実なる継承派と自らの体制を破壊しようとする批判派を、占領下の政治からは切り捨てるのみならず、その人脈にさえメスをいれるとの覚悟を示したことになる。

こうして吉田政治が「ワンマン時代」として語られる素地が固まっていった。

組閣が終わったあとに吉田は声明を発表して、日本は経済自立体制を固めねばならないといい、そのためにマッカーサーから指示のある経済安定九原則を断行しなければならないと訴えたうえで、「しかるに敗戦後の国民思想の混乱に乗じ、現下の国情をいささかもかえりみず、無責任な行動をほしいままにし、破壊的な意図のもとに行動をしているものもあるが、我々は祖国の安寧と国民の幸福を擁護するため断乎として、これを排除せんとするものである」と宣言した。

この宣言は、「さあこれからは経済の安定です。これに異を唱える者は許さない」との覚悟であった。吉田が昭和二十四年に起こった一連の不可解な事件（たとえば、三鷹事件、下山事件など）に対し、「共産主義者の指導した事件、もしくは指導したと思しき事件が相次いで発生して人心不安をいやが上にも刺激した」というのも、吉田からみればまさに切り捨てられるべき思想に憑き動かされている連中の所業に違いないと判断したからである。

負わされた課題への姿勢

第三次吉田内閣の政策は、結局は「二つの骨格と一つの歴史意思、そして三つの役割」をもっていたと分析していいだろう。

二つの骨格とは、経済政策の自立による日本の経済安定化、そしてもう一つは占領国の意を受けて反共の防壁に徹するための反共政策の実行である。一つの歴史意思とは、早い機会に講和の方向を定め、戦勝国との間に講和条約を結び、日本を国際社会に復帰させることであった。この機会をどのようにつくりあげるか、そのうえで日本が独立を回復するためにどういう対応をしていくかを国益という立場で明確に固めておくことが必要であった。

さらに三つの役割とは、私の見るところ、

㈠指導層人材の再整理

㈡行財政改革の徹底

㈢天皇制の温存

という点につきる。もとより歴史意思と政策の骨格、役割の三局面に軽重があるのではない。三年八カ月（第三次吉田内閣）のそれぞれの時代、それぞれの状況下で吉田にはこのような意味が託されたということになるが、有体《ありてい》にいって、吉田はこのすべてを満たすための政治的手腕を発揮するための環境づくりを当初はめざしたのだ。どのような政策にさえも吉田が前面にのりだして決定したという裏には、吉田はこうした使命感を強くもっていたからにほかならない。この意味では、吉田は他の指導者と異なって〈歴史に生きる〉という自覚と使命感を誰よりも強くもっていた。

前述の〈二つの骨格、一つの意思、そして三つの役割〉を個々に語っていく前に、吉田が三年八カ月の間、政治的権力をにぎりつづけた間の日本の置かれた歴史的位置を理解することが必要になる。なぜなら、この三年八カ月の間に、もし使命感をもっていない指導者ならとうに内閣を投げだしたにちがいないほどの難問が相次いだからだ。内閣を投げださずに、とにかく昭和二十六年九月に開かれたサンフランシスコ講和会議まで日本を引っぱっていったそのエネルギーの源泉にひそんでいるものを年譜からさえも窺うことができるのである。

昭和二十四年二月十六日から二十七年十月三十日までの三年八カ月間の年譜の重要なできごとだけを以下に並べておく。

▽昭和二十四年（一九四九）
三月　アメリカのドッジ公使、経済安定政策を発表
四月　GHQ、一ドル三六〇円の単一為替レート設定
七月　三鷹事件（中央線三鷹駅で無人電車暴走）
十月　中華人民共和国成立
▽昭和二十五年（一九五〇）
一月　コミンフォルム、日本共産党の平和革命論を批判
二月　GHQ、沖縄に恒久的な基地建設を発表
三月　池田蔵相、中小企業の倒産やむなしと発言。国会で追及
五月　吉田、南原東大総長を「曲学阿世の徒」と決めつける
六月　共産党中央委員の公職追放（七月『アカハタ』無期停刊）
六月二十五日　朝鮮戦争勃発
七月　マッカーサー、警察予備隊創設指令
十月　旧軍人三二五〇人、初の追放解除
▽昭和二十六年（一九五一）
二月　ダレス特使が集団安全保障、米軍駐留の対日講和方針を発表
四月　マッカーサー解任
六月　追放解除本格化
九月四日　サンフランシスコ講和会議（五二カ国参加、ソ連など三カ国は八日の調印に不参加）

▽昭和二十七年（一九五二）
三月　吉田、参議院予算委員会で「自衛のための戦力は違憲ではない」と答弁
四月二十八日　対日平和条約発効
七月　破壊活動防止法公布
八月　保安庁新設

この年譜を見てもわかるとおり、「二つの骨格」が軸になり、それが日本の国際社会への復帰という歴史的事実を生みだしていたことがわかる。まさに第三次吉田内閣の時間帯こそ、その後の戦後日本の出発点だったという理解が必要となる。

閨閥側近を重用した背景

同時に、占領初期に見られた民主化、非軍事化はこの期には色あせつつあることも事実で、とくに昭和二十五年六月二十五日の朝鮮戦争をはさんで、日本は占領初期の路線を大きく離れていくことになった。この路線は占領初期の側に立つ人びとには、まぎれもなく逆コースに映る。そうした論は、現在に至るも現代史を理解するうえで一定の重みをもって語られているほどである。

しかし、吉田という政治指導者の目に即して見れば、占領初期こそが本来不自然であり、これにひたっている限り、日本人は決して歴史の本質を見ることはできないということになる。吉田の発言には、現代の国際政治を見極める目をもつことこそ必要であり、日本人にはそれが欠けているとの意味を含んだ言が多いのだが、それは吉田の怒りが間接的に語られていることでもある。

この三年八カ月の間、吉田はかつての、岳父牧野伸顕のような相談相手をもっていなかった。ときに

自らが悩む場合、その心の内を打ちあける人物をもっていないため、吉田はしばしば自らの地肌で事の局面に立ちむかった。権力者として孤独である自らの立場を強く意識し、それをまぎらわせるために自らに反発する者には苛酷なほど冷たく対応したし、たとえ自らに恭順の意を示しても自らの気にいらない人物であれば周辺からは追い払った。第三次内閣のときに民自党の幹事長に据えた広川弘禅《ひろかわこうぜん》が、その後、吉田の意にそわないとなるとたんに周辺から追い払ったのはその象徴的な出来事であった。

吉田はとくに鳩山一郎が追放解除されるのを恐れていて、鳩山系の代議士は極端なほどに遠ざけていた。鳩山一郎、三木武吉《みきぶきち》、河野《こうの》一郎《いちろう》などの追放組が政界に復帰してきたときは、吉田との間に大きな対立が起こることが予想されていたし、実際こうした系譜に列なる代議士は三人の追放解除を一刻も早くと待っていたのである。

吉田が最終的には、ワンマン的体制をなおいっそう固めるために採った手法は、閨閥側近を重視することだった。政治家吉田としては、ときに権謀術数まがいの策を弄しなければならないとするなら、肉親の情こそもっとも信頼できるとの権力者なりの選択肢ではなかったかというのが正鵠《せいこく》を射ているのではないだろうか。

第8章　占領政策とワンマン体制

池田蔵相の手腕をテスト

第三次吉田内閣に課せられた、「二つの骨格と一つの歴史意思、そして三つの役割」のうちまず「二つの骨格」について論を進めたい。「二つの骨格」とは、ひとつは日本経済の自立と安定、そしてもうひとつが反共理念の明確化による西側陣営の一員としての方向をさしている。この二つが、吉田内閣の背景であらねばならないということであった。

吉田は初閣議（昭和二十四〈一九四九〉年二月十六日）で、自らの経済政策について所信を披瀝《ひれき》したのだが「いわゆる九原則をはじめ、経済安定政策の遂行のためには、どうしても均衡予算の実現を図らなければならない。このため、各省は徹底的な冗費の節減を励行してもらいたい」という言には、マッカーサーから示されている経済安定九原則を断行することによって、名実ともに独立回復後の日本経済の進路を固めておこうとの意がこめられていた。この点では、マッカーサーが示した日本経済の長期的ビジョンと吉田の政策は一体化しているといえた。

この経済安定九原則は、アメリカ政府からの指示によってマッカーサーが第二次吉田内閣に示した政策だが、日本経済を安定させるために早急に打つべき策を内示していた。九原則の第一項には、「税収計画を促進強化し脱税者には速やかに広範囲に刑事訴追措置をとること」とあり、以下戦後復興にあたって日本経済の弱点になっている部分をすぐにでも手直しするよう求めていた。九原則を貫く芯は、「真の均衡予算を作成せよ」「融資は真に日本経済復興に役だつものに限る」「輸出貿易を振興するのを目的として現行の割当、配給制度を改善せよ」という点に尽きた。日本経済を建て直すには輸出振興こそ急務であり、国庫補助に類する歳出はできるだけ抑えよ、納税者の意識を高めよという命令は、アメリカ政府が政治、軍事上の民主化、非軍事化を求めた段階から一歩進んで日本経済そのものの基本的な体質を改革しなければならないとの意味を含んでいた。

このころ輸出入業務はGHQによってにぎられていたが、日本の貿易赤字は昭和二十二（一九四七）年に三億五〇〇〇万ドル、翌二十三年には四億三〇〇〇万ドルにふえていた。GHQは、日本の産業界は国内消費市場だけをみるのではなく、貿易によって経済を建て直せと指導していたが、そのためにまず国内の財政政策のビジョンを示せという言い分だったわけである。

吉田は、マッカーサーとGHQのこの考えを容認していた。吉田はその少年期から「恒産なくして恒心なし」という人生訓に忠実であり、国民に経済的利益を還元させなければ、天皇への収斂《しゅうれん》という国民意識は生まれるわけがなく、しかも貧困は共産主義の温床になりかねないとの不安を強くもっていたから、経済安定九原則の趣旨そのものに異論がなかった。しかし同時に、昭和二十四年一月の総選挙では、国民の支持を集めるために所得税の減税、公共事業費の増額、取引高税の廃止などをスローガンにしていたため、これをそのまま実行すればGHQの命令と背反することも明らかであった。

第三次吉田内閣は蔵相に大蔵事務次官だった池田《いけだ》勇人《はやと》を据えているが、吉田はこの門弟が板ばさみのなかでどのような大蔵原案をつくるかに注目していたのである。吉田は、私の推測では、大蔵原案とGHQの要求する案とでは対立状況が生まれるだろうが、これを池田がどのように乗りきるかを試したといえるのではないかと思う。つまり池田は、吉田のテストを受けたわけだ。これはこの昭和二十四年度予算審議時ではないが、日本が自立経済の道を歩むためになお一層緊縮財政策を進めなければならなかった時期が続いた折りに池田が、「貧乏人は麦を食え」とか「中小企業のひとつやふたつが倒産するのはやむをえない」とあえて国民を挑発するような言を吐いたのは、まさに吉田の意を反映していたのであり、これによって池田は吉田のテストに合格したという事実を意味していた。池田自身、のちに自分がこの期に大胆な財政政策を採ることができたのは、吉田先生のおかげといっている。

池田がまとめた昭和二十四年度の予算案（大蔵原案）は、収支均衡を目標に一般会計だけに経済九原則の精神を生かし、五七八八億四〇〇〇万円の規模となった。取引高税の廃止による新税の創設、復旧公共事業の重点化、予算節約のための行財政改革断行を盛りこんでいた。これをGHQに示したのである。GHQの財政顧問として、この予算案を検討するために日本にやってきていたのが、J・M・ドッジである。ドッジはデトロイト銀行の頭取であったが、金融財政政策にも明るく、アメリカ占領下の西ドイツでインフレ対策に効果的な手を打った専門家として評価されていた。そのドッジが、日本の予算案のチェック役として訪れていた。ドッジは日本の大蔵原案に強い不満を抱いた。金融財政専門家としては古典的ともいえる自由経済論の信奉者であったが、こと国家予算に関しては収支均衡型を尊ぶタイプだった。つまり過度に歳出を広げるのではなく、歳入にあわせて歳出を考えろということになるが、これはともすれば歳出を減とするのに慣れていない日本側にとってきわめて厄介なチェック役だったことになる。

ドッジは、大蔵原案を中心に日本経済の内容をスタッフと共に検討し、すぐに結論をだした。それは、日本経済はまず財政と金融を引きしめてインフレを抑えなくてはならない、という方針のもとに、「現在の日本経済はアメリカ国民の税金の援助と国内の補助金システムの両足から成っている竹馬のようなものだ。まず必要なのは地に足をつけることだ。もしこの竹馬の足を高くするなら、日本経済はすぐにでも崩壊してしまう」という実態を見抜いた。池田の示した案はまだ自分の意に即していない、特別会計や復興金融金庫などの政府機関の融資などに補助金に似た性格があり、こうした面にメスをいれなくては承認できないとの強い回答が返ってきたのである。

この昭和二十四年度予算案をめぐって、二月半ばから三月半ばまで、ドッジと池田の間で交渉が続いた。池田は、ドッジの意向を盛りこんだGHQ案は日本の現状にそぐわない、とくに鉄道料金や郵便料金の五〇パーセント以上もの値上げや補助金システムの廃止断行などがいかに困難かを説いた。しかし、ドッジはまったくそれに応じなかった。

池田はこの一カ月間しだいに音《ね》をあげ、とくに党内からは公約の実施を迫られたり、これ以上の耐乏生活を国民に要求することはできないとの不満がぶつけられた。吉田はそういう池田に対して、「この際、そうした声にとらわれることはない。日本経済の長期的安定のための重要な時期にあたっているとの認識をもってことにあたれ」と支える側に回った。吉田は池田のドッジとのねばり強い交渉に合格点を与えたのである。

結局、日本側はドッジの方針に沿って予算案をまとめた。

ドッジ予算案と吉田の本音

この予算案は歳入が約四五二四億一〇〇〇万円で、歳出は四三七四億八〇〇〇万円という規模になった。実に大蔵原案よりも一四〇〇億円もの歳出を抑えた。歳出を抑えるために行なわれる施策は、徹底した補助金削減と行政整理、公共事業費の大幅減額であり、逆に所得税の減税策や取引高税などの廃止は認められなかった。これによってインフレは抑えられるにせよ、国民にむかっては苛酷な緊縮財政の現実がしわよせされることになったのである。

日本経済が、実質的にGHQ占領下で立ち直るのはこの予算案がきっかけになっていくのだが、これは戦前、戦時下の「強者（たとえば陸軍など）が国家予算を思いのままにぶんどる」というあり方や「国家予算にくいつくダニのような存在」を排し、名実共に近代国家に転換するときのスプリングボードの役を果たすという先見性をもっていたのである。つけ加えれば、現行の日本の財政政策はこの期のGHQのような存在がない分、まったく制御機能を失っているともいえる。

吉田はGHQからドッジ案を示されたときに、政権与党としてこれは厄介な事態になると予想した。吉田は「党の公約は完膚なきまでに潰されてしまった」（『回想十年』）と書いているほどである。国民に対して苛酷なほど税負担を要求しているのが一目瞭然だった。吉田はこのGHQ案を一週間ほどは伏せていた。その間に池田に対して、国民の税負担をもうすこし少なくするよう交渉させたが、ドッジは自らの信念に忠実で、これに取りあわなかった。なによりGHQ内部ではドッジの金融政策に信頼を寄せる将校が多かったのだ。そこで吉田はやむなく受けいれることを決めた。

この間の経緯について、吉田は『回想十年』のなかで次のように書いている。

「（池田の落胆ぶりにふれたあと）私は別の筋から、ドッジ氏が大いに池田君を買っていて、特に物の考え方といい、計数の折衝といい、是非池田を辞めさせずに今後も仕事を続けさせるようにした方がよいという意見であることを聞いてもいたし、大体これくらいのことで投げ出すのは早い、問題はまだまだこれからだと思っていたから、池田君を大いに激励して、もう一度でも二度でも総司令部と交渉するがよい、大体考え方は自分達と同じ線なのだから、その線に乗って纏《まと》めたらいい、党の方は私が抑えるからといって、とにかく大死《だいし》一番《いちばん》奮起して貰ったような次第だった」

吉田が、このGHQ予算案を政府の予算案としたのは、いずれにしろ日本人は再生日本のために苦い薬を飲まなければならないのだから、「GHQの権力」を借りてその儀式を済ませてしまおうと考えていたのである。そこには池田にこの厄介な交渉をさせることで、GHQと意思の通じる回路をつくりあげればいい、池田はそれだけの能力と識見をもっていると計算した筋も窺える。

マッカーサーとドッジの性格には、幾つかの共通点があると吉田は見抜いていた。能力もあり自信家であるがゆえに、自らの周辺の者にはカリスマ的信頼を得るが、その交渉相手が相応の能力をもっているとすぐにそれを見抜き、それなりに遇してくれるというタイプであった。吉田がマッカーサーの性格や人間性を見抜いて、その長所や短所を巧みに突いて信頼を得たように、池田もまたドッジから信頼を得て、いずれはその回路が役立つと考えたのである。実際に、これがのちの講和条約締結に至るプロセスで力を発揮することになった。

「経済的愛国心」に目ざめよ

四月に入ると、国会で予算審議が始まった。吉田の態度はつねに一貫していて、これは政府が自主的につくった予算案であり、総司令部の命令によるものではない、自分はとにかく均衡予算をつくり、日本が真に自立再建を図らなければならないと考える、という点に尽きた。このときの施政演説には、吉田の性格がよくあらわれている。たぶん吉田の施政演説のなかでも歴史的な内容といえるのではないか。たとえば、次のような一節があった。少し長くなるが引用しておこう。

「経済の終局的安定をはかり、徹底的にインフレーションを終熄《しゅうそく》せしめ、さらにゆたかなる経済的発展を遂げ、祖国を自立再建するためには、国民生活にたとい一時容易ならざる影響があるといたしましても、国民最大多数の究極における幸福のために断じて行わねばならぬところであります。でき得る限り早く光明のある未来を招来するためには、手術は早きを必要とし、国家をしてこの手術に耐えしむるためには、一に国民諸君の不動の信念と熱烈なる愛国心の協力に俟《ま》たねばならないのであります。連合国、特に米国の日本に対する深い理解と絶大なる援助は、われわれの衷心《ちゅうしん》より感謝にたえないところでありますo しかしながら、われわれとして最も大切なることは、でき得るだけ早くこれらの援助なくして自立し、祖国を復興することであります。私は、連合国の恩恵のみに依存することなく、国民みずから強烈な自主的精神と、耐乏生活に徹した努力とによって、すみやかに再建を成就する決心を八千万国民がこぞって固うせられることを切望してやまないのであります。（以下略）」

そのあとで吉田は、英国国民が今や一丸となって経済的自立をめざしている姿勢を学ぶべきだといっている。日本も経済的愛国心に目ざめるべきであると、この施政演説では何度も説き、その末尾は、日本は一刻も早く国際社会に復帰したい、という言でしめくくっている。この言い回しはいかにも吉田流なのだが、日本が「自主経済並びに民主政治を確立」すれば、国際社会は容易にわが国を迎えいれるだろうと説くのである。

そこには日本が自主的にＧＨＱの政策を血肉化したときという意味があり、旧体制をあますところなくふっきったときにこそ、日本は国際社会に復帰できるとにおわせていた。

国会では公約違反ということで野党の鋭い質問を浴びた。民自党の代議士のなかにも、池田に対して「どうしてこのような予算を組むのか。公約違反というだけでなく、国民生活そのものが崩壊してしまうではないか」と野党まがいの質問を発する者もいた。吉田はこの言にすっかり腹を立て、激しい怒りをもち、質問のあとその代議士にきつい忠告を与えるという一幕もあった。社会党などからは、「実はこれはGHQのいいなりの予算で政府の自主性などは少しもないのではないか」というこの時代を認識していない質問も放たれた。そうした質問にも、吉田はまったく取りあわず「この予算は、日本経済が国際経済へ移行するために避けてとおれない道筋だ」とはねつけた。経済の自主性なきところに、政治の真の自立などありうるわけはない、というニュアンスを何度も答弁のなかに盛りこんだのである。こうして予算案は与党が絶対多数の状況にあることを利用して、わずか一七日間で成立することになった。

摩擦や混乱は覚悟のうえ

占領下の日本がつくりあげねばならなかった骨格のひとつである（経済的自立と安定）は、こうして確立していったが、この背後にあるのは吉田がきわめて政治技術に長けた政治家として成長しているという事実だった。吉田は党内の不満分子を強圧的に抑え、その予算案を受けいれたという現実をマッカーサーやドッジに教えたわけだが、実際にはドッジのGHQ案は吉田の考えと同工異曲でもあり、吉田は自らの考えを実行するためにあらゆる方面の力関係を再整理して、そこに吉田流の政治権力の構造をつくりあげてしまったのである。

昭和二十四年度の予算案は、副次的に多くの利益をもたらした。予算案が成立したあと、GHQはドッジの意見を入れて「一ドル三六〇円」という固定為替《かわせ》相場制を採ることを伝えてきた。これによって日本の貿易業者は、商談ごとに為替相場を決めるという煩雑さから逃れられることにはなったが、逆に輸出商品によっては大幅ダンピングによって競争力を維持していた商慣習は通用しなくなった。この「一ドル三六〇円」は、最終的にはワシントン政府によって決定されたが、そこには経済安定九原則実施のための主要な施策という判断があった。吉田は閣議で、このレートによる輸入原材料の値上がりは企業努力によって吸収する、物価の値上げを監視するということを命じたが、これによって日本の産業界は新たな再編成が始まることになった。人員整理や企業倒産も当然のこととして予測された。

昭和二十四年度予算案の実施による「早きを要した手術」は、そのまま社会不安へとつながった。失業者数は昭和二十四年末には二十数万人から三十数万人にふえ、さらに増加傾向を辿《たど》った。企業の合理化は人員整理、人員削減に及び、それは国鉄などの行政整理とからみあって膨大な失業者を生む土壌をつくりあげた。消費の抑制は生産の縮小につながり、操業規模の縮小、給与未払い、賃金カットが慢性状態になった。ドッジ予算とよばれたこの予算はしだいに国民の反感と同義語となっていった。

昭和二十四年十月、ドッジは日本の金融財政視察のため再び日本を訪れた。池田が諸政策の緩和をもちかけたが、それは認められなかった。それこそアメリカ政府の強い意思であった。吉田は財政の責任者として池田がときに緩和策を口にすることに耳を傾けはしたが、それに同意は与えなかった。日本経済を安定させる、自立させるという骨格づくりのために、吉田は「ある程度の犠牲は仕方がない。しばらくの辛抱だ」との決意を決してゆるがせなかった。

もしこの期の首相が指導力のある吉田でなかったなら、日本経済の自立は達成できなかったろう、と今になって指摘されるのは吉田にとっては納得のいく歴史的評価になるだろう。ドッジ自身、「吉田は日本の宝だ」と評したのは、まさにその堅固な意思にあった。

GHQが気づいた「共産主義の脅威」

占領期の後半にあって、吉田内閣がつくりあげた骨格のもうひとつは、反共理念を明確にして西側陣営の橋頭堡《きょうとうほ》となる道だった。この道は、日本の国策がアメリカの国策に組み込まれて、そのような選択をするよう迫られたという理由だけでなく、吉田自身の哲学、思想、あるいは歴史観といった要因もまた大きかった。吉田はその点では当時の指導者のなかでも抜きんでた反共理念の持ち主であった。

吉田の回顧録や言説、さらに他人に語った内容から、その反共の所以《ゆえん》をさがしだすのはあまりにも容易である。「マルキシズムは古い時代の独尊的な思想」であり、それは歴史上に何ものをも生みださない。もうこういう思想は「博物館入りすべき思想体系」だという持論は、吉田の思考の根幹にあった。ではなぜマルキシズムが古いのか、と問われれば、吉田はそれに答える意思を示していない。そのような設問に答えること自体、吉田にとっては不愉快なことだった。吉田は、共産主義を国家のイデオロギーとしている政治形態、さらには共産主義を自らの信条としている共産主義者の発想・言動を、歴史上もっとも邪悪な存在として断固排撃しなければならないと考えていた。共産主義国家も共産主義者も虚偽と傲慢と侵略的性格をその行動の核としていながら、しかしその言はつねに口あたりのいいヒューマニズムに覆われた麗句をもって国家目標なき新興国家に、あるいは実態を知らない国民の間に浸透していくというのが、吉田の怒りの源泉であった。

占領期の初期にあって、GHQが日本の非軍事化、民主化を急ぐあまり共産主義者に寛大であったのは、吉田にとって我慢のならないことであった。吉田は自らの反共理念がGS（民政局）首脳部によって嫌われ、彼らがマッカーサーとの連携の阻害役を果たしていると理解し、野党時代にもG2（参謀本部第二部）のウィロビーと密かに会っては共産主義者追放の策をめぐらしていたが、第三次内閣以後はこの政策をきわめて露骨に進めることにもなった。

そのことを吉田は、自らの回想録（『回想十年』）では、次のように書き、そうした政策はGHQの首脳部が共産主義者の怖さをはじめて知ったゆえだと解析していたのである。

「占領軍当局並びに米国の政治家たちが、共産主義者を占領政策の妨害者として、骨身にしみて覚るには、余り時間はかからなかった。共産主義者たちは、労働者を煽動利用して、戦後の不安と混乱をひたすら助長し、よってもって革命政権の夢を追い、ソ連は専ら背後にあってこれを援護するといった有様で、そのような管理妨害の意図は、あるいは極東委員会を通じ、あるいはまた対日理事会を機会に、露骨に表白されたらしい。米ソ両国の対立と、占領軍の対共政策の変化とは、そうした契機から、急速に現れはじめた」

吉田から見れば、一九三〇年代のヨーロッパにあって共産主義とナチズムは、「人類の敵」そのものだったのに、アメリカの政治・軍事指導者は実感としてそれを味わっていないという不満をもっていた。イギリス、フランスの政治指導者も国民もそのことはよく知っているし、ドイツも今ではソ連側の占領を受けた東ドイツや東ベルリンからぞくぞくと西側に逃げてくる国民によって、その怖さを理解している。「西ドイツは一日に何百人、何千人もが東ドイツから逃げて来る。そこで西ドイツの人達は東ドイツの人達から、共産主義の如何に恐ろしいかを教はることになる。西独政府は何にも宣伝しないが、東ドイツから逃げて来た人達によって日々教はることになる。如何に共産主義が恐ろしいかを教へられる」と、吉田は書いているのだ。

アメリカの政治・軍事指導者は、占領期初期の日本を見ることで、共産主義者がいかに巧妙に労働者や市民の間に入って浸透するか、それが昭和二十二年二・一ゼネストのような異常な状態をつくりだすか、を初めて知ったと解析する。それゆえ昭和二十四年七月に、マッカーサーはあえて声明をだし「(共産党は)民主主義と相容れない綱領を公然と掲げ、たえず既成の秩序を破壊しようとする団体」と位置づけ、こうした団体が合法政党として活動すること自体に問題があると指摘するに至ったというのである。このようなGHQの具体的な反共政策は、後述のように昭和二十五年にはいると急速に明らかになっていく。

このプロセスで吉田が陰に陽に果たした役割は大きかったというべきである。

ウィロビーとの密かな連携

GHQの反共政策の担い手になっていくのは、G2のウィロビーを中心とする東西冷戦派、共産主義撲滅派の幕僚たちであった。こうした幕僚一派は、GSのホイットニーやケーディスとそれに列なる一派のなかに共産主義者やその同調者が存在することを調べあげ、そのつどマッカーサーに報告書を提出したし、ウィロビーのもつ人事権の及ぶ範囲で解雇できる者は次々と解雇処分にしていた。マッカーサーは、ウィロビーを「わが愛すべきファシスト」といったが、そのウィロビーの回顧録には、どのような人物をどういう方法で調査したかを克明に記している。こうした報告にもとづいて昭和二十一年二月のGHQ政治顧問J・K・エマーソンの帰国命令にはじまり、昭和二十三年十二月のケーディスの帰国までの「ニューディーラー追放劇」が進んだ。

吉田が第三次内閣を組閣してまもなく、GHQ内部は反共一色によって覆われていった。マッカーサーの声明は、そのような土壌のもとで行なわれたのである。

つけ加えれば、昭和二十四年に相次いで起こった平事件、下山事件、三鷹事件、さらに松川事件は、現在に至るも真相は不明のままになっているが、共産主義者の陰謀による事件という見方とＧＨＱのＧ２が共産党を解体させるために仕組んだ謀略という二つの見方が続いている。そのどちらの見方も成り立つほど、当時の社会情勢は共産主義をめぐる戦いに明け暮れていた。

吉田は、むろん一連の事件は共産主義者の策謀によるものと判断していたが、一面でこうした事件の背後に国際共産主義勢力とそれに対抗する反共陣営との間に激しい動きが内在しているとみていたのは事実であろう。吉田とウィロビーの間には独自のルートがあり、ウィロビーは自らの調査やマッカーサーあての報告内容を吉田に示すと同時に、吉田がどのような政策を進めるかについて、二人の間には国際的な動きも含めて、相当に突っこんだ話し合いが行なわれていた。

吉田とウィロビーの二人だけの話し合いの内容は、両者ともその回想録で明かしていないために、いってみれば歴史の大きな〝謎〟になっているが、昭和二十四年にはいってのＧＨＱの吉田への指令、あるいは吉田自身が前面に出て進めた反共政策は〈ＧＨＱ権力を隠れ蓑にした吉田政治〉の感は免れえない。昭和二十五年にはいって表面化するレッドパージなどはその典型的な例である。

第三次吉田内閣は、反共政策をどのように掲げ、どのような形で進めていったか、それが実際には吉田自身の思想の反映そのものであったという点は確認されておかなければならない。

昭和二十四年四月、ＧＨＱは団体等規正令の公布を命じた。これは表向き、ＧＨＱに敵対する団体や軍国主義的団体になんらかの規制を加えることを意味していたが、その趣旨は共産党の動きをチェックすることにあった。表面上はすべての政党がその活動内容や方針、組織内容を明らかにせよというのであり、そこには党活動を秘密にしている共産党に対してまずは公開を原則とせよと詰め寄ったのである。

吉田はこの団体等規正令を公布するにあたって、ひそかに法務関係者に共産党員の活動をチェックする法案の立法化を練らせている。アメリカ議会内に設けられている非米活動調査委員会に似せて非日本活動調査委員会を国会内に設け、国会の場で反日的団体の調査を行なうよう画策も行なった。しかし、これは法的にむずかしいという声と発布されてまもない憲法で保証されている「思想の自由」に反するのではないかとの声もあってあきらめざるをえなかった。

こうした事実は、吉田の体質が単なるリベラリストのそれではなく、むしろ「反共国家」という理念を徹底させるためには、少々の憲法逸脱もかまわないとの地肌をもっていることを示していた。共産主義の怖さを知らない日本人には、少々の荒療治は必要であるとの認識であった。「日本人は共産主義の実体を知らない。その恐るべきことを知らない。大学の先生や文化人は、共産主義と言ふと、如何にも文化的な、進歩的な、民主主義、自由主義の権化みたいなものと考へ、我々のやうに反共態度を取るものを、あれは保守的だ、頑迷固陋《がんめいころう》だと考へる。その位、共産主義の真髄は日本人に解ってゐないのである」(『大磯随想』)との焦りは、共産党の非合法化構想までもつに至ったのである。

やはり昭和二十四年七月、マッカーサーはアメリカの独立記念日にあたり日本人向けの特別声明を発表したが、このなかには共産主義者が与えられた自由を利用して、むしろ自由を剝奪する方向に向かっているとの強い批判がこめられていた。吉田はこの声明を受けて、共産党非合法化を再度密かに法務当局者に検討させている。しかし、これも憲法上の抵触事項になるのではないかとの声を受け、断念せざるをえなかった。それほど吉田は強い焦慮感を露《あらわ》にしていったのである。

「単独講和」の伏線として

吉田にとって救いだったのは、マッカーサーがその反共政策をしだいに明らかにしていったことに加え、国民の間に共産主義が必ずしも好感をもって受けいれられていないことが明らかになったことだった。国民の間にある共産主義に対する警戒感は、たぶんに戦前、戦時下の治安維持法による恐怖と一体になっていた。

昭和二十四年秋になると、連合国の首脳会議でアジア情勢を語るときには、日本との講和をどのように進めるかが議論の中心になった。九月にワシントンで開かれた米英仏の外相会議では、「対日講和に対して新しい段階に進むべき」という決定が発表されたし、ソ連もまたその方向をすでに明らかにしていた。しかし、こうした方向には共産圏も含めた全面講和を日本に要求するのか、それとも自由主義陣営だけの単独講和を進めるか、といった問題が隠されていた。日本が国家主権を回復し、国際社会に復帰する事態は、アメリカにとっても、ソ連にとっても、それぞれの陣営の死活にかかわる意味があった。極東のこの国を自らの陣営に引きつけるなら、極東地域をそれぞれの勢力圏に置けるだけでなく、この数年前には最後には一国となって世界と対峙したこの国の潜在的軍事力を敵に回すことにはならないとの判断があったためだった。

国際社会のこういう情勢を受けて、日本でもしだいに「全面講和」か「単独講和」かが論議されることになった。吉田は講和を「ひとつの歴史意思」として判断して、日本はどのような方法を選択すべきか、日本側案を外務当局に密かに検討させていた。それにはA案、B案、C案とあったが、のちにA案、B案ともアメリカ側には示してもC案だけは示さなかった。このC案は、驚くことに日本とその周辺を非武装地域とするという大胆な内容であった。こうした案の検討を外務当局に指示した吉田は、東西冷戦を日本にとっての国益を重視するという立場からみて、単に反共陣営に身を置けばいいと考えていたわけではなかったのである。このC案は後述したい。

この「全面講和」か「単独講和」かの論争のときに、吉田はそうした自らの政治的計算を表にはださなかった。その一例として、吉田は国会での質問にも「連合国が講和の方向を明らかにしつつあるのは結構なことである」とか、「日本は軍備のないことこそ安全幸福の条件と考える」とか、果ては「共産主義国を含めた全面講和の前段階として単独講和でもやむをえない」と明確な言質をとられるのを避ける言い方をくり返した。

こうした言い方は、つまり次のように分析することができた。

〈GHQは反共理念と反共政策を日本に直截《ちょくせつ》に要求する事態になった。私はそれを受けて反共政策を進めている。同時に、私自身も強い反共論者である。したがって基本的にはGHQと私との間に亀裂はないが、私は、現在の日本人の歴史認識には強い不満があり、GHQの反共理念はつまるところ西側陣営の利益という意味だが、私の意図する反共の姿勢は日本にとっての国益という立場からである。共産主義者とその同調者は、再生日本の最大の阻害者であり、日本には無益な存在という信念が日本人全体にいきわたってほしい〉

結論からいえば、吉田はこの信念を戦後日本の骨格としたいと考え、そしてそれを具体的に実行し、その骨格をつくりあげてしまったのである。そこに吉田の政治家としての特質があったという評価が成り立つ。これこそ吉田が歴史に特筆される政治家たりえた第一の要件になっていると、私は考えている。

昭和二十五年が基軸となった反共国家

戦後日本が反共国家として自立する土台が固まったのは、昭和二十五（一九五〇）年のことである。

この土台が固まる背景には、吉田にとって幾分幸運な面もあった。というのは、吉田が日ごろから口にしていた共産主義者の本質がより鮮明になったからだ。その本質とは、日本の共産主義者がソ連の傀儡《かいらい》であり、決して自国の労働者の利益にもとづいての運動ではないとの批判にあらわれていた。

昭和二十五年一月にコミンフォルム機関紙は『恒久平和と人民民主主義のために』という論文のなかに「日本情勢について」という一節をいれている。これが日本にも打電されてくるのだが、その内容は、野坂理論(「米軍占領下でも共産党は平和的に政権を奪取できる」)を真っ向から否定するもので、これはアメリカ帝国主義を喜ばす理論にすぎず、「反社会主義的、反国営主義的、反人民的」と罵倒していた。これを受けて共産党幹部の間では、「コミンフォルム論文への攻撃」を主張する者と、これに反対し国際的連携による「コミンフォルム論文への共鳴」を主張する者とに分かれる。前者は徳田球一《とくだきゅういち》、野坂参三《のさかさんぞう》、伊藤律《いとうりつ》らで、後者は志賀義雄《しがよしお》や宮本顕治《みやもとけんじ》らであった。やがて徳田の書いた所感(野坂論文の容認)が反発を呼び、あわせて野坂も自己批判を行なう事態になって、二月にはいると『アカハタ』に掲載された論文は、コミンフォルム論文を容認する方向にかわっていった。国際派と所感派の対立が続くきっかけができあがっていったのである。

共産党のその内部事情がどうあれ、昭和二十五年にはいっての共産主義運動は、きわめて暴力革命を志向する芽をもった。昭和二十五年五月三十日の皇居前広場でのデモで、現場で写真を撮影していたアメリカ兵一五人がデモ隊から暴行を受けるという事件があり、これが共産主義者を弾圧する格好の材料にもなった。吉田は、あえて声明を発表し、この事件を共産主義者の暴行と断定したうえで、共産党の非合法化もありうるとの意思を公然と明らかにした。

こうした事件は、吉田にとってむしろ待ち望んでいた事件ともいうことができた。吉田はこのコミンフォルム論文をめぐる共産党の動きを『回想十年』でもふれているのだが、その行間からは共産主義者のこのような動きはむしろよりその本質を明らかにすると判断していたのがわかる。

「（コミンフォルムは）要するにソ連邦が外国の共産党を指揮統制する本部であろう。そのコミンフォルムの指図で、日本共産党は完全に暴力革命主義に徹底することになったという。その間の経緯は知らないが、既に日本共産党は、ソ連の方針の下に米国の日本管理政策を攻撃し、公然とこれに反対妨害を試みていたのであるから、右のいわゆる野坂批判というのは、多分に共産党内部の事情にも絡むものであったろう。しかし、それはともかく、これを契機として、日本共産党が、その破壊活動を一段と活発に進めるに至ったことは確かである」

吉田の共産党内部への情報網は相当に深かったと思われる。この点に関しては明確な資料はまだ発見されていないが、ＧＨＱのＧＳのニューディーラーたちと共産党の関係をウィロビーは執拗に調べていて、一部の情報ルートは押さえていた。その詳細が吉田にもそのまま伝えられていたと思われるが、共産党を追いこむにあたって、吉田が採った手法は、まさにウィロビーがＧＳを壊滅させた方法でもあった。つまり「ウィロビー」にあたるような存在を自らの掌中にかかえこむことである。

その「ウィロビー」の役を担った一人が、皮肉なことにマッカーサーその人であった。吉田は首相になってからもウィロビーと連絡をとる一方で、しばしばマッカーサーのもとにかよった。ドッジ予算を受けいれるプロセスでは、マッカーサーが信頼しているドッジをつねに賞讃し、それに即応するような予算づくりを行なったが、その他の政策でもマッカーサーの助言や承認を求める書簡を送りつづけていた。そしてマッカーサーにはことあるごとに日本の占領政策が円滑にいっているとの声明を発表するよう促した。

それは、アメリカ国務省や総合参謀本部がマッカーサーの対日政策が東西冷戦の枠組みを正確に踏まえているかに疑念をもっており、それに対し、マッカーサーが答えるよう積極的に促すという意図をもっていた。マッカーサーもまた本国政府の顔色をうかがわなければならない立場にいることを、吉田はよく理解していたのであった。

マッカーサーは、昭和二十五年五月三日の日本国憲法施行三年目にあたり記念声明を発表し、日本共産党に対して断固とした措置をとるとして、「(共産党は) 合法の仮面をかなぐり捨て、それに代つて公然と国際的略奪勢力の手先となり外国の権力政策、帝国主義的目的および破壊的宣伝を遂行する役割を引受けたのである」(五月三日付、朝日新聞) と決めつけ、こうした団体に「これ以上の恩恵と保護」を与える権利は認められないとした。この認識は、吉田の考えと寸分の違いもないほど一致していた。さらにマッカーサーは六月六日付の吉田あての書簡という形で、日本共産党中央委員二四人の公職追放と『アカハタ』幹部一七人の追放を指示した。吉田は躊躇《ちゅうちょ》なくこの指令を実行したのである。GHQが与えすぎた「民主化」に直接歯止めをかけることはできないとの矛盾を、吉田は巧みに利用しつつ、自らの政治的判断をマッカーサーの権力にかぶせて補なった。

日本の進路はこの指令を機にしてより明確になった。

共産主義に対する吉田の批判は、むろん二十世紀前半に外交官として生きたその体験から発せられている。吉田は中国での外交官生活時もソ連がどのような方策を用い中国に入りこんでくるかを知悉《ちしつ》していたし、中国国民党が共産党と呻吟《しんぎん》を重ねながらも結局は国共合作に走らなければならない状況もつかんでいた。吉田にとって、中国は西欧植民地支配の対象になっているのと同次元で、ソ連がコミンテルンの名のもとに自国の支配下に置こうと考えていると理解していた。

外交官としての吉田は、西欧植民地支配の側に立っていたが、その心中を吉田のさまざまな言辞を解剖していく限りでは、そのような支配の対象とされる中国の政治に対して侮蔑感にも似た感情があったと指摘できる。中国の指導者は民意を収斂する権力も権威も喪失しているとの考えをもっていたとさえいっていい。

吉田は、共産主義国に対する感情的批判を強くもっていた。

ソ連が東西冷戦下で、資本主義陣営はいずれ自壊作用を起こすとくり返すのを嫌い、「寧ろ共産主義国家こそ自壊するものと思ふ」と断じ、ハンガリーやポーランドの例をあげ、経済生活はなにひとつうまくいっていないし、東ドイツにしても実際には共産主義の独裁政権の恐怖を実感する人びとが西側に逃げだしてきているではないかと説いている。ソ連は条約など守る国ではなく、「ソ連に対しては、威《おど》かすか、食《く》はすに利を以てするか、この二つ以外にない」とまで極論している。

結局、共産主義というのは経済的に貧困な国家にのみ存在しうるのであり、経済状態が繁栄期に入れば必ず国民の反乱が起こり、共産主義は自壊していくというのである。吉田の歴史的理解とは、「共産主義は、貧乏の或る限度に於て存在し得る。貧乏がその極に達すれば反乱となり、繁栄すれば共産主義は自滅する」という原則を已れのものとし、このことをわれわれは強調すべきであるとくり返すのであった。政治的混乱、経済的疲弊、知的階層のデマゴーグ、この三点こそが共産主義の温床であり、これを取り除けば怖い思想でも政治体制でもないとの理解。この理解を吉田は政治の場では露骨に語ることは避けていた。

朝鮮戦争を利用しての国内改革

吉田は共産主義者を排除するのに、胸中では「共産党の非合法化」という枠を考えていたが、これは治安維持法の復活そのものであり、自らが産みの親となっている新憲法に背反することはよく理解していた。吉田は、そうした法律や条令で共産主義者を排撃するのではなく——実際にはそれと同等、ないしそれ以上の効果があると思われるのだが——、折りあらばマッカーサーの指令という錦の御旗を最大限利用する方策を考えていた。いってみれば、かつての軍事指導者が勅令という特例的な立法措置によって国家の機能を壟断《ろうだん》したような手を使いたかった。

それは自らの手を汚さずに結果だけは獲得できるという、吉田なりの計算であった。そして歴史的現実は、そういう吉田の計算が有利な方向に働くよう動いたのである。これはつけ加えておかなければならないことだが、吉田の回想録（『回想十年』）には、共産党の弾圧は自らの政策というより、マッカーサーやGHQの方針であり、それを自らは受けいれたとの帰結を刻んでいる。あえて共産党指導者である徳田球一に人間的関心をもっていたとのエピソードを語るのは、その帰結をぼかすためにもち出した小道具ともいえたのである。

昭和二十五年六月二十五日、金日成《キムイルソン》の指揮する北朝鮮軍が韓国に一方的に軍事行動を仕かけた。この年の初頭から東西冷戦が本格化していて、東側ではソ連の原爆開発成功が明らかになり、中ソ友好同盟が締結された（昭和二十五年二月）。西側では前年四月に北大西洋条約（NATO）が締結されていたが、アジアは中ソの同盟により東側の勢力が有利に見えた。このような情勢下で、北朝鮮軍の侵攻が始まったのである。これが朝鮮戦争として三年余にわたって続くことになった。

翌二十六日、マッカーサーは吉田に『アカハタ』の三十日間発行停止を命じた。その指令文書には、「最近号で朝鮮の事態を議論するのに、真実を曲げた。（略）人心の破壊を目的とした悪意と虚偽と激越な宣伝をまき散らそうとする外国の破壊的陰謀の道具」と批判している。さらに七月十八日になって、無期限の発行停止処分を命じた。吉田にすれば、「北鮮軍の南侵事件が勃発するや、同紙は直ちに北鮮首相金日成の写真を大きく掲げて侵略支持の宣伝を始めるといった始末」ということになる。七月十八日の無期限発行停止は、『アカハタ』の後継紙や同系紙と思われる新聞が秘密裏に配布されていて、これらのなかには武装革命を掲げた内容が記されているだけでなく、吉田によれば「捜査の途上において、破壊的な指令通達などが発見された」というのも理由になっているというのであった。

日本共産党は、全党あげて日本国内を騒擾《そうじよう》状態にし、それによって在日のアメリカ軍を国内に釘づけにして北朝鮮軍の侵略、韓国の制圧を容易にしようとの意図をもっているというのが、吉田の政治的判断で、それを阻止するのが自らの役目であり、それこそが日本という国家の骨格とならなければならないと考えたのである。その骨格を支える血液というのが、自らの反共への信念と感情である、との姿勢を明らかにしていった。

こうした反共国家への道は、当然なことにそれまでの占領初期のGHQの政策だった「非軍事化」と「民主化」の二本柱と幾つかの局面で衝突することになった。

第三次吉田内閣は、朝鮮戦争勃発直後に内閣改造を行なった。六月四日に行なわれた参議院選挙で自由党は社会党と同様に伸びを示し、緑風会などの中間政党は激減していた。共産党は五議席から四議席に減らしたが、それがなによりも吉田の反共国家への自信を増すことにもなったのである。このときの内閣改造は、まもなく具体的な政治プログラムに上る講和条約締結への準備と反共理念を明確にして韓国軍と国連軍を支援するという意味をもっていた。官房長官の岡崎勝男《おかざきかつお》、大蔵大臣の池田勇人、文部大臣天野貞祐《あまのていゆう》の三人はのこし、すべての閣僚をいれかえた。吉田の意を受けて官界から政界に転じた増田《ますだ》甲子七《かねしち》、周東英雄《すとうひでお》などを入閣させたが、とくに旧内務省で警察畑を歩き、占領下での共産党の動きに精通していた大橋武夫《おおはしたけお》を法務大臣として入閣させたことは、吉田の信念の強さをあらわす形にもなったのである。

警察予備隊とレッドパージ

マッカーサーから吉田のもとにさらに新たな指令が届いたのは、七月八日のことであった。それが、警察予備隊七万五〇〇〇人の新設と海上保安庁八〇〇〇人の増員である。朝鮮戦争の初期、北朝鮮軍は韓国全域に支配権を伸ばしたが、それを阻止するには、アメリカ軍は日本に駐留する四個師団の投入をはからなければならない。そうなれば日本の治安は不安定な状態になる。それを防ぐためのマッカーサーから吉田への指令であった。マッカーサーは、この警察予備隊の新設を立法府で討議をして決めるのではなく、内閣の政令によって決めるよう求めていた。

こうして朝鮮戦争は、日本に実質的に占領期の政治内容を問い直すことになった。

警察予備隊の創設については、さらに本書の別な章で論じることにするが、ここで指摘しておかなければならないのはかつての日本軍の将校が実質的に復権する土壌が生まれたことだった。とくにソ連を仮想敵国として生きつづけた陸軍の指導層は警察予備隊に入ることはできなかったにせよ、佐官の一部、尉官などは結局警察予備隊という軍隊を支えることになり、反共国家としての日本の骨格は軍事面でもより一層強まっていった。

吉田は、警察予備隊は軍隊ではないと国会でも答弁を続ける一方で、共産党員の影響力をそぐための具体的な施策にも着手した。それがレッドパージ（共産党員の追放）であった。このパージで、日本の産業界、言論界、さらには官界から共産主義に同調する者を一掃しようと図ったのである。

レッドパージがマッカーサーから示唆されたものであることは間違いないにしても、それをGHQの権力を利用して広範囲に進めたのは吉田内閣であった。さらにつきつめれば、それは吉田個人の歴史的信念によるものともいえた。

七月十八日付のマッカーサーの書簡（『アカハタ』と後継紙、同系紙の無期限発行停止処分）には、「共産主義が公共の報道機関を利用して破壊的暴力的綱領を宣伝し、無責任、不法の少数分子を扇動して法に背き秩序をみだし、公共の福祉を損わしめる危険が明白」であるといい、彼らの公《おおやけ》の自由を拒否することが必要だとも断じていた。これを受けて、吉田内閣はまず政令で法務省特別審査局を拡充し、共産主義者とその同調者を排除することを考えた。リチャード・B・フィンの『マッカーサーと吉田茂』によれば、マッカーサーの指令は、共産主義者の策動によって「連合国による政治改革の目的や意向は最終的に否定」されることを力強く謳っていたにせよ、その法的な根拠は薄弱であると指摘している。つまりマッカーサーは占領初期に自らが与えた民主的な権利を自らが否定しなければならないとのディレンマに陥っていたというのであった。

吉田は、レッドパージの主導権をにぎることで、そのディレンマを救ったともいいうる。もとより吉田もこのことについては、『回想十年』のなかで弁明をしている。「この赤色追放は、総司令部の直接管理行為、もしくはその指令に基く日本政府の行為というのではなく、わが方の行政機関や、民間経営者が、それぞれの責任において行った措置という建前になっている」と認めつつ、GHQの協力と後押しがあったからこそ実行できたといっている。

レッドパージは、具体的にいつ、どの段階から始まったかを検証するのはきわめてむずかしい面もあるし、官公庁や民間企業でどういう実態が生まれたのかも現在もなお定かではない側面をもっている。しかし、三宅明正《みやけあきまさ》の著『レッドパージとは何か』（一九九四年刊）によるなら、各種の資料を総合して解析していくと昭和二十五年（七月から十二月）のレッドパージは民間企業一万一八九三人、政府機関一一七七人、合計一万三〇七〇人に及んだと試算をしている。もっともこれは控えめな数字であり、中規模以下の企業を含めていくと、この数字をはるかに超えていると予想している。

共産主義者かその同調者であるかという判断はきわめてむずかしいうえに、彼らをどのような理由で排除するかも厄介な問題であった。新憲法が思想の自由をかなり広範囲に認めているために、政府から「赤色分子の排除」を要求された民間企業は対策に苦慮しているのが実態でもあった。日経連がまとめた「赤色分子排除要綱」には、その判定方法が具体的に書かれ、排除の場合も「GHQの強力なる指示」といういい方はしないで、「業務上の都合」とせよと通達もだしている。吉田自身、そのむずかしさを認めつつ、共産党員は秘密裏に行動しているため「要するに平素の言動からして、個々の人物を判断する外に方法がない」といい、実はこのことこそが追放の趣旨に叶うとも認めていた。

職場で共産主義を鼓吹《こすい》する者から生活手段を奪いとれ、という意味にもなった。

レッドパージは、本来なら共産主義者が民主的自由を利用して勢力を拡大するのを防ぐものであったが、その実占領初期の理念とイデオロギーを制限する意味をもつことになった。

吉田が意図していた日本の再生という方向は、共産主義に対する徹底した戦いを正面に掲げることで、講和条約がどの方向に進むかの戦略も明らかにした。吉田はその戦略にもとづいて、GHQ権力をしだいに骨抜きにしていったが、それは国務省特別顧問のダレスとの直接交渉によってより鮮明になった。吉田は、アメリカ政府と直接に対峙することで、朝鮮戦争に没頭するマッカーサーの日本への影響力を巧みに外していった。吉田はワシントンの後ろ楯を得て名実ともにワンマン体制をつくりあげたのである。

国防体制というリトマス試験紙

六年八カ月の占領下で、吉田は実に四年近くの期間政治指導者の地位にあった。占領政治が一面で吉田政治といわれるのは、その君臨した時間そのものにあるだけでなく、その本質的局面を吉田が代弁しているからである。吉田の個人的性格や思想、それに行動形態がそれぞれの局面には見事に顕在しているといえるからだ。

断定的ないい方になるが、吉田政治には多くの不透明、不明確な部分が隠されている。そうした例は枚挙に遑《いとま》がないほどで、そのひとつひとつを取りだして論じていけば、吉田政治とは多くの矛盾を含んだ対症療法的政治だったということになる。その不透明な部分とは、結局は〈天皇免責のためにマッカーサーやGHQ将校との間で結んだ密約〉と〈私的なマッカーサー指令を自らの権力確保に利用した経緯〉の二点に絞られる。この二点についてはこれまでの稿でも検証を続けてきたが、そこにはさらにもうしばらくの時間を要しなければ明らかにされない事実も含まれているように思う。私はこうした占領下の「地雷」をどのように歴史的に位置づけていくかが重要になるだろうと考えている。

この二点のほかに第三次吉田内閣以降、もう一点つけ加えなければならない点がある。それは吉田自身が、個人的な識見を現実政治のなかに押し通したにもかかわらず、現実はそれとは逆の形になり、吉田の識見と対立する光景が生まれてしまったことだ。その現実の形を、吉田の識見で割り切るならどうにも説明がつかない。その説明を普遍性たらしめるには、結局は政治力で押し切る以外にない。だが政治力で押し切れば押し切るほど、現実は偽善と詐術に満ちたものになっていく。偽善と詐術は時間が経てば時間が経つほど肥大化し、やがて歴史的歪みを生んでいく。それを手直しするには、いつかどの段階でか抜本的な改革が必要という宿命を負うことになる。

その典型的な例を、日本の国防体制、再軍備論争に求めなければならない。この面の偽善と詐術の肥大化に歯止めをかけなければと考えていたのが当の吉田でもあったのだが、戦後政治の最大の誤謬《ごびゅう》は吉田自身の政治技術にあるとともにそれを手直ししなかった吉田政治の継承者にあったというべきであろう。それだけに吉田の安全保障に対する識見を確認したうえで、それが現実に対してどのような役割を果たしたかを見ておかなければならない。

再軍備反対の三つの理由

第三次吉田内閣の政策は、「二つの骨格と一つの歴史意思、そして三つの役割」をもっていたと分析し、それにもとづいて私は記述を進めてきた。骨格、意思、役割について個々に見ることで、吉田の政治家としての位置を確認したいと私は考えているが、占領下という時間枠のなかに「地雷」のように埋めこまれている安全保障について語っていきたい。

吉田は、その著（『回想十年』第二巻）であえて「私の再軍備観」という章を設け、そこで自らの軍事観を披瀝している。その記述はきわめて強硬な内容で、自分は在職中に「再軍備をしようなどと考えたこともないし、むしろ逆にこれに反対し続けて来たつもりである」と書いたうえで、反対する理由を三点あげている。それを以下に引用してみる。

「一体、私は再軍備などを考えること自体が愚の骨頂であり、世界の情勢を知らざる痴人の夢であると言いたい。最近米国の軍備を視察して帰ってきた防衛庁幹部の話によれば、米国はその戦勝の余威《よい》を以て、且つまた世界に比類なき富を以て、あの巨大な軍備を築き上げたもので、他の国があれに匹敵し得る軍備を持つということになれば、それこそ大へんな負担であり、仮りにその負担に堪え得るとしても、あれだけの費用をかけてさえ、果して今日の米国の如き進歩した高度の武装を実現し得るや否やは疑問とされるそうである。況《いわ》んや、敗戦日本が如何に頑張ってみても、到底望み得べきことではない。これが私が再軍備に反対する理由の第一である。第二に、国民思想の実情からいって、再軍備の背景たるべき心理的基盤が全く失われている。第三に、理由なき戦争に駆り立てられた国民にとって、敗戦の傷跡が幾つも残っておって、その処理の未だ終らざるものが多い」

ここにあげられている三点は、吉田茂という人間の基本的な原形質を示している。軍事力を保有する経済負担は、日本という国家にあってはとても任《にな》えきれるものではない、そういう無用な費用などもつ必要はない。その部分は、つまり軍事費と軍事システムはアメリカに徹底的に依存するほうがいい、日本の選択する道はそれのみという信念であった。この判断を体系化したのが集団安全保障論であった。東西冷戦が激化すれば西側陣営も集団安全保障体制を強固にしていくが、日本はアメリカの軍事体制の中におさまっていることで軍事上の不安は解消できる。しかし、それには基地を提供するなどして軍備をもたない状態をカバーする義務を負うのは当然という考えであった。

吉田が、初めて再軍備をアメリカ側から要請されたのは、昭和二十五（一九五〇）年六月であった。一方で反共国家の性格を明確にし、もう一方で軍事体制の要請がされるという時期である。朝鮮戦争の勃発（六月二十五日）の直前だったわけだが、具体的にいうなら、国務省特別顧問のJ・F・ダレスが日本との講和条約をまとめるために特使としてまず吉田の意向をさぐろうと来日したのが六月中旬のことで、ダレスはマッカーサーと会ってその意向を確かめてから吉田との会談に臨み再軍備を促した。このときの二人の会談についての詳細は明らかにされていないが、ダレスの側近の回顧録によればきわめて白々しい空気だったという。吉田はダレスが再軍備を促すのに対し、終始曖昧な回答をくり返し、決して言質をとられるような言い方をしなかった。リチャード・B・フィンの著した『マッカーサーと吉田茂』によるなら、吉田は当面日本に民主主義を根づかせるのが重要であり、そのための対日援助こそが望ましいと説いたようである。フィンの次の分析が当たっていると考えられる。

「ダレスは日本の再軍備を望んでいたが、吉田は反対だった。というのも国に再軍備の余裕はなく、国民の反対は強かったし、アジアの近隣諸国もそれを警戒していたからだ。一方ダレスはアメリカの友好国や同盟国である以上、自衛のためにはみずからできる限りの努力をすべきだ、と考えていた。これは、前年設置された北大西洋条約機構（NATO）で同盟国と交渉する際に、アメリカのとった立ち場だった」

フィンは昭和二十二年から二十七年まで日本に滞在した外交官であり、GHQの将校とは異なった目で吉田を見つめていた。フィンは吉田の政治指導者としての資質には相当に高度の評価を与えているが、吉田はダレスに対して決して再軍備を容認する言を吐かず、それどころかまるでダレスを手玉にとるような外交技術をもっていたとまで記述している。フィンのこの記述は、吉田とダレスの対面の風景がマッカーサーとの風景とは異なるものであると指摘しているとも見られる。吉田はこのころのアメリカ外交の牽引者でもあるダレスと互角に交渉できる能力をもっていたといいたげでさえある。

ダレスとマッカーサーとはお互いに自らを愛国者と自任する点では共通点があった。片方が法律家としての緻密な論理で現実の中でのもっとも有効な選択肢を選びだす能力に長けていれば、もう一方は軍人としてのときに妥協を許さぬほどの頑固さを身上としていたが、それゆえに二人は東京での初会見で相互にその性格を認めあった。マッカーサーはダレス来日の前に国務省に宛てて覚書を送り、日本の占領政策が円滑にいっているのだから、日本に対して早急に頭ごなしに軍事政策を採るよう要求すべきではないといい、間接的に吉田を支援する策を採った。これにはダレスはさほどの関心を示さず、アメリカの基本的な軍事政策にもとづいて東西冷戦下でアメリカが主導的な役割を果たすのに呼応して、日本の再軍備や全国の総基地化を要求する方針をもって来日したのである。ダレスとマッカーサーの会見はこの調整を行なうもので、結局ダレスが、日本にたとえ独立を与えたとしても基地使用を認めさせ、アメリカ軍は自在に日本国内を動くことができるという方針を採らせるよう説得し、マッカーサーもそれを認めることで妥協がなった。マッカーサーは、このときからアメリカ政府の忠実な軍人という立場に立った。国務省内部で練られる東西冷戦下でのアメリカの軍事的役割に従うという意味である。マッカーサーが占領国の日本は自らの意思の下にあるとの態度を崩さざるをえなくなる予兆であった。

吉田が講和条約の草案づくりのなかで、しだいにマッカーサーからダレスへとその交渉の対象を変えていったのはその変化を見抜いたためだ。マッカーサーは朝鮮戦争が始まるや、この戦争に対する西側陣営の最高責任者として多忙になり、吉田政治へ口を挟む機会が大幅に減少したこともあったが、吉田は再軍備と講和条約が不可分に結びついていると知ってからは、むしろ自らの真の交渉相手はマッカーサーではない、ダレスなのだという明確な割り切りをもった。それは被占領国からの脱皮ということでもあった。

再軍備指令への抵抗

朝鮮戦争によって、日本の戦後史は大きく変わることになった。それは歴史の年表上にあらわれた事象を指しているだけでなく、再軍備論がより露骨に浮上してきたという意味で占領政治の実体が変わることでもあった。非軍事化と民主化という占領初期の理念による大日本帝国解体、それを保障した新憲法という占領支配の枠組みは、現実の国際政治の前に脆《もろ》くも崩れ去り、日本が西側の軍事同盟に参加しその傘下で生きていく道を歩むなら、不可避的に占領初期を否定しなければならなかった。

それをもっともよく理解していたのが、マッカーサーと吉田でもあった。マッカーサーは平時であれば、欧米市民社会の理念を鼓吹する思想家であり、啓蒙家としての人物であった。だが朝鮮戦争という現実に直面したとき、しかも北朝鮮が韓国に軍事的侵略を行ない、国際連合は明確に侵略と規定し国連軍を編成して、マッカーサーをその司令官として据えてからは、マッカーサー自身は自らの性格である十字軍を率いる司令官の色彩を色濃くあらわすようになったのである。マッカーサーの胸中では占領政策への改変をどのように自らにも、そして日本の国民にも、いや彼自身の性格からいうならば歴史的にもいかに整合性をもたせるかへの逡巡《しゅんじゅん》が始まった。

昭和二十五年六月の東京でのマッカーサーは、ダレスが占領初期にはどのような感慨ももっていないことに気づき、東西冷戦に勝利を得るための――つまりは地球上から共産主義を抹殺するという一点において――戦略こそ優先させるべきだとのダレスの主張に納得したのは軍人としての性格が刺激されたからである。皮肉なことに、朝鮮半島で北朝鮮がなんらかの動きを示すであろうという情報を二人は握っていたが、それが現実となってダレスの戦略はよりマッカーサーを屈服させたともいえた。

吉田は朝鮮戦争が勃発して以後、再軍備に対してより具体的な指令が届けられるであろうと予測していたが、それに抗する論理として先の三点を譲る意思はなかった。この三点に通底しているのは〈もともと非武装を要求したのはあなたたちではなかったか〉という姿勢である。それを日本は忠実に守っているわけだから、まずはあなたたちがなんらかの手直しを示すべきだが、私はそうした手直しには反対ですよ、ただあなたたちの陣営にいるのは事実だし、それを国策の基本としたいと思っているわけだから、集団安全保障のためのわれわれの国に課せられる義務は守りますよ、という認識を土台に据えていた。

吉田がマッカーサーと会うたびに、この期からはしばしば自らの意に反する申し入れをされると、「ご存知のように国内では社会党が何かとわれわれの政策に反対するわけですから……」と社会党を利用してなし崩しに無視する口実とした。吉田にすれば、社会党をあれほど活気づかせたのはあなたたちのせいではないか、と言いたかっただろうし、それを逆手にとって抗弁の柱に据えるという政治技術も身につけざるをえなかったのである。吉田が「社会党育成論」を唱えたのは、まさにその政治技術を有効に駆使するための吉田流の逆説的論法であった。

その逆説的論法は、再軍備の要求に対してきわめて効果的に用いられた。

アメリカ政府への威嚇を準備

昭和二十五年七月八日にマッカーサーが吉田に宛てた書簡は、警察予備隊七万五〇〇〇人の新設を命じてきたことで歴史に名をとどめている。

吉田はまずはこれに賛成の意をあらわした。軍事力ではなく警察力であるというのも国民に受けいれられると判断したし、在日米軍が朝鮮に出動すれば日本の治安は大丈夫かという素朴な疑問に答えるには、この構想は受けいれられるとも判断したのである。同時にこれは実質的には軍隊であるとも理解していたというべきだろう。事実アメリカ政府の高官は単に国内治安部隊ではなく、ゆくゆくは戦闘集団に鞍替えできる軍事集団との思惑を隠そうとしなかったし、当面は占領初期の対日方針と異なるがゆえにそれを公式には認めたくないとの本音も洩らしていたのである。しかし、吉田はこういう背景を知りながらも決して自らの理解を口にせずに国民には曖昧に説明したのである。

この指令を受けとって四日後に第八通常国会が始まった。吉田の施政演説は七月十四日に行なわれたが、この演説の中で吉田としては初めて集団防衛体制にふれ、日本はいずれにしてもこの道を進まなければならないと説き、講和条約もまたその延長線上にあるとにおわせた。そして、「北鮮共産軍が三十八度線を越えて南鮮に侵入し、アジアの一角に紛争状態を現出する」に至ったといって強硬な所信を披瀝していった。

「赤色侵略者がいかにその魔手を振いつつあるかは、朝鮮事件によって如実に示されているのであります。この際国際連合の諸国が敢然として立って、多大の犠牲を顧みず被侵略者の救援に出動いたしておりまするることは、われわれの大いに意を強うするところであります。万一大戦争が勃発した場合、我が国の軍備撤廃の結果、わが安全保障はいかにするか、いかにして保障せられるかということは、国民が常に懸念するところであります。（略）（国際連合に）我が国としては、現在積極的にこれに参加する、国際連合の行動に参加するという立場ではありませんが、出来得る範囲においてこれに協力することは、きわめて当然のことである、と考うるのであります」

そのうえで、マッカーサー指令によるとして警察予備隊の新設と海上保安庁職員の増員にふれ、「政府は、我が国の治安に対し常に甚大なる関心を有せられる連合国最高司令官の好意をすみやかに具体化し、少数不法の破壊分子に依る民主政治の攪乱《かくらん》を防止し、密出入国の取締まりを厳にするため」にその指令を速かに実現するつもりであると宣言したのであった。

さらに吉田はこの演説のなかで、全面講和とか永世中立論は現実遊離の論であるばかりでなく、自ら共産党の謀略に陥らんとする危険な思想で、日本の安全保障は自由国家群とともに、世界平和に貢献せんとする意気を明瞭に示すことによって得られる、と述べたが、その真意は再軍備否定、共同防衛の理念にもとづいての考えだったと回想録でも強調している。

吉田は実はこの施政演説によって、占領初期の理念を政治力で少しずつ変えていくことで整合性をもたせようと考えていることを内外に示した。共産主義の脅威という現実を国民に説くことによって、国家利益を無視しての民主主義的諸権利が保障されることはありえないのだと説き、単純に占領初期に与えられた諸権利に埋没しているのは許されないのだという発言をくり返した。共産主義者はその意味で吉田の政治的矛盾を隠すための存在であった。さらにそこには間接的にGHQの占領支配を批判し、そのうえで日本の政治は自らの権力によって動いていくのだとアメリカ政府にもメッセージを送ったことになる。吉田は密かに政治力学のバランスを測り、それをそれぞれの立場で理解するよう使い分けたのである。

この施政演説のあと、吉田は講和条約の日本側要求について早急に検討するよう外務省幹部に指示を与えたが、極東の非武装地域を要求する案も選択肢のひとつであるとして具体案をつくるよう命じた。ダレスとの講和交渉が難航すれば、アメリカ政府に「アジアに東西冷戦はもちこむな」との要求を提示しようとの切り札であった。これが前述のC案になるのだが、吉田は意図的にアメリカ政府を脅かす「地雷」をつくりはじめていたのである。

講和条約締結に至る経緯のなかで、吉田がアメリカ政府を脅かす意思をいつの時点でもちはじめたのかを正確に把握できる資料はない。だが、この意思を具体的にあらわすために、吉田がどのような考えをもつに至ったかを推測しうる根拠は幾つか存在するのだ。

講和条約発効は、つまりは太平洋戦争の政治、軍事両面の決着であり、それはポツダム宣言からの解放を意味する。戦勝国と敗戦国の契約が切れるという状況で語ることもできるが、解放、あるいは契約切れ以後の状況を単に政治の領域にとどめるだけでなく、新たに国家再生の自画像をえがくことも必要であった。吉田は、しかしこのような姿勢は示さなかった。

むしろ戦勝国の政治理念と自らの理念とを合体させ、日本の国家利益をその合体部分に重ね合わせることに腐心した。それをよく示していたのが、昭和二十五年七月十四日に行なわれた第八通常国会での施政演説でもあったのだ。アメリカの期待する集団安全保障体制に与するとの宣言は、まさにそのことを意味していたのである。しかし同時に、この合体部分周辺に吉田は幾つかの地雷を埋めこむことにもなった。講和条約発効後の日本が、その合体部分から一歩足を外に踏みだそうとするときは、たとえば日本が自衛権を自国の基本的権利と主張して独自の方向に歩むとき、憲法という地雷にふれることになった。吉田は、この地雷を単に日本の歴史のなかに埋めこんだだけでなく、講和条約締結までの交渉ではアメリカ政府に向けても密かに埋めこもうとしていたのだ。

こうした吉田の埋めこもうとした、あるいは埋めこんだ地雷を丹念に検証しておくことは、吉田に託された「ひとつの歴史意思」の背景を理解するのに欠かせない作業になっている。まず初めにこのアメリカ政府に向けての地雷を考えておくことが必要になるだろう。

吉田の回想録（『回想十年』）によるなら、講和条件を検討する外務省の動きは昭和二十一年秋の、アメリカ政府に理解を求めるための英文資料づくりから始まったという。その資料は「日本の現状（経済編)」や「日本の現状(政治編)」と題されて、GHQ外交局を通じて非公式の形でアメリカ政府に届けられた。アメリカ政府は、外務省のまとめたこうした資料が日本理解のための参考資料になるとの反応を寄せたために、相次いで資料を送付したとも書いている。そのうえで吉田は次のように書く。

「われわれはこの好反響に力を得、爾来《じらい》外務省を中心として関係省と協力し、日本の人口問題、戦争被害、生活水準、賠償、海運、漁業問題等々数十冊、数十万語に及ぶ資料を作成し、昭和二十五年に至る二年間に、平和条約の内容に関係のありそうな事項については概《おおむ》ね網羅した資料を提出し終えた」

こうした資料はアメリカ政府内部にいきわたっていたと吉田は書いている。吉田のこの記述を正確にいえば、日本の外務省は独自に平和条約をどのような形で結べばいいかの検討を続けていて、それがときにはアメリカ政府に内示されたという意味である。吉田は、講和条約締結の動きが本格化する段階まで、つまり表面化するまで外務省内につくられていた平和条約案の内容を検討する委員会にそれほど深くコミットしていたわけではなく、吉田が講和条約の流れを自らの意思のもとに動かすのは昭和二十五年以後に政権の足場が固まってからというのが正直な姿であった。それゆえに『回想十年』で、吉田が明かしているこのような記述は、自らの意に反する動きであったという証明になっているのではないか、とも思える。

外務省内の動き、その背景

外務省条約局を中心に平和条約問題幹事会がつくられ、条約案の検討を始めたのは正確には昭和二十一年一月である。官僚たちがその職務上自主的に行なった検討会で、独自に構想をまとめたのである。そうした折りに用いた各種の資料がアメリカ側に伝達された、と吉田は言っているわけである。官僚たちの構想はいかにも戦争終結直後の案らしく、軍事力を廃した民主主義国家を想定していた。ＧＨＱの掲げた非軍事化と民主化を柱としていたのである。

その後、外務省内では時局に左右されながら構想の肉づけが論議されたり、芦田《あしだ》内閣になると東西冷戦のなかでどのような選択をすべきかといった現実的な案が検討された。

だが国際情勢の変化のなかで、日本との講和条約構想は連合国内部でも主たるテーマとして採りあげられなかった。日本は主体的に講和条約にかかわることはできないという状況を認識しなければならなかったのだが、それでも第三次吉田内閣発足後は外務省内の平和条約審議室が吉田の命を受けてより現実的な対応を模索するようになった。現実的な対応とは、東西冷戦下でアメリカやイギリスがソ連抜きでも対日講和を結ぶ事態を想定することだった。ただ外務省の審議室の官僚（条約局長の西村熊雄《にしむらくまお》を中心にしていたが）のなかには、アメリカ、イギリスとの単独講和（省内では多数講和といったが、それは全面講和との対立語の意味を含んでいる）は、〈実質的には米側陣営に入る結果となり外交上の柔軟性に欠ける〉という意見もあった。

全面講和の考え方は、日本の国家利益を考えた場合にはもっとも利点があるという指摘は、吉田の足元にも及んでいたのである。加えて講和条約発効後の防衛問題では、アメリカ軍の日本駐留はなるべく避けたいとの意向も示されていた。西村を中心とするスタッフは、少なくとも昭和二十五年に入っても、全面講和の考えに引きずられていたわけで、それを後年になって西村自身も認めている。

吉田は足元のこのような認識に目もくれなかった。明確にいえることだが、吉田は日本の講和条約はアメリカなど自由主義陣営との締結を第一義とし、ソ連をはじめとする社会主義陣営との遅れはやむをえないと考え、さらに安全保障も米国頼みという内心の方針の現実化の妨げとなるために、外務省内部の全面講和派官僚に不快の念さえもった。占領初期の理念を貫く限りでは全面講和になるが、それを主張しつづけるのは東西冷戦の現実の厳しさを理解していないという軽侮につながったのである。

昭和二十四年十二月の南原《なんばら》発言（全面講和容認）を、曲学阿世《きょくがくあせい》の徒の論とはねつけたのは、実は外務省内部の全面講和論者への間接的な批判を意味したのであった。

吉田にとって、このような占領初期の理念を真っ向から否定してみせたのが、朝鮮戦争の勃発だったわけで、これによって外務省などにある全面講和、中立論はなし崩しに崩れていった。吉田にとって、朝鮮戦争は書生論を根底から揺るがすなによりの証であり、これを機に浮上してきた単独講和締結論は、吉田の独壇場となる道を開いたのである。

吉田は、朝鮮戦争直前の四月に子飼いの池田勇人蔵相を財政視察の名目でアメリカに派遣している。これには白洲次郎《しらすじろう》も同行させた。そのときに密かにアメリカ政府宛ての親書を託し、誰か適切な人物に手わたすよう命じた。それは吉田がアメリカ政府に自らの信念を内密に伝えるという意味があり、池田はワシントンでそれを誰にわたせばいいか迷ったあげくに結局は知己のドッジに託するが、当の池田自身さえその親書の内容を知らなかったのである。この親書こそ歴史的な意味をもつと同時に、吉田のこのころの本音を見事なまでに網羅している。そこには次のようにあったのだ。

「日本政府はできるだけ早くアメリカと講和条約を結ぶことをここに正式に希望する。このような講和ができた場合、日本及びアジア地域のその後の安全を保障するために、アメリカの軍隊を日本に駐留させる必要があると自分は考えるが、もしアメリカ側からそのような申し出をしにくい事情があるならば、日本政府としては日本側からそのような申し入れをする用意がある。この点について、従来から日本の憲法学者の意見も聞いてみているが、アメリカ軍を駐留させるという条項がもし講和条約自身のなかに設けられれば、憲法上はそのほうが問題が少ないであろうけれども、日本側から別の形で駐留の依頼を申し出ることも日本憲法に違反するものではないとの見解を憲法学者は示している」

である。

吉田は、「講和条約締結後もアメリカ軍の駐留を認める」と巧みにアメリカ政府に誘いをかけたのである。同時にこの見解が、地雷として歴史のなかに埋めこまれたともいえる。この親書にふれたとき、国務省の幹部、とくにダレスは自らの方向に沿うことを理解しただけでなく、日本が明確にアメリカ陣営に立つ意思のあることを確認した。それとともに歴史的責任を負わされるという地雷を意識せざるをえなかったはずである。

アメリカ政府への誘い水

加えて吉田が、歴史の意思を自らの側に引き寄せる天賦の才に恵まれていたのは、こうしたきわめて大胆な情勢認識を朝鮮戦争前に示していたことでも明らかである。吉田親書は正式文書として国務省幹部だけでなく、国務省からはマッカーサーにも送られてきた。吉田が極東アジア全域の防衛にアメリカ軍の駐留を認めるというのは、明らかにマッカーサーの意思に反していた。マッカーサーは日本に米軍駐留は不要との考えをもっていて、吉田のこの頭ごなしのアメリカ政府との接触に激しい怒りを示したほどである。

しかしこれも朝鮮戦争ですべて御破算になった。

この間の経緯について改めて理解しておかなければならないのは、吉田が単独講和条約締結を自らの意思と能力で、一手に担おうとしたのはなぜか、どのような成算があったからか、という一点だ。この時代と国民を自らの掌中ににぎっているとの確信はどこからきたのかというふうに解してもいい。

私は、結局、次のように考える以外にないと思う。

参考になるのは、アメリカの今世紀を代表する外交官でもあるジョージ・ケナンの『二十世紀を生きて――ある個人と政治の哲学』に記されている一説である。ケナンは、二十世紀の二つの世界大戦でアメリカ指導部が囚われていた無条件降伏について重要な示唆を与えている。つまり戦争終結の方法について、この発想は多くの欠点があったと認めているのである。ケナンはきわめて簡潔にその欠点を述べている。

「敗戦国の政権が戦後の体制策定に有意義に参加することを排除するからには、きたるべきことについて、戦勝国に全責任を負わせる半面、敗戦国を一切免責にすることになる。しかも、敗戦国の全国民を、その将来の策定に加わらせないことが望ましいし、それが可能であると想定することにもなる。これは短期間ならできようが、長期間は不可能である」

ケナンは第一次大戦後のドイツ、第二次大戦後の日本が、二十年から三十年後には欧州とアジアでもっとも繁栄した国家になったのは、無条件降伏こそが因であると断定している。冷戦外交の立役者だったこの外交官は、敗戦国に負わされる責任がほとんどないという結果によって、むしろ講和後の国づくりでそのエネルギーが開花するという逆説を認めているのである。

このケナンの指摘が、実際の吉田政治を評しているとは軽々には断じえないが、吉田が、戦敗国指導者として直接にはその責任を問われないとの無条件降伏を逆手にとり、対アメリカ政府に、歴史的責任を押しつける親書を送りつけたと解することが可能である。アメリカ政府内部では、国務省が早期講和に熱心で、しかも日本には軍事基地を軽減する方向を考えていたのに対し、ペンタゴンが早期講和に反対で、日本にアメリカ軍の基地を置くことによってヨーロッパとアジアでの米ソの軍事衝突時の戦力バランスを重視していた。国務省はペンタゴンを説得するのに手を焼いていた。

ダレスはペンタゴンに一定の影響力をもっているがゆえに、対日講和の担当顧問となったのだが、吉田は政治的責任をもたないという立ち場で、アメリカ政府に講和条約早期締結を迫ったのである。ケナンにいわせれば、まさに政策策定に加わることのできない立ち場を逆手にとって、国務省もペンタゴンも吉田にふり回されたということになるのではないか。

さらに吉田は、より巧妙な術策を用いていたというべきであった。吉田は、池田がこの親書を手わたしてまもなく、朝鮮戦争時に日本を訪れていたダレスと会談し、再軍備を要請されると言を頑くなにして拒みつづけたのである。講和条約と、日本とアメリカの安全保障条約の二本立ての伏線を敷いたのは吉田だったのだ。

ダレスが東京をはなれるとき（六月二十七日）、マッカーサーはダレスに対して「朝鮮半島は北朝鮮に制圧される状態にある」といったが、それはマッカーサーが講和条約の内容について自らの日本中立案の誤りを認め謝罪する意味をもった。

非武装案の検討を指示

ダレスはワシントンに戻ると、朝鮮戦争の推移をにらみながら、対日講和の条件づくりに没頭した。主にイギリスと接触する一方で国務省内部の外交官出身者（それにはケナンも含まれていたわけだが）の意見を参考にしながら、日本との講和を急がねばならないと考えるに至った。いうまでもなく、再軍備の要請、アメリカ軍の日本駐留は前提となったのである。

朝鮮戦争は、マッカーサーの指揮する国連軍が総反撃作戦を行ない、北朝鮮軍を中国の国境近くまで追いつめた。仁川上陸作戦、ソウル奪還作戦の成功時には、吉田はマッカーサーに宛てて書簡を送ったが、そこには「国連軍陸海空の勇敢な将兵たちと、その不屈にして精気あふれる総司令官たる貴官にたいし、世界はいかほど感謝しても足りることはないでしょう」（昭和二十五年九月二十二日付、『吉田・マッカーサーの往復書簡』から）とあった。しかし、まもなく中国人民軍が前面に出て北朝鮮軍の支援にのりだすと、国連軍は一転して総退却になった。

ダレスが対日講和案を詰めるために、二度目の来日をしたのは、昭和二十六年一月である。この日米交渉に備えて吉田は、外務省に交渉案を用意させていた。通称A作業からD作業といわれているが、A案とD案は国際情勢を認識しての日本側の交渉案であり、B案とC案は日本が講和条約を結んだあとどのような安全保障策を採るかの提案であった。むろんA案からD案までは交渉のテーブルでときに複合させながら論じられる意味あいをもっている。

ここで吉田が切り札として——つまり被占領国の政策担当者としての開き直りというべきだが——準備したのが前述のC案であった。この案は、結局日米交渉のテーブルにもちだされることはなかったのだが、しかしこの案こそ吉田の老獪《ろうかい》さを示す重みをもっていた。

C案を解説することによって、吉田のアメリカ政府への開き直りを確認することができる。

吉田は講和問題を論じる私的な懇談グループ（有田八郎《ありたはちろう》、小泉信三《こいずみしんぞう》、馬場恒吾《ばばつねご》など九人）をもっていたが、そこで、「この際、朝鮮の非武装を考えてはどうか」と提案した。芳しい回答を得ることはできなかったが、吉田自身は条約局長の西村を呼び、「日本と朝鮮の非武装、一定地域の空軍基地の撤去、西太平洋における海軍兵力の縮小を骨子とする案をつくってみよ」と命じた（昭和二十五年十月二十一日）。この言に西村は驚き、このような案をつくる吉田の意図をはかりかねたが、それでも軍事専門家を回ってその意見に耳を傾けたり、第一次大戦後のベルサイユ条約の内容などを参考にしながらまとめていった。西村は、この作業は当時の日本にとってあまりにも大胆すぎて、案を練ること自体困難をきわめたと書きのこしている。

外交公文書館にのこされている文書のC案(「北太平洋地域における平和及び安全の強化のための提案——一九五〇年十二月二十八日大臣へ提出——」)はタイプ印刷されているが、その前文には「相互に且つすべての国民及び政府とともに平和のうちに生きようとする願望ほど、今日世界に普遍なものはない。この願望が実現するためには、国際の平和と安全が、国際連合の憲章の原則に従って、国際連合によって維持し増進されることが必要である」と書かれている。前文のあとに根本方針が書かれ、そして「具体的措置」という項が設けられている。その最初は「一、非武装国」だが、そこに二つの項目がある。「イ.北太平洋地域の平和と安全の増進のため、日本は、その憲法の規定し且つ既に実行しておる非武装を維持する。

ロ.日本から分離して独立を回復する朝鮮も、同様の目的のために、日本と同じく非武装とする」

以下、二、三、四と続くわけだが、「軍備の制限」にあたっては、「主たる連合国(合衆国、英国、ソ連邦、中国)は、左記の軍備の制限措置を採ることによって、北太平洋地域の平和と安全を確固たる基礎の上におくように協力する」と記している。米英ソ中の諒解のもとに日本や朝鮮半島などを非武装地域にするというわけだが、この案の前提として朝鮮戦争の停戦という想定がある。むろん吉田はこの意を直接にはあらわしていないが、日本との講和条約は当然朝鮮戦争の停戦を前提にしていたのである。

このC案を現実には吉田はどのように扱ったのか、それを確かめる必要がある。吉田は、ポツダム宣言からの解放という講和条約発効後の日本を国際社会でのリーダーシップをとる存在に格上げするのも選択肢のひとつと考えていたと窺える。それには非武装という戦勝国の占領初期の政策に全責任を負わせた逆手の論理が用意されていたと考えられるのである。

ふたつのグループで確かめた意思

講和条約締結に賭ける吉田の思惑は、対アメリカとの交渉においていかなる案を用意するか、その案をどのようなときにどのような形で提出するか、を検証することによっても確認できる。むろん吉田は、日本側が用意した案のその内容についてはすべて自らの意を含んだものであることを要求していたが、その作成のプロセスでは巧みに外務省事務当局と私的な顧問たちとの関係を使いわけ、外務官僚が歴史意思を示すような言辞を弄することは決して許さなかった。

外務省事務当局の中心である条約局長西村熊雄のその後の証言を見ても、吉田からの命令をときに疑問に、ときに奇妙な異和感をもって受け止めたことが語られているし、正直のところ吉田が本心では何を考えているのか正確につかむことができなかったことが告白されているのである。

吉田は、私的顧問としてふたつのグループを発足させていたが、昭和二十五年十月のほぼ同時期につくられたこのグループに、どのようなメンバーを加えていたかで、何を彼らに仮託していたのかが理解できる。第一のグループは、政界、言論界、そして財界の指導部に位置する有力者で、そこには小泉信三、有田八郎、古島一雄《こじまかずお》、津島寿一《つしまじゅいち》、馬場恒吾、横田喜三郎《よこたきさぶろう》、向井忠晴《むかいただはる》などが入っていて、占領下の日本の経済、言論、外交、そして政治面の指導者が含まれていた。彼らに共通しているのは、戦前、戦時下に軍人たちとはほとんど接点をもたなかったことであり、そしてその思想傾向もほぼ吉田と一体であった。ただ有田八郎のように、外務省育ちの硬骨漢を吉田自身の周辺に置いたのは、思想傾向が似ているというより、有田の緻密な性格とその自説に固執する姿勢を傍から離したくなかったということであろう。

有田は、日米開戦後に公表されたハル・ノートの全文に目を通して、これを受けいれようとしなかった東條内閣にはまったく絶望している旨の態度を明らかにし、あまつさえハル・ノートの一項ずつを具体的に検証したうえで、「日本はこの提案を受諾すべきであった」と説きつづけたのである。吉田はその姿勢に深い信頼を寄せていたのだ。

もうひとつのグループは、吉田が戦前、戦時下から注目していたとされる陸海軍の軍人たちである。ここには、陸軍からは辰巳栄一《たつみえいいち》、下村定《しもむらさだむ》、河辺虎四郎《かわべとらしろう》、それに海軍からは堀悌吉《ほりていきち》、富岡定俊《とみおかさだとし》、榎本重治《えのもとしげはる》などが加わっていたが、なかでも辰巳とは駐英大使時代の駐在武官としての親交があり、ひときわ強い信頼を寄せていた。ただこのなかには、敗戦時の参謀次長である河辺や開戦時の軍令部作戦課長の富岡などが含まれていることが奇異な感を与えることは否めなかった。このことは――私的なグループ自体それほど深くは知られていなかった――、その後になってもくわしく明かされていないが、吉田としては辰巳を信頼することでそのルートで紹介された旧軍人たちを加えたのであろう。そうはいってもこのグループには、戦争そのものに責任を負わなければならない人物（たとえば河辺や富岡などがそうだが）も含まれていて、吉田としてはどの程度信頼を寄せたかは明確には判断できない。

このふたつのグループに、吉田は「非武装地帯案」についての意見を求めたが、前者のグループは現実的ではないとそれほど楽観的な見通しは示さなかった。ただ後者のグループに対して、「日本の再軍備については平和条約ができるまでは再武装を欲しないという建前でいきたいと思っている。そのためには非武装地帯案のような理想案を示してこれでいきたいと提言したいと思っている。そのためにどのような案がいいか提言してほしい」とあえて軍人だからこそ非武装地帯という発想をどう考えるか、検討してほしい、と伝えているのである。朝鮮戦争も始まっていて、日本が実質的にアメリカを中心とする国連軍の後方基地になっている以上、この案について旧軍人がどのような反応を示すのか、吉田はそれを見届けるとの心算もあったように思われる。

現実に、下村は、軍事技術が進んでいるときにこうした案はそれほどの意味をもつものではないと答えたが、河辺は「日本を非武装地帯に置くというのは是としても、それは暫定的なものであろう」と答えている。むしろ吉田はその意見に関心をよせた。

吉田の歴史意思、その本心

吉田は、すでに外務省が作成していた案（A案）にまったく関心を示さず、このような案をつくるというのはどういう認識か、これでは野党と同じではないかと突き返している。そこに盛られた全面講和の発想は、戦敗国としての呪縛から解放されていないと叱ってもいる。そして再度の検討でその改定案を作成させた。それがD案であった。C案は、このD案から枝分かれするかたちの安全保障に関する一提案であり、因みにB案は国連を主体にして非武装日本の安全保障に責任をもち、そのうえで日本がアメリカに安全保障を託するとの内容であった。

ここで重要なのは、吉田が外務省を叱責して練らせたD案作成のプロセスとその内容にある。

吉田は、講和条約問題でダレスと相対するために、複雑な思考回路をつねに意識していなければならなかった。ダレスがどのような主張をするかは、吉田にとってすでに予想しえている。東西冷戦下（とくに朝鮮戦争でそれが現実化している）での日本は明確に西側陣営に立ち、軍事的貢献をせよということであり、そのために西側諸国に存在する日本の軍事力に対する潜在的恐怖は、ともかくダレス自身が説得するということである。これに対する吉田の基本的な歴史認識は次のようにまとめることができる。

〈日本は確かに一九三〇年代の国策の〝変調〟によって敗戦という事態になった。しかし、それは近代日本の政策がすべて誤まっていたということではない。むしろ日本は対米英協調を軸にし、近代市民社会の倫理を日本的な政体によって守り発展させるのが、国益につながる政策である。私は、現在この政策を時代の要請のなかで新たに構築していく歴史的役割をもっている。

さて現在の国際情勢は不幸なことにというべきだろうが、自由主義陣営と共産主義陣営の軍事的・政治的対立が現実となっている。この期において、日本が新たに講和条約を結んで戦争処理を行なわなければならないとすれば、当然西側陣営を優先することになり、そのためには単独講和であってもやむをえない。これこそが国策の基本的方針であり、本来の歴史的経緯とも合致する。この経綸《けいりん》をまずアメリカ側に納得させうるのが話し合いの前提である〉

吉田が、外務省の事務当局を叱責したのは、この方針を理解していなかったからだ。これらの当局者は、敗戦という事態にのみ頭がいき、それを新たなスタートとして国際社会に復帰するという考えから抜けだしていない。

この認識をもとにできあがったD案は、最初に「日本は、共産主義を排し、民主国家とともに世界の平和と安全の維持に協力せんとの固い決意を有する」とあり、西側陣営に位置するのを当然のこととし、そのうえでこれらの国と講和条約を結ぶのを最良の選択とし、そしてもしアメリカが望むならば、日本は軍事基地を提供する取り決めを両国間で結ぶことに異存はないと三つの段階を明確にしていたのである。

さて、それでは吉田はこの方針を前提にしてどのような考えをもっていたか、ということである。以下に、私見の先を続けることにしよう。この考えは、前述の内容が総論であれば各論ということになる。もっともこの各論が総論を規定するともいえるし、総論と各論の間を埋めるのが、外交交渉の手腕になるともいえたのである。

〈日本の国益とは何か。それは戦争で荒廃した経済と産業を立て直すことだ。軍事力などもつ余裕はない。だが、西側陣営に立つ以上、東西の軍事衝突による戦争の危機はつねに日本にも襲う。日本の安全保障問題は、結局は国連に依存する形をとらざるをえず、それを担保にアメリカへの軍事基地提供を受けいれるのが最善の道である。しかし、いずれ将来においては日本は再軍備を行なわなければならないであろう。それは独立国としての当然の権利である。

その場合、憲法の改正は自明の理である。

さてアメリカとの外交交渉では、再軍備の要請、軍事基地提供は講和条約締結の二大要件として示されるであろう。後者は、自分の責任において受けいれるが、前者は当面なんとしても防がなければならない。再軍備は国論の分裂を生むことにもなるし、共産主義者の策動を許す因にもなる。日本国民の軍事に対する反発は自らの政治基盤をゆるがす。加えて再軍備を行なったら、軍国主義者たちを喜こばすだけだ。私自身、彼らにいかなる形であれ、権力そのものの一部分に関与させたくない〉

吉田のこの期の信念とは、ほぼ以上のようなものだったといっていいだろう。

吉田は、旧軍の軍人たちが反共だけを頼りにし、朝鮮戦争が起こってからは彼らのかつての軍事知識を利用しようと、GHQ内部の軍人たちが連携をとりはじめたことに強い警戒心をもっていた。その警戒心とは、たとえば吉田はこの期にはG2のウィロビーとはほとんど接触をもっていなかったが、それはウィロビーが朝鮮戦争の中共軍参加などをつかめず、しかもその認識が後手後手と回ったためにGHQ内部で一挙に信頼が下落したとの焦りから、かつての大本営参謀たち（たとえば有末精三《ありすえせいぞう》や服部卓四郎《はっとりたくしろう》などを指すのだが）と連携を密にして、警察予備隊構想を旧軍復活に結びつけたり、あまつさえ服部などをその要職に就けようと画策していることへの不快感にあった。

だからこそ、吉田は旧軍人脈の復活という点でも再軍備という申し出に軽々に肯くことはできないと考えたのである。

こうした事情を理解できれば、吉田が自らに与えた「ひとつの歴史意思」とは、D案で押し通しつつ、外交交渉でC案という脅しを用いて、ダレスに日本側の案を飲ませるとの計算だったことが理解できる。C案は、まさにダレスにむかって突きつける刃となるはずであった。

しかし同時に、吉田はこの案が単に日本の安全保障に関わるだけでなく、これは現実の国際政治のもとで自らが口にすることによって、歴史が自らの手で回るとの計算ももっていた。というのは、朝鮮戦争は、このC案を練りあげたとき（昭和二十五年十月から十一月の期間）には、国連軍が簡単には北朝鮮軍、中共軍を攻撃し切れない段階で、イギリスのベバン外相のように、戦争を終結させるためには、中国と朝鮮の国境沿いに非武装地帯を設定すべきではないか、との提案をアメリカのアチソン国務長官に伝える動きもあったからだ。むろん吉田がベバン提案をどのように認識していたかはわからないが、少なくともこのような提言をアメリカ政府にしうるほどの盟友関係をもつ国は少ないとの認識はもったであろう。

吉田は、このベバン提案を極東アジアの範囲にまで広げるという意味では、当時の国際社会での政治指導者として相応の識見をもっていたといいうる。国学院大学日本文化研究所講師の柴田《しばた》紳一《しんいち》は、その著（『昭和期の皇室と政治外交』）のなかで次のように書いている。

「こうしてみてみると、『C作業』は、朝鮮戦争下、米・英・ソ・中の四国にも深く関係する、吉田なりの一つの戦後案、すなわち日本の対連合国全面講和条約と朝鮮戦争の休戦条約とをリンクさせるという意味において、現実性はともかくとして、一つの『条約案』といい得るものであった」

この見方があたっていたのである。吉田は、第二次世界大戦と朝鮮戦争の間にあるのは、連合国がかつて自由主義と共産主義が一体となって共にファシズム国家と戦い、ファシズム国家を解体させたあとそれぞれ自らの陣営に引きつける政治闘争を行ない、その一局面として朝鮮戦争という軍事衝突が起こった、これがその後の軍事衝突の前段階なのか、それとも政治衝突の一変型なのかという見方は、それぞれの立場があるにしても、日本はそこに積極的に加わっていく実力をもっていない以上、中立条約も選択肢の一つと考えたと推測される。

私なりに吉田の考えを分析するなら、吉田は、本音でいえば東西の全面戦争になる可能性は低く、ともかく「共産主義者との内外での戦い」に主軸を置く政治闘争をつづけたいと考えていたように思う。共産主義者が日本国内で用いている論法は反米闘争という点につきていたが、国民がその宣伝に乗じて反米化しない方向にもっていくのは、生活を安定させることと、もうひとつは占領初期にアメリカから植えこまれた民主化政策をどこかで白紙に戻してしまうことと考えていただろう。

講和条約を急ぐのは、まさにそれをチェックする、つまり反米化する勢いが、そのまま共産主義化につながっていくのに歯止めをかける第一段階であった。

C案には、こうして幾つもの役割が与えられていたのだが、実際にダレスとの交渉ではどのような役割を果たしたのだろうか。そこを点検していかなければならないであろう。

ダレスが講和条約締結の交渉に本格的に日本側と会談をつづけたのは、昭和二十六年一月からだが、このタフで硬骨な法律家は四月にも来日している。この一月から四月までの期間が、講和条約締結の骨組みが決まる期間となった。吉田はダレスとこの間、何度か会談を重ね、講和条約の具体案を詰めていったが、結局、C案はそこではもちだされることはなかった。

吉田は、最初の一月二十九日の会談のときに、まったく突飛な言動を示した。外交交渉では、相互がそれぞれの問題点や要求点を示し、そして話し合いを始めるのだが、吉田はそういう慣行を無視して、初めのやりとりでGHQが民主化政策と称して行なった具体的政策のなかには日本国民にとって理解しがたい政策が含まれていると発言した。日本の家族制度が、古来それなりの意味と重みをもっていたにもかかわらず、その歴史的意味があなたたちにはわからなかったのです、という具合であった。

吉田は、「アムール・プロブル（自尊心）を傷つけられずして納得できるような条約をつくってもらいたい」とか「われわれはセルフ・サポートの国になりたいと思っている」という語も最初に口にしていた。ダレスは吉田の真意をはかりかね、その随員たちも「日本の総理はダレスのいう内容をわかっているのか」と首をひねった。しかし、吉田のそうした言こそ、C案を提出するときに備えての伏線だったのである。

第9章　独立の回復ともうひとつの現実

ダレスへの気負い、その裏側

昭和二十六（一九五二）年一月二十九日から二月十一日までの二週間は、実際に日本とアメリカの間で講和条約の内容を煮つめた貴重な時間帯である。占領と被占領の間に一定の約束事ができあがっていたのを、少なくともこの期に新たな関係をつくりあげていく現代史の戦いの期間ともいえた。

わかりやすい絵解きをすることになるのだが、この二週間の間の主役であったのは、むろん吉田とダレスであり、歴史的に主役の座に就いていたのはマッカーサーと天皇というべきであった。ダレスを支えていたのは、国務省のスタッフである。ジョンソン、アリソン、シーボルトであり、それに彼らを補佐する随員が従っていた。一方、吉田は外務省の条約局長西村熊雄《にしむらくまお》らを手足のように使っていたが、実質的には条約交渉はすべて吉田自身の手によって行なわれた。これはまったく奇妙な光景というべきで、吉田はダレスと交渉するのにほとんど一人で立ちむかったのである。

吉田はワンマンとか独裁者とか、とにかく各様に語られるにしても、実はこの講和条約交渉が吉田一人で行なわれたところに、歴史上の大きなトリックが生まれる因になった。そのトリックとは、占領期を新生日本の出発点に据えるのではなく、再生日本の雌伏期に、あるいは旧体制の部分的清算と整理にあてる期間と見ていた吉田の思惑に由来している不透明部分である。

以下にこの二週間の主要な事象——それは吉田の生来の地肌が露呈している出来事が多いのだが——について語っていくことにする。

一月二十九日の吉田とダレスの会談は、一時間半にすぎなかった。このときの内容は正確な議事録としてのこっていない。吉田は通訳もつけずに自らの英語力で、ダレスと対峙しているが、なぜ吉田がこのような単独での交渉を進めたかを推測していくと、結局は吉田がダレスとの直接交渉によって演じる役割を日本側の誰にも記録させせないとの意図があったからだった。この日の記録は、会談のあとに吉田が外務省のスタッフに語った備忘録(それは二千字足らずの内容)があるだけだが、アメリカ側にはアリソンがとったメモ(三浦陽一『吉田茂とサンフランシスコ講和』によるなら、英語で二千語余り、日本語訳すると四百字詰十数枚になると思われる)がのこっているといい、内容面ではアメリカ側のほうがより具体的だともいうのである。

吉田が初めに奇妙な弁を弄したことに、ダレスを始めアメリカ側のスタッフはいらだちを示した。先の三浦著によるなら、吉田が共産中国との経済交流によって日本の実業家が中国と接触していけば、共産主義の同調者、あるいは日本とアメリカの情報提供者になってしまうかもしれないと語ったとき、とうとうダレスは怒りさえ感じはじめたようだと記述している。そして、ダレスは次のように話したとアリソン・メモを引用している。そのまま紹介することにしたい。

「貿易のような経済問題は、アメリカ以外の国の利害もからむ困難な論点だ。はっきりいっておくが、多くの連合国は日本にきびしい経済制限を課そうとするかもしれないのだ」

ダレスのこの言を聞いて、吉田は「相手の機嫌をひどくそこねたことに気がついた」と書くのだが、たぶんこの指摘のとおりなのだろう。アリソン・メモによれば、このあと吉田の態度が変わったように見受けられたという。吉田の話し方、論理などについて推測する部分が多くなり、「吉田が語った」という類のメモは著しく少なくなっているというのであった。私はアリソン・メモにふれていないので、三浦の記述を参考にしながら分析していくことになるが、吉田はこの会談の出発点では明らかに誤りを犯していたことになる。ダレスを自らの側に引きつけようとの試みは失敗したという意味だ。

政界を退いたあと、吉田が高坂正堯《こうさかまさたか》らのインタビューに答えて、「ダレス？　彼は外交官かね」と皮肉ったのは、実は自らの思惑どおりに会談が進まなかったことへの正直な告白というべきであった。

必死の弁明と逆襲

吉田がダレスとの交渉で考えていたのは、次のような流れといえるだろう。

まずは反共の理念で一致し、そのうえで占領初期の民主化と非軍事化政策の是正を確認して、そのために日本政府が行なおうとする改革についての妥協点を見出していく。さらにダレスは、「対日七原則（アメリカ政府がまとめた対日講和原則）」に基づいて再軍備を要求してくるだろうから、それを受けいれることはできないと明言しつつも、しかし軍事基地の提供は拒まないとの政策を伝える。

といっても外交官としての吉田は、このような戦略は自らの思惑どおりには進まないと考えてはいる。懸案になるのは、日本国憲法が謳《うた》う非軍事化だとして、つまりは占領初期の政策に誤りがあることに結びつけていく論理を提示したうえでいざとなればC案を示すつもりだったのである。この案を提示したなら、ダレスは、即座に「日本は自由主義陣営のはずである。そのことによって受ける恩恵に対して代償も払ってもらわなければならない」と応じてくるであろう。明確に否定してくるに決まっているはずだ。そこで吉田は、この案は、占領初期のあなたがたが蒔いた種に起因していると打ちだす捨身の策であった。日本をこのような枠組みのなかに置いている限りでは、こうした案も確認しておかなければならないと脅すつもりだったのだ。しかし吉田はその目論見が最初の段階で失敗したことを理解しなければならなかった。吉田のダレスに向けての演技力に、ダレスはまったく関心を示さなかったどころか、本来生真面目で融通のきかない性格のこの持ち主から不信感を買ったとさえいえるのであった。緒戦のゲームに敗れたスポーツ選手が、ときに総崩れになるように、吉田もしばらくはその轍《てつ》を踏むことになった。

ダレスは次々と吉田の弱点に質問の矢を浴びせてきた。講和条約を実りあるものにするためには国民の支持が必要だが、議会はどうなっているのか、と質されると、吉田は、日本人は講和の期が早からんことを一致して望んでいると答えた。ダレスは、吉田のそういう態度に、自分は野党の指導者にも会いたいと牽制しているし、吉田はそれに煮えきらない態度で応じた。吉田がいっこうにアメリカが示している講和の条件（対日七原則）にふれてこないために、ダレスは次に、日本は今の自由主義体制が朝鮮で戦っているこのときに何をなそうとするのか、とつまりは日本の安全保障体制に率直に切りこんできた。ダレスの、日本が何もなさないという意味には、きわめて不合理だというニュアンスがこもっていたのである。

むろんここには再軍備をせよ、との強い示唆があった。

吉田は、こうして少しずつダレスに追いつめられていったのである。吉田自身のこれまでの胸中をさぐっていくと、それは吉田の誇りそのものを傷つける光景だったに違いない。そこで、吉田はすぐに強く自説を披瀝《ひれき》するという態度にでている。先の三浦著からの引用になるが、吉田は、その質問の意味は再軍備について質ねたいのであろう、と言って次のように答えたのだ。

「今日の日本は、まず独立を回復したい一心であって、どんな協力をいたすかの質問は過早である。自主独立の国になれるかどうかが今問題であって、それが実現をみた後で初めて、日本がどんな寄与をなせるか、なす心算であるか答えられるのである。再軍備は日本の自立経済を不可能にする。対外的にも日本の再侵略に対する危惧がある。内部的にも軍閥再現の可能性が残っている。再軍備は問題である」

吉田は、外務省にのこしたダレスとの会談の記録にこのように書くように命じたのであったが、吉田が再軍備に対する反対意見として、日本の軍事力が再び東南アジアの国々に恐怖感を与えるだろうというのは、ダレスからみても充分に説得力をもちえていた。正直なところ、ダレスは日本との交渉のあとでつねに連合国の指導者に対して相応の説明を行なっていたが、そこでそういう脅威論をつねに聞かされていた。加えて吉田は、かつての日本の軍事指導者がGHQのウィロビーと連携して再軍備待望論を振り回していることを示唆し、それは認めるわけにはいかないとの怒りを伝えようとしていたのである。

しかしダレスはそのような意味を理解した節はなかった。ダレスにとっての関心事は、自由主義陣営の体制を強固にするための現在の政策こそが重要なのであって、日本に独立を認めるのはその強固さを補完するためのプロセスにすぎなかった。ダレスは、吉田の再軍備不可能論に対して、さしてそれに拘泥するわけではなく、軍事基地を提供する方法もあるとにおわせている。しかし、吉田はこのときにはそれに明確な答えは返していない。前にも述べたように吉田は、その懐中にD案（再軍備には反対だが、日本に軍事基地を置く日米軍事協定には同意しているとの案）をしのばせているにもかかわらず、まったくそれを伝えなかった。吉田はもういちど原則的な言を弄して、この会談から具体的な成果をあげることをそれとなく拒んだのである。このように分析すると、吉田は、一時間半の会談で少なくとも三回はその気持を変えたといいうる。

マッカーサーの助力、その限界

ダレスとの共通基盤の確認を企図、失敗、そして不安、ダレスの反撃、とまどい、ダレスの怒り、はぐらかし、という光景が演じられたといってよかった。不安、とまどい、はぐらかし。吉田は、辛うじてダレスに言質を与えなかったが、吉田とダレスは後年になると理解しあえたとはいえ、一月二十九日段階ではまだお互いに納得できる交渉相手ではなかったといっていい。

もう少し別な表現で言いあらわせば、吉田はダレスを与しやすしと考えていたとも言えるが、実際には、マッカーサーの助言や手助けがやはり必要と考えることにもなった。もともとダレスは、マッカーサーに対して、吉田との交渉の席に立ち会ってほしいと要求していたが、それは吉田を説得する役にふさわしいと考えたからであった。むろん吉田も、密かにマッカーサーに、ダレスが再軍備を強硬に要求してくる事態になったら、なんとか自分を助けてほしいと頼んでいた（リチャード・B・フィン『マッカーサーと吉田茂』）。マッカーサーは二人にとって、自らの側に加担する重要人物だと考えられていたのである。マッカーサー自身は、連合国軍最高司令官であって単にアメリカ政府の代弁をする立場ではない、との原則論を吐いて、ダレスの要求に応じていなかった。

逆に吉田に対しては、ダレスと会う前に「あなたの意見を率直に伝えなさい」と助言していた。むしろ吉田の側にいると思える態度をとっていた。現在の日本は私の権限でつくりあげた国家である、との認識が強かったためであろう。

一月二十九日からの二週間、吉田はマッカーサーとほとんど共同戦線を張っていると意識していたようなのである。フィンの次の指摘は幾つかの事実を裏づけることにもなるのであった（前掲書からの引用）。

「このころになると吉田はほとんど親友のようにマッカーサーを頼りにしていたらしい。マッカーサーも、吉田の意図がアメリカの政策と対立する場合でさえ、吉田に理解を示した。後日、あるアメリカの上院議員に吉田が語ったところでは、元帥との間にはホットラインがあり、マッカーサーは吉田にとっても日本にとっても非常に役に立つ存在だったという」

マッカーサーは、吉田にとってダレスとのよき仲介者だったというのである。吉田にすれば、マッカーサーと連携をしていたこの二週間は、それまでの五年余の関係が凝縮されていたことになるが、その後はマッカーサーが解任されて離日することもあったにせよ、ある一定の距離を置きはじめる。そのことは後述するが、吉田は、マッカーサーの名によって占領初期のいきすぎを是正する政略をもっていたのに、その役割が果たせなくなったという段階で見限ったということができた。

一月二十九日の午後六時、会談を終えたダレスと吉田はそれぞれ別の車で、そして司令部に入るのも正面と通用口に別れてマッカーサーのもとを訪ねた。実は、このときの一時間半の吉田・ダレス会談は、ダレスがマッカーサーに会うとの約束があったために、これだけの時間で終わったのである。本来ならこのような交渉は、長時間続いてもおかしくないのに、マッカーサーとの約束がそれを救ったことになった。もしこの交渉がこれ以上の時間で行なわれていたのなら、吉田は多くの言質をとられただけでなく、ダレスに〈優柔不断な指導者〉として謗《そし》られたであろう。

歴史的アリバイの裏側

マッカーサーとの会見について、吉田はその著（『世界と日本』）のなかで、「私はマッカーサー総司令官のところへ行って話そうと提案し、ダレス氏も同行してくれた。そして元帥の前で、やはり同じ主張を繰り返した」と書いている。同じ主張というのは、再軍備に反対するとの内容をさしている。

だが実際には、この会談を設定していたのはダレスであって、吉田はダレスに促される形でマッカーサーのもとに行ったのが真相である。あえて吉田がこのように書いたのは、むろん日本国民に向けてのジェスチャーというべき意味があり、国民の間に根強く存在する再軍備反対論を刺激しないためのトリックといっていいであろう。

マッカーサー、ダレス、それに吉田の三人の会談も公式の記録はのこっていない。何をどのように話したか、正確にはわかっていないのだが、吉田が書きのこした著作やメモ（それらは前述の『世界と日本』や吉田自身の回顧録などによるが）には、再軍備をすれば自分の内閣は倒閣すると伝えたとか、軍事基地の提供で済ましたらどうかとマッカーサーが助け舟を出してくれたといった記述がある。

吉田の訴えに対するマッカーサーの助け舟は、やはり吉田の記述によることになるのだが、「自由世界が今日、日本に求むるものは軍事力であってはならない。そういうことは実際できない。日本は軍事生産力を有する。これを自由世界の力の増強に活用すべきである」

とマッカーサーは、ダレスを見つめながら説いたというのだ。このような吉田の記述からは、マッカーサーは吉田とほとんど同様の考えをもってダレスを説得したかに見えてくる。しかしここにあるのは、吉田の歴史的アリバイづくりであった。吉田は、自分の時代に再軍備が肯定されることになるのを極端に恐れていたわけである。吉田の考えに納得するマッカーサー、そして二人でダレスの強硬論を抑えこんだという歴史的アリバイを固めることによって、吉田は、占領下の日本の政治指導者として一定の戦略をもった政治家として後代に語られることを計算していたともいえる。

この期の朝鮮戦争は、中国の人民義勇軍が強力であり、国連軍と韓国軍は再び南下せざるをえなくなっている。北朝鮮軍はソウルを再び落とし、南下を続けているし、国連軍司令官としてのマッカーサーは、武器、弾薬の補給とともに、日本の基地を使用しなければならない事態になっている。

マッカーサーは、しだいに戦線の不利を克服するために、原爆の使用も意識しはじめていた。そのようなとき、マッカーサーはディレンマに陥っていたというべきで、占領初期のあの思想的基盤をもつ改革者のイメージよりも、現実的軍事力の優位性を信じる本来の軍人に戻りつつあった。そういうマッカーサーが、もし吉田の言に肩入れしたというなら、今、吉田を政権の座から下ろしてしまうと、日本は暴走しかねない、この人物を利用して日本を実質的に対共産主義戦争の後方兵站《へいたん》基地につくりかえなければならない、との計算から助け舟をだしたというのが真相ではないかと思われるのである。したがって、三人の間ではそれぞれの思惑がからんでの話し合いが続いたということがいえる。ダレスはトルーマンや議会からの指令に沿って、日本に段階的に防衛能力を高めるよう要求し、アメリカと防衛上の協定や条約を結ぶ国は、いかなる国も自国の防衛手段を講じるべきだとの決議に忠実に従い、独立後の日本にもそれを要求していく。吉田は、日本国民はそういう防衛要求に抵抗しているとの姿勢を示し、マッカーサーはその仲介役としての位置を確保するということでもあった。

結果的にだが、この三者の思惑は奇妙な形で実っていくことになる。それは一月三十日から二月十日まで、日本とアメリカの事務レベルの折衝を追っていくと理解できるのだが、そこにこめられているのは、吉田はこの国をまるで独裁者であるかのように独立国家として再生させる役を引き受けたという事実である。吉田にとって、この二週間は必ずしも充分に自らの思惑を実らせることにはならなかったが、昭和史の上では彼がもっとも望んでいたこの国の方向に表面上は合致させることに成功したのである。

昭和六年九月の満州事変から二十年八月の太平洋戦争終結までの一五年間を、日本は「変調」していたとの歴史認識をもっていた吉田は、その「変調」を清算し、いわば昭和五年からの日本の延長という国家像をつくりあげることに成功したと言いかえてもよかった。誰にも意識されずにである。それゆえにこの二週間のなかのある一点（日本とアメリカの安全保障協力協定案の内容）とそれに関わる問題だけは、もういちど検証しておかなければならないのである。

相互安全保障という尺度

昭和二十六年（一九五一）年一月から二月にかけての吉田とダレスの会談は、単に敗戦国の政治責任者が、戦勝国の外交担当者と講和の内容をめぐって対峙したというだけではなく、ほぼこの十年前の日米交渉の失敗によって、日本が軍事的選択を行なったという歴史的事実を清算する側面があったのである。このことを思い起こすと、吉田とダレスに課せられた役割は当人たちが考えている以上に大きかったといえる。

昭和十六（一九四一）年四月から十一月にかけての日米交渉は、どこで錯誤が生まれたのか。結局は日本もアメリカも、戦争という政策を前提に交渉を進めたからであった。そのような事実をもとに考えるなら、あの期には外交担当者の役割が、いかにして相手側に効果的に軍事的選択を行なわせるかの駆け引きともいえた。当時の日本の国策は、誰がどのようにしてなにを基準に決めているか、それ自体不明確だったことになるが、吉田はこの愚をくり返すのを避けつづけたという側面を、昭和二十六年一月から二月にかけての講和交渉のなかで示してみせた。吉田にとって、ダレスはあのときの国務長官ハルと重なり合っていたに違いない。ワシントンでハルと対面していた駐米大使の野《の》村《むら》吉三郎《きちさぶろう》は、ハルの言動からホワイトハウスの国家的意思を見抜くのに失敗したが、吉田はダレスを通してアメリカ政府の意思を見抜く識見はあったし、ダレスの人間的な性格を理解したうえで外交テクニックを駆使する能力はもっていたのである。

吉田は、マッカーサーを利用することで、この二週間近い講和交渉をほとんど自らの意思と能力でふり回し、表面上、この段階では実質的な成果をあげることができた。それをまずなぞらなければならない。

一月三十日に、日本側はダレスのもとに一通の意見書（六項目）を提出した。それは二十九日の吉田とダレスの間で争点となっていた事項やダレスが示した要求に対して、日本側が意見を述べるという内容であった。この意見書は「わが見解」と題されているが、日本は講和条約とは別に日米間で相互安全保障の協力体制を受けいれるとの一項がはいっていた。これはかねてから吉田がダレスに伝えていたアメリカ軍への基地提供を申しでる確認の儀式のようなものであった。

さらに日本側は、国内体制がどのような状態にあるかもダレスに説いた。つまり、日本の政治的枠組みは戦勝国の望んでいる方向へと進んでいると説いたのである。

翌三十一日に第二回の吉田とダレスの会談が行なわれた。ここで改めて日本側の六項目についての討議が進んだのだが、この席での安全保障問題についての話し合いについては具体的に明確にされていない部分がある。しかし最新の資料を整理して著された書（三浦陽一『吉田茂とサンフランシスコ講和』）によるとアメリカ軍基地の受けいれの合意がこのときに成立し、「日本の防衛力」という語をダレスが示すことによって、「再軍備は、このときついに、正面から日米の論点になった」とのさぐりあいがあったといわれている。ともあれ第二回目の会談で、日本とアメリカのめざす方向は固まっていったということになる。ただこの会談で、アメリカ側は、吉田の英語力そのものがこうした会談にむいているのか、と日本側の随員に質している。吉田の発言がときにその場にふさわしいとは思えない方向に進んだりするからであった。

外務省の条約局長である西村が書きのこしているところでは、この会談のあとは、事務方の協議に移ったという。それは吉田を外すことによって、事務方間でより具体的な話し合いを進めようとの諒解であった。吉田の頑迷さにダレスも不快感を示したといえる。

事務方の円滑な話し合い

吉田の英語力不足と吉田への不快感が、吉田・ダレス会談から事務方の協議に移る因になった、というのが、この講和交渉のひとつの重要な点である。吉田の英語での交渉能力不足が事実か否かは定かでないにしても、事務方に交渉が移ることによって、吉田は意外に大きな存在となった。

昭和十六年当時の日米交渉における天皇のような役割が、吉田の存在と一体化したからである。つまり外務当局は、後ろに控えた吉田の意に即しての交渉の実務担当者にすぎず、その点ではかつての大本営政府連絡会議で決まった国策を行なうだけの外交担当者と同レベルであった。

二月一日からの実務担当者の会談は、しばしば笑声も交って円滑に行なわれている。この会談は、日本側は外務次官の井口貞夫《いぐちさだお》や西村らが中心になっていたし、アメリカ側はシーボルト大使、アリソン公使などであったが、彼らは吉田とダレスの肚《はら》のさぐりあいの域を越えてなんとしてもこの会談によって実りある結論を引きだすとの強い意欲をもっていた。この意欲を具体的に示したのが、井口や西村が吉田の諒解を得て提出したB案であった。「日米安全保障協力協定案」と題するこの案は、日本はアメリカの軍事力によって日本の防衛を図るが、そのために日本はアメリカ軍の日本駐留を認めるという点にあり、講和条約が結ばれたあとは日本とアメリカは軍事的に一体化していくとの方針が明文化されていた。前日の意見書の背景にある日本側の理解である。

この二月一日からの数日間、事務方によって続けられた交渉そのものは、講和条約発効後の日米関係の確認という儀式だったことになるが、日本は、このB案のなかに、〈日本に対して共産主義勢力などによる侵略行動が行なわれたと国連が判断したときは、アメリカはその侵略を中止させる行動をとり、日本はそれを憲法の許す範囲で協力態勢を採る〉という意味の一項を盛りこませていた。日米関係とは、つまり対共産主義勢力封じ込めの軍事体制という姿勢を明確にしたのであった。

この軍事体制を強固なものにするための諸施策が、まずは事務方の協議の中心に据えられた。

二月二日に「国家治安省の設置」、「再軍備と憲法」、三日には「再軍備計画の当初措置」と題する案を日本側は相次いでアメリカ側に提出した。このプロセスでアメリカ側も日本側に対して、日米安全保障協力に関しての協定を求める文書を示すなど、より具体的に条件のつき合わせが行なわれた。アメリカ側は、講和条約発効後の日本での基地使用の内容やその法的根拠まで含めて詳細な条件を提出して、日本側を驚かせた。アメリカ軍の事務方にいる軍人（たとえばジョンソン陸軍次官補）は、日本に執拗に再軍備を説き、軍事を統轄する官庁を置くことや憲法は再軍備を容認していない以上、そのための憲法改正を求めることさえ要求したのである。

このときのアメリカ側の意図とそれに対応した日本側の動きを、もっとも簡潔に説明するならば、リチャード・B・フィンの『マッカーサーと吉田茂』の下巻に書かれた次の一節があたっている。

「東京会談におけるアメリカの基本的な交渉戦略は、講和条約に関する細部のつめが始まる前に日本が受け入れ可能な安全保障協定を合意しておこうというものであった。一方、日本の希望が取り入れられた講和条約案をアメリカに認めてもらう代償として、アメリカが受け入れ可能な安全保障協定に合意しなければならないのを十分に承知していた日本側は取引を望んだ。要するにアメリカに基地使用の権利を提供するかわりに、再軍備の約束を回避しようとしたのである」

フィンによると、二月三日になって日本側はこの約束が通りそうもないことがわかり、そこで講和条約を手にいれるには、再軍備についても曖昧な態度をとりつづけるわけにはいかないと気づいたというのである。アメリカ側が示した先の日米間の安全保障協力に関しての協定のなかに、アメリカは日本に対して再軍備を強く要求するだけでなく、ひとたび緊急事態が起これば日本軍はアメリカが任命する司令官のもとで命令を受けるという、日本にとっては屈辱的な内容が含まれていることに事務方が気づいたという意味である。吉田は事務方からこうした報告を聞き、すぐに「再軍備についての第一段階」と題する文書をまとめ、アメリカ側に届けさせた。それは二月三日の夜のことだが、現在に至るもこの文書自体は全面的に公開されていない。それでも日本の新聞によるスクープで、一九七〇年代後半にその一部が報道されている。

再軍備を認めた吉田文書

吉田は、この文書のなかで講和条約発効後は再軍備計画に着手しなければならないといいつつ、その内容については、警察予備隊とは別に陸海の保安隊構想をもっているといい、その数も五万人として国家保安省のような組織の管理下に置くことを説いたうえで、その軍隊はアメリカの軍事専門家の助言を求めるといったのである。このことをかみくだいていうなら、吉田は再軍備という語を用いつつも、憲法の範囲内で許される「軍隊」として保安隊構想を唱え、それも最小限の兵員によって「民主的軍隊」をつくりあげてアメリカの要求に応えるという妥協点を示したといえる。

このころ（つまり昭和二十六年二月から三月ごろのことだが）、警察予備隊構想は着々と現実化していた。しかし、隊員は揃ってもその指導層には旧軍幹部は採らないという方針が守られていた。これをもっとも主張していたのは吉田であったが、それに反してG2のウィロビーは旧軍の参謀たち（たとえば参謀本部作戦課長だった服部卓四郎《はっとりたくしろう》など）と意を通じて強力な反共意識をもとにした軍隊をつくり、そこに旧軍の元正規将校をいれようと画策していた。

吉田はそれに頑強に抵抗していた。つけ加えれば、この年三月には、吉田が信頼する旧軍人の辰巳《たつみ》栄《えい》一《いち》の言をいれて、直接太平洋戦争を指導した世代でない限り、将校の採用に踏み切ることを認めている。辰巳は、警察予備隊の現状を見ると、とても「軍隊」の体をなしていないと説き、「寄せ木細工のような予備隊では、いざという場合、とても任務の達成は期待できないであろうと、真剣率直に私の所見を述べました。この時は、吉田さんも沈痛な面持ちで聞いていましたね」と述懐しているが、吉田は、「再軍備イコール旧軍の復活」という懸念を誰よりも強くもっていたことがわかる。

二月五日午前、日本とアメリカの事務方は四回目の会談を行なった。このときダレスは、三日付の吉田文書に気をよくして講和条約の条文を初めて日本側の事務方に届けたが、この条文は六枚の文書となっていて、ダレスが連合国の同意をとりつけてまとめたものだった。つまり、日本はどのような条件のもとで国家主権を回復するかを謳った内容だったのである。連合国は、日本に対して完全な主権を認め、いかなる形でも敗戦による制約を設けないというのが、この条文の骨子であった。賠償、軍備、経済的権利などに一切の制限がないとわかった日本の事務方は、「きわめて寛大な内容であり、感謝に堪えない。これによって日本国民は勇気づけられる」と答えている。もしこの講和条約が、安全保障協力の協議の前に知らされていたら、交渉の経過はもうすこしかわりうる可能性はあった。だが改めてこの間の経過をなぞることでわかるのは、なんの制約もない講和条約とアメリカとの安全保障協力に対する強い態度とは吉田の予想したように「対」になっていると考えられることだ。

吉田の再軍備を肯定する文書は、それだけに重い意味をもったといえる。

二月六日、吉田は事務方から講和条約の内容についての報告を受けたあと、マッカーサーを訪ねた。吉田はこの席で、日本としてはアメリカとの間に結ぶ安全保障協定の条文には、再軍備という語を用いるのは自分の意に反すると説き、マッカーサーの同意を得たともいうのである。マッカーサーが、吉田のその言に全面的な諒解を与えたとは考えられないにしても、占領初期の自らの治政と、現実に朝鮮戦争を指揮している立場との間にあって、吉田の論に賛成も反対もできないというのが実際の姿というべきだった。

露骨にあらわれたその人間像

二月七日、吉田はダレスと三回目の会談を行ない、ダレス自身の労をねぎらい、講和条約の条文内容に感謝の意を伝えた。そのうえで吉田は、講和条約の発効後は戦犯の訴追を行なわないよう新たな要求をだし、ダレスにそれを認めさせた。連合国の戦犯裁判がこの期までにまだ終わっていないなら、それをなんらかの形で終わらせるようにしようとダレスは約束した。

その一方で、ダレスは、もしこの講和条約にソ連が加わらなかったら、それを要求するわけにはいかない、とも応じている。確かにそれはあたっていた。吉田にすれば、シベリアに抑留されている日本人兵士たちの処遇は国際法の根拠をもっていない以上、ソ連がこの講和条約を認めるか否かは別にしてアメリカにその違法性を指摘してほしいとの思いがあった。だがそれが実らなかったのは、連合国による敗戦国に対する壁があったからだ。講和条約発効後の日本とアメリカの関係は、東西冷戦をもとにしたものになるが、しかし、ダレスは第二次大戦時の戦後処理については日本の意向よりもソ連との関係に重きを置くと考えていたのである。

この日の会談では、日本とアメリカの相互防衛に関する協定の基本線が改めて確認された。とはいえその論議のなかで吉田が唱えた再軍備の計画については、表だってダレスも論じようとはしなかった。それは警察予備隊が、実際には軍隊であると理解するダレスとこれは広義の警察力であり、軍隊ではないと主張するであろう吉田のその認識の違いを意識的に曖昧にしておくことを意味していた。

それが両者にとって好都合だったのである。とくに吉田は、この論が日本国内にもちこまれることを恐れた。吉田が実は再軍備を約束していたとあっては――それは吉田にとって本意ではない約束とはいえ――、国内での政治指導力は一気に低下してしまう。吉田に課せられているのは、警察予備隊は軍隊ではないと強弁することであった。非軍事化が占領下の日本の政治を評価する尺度であると考えている日本人向けに、吉田はひとまず煙幕を張りつづける役割を引き受けたのである。吉田とダレスの三回の会談は、このような経路を辿《たど》って終わった。二月九日に日本とアメリカの事務方が五件の仮覚書に仮署名して、日本はひとまず主権を回復するためのプログラムをもった。ここで結ばれた仮覚書をもとに、こんどはアメリカ側がその条文を明文化することになった。

ダレスは、随員とともに二月十一日に日本を離れた。マニラに赴き、そのあとオーストラリアやニュージーランドを回り、条文を示し、ワシントンに戻った。そこでダレスは条文づくりに国務省のスタッフとともに没頭することになったのである。

吉田は、ダレスが離日するときに、アメリカとの間に安全保障協定が結ばれる事態を歓迎するといい、日本はいずれ国際社会に復帰しても自衛の責任は認識する、との幾分曖昧な声明を発表した。

吉田は、ダレスの離日を見送りながら、複雑な思いをもったろう。日本の防衛について、あまりにも迷路に入りこむような論をつくりあげてしまったからである。これからの防衛論争では、その一言一言が野党の標的にされかねない状況ができあがってしまったのだ。

吉田が、側近の者でさえ自らの本音を明かす者と決して明かさぬ者とに峻別していったのは、この期からである。政敵に対してときに苛酷と思える言動で対応していくことになったのも、迷路の構図を恐れていたからである。

文民支配のアメリカ型軍隊を

この段階で、くり返すことになるが、吉田が満州事変以後の日本の軍事指導者たちによる歴史事実を〝変調〟と決めつけ、敗戦という事態をその変調に終止符を打ったと考えていたが、その終止符を打ったあとに、吉田が考えていたのは決して「新生日本」ではなく、その変調を否定しての「再生日本」であった。再生日本というのは、明治期を成しとげた先達の精神に返ることであり、少なくとも満州事変直前からの「昭和史の再生（やり直し）」こそが吉田にとっての歴史的使命という認識であった。

吉田は、そのためにかつてのように、軍事組織が理念や識見のない指導者によって蹂躙《じゅうりん》されることを恐れ、なによりも政治が軍事を制御するという政治システムをつくることを熱望していた。講和条約締結に至るプロセスで、吉田がアメリカに向けてむしろ日本がアメリカ軍の駐留を望んでいて、アメリカはそれに応じるという方向で日米協定をまとめるよう打診したのは、まさにそのことであった。少なくともかつての日本軍の軍事指導者よりもアメリカ軍のほうが、はるかに信用できるというのが吉田の本音であった。それが再生日本の骨格に据えられる吉田なりの哲学であった。しかもダレスが示した講和条約案は、吉田や外交当局が予想していた内容よりはるかにゆるやかで、その精神は戦勝国としての過大な権利を要求しないという点にあったから、吉田はますますその哲学に自信をもったのである。

ダレスが来日している折り、日本とアメリカの事務方が細部の詰めを行なっているとき、吉田はマッカーサーと個別に会っているのだが、そこで日本は欧米的な軍隊をつくりたいといって、「私どもの警察予備隊をいずれはアメリカ式の民主的な軍隊につくりかえたい。とくに軍令の部門はアメリカから教えを受けて文民支配にしたい。日本は建軍時からドイツを真似たが、これが誤りだった。私としては、ウィロビー将軍の指揮下にいるような軍人は、日本においては問題が多いように思う」と意見を述べている。ドイツ陸軍への関心を隠そうとしなかったウィロビーとその部下に、不快の念をもっていることを伝えた。吉田はこのときにウィロビーは、自らの権力を固めるためには相応の役に立つ期があったが、そのすべてを信頼したわけではないとの信念を洩らしたことにもなった。

このときマッカーサーは、現実の武器の変化を見れば、すでに戦後は五年も経ているのだから、日本の軍人の能力や知識は役に立たないと吉田に答えている。

だが、吉田の懸念をマッカーサーは、素直に理解したわけではなかった。吉田は、朝鮮戦争下、ウィロビーのもとでかつての大本営の参謀たちが、中国と朝鮮との国境の地理に詳しいという理由によって国連軍の作戦指導の助言者になっている事実を知っていた。参謀本部作戦課長だった服部卓四郎が中心となっているために、参謀たちのグループは「服部機関」と称されていたが、それを牽制するのが吉田の真意であった。マッカーサーはその意を知っていたか否かは不明であったが、とにかく吉田の懸念はあたらないと答えたのである。

吉田はダレスにもそのことを伝えた。しかし、ダレスは軍事面には口を挟もうとせず、随員の軍人が改めて文官主導のアメリカのシステムを解説したにとどまっている。

こうして吉田の歴史と時代に向かいあっている姿は、アメリカ側に少しずつ伝えられていった。皮肉なことにというべきだが、その姿は日本国内では明かされることはなかったのである。このようなエピソードは、まだほかにも幾つかあり、そうした事実は吉田が「再生日本」の国家像をあらゆる形で日米提携の枠内にとどめようと腐心していたことで共通しているのである。

ダレスが日本をはなれたあと、吉田はダレスと話し合っていなかった重要な項目があることに気づいた。それは共産中国への対抗策であった。共産主義勢力の脅威は、むろんソ連が主軸になっているが、それをあらゆる面で補佐しているのが中国であった。そこで吉田は、ダレスに宛てて私信を書き、それを駐日アメリカ大使のシーボルトに託すつもりでいたが、結局それを中止している。この私信には、きわめて特徴的なことがあり、吉田のこの期の心理状態をよく示していた。吉田は次のように書いていたのである（この部分は、猪木正道『評伝吉田茂』からの一部を引用する）。

「（共産主義と対抗するための）われわれの最初の仕事は、中国をロシアの手中からもぎとって、自由国陣営に仲間入りさせることでなければなりません。私は、モスコーの四億五千万中国人に対する把握がそう強いとも、また永続的とも信じません。中国を民主陣営に取り戻す方法はたくさんあるはずです。この点について、日本のなしうる一つのことは滲透であります。滲透はソ連の好んで用いる方法でありますが、しかし、われわれもまたこの方法を用いてはならないという理由はないと思います。地理的に近いのと、人種と言語、文化と通商の古い絆のゆえに、日本人は竹のカーテンを突破する役目にもっとも適していると思います。いかがなものでしょうか？　これは私の思いついた考えでしかありません。平和条約の討議に新しい論点を持ちこもうとしているのではありません。（以下略）」

この提案を心にとどめておいてほしいと、吉田は訴えたのだ。しかし、この私信をシーボルトに託さなかったのは、なにゆえのことだったのだろう。猪木は前掲書で、たとえダレスにわたったとしても、この内容はダレスの理解力を超えていただろうといい、しかしその後の中ソ対立を思えば、吉田のこの構想は、「第一級の外交・戦略家であったといわなければならない」と書いている。それは確かにあたっているだろうが、もうひとつ別な見方をすれば次のようにいえるのだ。

吉田は、中国に対して謀略にも似た政治行為をシステムとして進めることにより、それは結果的に間接侵略の汚名を浴びることになる。謀略の張本人との批判を受けかねない。それは、かつての日本軍の体質を思い起こさせるものであり、自らの評価をゆるがすことになるだろうとの懸念をもったからではなかったか、と私には思える。ダレスに自らの意を密かに伝えることの得失を測ったとき、ダレスがこれからのアメリカの政治指導者として前面にでてくるならばいくらかは得になるとしても、そうでなければ不利益になると判断してのことではなかったか、私にはそう思えるのである。

マッカーサー解任を狙って

吉田自身は、講和条約への道筋が自らの理念である「再生日本」に合致するよう、巧みにその政治力を駆使しえたと、この期には実感をもったであろう。吉田は、そのためにマッカーサーやダレスもまた手駒として使おうとしたと解することができるだろう。

たとえは悪いが、将棋を例にひくなら、自らの陣の「王」を守るために、吉田自身は飛車や角行《かくぎょう》、さらに金、銀の役目さえ果たそうとしていた。マッカーサーやダレスに王手をかけられないようにしながら、実際には彼らを自らの陣の「王」を守るための駒に代えてしまったということもできるほどである。

マッカーサーがトルーマン大統領によって解任されたのは、昭和二十六年四月十一日である。解任理由は、一軍人にすぎないマッカーサーが、三月に入って休戦を企図しているトルーマンの意思に反して、一方的に共和党議員に「共産主義勢力を阻止するために、国民党軍を中国本土に上陸させて第二戦線を開くべき」と書簡を送り、それが物議をかもしただけでなく、さらに三月二十四日には、「中共軍が国境を越えて南下しつつある。国連軍は満州と中共沿岸を攻撃することによって、中共は崩壊する」という特別声明を発表した。マッカーサーのこうした声明の背景に、ウィロビーの働きかけがあり、ウィロビーに耳打ちした服部機関のかつての日本軍の参謀たちの姿がちらついているような感もある。

マッカーサー声明には、軍事が政治の制御に抗するという重要な意味があった。そのためトルーマンは、自らの周辺にいる軍人たちの意見も聞いたうえで、即座に罷免を決めた。「躊躇のないその措置は、まさに文官支配の範になりうるものであった。後任にはリッジウェー中将を決め、マッカーサーにすぐに帰国するよう促したのである。マッカーサーは四月十五日には、あわただしく日本をはなれた。

マッカーサー解任を正式に吉田に伝えたのはシーボルトであったが、そのシーボルトにはトルーマンから、マッカーサーの解任を日本側に伝えると同時に、アメリカの対日政策や現在進んでいる講和条約の動きにはなんら変化がないことを改めて確約するよう訓令が届いていた。そこでシーボルトは、四月十一日の夜、吉田を訪ねてその旨を伝え、そして吉田も共に総辞職することがないよう確認をした。あわせて講和条約の現状を確認するために、ダレスが来日するだろうとのアメリカ政府の意向も吉田の耳に入れたのであった。

吉田は、シーボルトの伝達を聞きながら、あきらかに動揺を隠さなかった。身体をふるわせ、目には涙を溜め、「この衝撃は私だけでなく日本人すべてに及ぶだろう」と弱々しく洩らした。リチャード・B・フィンの『マッカーサーと吉田茂』によると、吉田はシーボルトに対して、「総辞職はしない」と誓ったうえで、「個人的にもマッカーサーには借りがある。自分が政治的に成功したのは彼の指導のおかげであり、天皇制を保持できたのも彼の影響力のおかげだ」と考えているとつぶやいたという。

動揺した吉田は、はからずもシーボルトに本音を洩らしたことになるが、マッカーサーには「借りがある」との言は、まさに自らの権力を占領下のなかで権威づけしてくれたことに対する謝辞というふうにも考えられるほどだ。吉田はマッカーサーの離日前日に書簡を送り、私の衝撃と悲しみはいかに大きいかと書き、「日本国民はすべて、天皇陛下から路上の市民に至るまで貴官の離日を惜しんでいます」と伝えている。文面には吉田の感情が率直にあらわれている。

しかし、吉田が単なる感傷家でなかったのは、後任のリッジウェーとの最初の会見が証明している。この会見は、GHQ内で四月十八日午前十一時から正午まで行なわれたが、前々日来日したばかりのダレスを交えての三者会談であった。リッジウェーはマッカーサーと異なり自らの素顔をあまり見せず、なによりチームプレイを重んじる軍人で、まだ五十六歳の若さであった。吉田より十六歳も若い占領軍の指導者だった。リッジウェーは、その側近たちからマッカーサーと異なる流儀で、日本側の代表と接するよう助言を受けていた。それはカリスマ性よりも実務的に占領政策を進めるとの姿勢を保つことだった。

三者会談ではリッジウェーは、ダレスや吉田の報告や伝達に耳を傾けるだけであったが、この席でダレスは吉田に対して講和条約に関するアメリカ政府の態度は、なんらの変更もないと伝え、しかしそれぞれの国によって日本に対しての要求は苛酷なものがあり、それに苦慮していることも伝えた。

占領政策の手直しを要求

だがこのようなことは、講和条約が結ばれるまでの流れとしては、これまでの追認でしかなかった。この会談で重要なのは、吉田がリッジウェーに日本の占領政策のいきすぎを是正するよう訴えたことだ。吉田は、マッカーサーの権威と権力を逆に利用して、リッジウェーに巧妙な弁を用いて説得にかかったということができる。吉田は次のように説得したのだ(この言も前掲の猪木著から引用する)。

「日本は無条件降伏した。日本は無条件と同時に男らしく降伏した。ダブル・ゲームはやらない。この点マッカーサー元帥も認めた。(中略)ここで早速、占領改革について申し上げたい。占領中の諸改革のなかには現在の情勢に適合しないものがある。また、日本の風俗習慣に適しないものもある。これらは占領期間中に改正するのが適当である旨前回来訪の節特使に申し入れ、その後マッカーサー元帥からも原則的に賛成をとりつけ、事務的に検討させ、要望書を元帥に提出する段取りになっていたところ、今回の交替となって提出の機を失した」といって要望書を提出した。リッジウェーはまだ事情がわからず、ダレスは日本の国内政治の改革など自らの権限外であり、個人的にも関心がないとあって、この要望書についてはその場では回答を返さなかった。

吉田の、マッカーサーの諒解を得ているという言は、事実と異なっている。それは吉田の一方的な解釈だが、しかし吉田は、虚言にも通じるこの言を表面化させることによって——しかもこの要望書は、日本の実情に合わせてより民主的な国家にする、との大義を掲げることによって——、実際は自らの意にそう国家をこの期に明確にするよう迫ったともいえた。

こうした事実を個別に検証していくと、吉田は明らかにアメリカ政府を自らの術中にとりこもうと画策していたというべきである。自らの「再生日本」像を「現在の法制をわが国の実情に適合させることによって、民主主義をより強固なものとすることを目途としたものであります」という言で引きずりだそうとするのが真実の姿であった。マッカーサーとリッジウェーの交代の期に打ちこんだ吉田のくさび、このくさび（要望書のことだが）にはどのような改革案が秘められていたのだろうか。

項目を以下に並べてみる。

人事院及び地方自治体に対する中央体制の強化

刑事訴訟手続き上の拘禁時の告発容疑の告知、容疑者が自分に不利な証言をしなくてもいい権利などの保護規定の削減

教育の六・三・三・四制の見直しと地方自治体の教育諮問委員会の設置

独占禁止法、労働基準法の緩和

「家庭生活の中心としての家長を法的に認知する」ための民法の改正

警察予備隊、公共の秩序を脅かす団体の規則への協力

このほかにもまだ幾つかの条項があるのだが、一項目ずつ検証していくと、ＧＨＱが日本に対して行なった民主改革そのものが露骨に骨抜きになっていく意図が窺える。さすがにＧＨＱの民政局は、この

要望書の内容を知って驚いた。GHQの占領下にあっては、これは民主的改革とはいえず、これまでの基本方針に逆行するような改革ではないか、とても容認できないと考え、その旨リッジウェーに伝えた。リッジウェーもそれを諒解して日本政府に伝えられたが、この意が伝えられてくると吉田はこの要望書を二度とGHQの側に持ちだすことはなかった。

　吉田はこのくさびをひとまず引きさげることにしたが、このとき吉田が密かに決めたのは、こうした政策は講和条約発効後の日本政府の手によらなければならないとの覚悟であった。しかも、その覚悟を現実化するための布石は打ったのである。というのは、リッジウェーは五月一日のメーデーにあたって特別声明を発表し、〈日本に対してわれわれの占領政策の緩和という方針はこれからも維持されるが、日本政府がそのためにGHQの公布した現行法規を再審査する権限はもちえている〉との内容を明確にしたのを受けて、吉田は「政令諮問委員会」を発足させたからである。五月十四日に設立されたこの委員会は、吉田の私的諮問機関でもあった。

　本来ならリッジウェーの特別声明は、講和条約発効に向けての地ならしでもあったが、吉田はそれを自らの側に引きつけることで、要望書を自らの政治的相談相手の側に託したということができた。この委員会は七人のメンバーで発足したが、そこには石坂泰三《いしざかたいぞう》（東芝社長）、原安三郎《はらやすさぶろう》（日本化薬社長）、板倉《いたくら》卓造《たくぞう》（時事新報社社長）、小汀利得《おばまとしえ》（日本経済新聞社顧問）、木村篤太郎《きむらとくたろう》（元法相）、前田多門《まえだたもん》（元文相）、中《なか》山伊知郎《やまいちろう》（一橋大学教授）が含まれ、七月には追放解除になった石橋湛山《いしばしたんざん》が加わった。この委員会はさしあたりは、評判の悪い追放令の改正を行ない、追放解除の速度を早めた。それは国民にとってもっとも歓迎すべきことで、占領の屈辱をとにかくはねのけることができたからだった。

　その後は、吉田の意を受けて、経済・教育・労働・行政などの占領下の法令の見直しの答申をだすことなった。吉田が、講和条約発効後の国内での政治体制を固める布石がこのように進んだ。

党人派との対立に備えて

講和条約の締結をめざして、吉田がダレスと事前交渉を続けている期、国内政治は吉田にとって満足すべき状態ではなかった。自由党内にあって、戦前から議会に籍を置く旧政友会系の党人派の議員は、吉田政治をかつての軍部主導にも匹敵しかねないワンマン政治だと批判を浴びせているし、なにより講和条約の事前交渉そのものが秘密外交であると激しい批判を浴びせていた。

吉田が各官庁の次官クラスの官僚に目をつけ、彼らを自由党公認として出馬させ、議会に送り込んでいたのは、やがて党人派との対立に至る期に自らの有力な手駒にと考えていたからでもあった。党人派議員の有力者は、追放状態にあるにしてもいずれその状態が解かれるときに、吉田には孤立する懸念があったが、それをこうした官僚の議会進出で乗りきろうと計算していた。吉田は党人派議員を手の汚れた旧体制の俗物と解していた風があり、自らの軍門に下ったときにのみ、巧妙におだてあげて利用したのである。

吉田は、リッジウェー声明（占領政策の緩和という方向での日本政府の独自性を容認）にもとづいて私的諮問機関を設置して占領政策の見直しを行ない、追放解除を進めて旧体制の要人を社会活動に復帰できるよう策を練っていくが、その一方で自由党内をまとめるために三役の更迭を独断で行なったりもした。五月二十五日の新三役人事は、幹事長が増田甲子七《ますだかねしち》、政調会長が吉武恵市《よしたけえいち》、総務会長は広川弘禅《ひろかわこうぜん》という布陣となったが、増田と吉武は、吉田の勧めで官僚から議会人に転出した議員だった。

広川は党人であったが、吉田のもとに日参し、その寵を得たのだが、その行動には自由党のなかの古いタイプの党人派からは憎しみにも似た視線を投げつけられた。広川は吉田への忠誠をあからさまにし、それゆえに党内の新しい党人派議員を傘下に集め、それを吉田に捧げたという図式をつくりあげたから、古いタイプの党人派は吉田・広川ラインへ反旗をひるがえすことにもなったのである（つけ加えるなら、のちに広川は吉田に忌避されて吉田と敵対関係になっている）。

吉田は党三役人事の刷新に加え、新たに内閣改造を行なった（七月三日）。これはより徹底した吉田好みの人事であった。旧三役として吉田の信頼が篤かった佐藤栄作《さとうえいさく》、根本龍太郎《ねもとりゅうたろう》、益谷秀次《ますたにしゅうじ》は、閣僚として加わったが、吉田は佐藤をなんとしても自らの側近として重用したいとの意思を隠さなかった。加えて佐藤を郵政相兼電通相に据えての人事は、ＧＨＱの許可基準がどのようなものか推し測るという意味をもっていた。なぜならかつて、佐藤を、Ａ級戦犯としての経歴をもつ岸信介《きしのぶすけ》の実弟である、といって入閣を認めなかったときもあるからだ。しかし、この改造では、「佐藤を入閣させるなら、かつて岸が担当していた閣僚ポスト以外ならよい」という理由でＧＨＱは吉田の人事名簿に許可を与えたのであった。吉田は、こうした試みによってリッジウェー声明のその枠組みを確かめていったのである。（根本＝農林相、益谷＝国務相）そのほか閣僚には、橋本龍伍《はしもとりょうご》（厚生相）、野田卯一《のだういち》（建設相）という官僚出身議員が含まれていた。さらに通産相には高橋龍太郎《たかはしりゅうたろう》が座った。高橋は財界人で、参議院の緑風会座長であったが、吉田側近の一人といわれていたし、なにより吉田が講和条約締結をできるだけ挙国一致態勢の色彩を帯びるようにしたいとの意向を受けいれての人事でもあった。

講和条約を戦後日本の出発点とするために、吉田はこうして自らの意を受けいれるだけの側近を閣僚に据えた。吉田は、この改造内閣発足にあたって清新さや重厚さがあるかのようなコメントを発表したが、実際には党内のなかに〈自らに従う者〉と〈自らに抗する者〉とを峻別し、そこに明確に線を引いたのである。吉田は、全面講和を主張する者には居丈高に対応したが、自らの人事を批判する者にもまたまったくとり合わないという態度で応じた。

　やがて、そこに吉田政治の限界と落とし穴があったことが浮かびあがってくる。

　しかし、吉田に抗する党人派の動きをもっともよく象徴する出来事をまず語っておかねばならない。このことによって、吉田と対立した党人派議員たちの姿勢も明らかになってくるからだ。

　昭和二十六（一九五二）年六月十一日、鳩山が私邸で脳溢血《のういっけつ》で倒れたとの報が流れた。鳩山はこのときはまだ追放時でもあったのだが、吉田内閣はリッジウェーの諒承を得たうえで近々に主要な政治家、旧軍人などの追放解除をするだろうといわれていて、鳩山自身もそこに該当すると考えていた。ところが、この大量追放解除から鳩山は外れるらしいという情報が流れてきて自由党内の鳩山系の有力者がその善後策を話し合うためにこの日鳩山邸に参集していたのである。鳩山邸に集まっていたのは、三木武《みきぶ》吉《きち》、安藤正純《あんどうまさずみ》、大野伴睦《おおのばんぼく》、大久保留次郎《おおくぼとめじろう》、石井光次郎《いしいみつじろう》、それに政治評論家の岩淵辰雄《いわぶちたつお》であった。党人派のこうした議員は確かに議会政治の古い体質を代表していたが、岩淵のようにかつて戦時下では吉田と同志関係にあり、終戦工作に関わった者もいた。その岩淵が戦後は一転して反吉田に転じたのは、それぞれの性格的な違いが明らかになるとともに吉田が岩淵を自らの周辺から遠ざけたという経緯もあった。そのため岩淵は徹底して吉田批判の論陣を張るようになった。

　鳩山邸に集まった反吉田の面々は、吉田が意図的に鳩山を解除から遅らせようとしているのは、鳩山が政治復帰を成したときに吉田はそのポストを譲るという約束を反古《ほご》にしようと意図しているからだ、と気勢をあげた。鳩山はその気勢に興奮して倒れたというのが真相であった。鳩山はその後左手足が不自由になったが、それ以外には政治的行動に支障はないこともわかった。

第一次の追放解除は、六月二十日に行なわれたが、三木武吉、石橋湛山ら二九五八人のGHQの覚書による追放組（メモランダムケース）がまず公職への復帰が認められた。このあと八月六日には河野《こうの》一《いち》郎《ろう》、清瀬《きよせ》一郎《いちろう》など一万三九〇四人が解除になったが、ここに鳩山も含まれていたのである。鳩山系の議員は、吉田とその側近たちが鳩山を第一次組から外したと批判すれば、吉田の側はGHQの指名によって追放された者は、解除のための手続きが手間取ったために遅れただけであり、まったく他意はないと弁明はしたものの両者の間に感情的な対立が起こる因となった。

十月十二日、鳩山は病いから癒《い》えたとして初めての記者会見を行なっている。ここで鳩山は「明春（昭和二十七年春）から本格的な政治活動をはじめたい」と発言した。それは、吉田政治がアメリカ一辺倒の政治で、独立後にはその体質は合わないとの宣言であり、吉田に対して公然と戦うという意味を含んでいたのである。鳩山のいう「明春」とは、講和条約が発効しての独立回復後ということになるが、そこには当然のことだが、吉田は占領期の政治家であり、独立国日本の政治指導者としては失格であるといった挑戦的な響きさえあった。

吉田は、そうした鳩山に代表される政治家と戦うためにますます側近政治に傾斜していくのだが、この期には表向き鳩山系の政治家を懐柔するポーズを見せていた。なにしろ三木にしても、河野にしても、議会内で敵に回せば、実際には何の対抗策も打てないと判断していたからである。鳩山が倒れたと聞いたとき、吉田はすぐに夫人の鳩山薫子《かおるこ》に次のような書簡を送っている（日付は六月十二日）。

「拝啓、昨晩遅く御主人様卒倒云々の知らせニ驚き不取敢《とりあえず》電話御伺致候処《うかがいいたしそうろうところ》差したる事なしとの事ニ安心仕候《つかまつりそうろう》、何卒厳ニ医戒を守られ御静養安静相成度《あいなりたく》、別して此際の御看護大切ニ奉存候《ぞんじたてまつりそうろう》、呉《くれぐ》れも御養生をと奉万禱候《まさにいのりたてまつりそうろう》、不取敢御見舞迄如此候、敬具」

吉田の鳩山への気配りとその病状をさぐる表現がよくあらわれている内容であった。さらに鳩山の追放解除後に吉田のもとを訪れた鳩山系議員に対して、吉田は大仰に喜びの表情を見せたため、共同通信の政治記者は「鳩山系幹部は、吉田の鳩山に対する友情に変りがないと見ている。おそらく鳩山の健康回復をまって、総裁バトンをゆずるとの確信をふかめているようである」との記事を地方紙に配信しているほどだった。吉田自身は、表面は必死に波風を立てまいと考えていたことになる。

アメリカ政府の〝吉田擁護〟

講和条約案は、連合国の間でダレスとイギリス外相モリソンの手によってしだいに形をつくっていったが、利害関係の異なる条項は、ダレスの政治力によっても他の連合国を納得させえないこともあった。とくに賠償問題はアジアの諸国には納得できないとの感情が根強くあり、それを和らげるためにダレスは、日本に対して戦争被害を与えた国との間に個別の協定を結び、主に日本の技術力をもって賠償を支払うことを示唆し、日本がそれを受けいれるとアジアの国々を説得に赴いたりした。この説得方法をイギリスにも通用させようと試みた。

ダレスとモリソンは、条約の内容を詰めると同時に、この条約を承認するための国際会議の形式についても話し合った。ソ連は講和条約をまとめるためのアメリカ、イギリス、ソ連、中国四カ国の外相会談を提案していたが、ダレスもモリソンもそれに応じずソ連を除いての講和会議でひとまず日本との間で戦争状態の終結を行なうことを確認した。さらに中国を承認しているイギリスと、台湾を承認しているアメリカとの間には、中国というときどちらを意味するかの見解の相違があったのだが、それについては日本側に選択させると決めた。結局、吉田はアメリカの示唆もあって台湾を選択している。

ダレスとモリソンが最終的にまとめた条約案は、アリソン公使から六月二十四日になって日本側にわたされた。吉田はこうした案に異存はなく、その案についてのアリソンが語った「米英会談ではアメリカ案をもとに英国案を多少加えたので、少し厳しくなっているが、日本には決して厳しい内容とはいえない」という言をそのまま諒解した。アメリカの日本を配慮しているという姿勢を率直に受けいれたのであった。ただ最終的な案をまとめるうえで、吉田はその著（『回想十年』）によるなら次のような注文はつけたと証言している。

「沖縄の住民を依然日本人として遇すること、同島と日本との経済その他諸般の関係は従前通り持続させることについての日本側の希望を伝えるとともに、未帰還邦人の速《すみ》やかな帰国の実現と占領軍の使用している施設の講和後早期返還を要請した。なお条約案の細い文言の修正等についても、わが事務当局から意見を提出せしめて置いた」

吉田はさりげなく書いているが、ポツダム宣言には、国外にいる日本の将兵は速やかに帰国して平和な生活を営むことができるという一項があるにもかかわらず、実際にはそれは履行されていないではないか、と抗議の意を示したのだ。このことはソ連のシベリアに抑留されている日本人将兵をさしていて、このときまでに多くの将兵は戻されているにしてもまだ行方不明の将兵がいるし、そのなかには収容所に抑留されている者もいるのではないかとの抗議でもあった。アリソンはこの言に有効な回答は返さなかったが、吉田が何を言わんとしているかは充分に理解したはずであった。

つまりは吉田は、講和条約の内容、その承認のための国際会議への手続きなどで、日本は東西冷戦下において明確に西側陣営に与するとの意思を伝達したのである。

さらに日本の国論が一致してこの意思をもっていることをあらわすために、吉田は、講和会議に出席するための全権団が、国内の政治勢力が結集しているという事実を示すことが必要であった。アメリカ政府は七月初めに講和会議はサンフランシスコで九月に開かれる予定であると発表したが、その折りにダレスは吉田に私信を送り、アメリカは超党派の代表団を結成するのだから、日本も首相自ら出席するとともに超党派の全権団を送るよう伝えてきた。むろんそれは吉田とまったく同じ意見であった。ソ連を始めとする社会主義国を排除したうえで、日本の主権回復はアメリカを始めとする西側諸国の側に国を挙げて位置するとの確認の儀式に仕立てあげたいという意図は、講和条約そのものが日本の戦後の方向に一定の路線を義務づけるのだという国内向けの政治プロパガンダにつながるものだった。

ここで重要なことは、アメリカ政府の意図が、太平洋戦争の戦争処理という側面で日本側の政治、経済、軍事の本質的な戦争責任問題は東京裁判で結着を見たとして、さらにその内実を問う戦勝国の一部の要求を抑えこみ、東西冷戦の力関係を優先させた点にある。吉田はその意図を見抜くには他の政治家よりはるかに抜きんでた政治的手腕と能力をもっていたが、それゆえに戦争責任を問う国内政治の論議を抑えることに腐心した。吉田にとって重要なことは、講和条約に幅広い代表団を含めることで、日本が自主的に戦争処理を行ない、占領という時間帯に終止符を打ったという形をつくりたかったのである。

日本の戦後政治の誤りは、占領期もまた〈戦争〉の一形態であったという認識が不足していることだった。戦争は戦闘と外交によって構成されるが、戦後の占領政治はたとえその内容が良質であったにせよ、国家主権を失っているなかでの〈戦争〉の姿であった。戦時下において日本のアジア各国への占領地行政があまりにも拙劣であったのに比べると、アメリカを軸とする連合国の占領政策がより巧妙であり、理知的ではあった。そのために、日本ではこの構図がとうとう見抜けなかったといっていい。

吉田は占領政治の終末を迎え——そのことはまさに〈戦争〉を終えるとの意味なのだが——占領政策

にピリオドを打つ政治的儀式〈憲法をはじめとする占領政策についての賛否を問う国民投票〉を採ろうとはせず、この超党派といった形の全権団派遣で〈戦争〉を終わらせようとしたのである。

問おうとしなかった占領の意味

講和条約をもって占領政治に終止符を打つとの挙党派体制の確立という動きは、前述のように昭和二十一年から始まった公職追放の解除で加速された。公職追放は昭和二十年から二十一年に、延べ二十万人近くの〝戦争体制協力者〟の追放を生んでいたが、十月末までにつごう一〇回にわたって十二万人余の追放を解除した。この動きは講和条約の締結後もさみだれ式に続き、結局、追放解除はすべての分野に及び二十万人の大部分が解除されることになった。最後の追放解除は昭和二十七年四月二十五日〈講和条約の発効は二十八日〉でこのとき岸信介、井野《いの》碩哉《ひろや》など東條《とうじょう》内閣を支えた五人の解除も発表されたが、これではあまりにも政治的すぎる〈つまりは連合国の占領政策の全否定になる〉として、吉田内閣はすぐに取り消しを発表するという一幕もあった。

追放解除は、もとよりGHQの講和条約の締結に合わせて、日本側に自主的な権利を与えるとのリッジウェーの諒解のもとに進んだのだが、しかしその実、それを最大限利用したのは吉田であった。国内体制を再生日本という方向にもっていくべき彼の目標は、東西冷戦という情勢を巧妙に自らの側に引き寄せながら、反共という点では人後に落ちない、そして解除というなによりの特典を吉田の政治的業績と理解しうる人物を社会の中軸に復帰させることに成功したのである。

吉田はダレスからの私信を受けてからは、全権団のメンバーをできるだけ超党派の色彩を帯びさせることに意を用いた。ソ連を始めとする社会主義国を含めての全面講和を主張する社会党を加えようとする意思はなかったが、それでも表面上は声をかけたし、国民民主党や参議院の緑風会には積極的に参加を促した。吉田内閣から正式の要請を受けた段階で、社会党は単独講和に反対を再度確認して参加せずの態度をとった。しかし改造内閣に緑風会座長を入閣させたという経緯もあって、緑風会は承諾の意思を示した。ただ条約締結に至るプロセスが充分に明らかにされていないとの理由をあげて、その内容についての説明を求めるとの条件はつけた。

　国民民主党は最大野党として、参加の有無については「臨時国会を開き、講和政策の内容とその経緯を明確にした段階で結論をだす」と自由党側に伝えた。吉田外交は秘密外交であると批判していたから、こういう回答を返す以外になかった。とはいえ党内事情は一枚岩ではなかった。

　しかしこのような動きは表面化した動きにすぎなかった。吉田は、自らのルートで、あるいは腹心の党幹部に命じて、この全権団に加わることは国策に責任をもつ者の歴史的役割ではないかと各党幹部に説いて回らせた。たとえば、緑風会の有力な指導者で第三次吉田内閣では文部大臣や通産大臣も務めた経験をもつ高瀬《たかせ》荘太《そうた》郎《ろう》にあてて書簡を送っている（昭和二十六年七月二十日付）。高瀬は会計学者としても知られ、もともと学問畑で育ち昭和十五年から二十一年までは東京商大学長を務めてもいた。その後、吉田に乞われて経済安定本部総務長官という重責も担っていた。

　吉田は高瀬に実に丁重に次のように懇願していたのである。

「今回の対日講和条約ハ全くダレス氏の尽力。米国政府の好意ニて出来候次第ニて、其好意ニ充分ニ酬《むくい》候為《そうろうた》め国会の代表を網羅する全権団を組織し、特別国会を召集し小生より米国側の好意を陳述し国会側ニ於てハ米国側の好意ニ対する感謝決議を以て全権団を送出すか如き措置に出られ度《たく》と存候得共、社民両党ニ趣旨徹底せす、サリトテ此上米国政府ニ回答遷延《せんえん》も不面白《おもしろからず》候ニ付、政府の責任ニ於て調印まで押進み候外無之《そうろうほかこれなく》と決心 仕《つかまつり》候《そうろう》、就てハ政府の趣旨あるところ御了察之上、緑風会推挙の全権を加へ至急全権団構成ニ御協力願上候、委細ハ岡崎官房長官より御聞取可被下候《くださるべくそうろう》」

全権団のメンバーをアメリカ政府に伝えることが第一で、国会での報告にさく時間がないかもしれないといい、その辺の事情を理解し、なんとしても政府に協力してほしいと頼みこんだ。この文面に国内政治より講和条約締結に好意的に対応しているアメリカ政府を重視しなければならないとの吉田の本音が現れていた。

国内政治の主導権獲得をめざす

吉田にとって講和会議の全権団の構成はきわめて重要な意味をもった。アメリカが民主、共和両党の代表を含めて超党派の構成になるというのに、日本が自由党だけというのではこの講和会議そのものの政治的効果が薄れるだけでなく、吉田自身の政治力が国民的支持を得ていないと参加国に受けとられる危険性があったからだ。東西冷戦下にあって、そのことは日本が西側陣営に属するのではなく、むしろ西側陣営に批判的な空気を有していると証明しかねない事態だったのである。

最大野党である国民民主党からは、吉田の子飼いの人物を使っての説得工作にも全党挙げて全権団に参加するとの確約は得られなかった。自由党との提携を考え保守派結集の立場を採る苫米地《とまべち》英俊《ひでとし》、林屋《はやしや》亀次郎《かめじろう》に対して、幹事長である三木武夫《みきたけお》などの旧国協党系、それに旧民主党左派らの議員は社会党や進歩的文化人の主張する全面講和論に心情を傾けていた。そのため自由党幹事長の増田甲子七と三木との間には、つごう一一回にわたって全権団への参加をめぐっての話し合いが続いた。ここでも三木は、臨時国会を開いて講和条約、日米安保条約の内容を吉田首相自ら説明せよと主張し、増田はその前に全権団参加を明言してほしいと果てしない論議を重ねたのであった。

結局、七月三十一日には、「臨時国会を開く」「民主党は全権団に加わる」ことで話がついた。

吉田は、民主党とのこのような交渉について官邸で待機して、増田の報告や総務会長の広川弘禅の動きを見つめるだけだった。その七月三十一日、体調を崩して箱根で静養していた吉田は、国民民主党との間で決まった二点をもって駈けつけた増田と広川、それに政調会長の吉武恵市から報告を聞くと、それまで耐えていた政争に厭気がさしたのか、「そんな案は受けいれられない」と激怒し、湯呑み茶碗を彼らに投げつけるという荒れようだった。三人の子飼いが自らの思うような結論をだしてこないという不満をまるで児戯のような形で表わしたのである。吉田ファミリーを自任していた三人は吉田の前では一言も発することができず、退出してしまうほどだった。

三人の報告を受けて、すぐに吉田のもとに駆けつけたのは、麻生太賀吉《あそうたかきち》と大蔵大臣の池田勇人《いけだはやと》であった。麻生と池田がこもごも国民民主党との話し合いを尊重し、それを受けいれるよう説いたのが、吉田の翻意を促したとされている。さらに国民民主党の保守提携派が吉田を訪ねてきて、苫米地と極秘裏に会見するよう勧めたため、八月三日の夜に吉田は、苫米地と会って話し合い、最終的に全権団への参加と臨時国会を開くことを決めたのである。こうして表面上は、国民民主党が参加することになり、緑風会とともに国内態勢の一本化という形をつくることはできた。

こうした一連の動きを検証すると、吉田が自らの思うようにならない状況に激しい怒りをもち、感情を露骨にあらわしているかのように見える。占領政治はもう最終段階であり、吉田がGHQとの間に良好な関係を保ち、それゆえにそれが権力維持の大きな要因となっていた時代が終わりを告げつつあるとき、吉田は国内政治での主導権をにぎるために苛立ちをもっていたという言い方がされている。しかし、このような見方は皮相的だといえるのではないか。

吉田が、国民民主党をはじめ国内の政治勢力との政争を通じて、終始意図していた政治的な姿勢とは、理念なき政治家たちへの激しい侮蔑である。吉田が、党三役が顔を揃えて政争の結果を報告にきたときに、湯呑み茶碗を投げつけたのは、その一例であり、子飼いの者に見せた吉田自身の一面である。吉田にすれば、全権団への参加はたとえ政治的主張が異なっていても、国会議員の当然の責務であるが、それを政争に用いるとは何ごとか、という怒りである。国民民主党内での二つの派閥の闘い、さらに自由党にあっても吉田の動きに批判的な鳩山系の議員は増田甲子七に照準をしぼっての失脚をことあるごとに意図していたし、広川にしても吉田の意を受けいれているかのようにふるまいながら、その実国民民主党の保守提携派を通じて民主党分裂を画策しつつ、自らの勢力を拡大しようと謀っている。

そういう権謀術数にみちた政争の中で、吉田は政治家という人種に不快感を隠そうとしなかった。そしてその真の心中を明かす対象だったのは三女の和子《かずこ》と麻生であり、池田と佐藤栄作などわずかの閣僚であった。それを窺わせるのは、私の和子への取材時の証言からにすぎないのだが、そのほかに、池田が党三役の報告を受けいれるよう吉田に説得に赴いたとされる八月二日の会見も指摘することができた。このとき池田は吉田の御機嫌を結ぶような動きを示したとされるが、実際には日本経済を自立させるには貿易振興を柱とするという新たな経済政策を話し合っているのである。

池田が吉田を説得したというのは、単なるポーズにすぎず、より具体的な論議を交わしていたのだ。

吉田は、翌三日に池田に宛てて書簡を送っている。そこには、次のようにある。

「拝啓　昨夜ハ御来駕《らいが》奉謝候、其節話ニ出候輸入増進声ハかりニて一向捗取不申《はかどりもうさず》、御出発前具体的方途確立願敷《ねがわしく》、此事当今の急務と奉存候、宜敷《よろしく》奉願候、小生今日葉山ニ参候、箱根ニ出懸来週火曜閣議迄ニ帰京の予定ニ致居候、敬具」

すぐに具体的な貿易振興策を練り、それをまとめろと指示しているのである。これは講和会議出席時に参加国と個別に話し合うときのビジョンをもっていたいとの吉田の意思なのだが、同時に講和後の日本が経済的自立が可能なのかと案じる吉田なりの不安を示しているとも考えられた。日本の安全保障をアメリカに仮託する以上、日本が経済的に自立していけるかが前提だったのである。

吉田は、講和という意味を日本人は正確に理解しているのかとの苛立ちをこの期には強くもっていた。吉田のその苛立ちをさらに深く吟味すれば、〈ともかく占領下という時期に自分はアメリカを相手に国益を守ってきたではないか。その苦労を知っているのか〉という自負につながったであろう。それなのにこの期の歴史的背景を理解しようともせず、将来の見取図ももたず政争に明け暮れているのはどういうことか。

さらにこの書簡ではからずも明らかになっているのは、葉山の御用邸に天皇を訪ねることが明かされている点である。

吉田は講和条約の交渉プロセスをそのつど天皇に報告していたのだが、それは天皇が側近に講和条約が結ばれたあとに退位の意向を洩らしているとの情報が入っていたためで、天皇にその任にとどまるようそれとなく伝えることが、この期には何度かくり返されていたのである。

吉田は、自らの周辺にもこの期の「国家的危機」をどのように受け止めているのか、それを具体的に洩らしていない。しかし、『回想十年』（第三巻）に記されている次の内容は、吉田がもっとも強調したかった点と解すべきであろう。

「（講和条約が円滑に進んだのは）対日占領管理の主導権が米国にあったという幸運によること甚だ大なりと思う。それにしても、その根底において、日本人全体として、この六年間によくも刻苦、耐乏、廃墟より立上って国家の再建と復興に精進し、他方ポツダム宣言の趣旨を誠実に履行して、これが米国初め各国政府の認むるところとなったという事実も、見逃し得ない。（以下略）」（傍点・保阪）

全権可分論への妥協

ポツダム宣言の忠実な履行こそ、この六年間の日本政府の重要な責務であった。軍事による敗北のあとに、ポツダム宣言の実行という政治的闘争があり、そのけじめをどのようにつけていくかこそ、日本の国内政治の中心軸であった。もとはといえば、軍事的な清算のない闘いの結果として、この六年間が存在している。それを政治家も国民も忘れているのではないか——それこそ吉田の基本姿勢だったのである。ポツダム宣言では、日本の軍国主義色を一掃するという一項があり、吉田はそれを忠実に守った、そのために日本の安全保障はアメリカの軍事力に一任するという選択肢を選ばざるをえなかった、それらはすべて輪のようになっているのであり、どの局面か一断面をとりだして論じたところで、それは無責任な時局便乗者にすぎない者の論に傾斜していくだけだ。吉田がとくに政治家を愚弄するような態度をとったのは、そのことを理解していない姿勢にあった。

国民民主党の委員長である苫米地に、吉田が全権団への参加を呼びかけて頭をさげたのは、そのことを理解しているだろうとの前提があったからだった。しかし、苫米地の判断がどうあれ国民民主党の内部では、吉田のこの判断が受けいれられないことが明らかになった。

昭和二十六（一九五一）年八月十六日に三日間の会期で第十一臨時国会が召集された。その初日に吉田は、講和条約案（それはアメリカとイギリスの共同草案であったが）を発表したが、この案は日本にとってはきわめて公正で妥当性があると説いた。だが日米間の安全保障条約案の内容やその手続きについては具体的な説明は行なわなかった。この条約案はアメリカと日本の外交当局者の間だけで知られているのであり、アメリカ自身、イギリスをはじめ他の戦勝国にもこの条約案の内容は細部にわたっては説明していない。それゆえ吉田はこの条約が、多くの問題を含んでいるのを知っていたし、それを新たな論争の引き金にするつもりはなかったのだ。

日米安保条約の全文は、九月八日の講和会議での講和条約の調印直前にさりげなく発表されている。吉田の議会演説に、国民民主党内の二大潮流は一気に顕在化した。確かに吉田の演説には、秘密外交の嗅いがあり、加えて私に全面的に任せておけといった気負いもあったから、野党の議員が激怒するのも無理はなかった。講和条約と日米安全保障条約はセットになっているのであり、講和条約を受けいれる以上、この軍事条約を不可分のものとするのは当然という吉田の主張は、具体的には講和条約第六条の講和発効後九十日以内に占領軍は撤退するが、同時にある国との協定があるときはその国の軍の駐留は妨げないとの一項と抱き合わせになっていることを示していた。

国民民主党の左派はその点を突き、「われわれは全権団に委員を送るのは承認しよう。しかしそれは講和条約のためであって、日米安全保障条約の調印へは送らない」といい、苫米地らは結局、「全権可分論（講和条約の調印式には出席、日米安全保障条約の調印式には欠席）」で党内をまとめざるをえなかった。実際にはこれは党内むけのジェスチャーにすぎなかったといえるが、しかしこの政治的妥協はまた吉田に怒りを呼び起こした。

〈本来、この全権可分論は筋がとおらない。それは苫米地らにもわかっていたはずではないか。党内も

まとめられないのか〉

との怒りであった。吉田は権勢を誇った時代には、こうした論に与したグループを決して許さなかったのはよく知られたことだった。とはいえ、九月八日の講和会議へのスケジュールは迫っている。そのために全権可分論を渋々と認めるかわりに、十八日には全権団の構成をすぐに国会に諮り一気に可決してしまった。この全権委員は、吉田の人事の好みやその重用ぶりが明確に反映していたのである。

全権委員

主席全権・吉田茂

全権委員・星島二郎《ほしじまにろう》（自由党）、苫米地義三《ぎぞう》（国民民主党）、徳川宗敬《とくがわむねよし》（緑風会）、池田勇人（大蔵大臣）、一万田尚登《いちまだひさと》（日本銀行総裁）

全権代理・大野木秀次郎《おおのぎひでじろう》（自由党）、吉武恵市（自由党）、鬼丸義斎《おにまるぎさい》（国民民主党）、伊達源一郎《だてげんいちろう》（緑風会）、松本六太郎《まつもとろくたろう》（農民協同党）

このほか国会からの派遣団一二人（このなかには社会党議員も含まれている）、随員などを含めると、五十人余にもなった。

小泉信三との連携を企図

講和会議への全権団が発表され、条約案の内容が公表されたとき、吉田にとってもっとも手ごわい批判は、吉田の単独講和論に対する根強い不信であった。昭和二十六（一九五一）年九月、十月の知識人を対象とする総合誌は、一斉にこの不信を露にした。

たとえば一橋大教授の都留重人《つるしげと》は、『世界』誌上（昭和二十六年十月号）で「対日講和と世界平和」と題する論文を発表したのだが、ここでは東西冷戦下では、アメリカの対日講和に与することはそのまま冷戦構造に組みこまれることを意味し、武装放棄をしたはずの日本は改めてそうした軍事体制の一環を担うことになるとの批判があった。それは、吉田の選択肢に対する批判として国民からもっとも同意を得る論点であった。これと符節を合わせるかのように、社会党左派や共産党は、社会主義的変革をめざす視点からソ連と同調する論をくり返し語った。

こうした批判に対し、吉田の側から反論を試み、さらに吉田批判の論者のもつ現状認識を鋭く指摘したのは小泉信三《こいずみしんぞう》であった。小泉はかつて慶応大塾長という立場にあったが、同時に天皇家に対する良き理解者として、昭和二十四年から東宮御教育常時参与となり皇太子の教育掛にもたずさわったが、実は小泉と吉田の間には同志というべき信頼関係があった。天皇制を戦後体制の中にどのように存続させるか、という点で、吉田の私的な顧問でもあった。

小泉は、主に『文藝春秋』誌上において、たとえば「平和論――切に平和を願ふものとして」（昭和二十七年一月号）という一文に見られるように、平和を願っているのは「全面講和」論者ばかりではないとの論を展開した。「多数講和、安全保障条約の反対者が、若しも平和の独占者の如くに振舞ふなら、それは許し難い僭越である」というのである。こうした論にやはり都留が反論し、両者の間にくり広げられた論争は、当時の日本の言論状況を代表していたのである。

吉田はこうした論争に密かに注目していた節があった。講和会議の開かれるころ、吉田のもとには小泉からしばしば書簡が寄せられていたらしく、吉田はそれに丁寧に返書を届けている。

たとえば、サンフランシスコに飛び立つ日付（八月三十一日）の書簡には、「拝復　御懇書奉感謝候、愚自ら量《はか》らす赴米仕候、幸ニ君命を辱《はずかし》めすんは仕合至極《しごく》奉存候……」とあるし、講和会議から戻ってからまもなくの返書には、「拝復　兎も角くも帰朝仕候、早速御懇書難有《ありがたく》拝誦《はいしょう》、御厚意奉感謝候、書余拝《はい》鳳《ほう》を期し不取敢御礼迄、草々敬具」とあった。小泉・都留論争が始まるきっかけになる先の小泉の論文を送られたときの返書（昭和二十七年一月三十日付）に書かれている一節（「日米関係ニ付御懸念御同憂ニ候、米人のみならす、邦人中ニも心なき輩《やから》、浅薄な愛国心、国際観念なき輩、相率ひて無責任の議論ニハ唯々閉口の外無之《これなく》、其内拝晤《はいご》御高見も伺度《うかがいたく》と存候……」）は、この期の吉田の感情をよく示していた。

小泉・都留論争は、多様な論点をだして論じているかに見えるが、つまるところは、共産主義に対する対応の仕方という一点に落ちついた。たとえば、小泉は平和を守るためには「真空状態」をつくる危険性を説き、ソ連が直接、間接に侵略的行動にでてくるのを防ぐために安全保障は集団防衛に依存しなければならないとして、それにはアメリカとの提携が第一義であると説くのに対し、都留は「真空状態」という認識に幾つかの疑問を指摘して反論を試み、ソ連に対する過度の恐怖をあげて、むしろこの部分を力で埋めることによって冷戦下の緊張はより激化するというのである。それよりも守るに値する国家であるべきで、「国民がほとんど一致して守るに値いするという高い意識にもえたものをもつばあいには、力の支えが最小限であっても、外敵のおしいる余地を与えないだろう」と結論づけた。

この論争の構図は、日本にあってはそれこそ社会主義が崩壊する平成二（一九九〇）年前後まで続くのだが、吉田は当時から都留に代表される論を政治的に排していただけでなく、人間的な処し方という視点でも冷たく見つめていた。『回想十年』は、昭和三十二年に書かれているのだが、そのなかで「私もいつも思うことだが、苟《いやしく》も重大なる国際問題に関して意見を述べ、あるいは批評を試みんとするものは、特に自己の言辞に十分責任を持つべきである」と書いているのは、こうした論争の当事者に対して吉田が一貫してもっていた不信だったのである。

そして吉田の特異性は、その不信の延長として、サンフランシスコでの講和会議において、ソ連のグロムイコ代表が行なった演説を終生心中において許さなかったところにある。吉田はそれに追随した日本での自らへの批判者に激しい憎悪感をもって臨んだ。吉田には講和条約発効後に占領政策からの再出発のためになんらかの形で国民投票を行なうべきだったとの歴史的批判がつきまとうが——私もこの論に与しているのだが——それを行なわなかったのは、正直のところこの憎悪感があったからではないかと思われるほどである。

第二の「開国」という理解

サンフランシスコ講和会議は、昭和二十六(一九五一)年九月四日から八日まで開かれた。日本が国際会議に出席するのは、昭和八(一九三三)年三月に国際連盟を脱退して以来のことであった。

吉田自身、その前年(昭和七年)二月から十一月まで国際連盟総会臨時会議代表を務めていて、国際的な舞台に立った体験をもっていただけに、一八年ぶりのこの国際会議への出席は緊張を伴うものだった。七月に出席を決めてからは、葉巻も酒も断った。それは歴史的なこの会議に健康を害して出席できなくなるのは恥をさらすようなものとの自戒と、吉田なりの主権回復を願うけじめともいえた。

吉田が表面上は挙国一致態勢の全権団とともに、サンフランシスコに入ったのは九月二日のことだったが、すぐにアメリカ政府の代表であるダレスと国務長官のアチソンを宿泊先のホテルに訪ねた。この講和会議では、アチソンが議長を務めることになっていた。吉田の訪問は、確かに儀礼的な意味があったが、この席でアチソンは、議長として会議の運営について吉田に説明したが、日本側もまたこの際独自の外交交渉を行なうよう説得した。そこには、日本がアメリカにすべてを一任しているとはいえ、外交交渉に消極的すぎるという忠告が含まれていた。

アチソンは、この段階においても講和条約への調印に曖昧な態度をとっているインドネシア、セイロン(現・スリランカ)、パキスタンなどの国は、条約の中にある第十四条の賠償条項が不満なのであり、この点については調印後であっても日本は個別に説得を続けなければならないというのであった。

吉田の儀礼的なこの訪問は、結果的には講和条約をアメリカがこのように演出するから、日本もそれに応じて相応の役割を果たせという秘密会議にも似た内容をもった。

実際に、アチソンもダレスも、中国については日本が台湾と中華人民共和国のいずれを選ぶかを明らかにしてはならないと諭したし、日本とアメリカの間に結ばれる安全保障条約は、「交渉中」ということにしておきたいと釘をさし、もしこれが具体的に公表されたら、ソ連はどのような反撃を加えてくるかわからず、それは結果的に講和会議そのものの性格を変えることになりかねないとも助言した。吉田は、そのような忠告、助言、それに命令ともいうべき内容にうなずいたのである。

吉田の心中には、日本がともかく独立を回復するという前提がある以上、これらの助言に類する内容は素直に受けいれるとの意思があった。もしこのときに自分以外の者が首相であったなら、とうていこのような秘密にも似た会合をもつことはできなかったであろうとの自信さえ生まれた。この自信が、吉田をしてアメリカの世界戦略と一体となる新たな顔をもった日本の国際社会への復帰を意味していたのであった。

このことは、日本が、近代日本の出発点においての「開国」時に西欧列強からの不平等条約を押しつけられ、そこから脱出するために草創期の相当の期間、政治的、外交的な屈辱のときをもたなければならなかった状況に似ていた。講和条約は日本の第二の「開国」を約束しているが、それはアメリカの占領、駐留、特殊権益化と対になっていて、日米安全保障条約はアメリカ軍の駐留の合法化と特殊権益化をさらに保障するもので、それは不平等条約の押しつけという歴史的批判をつねにかかえる危険性を伴っていた。

そのためこの側面を取り出す限りにおいては、日本は国家としての〝自主性否定の論理〟を一方的に押しつけられたにすぎず、「ときの吉田内閣はこれを『和解と信頼の条約』として自画自讃し、国民の大多数も、おぼれるものはワラをもつかむ敗戦占領の心理的惰性のなかに低迷しており、条約そのものの不平等性を、屈辱と感じるだけの気力をも失っていたといって過言ではない」（藤原弘達『吉田茂 その人その政治』）という見方が、昭和三十年代にはだされていて、それは一定の説得力をもったのである。

吉田が、このアチソンとダレスとの秘密会議にも似た内容を自らの著（『回想十年』）では決して具体的に明かそうとしなかったのは、アメリカにおうかがいをたてるかのような自らの態度について語りたくなかったからであろう。講和会議での吉田は、表舞台では国際社会復帰への喜びを表情にだしていたが、裏側ではアメリカの世界戦略に組み込まれる役割の確認を行なっていたのである。

グロムイコ・ソ連代表への怒り

もとより吉田は、自らの役割が第二の「開国」で不平等条約の調印者として汚名を浴びることへの不安は強かった。吉田が首相在任をはなれてから死亡するまでの間が十年余ほどあるのだが、その間にあれほど饒舌に、そしてどのような問いにも答えつづけた真意はどこにあるのか、とさぐっていけば、この汚名に対する恐怖感から発せらせているといいのではないかと思われるのだ。

吉田は、自らの歴史的役割をアメリカの不平等条約の調印者という次元をはるかに越える理由として、対共産主義への政治闘争という視点をあからさまにし、これを自らがこの期を担う最大の歴史的使命と位置づけたかったのだ。それが共産主義にかかわるすべての勢力をどのような強権をもってしても抑圧しなければならないとの覚悟によって証明されているのだが、さらにそれをサンフランシスコ講和会議そのものにあてはめるならば、吉田はこの会議がその闘いの図、つまり東西冷戦の光景が明確にあらわれてくれたほうが好都合と考えていた節があった。

そうすれば、吉田は二つの点で自らが行なわなければならない政治的手間が省けることになった。ひとつは、日本は明確にアメリカ側に立って国際社会での地位を守るという構図が明らかになる。これは各国に対するメッセージであるとともに、国内にむけての強力な存在感を意味するのである。そしてもうひとつは、講和会議において講和条約に調印しない共産主義国の数そのものが図らずも東西冷戦の優位性を測ることになる。

サンフランシスコ講和会議は、実際に、アチソン、ダレス、そして吉田の望んだ方向に進んだ。それは密かに練られていた脚本どおりの進行であったし、歴史的な儀式として年譜に刻まれたのである。そこでピエロの役割を果たしたのは、ソ連のグロムイコ代表であり、ソ連の傀儡《かいらい》政権であったチェコスロバキアやポーランドだった。九月四日、議場のオペラハウスでアチソン議長のもとに開会が宣せられ、トルーマン米大統領の挨拶から始まったのだが、トルーマンは、「今こそ憎しみを捨てよう。これからは勝者もなく敗者もなく、平和への協力者のみがある……」と述べた。それはこの期の政治指導者がしばしば用いる言であった。トルーマンはとくにマッカーサーの占領政策の指導性について賞讃をくり返したが、それは図らずも吉田の意を代弁していた。このあと対日講和条約案について提案国であるアメリカ、イギリスの代表が説明を行ない、審議に入った。アチソンの企図したとおり、形式的なものとなるはずであったが、グロムイコ代表はすぐに修正案を提示するなど反撃にでた。しかし、そのこともアチソンもダレスも、そして吉田も折り込み済であった。

グロムイコは、この条約は米英主体であり、他の戦勝国の意思はほとんど盛りこまれていないとして、全文を改めるべきだという動議をだし、この条約は新たな戦争開始の契機になりかねないとも批判した。さらにこの会議には中華人民共和国が招かれていないことの不備をいい、条約発効後は日本にいかなる国の軍隊も駐留すべきではないとも主張した。こうした提案は、日本は国際社会では、中立であるべきだという戦略にもとづいていたが、こうした演説のなかには日本国民へのメッセージも巧みに盛りこまれていたのである。たとえば、沖縄や小笠原諸島は日本に即刻返還されるべきであるとの主張などがそうであった。さらに日本が中立を維持するためには一定の軍備をもつべきだとも演説のなかに折り込んだのだが、それには「十五万人の陸軍」「七万六千トンの海軍」「三百五十機を有する空軍」という数字まであげた。これは軍事的中立を維持するためということになるが、ソ連にとっては日本国憲法の条文などさしたる関心事ではなく、日本が社会主義化したときの軍事力としてこの程度の規模は必要だとの判断があったためであろう。

こうしたソ連の提出する動議や改正案は、次々に総会で採決をとられた。アチソンは、ソ連のこうした進行妨害を阻止するためにひたすら採決だけを行なったのである。その採決は四八対三とか三六対三といった具合につねにソ連の劣勢を証明する結果になった。

「反共防衛の中核は日本」

この会議には日本と宣戦布告を行なった国、五二カ国が参加していたが、反対の三カ国というのは、ソ連と、ソ連が影響力をもつチェコスロバキアとポーランドだけだった。これらの国々のソ連への忠誠ぶりは、自国の主体性など一切無視したもので、ひたすらソ連の機嫌とりに専念していた。吉田はこのことを『回想十年』のなかに軽侮の筆で書きのこしている。

「それにしても、下世話にいう『さくら』振りが、如何にも〃心の祖国〃ソビエトの動きに、飽くまで背かざらんことにただ維《こ》れ努めるといった態度であり、一にソ連のみあって、全く自己というものを喪失したといった感じであった。見るものをして、そゞろに憐愍《れんびん》の情押え難からしむるものがあった」

衛星国のこのような主体性なき態度は、国際社会では軽蔑の対象になっている。吉田はこのときもこの光景が無数に演じられたことに充分の満足感を味わった。この取材に赴いた新聞社の政治記者は、実際、吉田の見たままの光景を筆にしたが、それははからずも日本国民への政治教育となった。

九月五日、六日、七日と各国は、米英提案に賛成の意を表し、そして日本と新しい関係を築くことを約束したのである。フィリピン、インドネシア、セイロン（現・スリランカ）など東南アジアの国々が、日本に対してどのような演説を行なうか、吉田は懸念をしていた。それはアメリカにとっても同様であった。しかし各国とも日本との講和条約には応じるとの意思を明らかにした。セイロンのジャエワルトーネ代表は、アジアの人びとが日本に対して畏敬の念をもって見ていたのは、「日本だけが強力にして自由であり、日本を保護者であり、盟友である」と思っていたからだったとまで述べている。

日本が西欧列強の植民地主義に支配されなかったという一点こそ重要であるとの認識であった。日本は大東亜共栄圏といういい方をしたが、アジアの人びとにとっては「東亜の解放」と見つめる目がこのときもまだ存在したということだった。吉田は、大東亜共栄圏思想そのものへの批判とは別に、「東亜の解放」という思想を前提として日本を見つめる目があることを素直に喜んだ。

吉田は、グロムイコがこの講和会議で演じた言動を、日本人は記憶にとどめておくべきだと考えて、やはり『回想十年』に書きのこしている。肚にすえかねる内容とは次のような演説だったという。

「ソ連代表グロムイコ氏（当時外務次官）が長々と演説した挙句、〝この平和条約米英草案は、平和の条約ではなくして、極東における新しい戦争の準備のための条約である。これは日本軍国主義の再建に備えての保障を包含していないのみならず、反対に侵略的国家としての日本の復活のための条約をつくっている〟旨の言辞のあったことを茲《ここ》に附記しておく。（以下省略）」

講和条約が侵略のための新たな条約であるとの決めつけは、この会議で何度もグロムイコによって強調された。ソ連の巧みな外交宣伝ということになるが、吉田はこれに対して、もともとこの会議は、講和条約調印という平和のための会議であり、このことはソ連もチェコスロバキアもポーランドもよく理解していたはずで、調印をするつもりがないのならサンフランシスコに来なければいいのではないか、というダレスの言を引用して、グロムイコへの批判を行なっている。

吉田は、自らが根っからの反共であることを確認する一手段として、講和条約のなかに含まれている「和解と信頼」の精神を前面に打ちだし、共産主義はそれに叛《そむ》くと訴える方法を考えていた。戦争責任にまったくふれられていない寛容さ、さらに軍備についても具体的に制限を設けていない講和条約の条文のその意味こそが重要であり、それなのに侵略とはどういう言い草なのか、と吉田は激怒したのである。

ここでふれておかなければならないのは、吉田の反共を軸とする軍事的包囲網確立の信念についてである。のちに首相を退陣したあと、アジアにはヨーロッパのNATOと共同歩調をとる形でのSEATO（東南アジア集団防衛）設立の機運が盛りあがってくる。吉田は政治的発言をそれほど考慮しなくてもいいというときになって、反共の包囲網の中心は日本でなければならないと堂々と公言している。それもグロムイコ発言への怒りが心中で消えなかったからであった。

書き直された受諾演説草案

昭和三十四（一九五九）年、吉田は英文年刊誌『This is Japan』（朝日新聞社刊）に、ある一文を寄せているが、ここに書かれている吉田のその怒りはきわめて激しいものがある。吉田にすれば、「反共」という自らの信念を感情的に露骨にあらわしたいとの心境になっていたのだろう。むろん英文で書かれているために、日本文の感情は巧みに隠されることになったが、それを収めた『大磯随想』から引用するならば、まず吉田は、あるアメリカ人学者に話をしたのだがと前置きしたうえで、アメリカがＳＥＡＴＯ結成を呼びかけているが、「それ等の（加盟が予想される）国は皆、零ばかりなのだ。零を幾ら集めても零じゃないか。そこへ日本が入れば、始めて心棒が出来ることになる」と笑いとばしている。しかし吉田の言わんとするところは、そこにあったのではない。次のように語っていくその言に注目すべきである。

「この日本を度外視してＳＥＡＴＯを作っても意味をなさない。寧ろヨーロッパのＮＡＴＯに倣って、日本を中心とするＦＥＴＯ（極東アジア集団防衛）を作り、共産国に対抗することを考へなければならない。その為には、日本人自身ももつと自信をもつ必要がある。日本は偉い国だといふ自信をもつべきである」

「（近代にあって）本当に目覚めたのは日本人である。（略）その極東の孤島が百年たつかたたない間に、日清、日露の両戦争、更に第一次世界戦争を経た後には、世界の五大国の一つになつたのだ。そして付け上つたものだから、たうとう第二次世界戦争をやってしまったのだが、一頃《ひところ》は西はインド、東はアメリカ、濠洲まで、うんと脅したのだ。昔、アレキサンダー大王が、中近東を席捲して史上に雄名を残した。けれどもアレキサンダー大王の征伐したといふ区域はさう大したものではない。日本は少し法螺《ほら》を吹けば、西はインド、東はアメリカ、濠洲、北はソ連と、太平洋の一帯を脅したのだから、アレキサンダー大王の事績に比べて大したものである。併《しか》しアレキサンダー大王といふ偉い人があつてやつたのに比べると、日本の大東亜戦争といふものは、日本側に偉い人は一人もゐなかつた。東條とかなんとかいふ偉くないのが、偉いやうな顔をして無謀な戦争を起したのである。その結果、敗れたけれども、兎《と》に角《かく》、この広い区域の間を横行濶歩したのだ。こんな雄大なことが世界の歴史に今まであつたか。この偉い日本人種を度外視して、SEATOもなにもあったものではない」

吉田の潜在心理はここに凝縮されている。つまり日本人は特別に秀れた指導者がいなくても、使命感さえもてばとてつもない大事を成しとげる民族なのだ。それゆえに「反共」という使命感を納得したならば、強力で雄大な歴史を築きあげることが可能であって、その民族を軸にしないでどうして反共の集団防衛などできえよう、と吉田はアメリカ人学者に説いたと告白している。

日本人こそ反共十字軍の先頭に立つ勇気と度量、それにそれだけの能力をもっていると、吉田は堂々と主張したともいえる。こうした論理をもう少しかみくだいていうならば、吉田は、太平洋戦争の目的とその思想的意味の方向性を批判しているだけで、あの戦争につぎこまれた日本人の民族的エネルギーそのものには政治的、歴史的意味を積極的に認めていることになる。「敗れたけれども、兎に角、この広い区域の間を横行濶歩したのだ。こんな雄大なことが世界の歴史に今まであったか」という言は、吉田が講和条約に至るプロセス、そして講和会議、その後の国際会議などで、各国の首脳部が表面的には日本軍国主義を批判するが、もうひとつ裏の言葉としてこのような認識が含まれていたというのである。ソ連のグロムイコ代表の講和条約案は侵略の新たな条件づくりという言に対する不満、あるいは怒りとは、反共防衛の最前線に日本は立つ、それはアメリカとの共同防衛という選択ではあっても国民はその気構えはもっているとの強い自信から生まれていた。共産主義のごまかし、嘘八百、夜郎自大などと、吉田は首相在任時は、そのような語を口にしなかったが、一人の老政治家に戻ってからは平然と雑言をもって罵倒し、やがて平和共存そのものにさえ疑問を呈していったのである。

サンフランシスコ講和会議の四日目(九月七日)の夜、吉田は各国代表の演説が終わったあとに登壇して受諾演説を行なった。この演説を当初吉田は英語で行なう予定でいた。そのための原稿もつくった。実は、この原稿をアチソンや駐日大使のシーボルトに事前に見せて助言を求めていた。それはこの会議を脚本どおりに演じてしまおうという吉田なりの配慮といえたが、同時に占領を終えるにあたって最後の屈辱的な手続きと考えることもできた。

国務省の日本課長だったリチャード・B・フィンの『マッカーサーと吉田茂』によるなら、「シーボルトと国務省の専門家は原稿を見せてもらい、『これは良くない』と考えて原稿の大部分を書き直しにかかり、また母国語で演説した方がさらに威厳があるとも助言した。吉田や顧問はやや高圧的なこれらの助言をことごとく受け入れた」というのである。

日本はアメリカに手をとり足をとりという形で国際社会に復帰したというのが真実の姿であった。

アメリカ側からの示唆と助言

講和会議での吉田の演説草稿は、もともとソ連に対する不満や不安があからさまに語られ、強い不信の念を表明する内容だった節がある。アチソンやシーボルトが手直しをしたのはそのニュアンスを薄めるためと、あえて吉田に日本語で演説するよう助言したのは、吉田の英語力への不安、そしてソ連を刺激しないためには、むしろ日本語のほうがはるかに得策との判断をもったためだろう。

　吉田は、受諾演説の冒頭では、かつて武力制圧を考えた日本の指導者のために各国に多くの迷惑をかけたことを詫び、そのあとで「日本国民は今や全世界の人びとと平和に生きる喜びをもっています」と告げた。それは確かにこうした演説での常套句ではあったが、吉田の自省に満ちたその言には多くの拍手が起こった。吉田の演説は、領土問題、賠償、それに日本人の外地からの引揚げの三点にしぼって行なわれたが、それらのうちの二点についてはソ連に対する批判を間接的に語ることになった。しかし領土問題については、ある一節でソ連を名指ししてその不満を示していた。その領土問題についての演説内容は以下のようなものであった。

「第一に領土問題について奄美大島、琉球諸島、小笠原群島その他国連の統治信託におかれる諸島の主権が日本に残されるという米・英全権の発言は多大の喜びをもって承認します。これらが、一日も早く日本国の行政の下に戻ることを期待するものであります。千島列島、南樺太の地域を、日本が侵略によって奪取したというソ連の主張には承服いたしかねます。これらは日本降伏直後の一九四五年九月二十日、一方的にソ連領に収容されたもので、歯舞《はぼまい》、色丹《しこたん》諸島もソ連軍に占領されたままであります」

　グロムイコは、千島や南樺太が日本の侵略によって奪取されたと批判したのだが、これはまったく根拠のないもので、さらに北海道の一部である歯舞、色丹もソ連軍により不法に占拠されていると国際世論に訴えたのである。こうした部分に、アメリカ側からの助言と示唆があったと思われるが、そこに西側陣営に巧みに同情と理解を求めるような配慮が働いていたといってもいい。

九月八日午前に講和条約の調印式が行なわれた。アルファベット順に各国が調印していったが、ソ連とチェコスロバキア、ポーランドは調印を拒否したために四八カ国が調印を終えた。そのあと日本代表団が壇上に呼びあげられた。吉田が署名を終えたあと、池田勇人、苫米地義三、星島二郎、徳川宗敬、一万田尚登がそれぞれ署名を行なった。ここに日本も国際社会に復帰することが決まったのである。日本側の署名を受けてアチソン議長が閉会の演説を行なった。吉田は、「その中で『アワ・フレンド・ジャパン』（われらが友邦日本）という言葉を使ったのが、私の印象に深く刻まれた。時計を見ると、正に午前十一時四十四分であった」と回想録に書いている。昭和二十年九月二日、ミズーリ号で日本がポツダム宣言受諾の調印を行なってから六年、ここに日本は主権を回復して国際社会に復帰した。

日本の代表団は、宿舎に戻って共に昼食をとったが、そこで吉田はアチソンから贈られた葉巻を口にし、上機嫌で団員たちに喜びを語った。確かにソ連とその衛星国は非礼な応対ではあったが、他の国の外交官や政治家は必ずしも吉田に冷たいわけではなかった。吉田が軍事指導者とはなんらの関係をもっていなかったうえに、むしろ軍事指導者によって弾圧されたという経歴が受けいれられたのである。そのために吉田は、「これほど各国に暖かく迎えられるとは思わなかった。戦敗国ではあるけれど、この六年間の日本の地道な努力が受けいれられたのであろう」と代表団員に相好を崩して話しかけたのであった。

自らへの歴史的批判を懸念

代表団員たちはこの調印式をもって日程を終えたが、吉田にはもうひとつの使命があった。それは日米安保条約の調印だったが、吉田はこの不平等条約が講和条約との抱き合わせであり、いつか国内を揺るがす問題になると知っていた。

代表団の中でも苫米地義三は民主党の党議に従って日米安保条約の調印式に出席はできなかったが、本来なら自由党と政府の代表としてきている大蔵大臣の池田勇人などは調印に名を列《つら》ねるべきだったのである。だが吉田は池田に、密かに、

「将来、この条約が問題になったときに備えて、君は調印しておかないほうがいい。これは私の一存で決めたことにしておきたい」

と伝えていた。吉田はすべての責任を自分で背負う覚悟をもっていたのである。

九月八日夕方、サンフランシスコ市内に剛直なたたずまいを見せている第六軍司令部の中で調印式が行なわれた。アメリカ政府を代表してアチソンとダレス、それに議会を代表して二人の上院議員が調印したが、日本側を代表したのは吉田だけであった。このとき吉田の心中はどのようなものであったか定かに語る書はない。しかし外交官としての体験からいえば、吉田は昭和七年に日本が満州国という国家をつくりあげたときに日本代表として調印した日満議定書を想定していただろう。この議定書には主要な二点があり、ひとつは日本が中国に有している権益の尊重と、もうひとつが日満共同防衛のために日本軍の駐留を認める点にあった。この傀儡国家への批判が、今吉田にふりかかってくるのではないかとの懸念をもったに違いない。

日米安保条約の第一条は、外部の国（むろん共産主義国を想定しているのであったが）による教唆、干渉による「大規模な内乱、騒擾《そうじょう》を鎮圧するため、日本の政府の明示要請に応じて、また外部からの武力攻撃に対する日本の安全のために使用することができる」とあったし、第二条では、日本国内においてのアメリカ軍の駐留は行政協定によって決定されるとあった。

朝鮮戦争は小康状態にあったとはいえ、アメリカ軍はその戦闘に占領期と同様に日本の基地や施設を自由に使うことができた。アメリカ軍にとっては日本の独立によって、それらの基地や施設の使用に条件をつけられるなら、いっそのこと日本の独立など認めるべきではないとの極論まであったのだが、その懸念はひとまず払われた。それは吉田に対するアメリカの政治、軍事指導者の好感情へとつながった。

吉田の意図は、独立後も占領期とかわらないではないかという国内の批判を封じこめるため、共産主義体制の脅威を強調し、反共理念の徹底化を訴えて、アメリカ、ひいては自由主義陣営との共同防衛を執拗に力説することが必要であった。この力説の声が吉田は晩年になればなるほど大きくなっていったが、それは、生ある限り自らへの歴史的批判を恐れていたからということもできた。

九月十四日に日本に戻った吉田は、すぐに政府声明を発表した。その内容はきわめて短いものではあったが、吉田が訴えていたのは各国が日本に期待しているがゆえに、日本に課せられた責任もまた大きいという点であった。そしてその末尾では次のように述べていたのである。

「国民は一致団結して講和条約の履行はもちろん、ますます民主自由主義に徹して列国との理解を高め、世界の平和、文化繁栄に協力して列国の期待に背かないことに注意することが新日本再建に資するゆえんであると信ずる」

むろんこの部分に共産主義に対しては徹底して闘うとの意味を含んでいた。「講和条約の履行」とは、つまりはそのことを意味していたのである。講和条約は七カ月後の昭和二十七年四月二十八日に発効する予定になっているが、この間は各国がそれぞれ自国での法的手続きを終えるための準備期間とされた。同時に吉田にとって、この間は国民に向けて自らへの批判をそらすための広報活動を行なう期間との意味をもったのである。

このときに問題になるのは、講和条約の締結は、日本にとって占領期からの解放ではあるが、同時に新しく国家主権を回復した日本国民が自主的にどの方向を歩むかを決めるときでもあった。たとえ占領期の主導者がアメリカであったとの僥倖《きょうこう》に恵まれていたにせよ、日本国民がその道を確認するなんらかの儀式が必要だった。

吉田はそのことにどのような態度をとったのだろうか。

吉田はサンフランシスコから東京に戻った折り、皇居に赴き、天皇に会議の内容を報告した。天皇はこの期に日本が独立を回復したことを喜び、十九日には吉田や苫米地ら全権団の一行を皇居に招いてお茶の会を開いた。このことはともかく吉田を満足させるに充分で、天皇に対する吉田の信頼は高まったのだが、天皇自身は宮内庁長官を通じて吉田に密かに退位の打診を行なっていた。しかし吉田はそれにはまったくとりあわなかったのだ。

行なわれるべきだった意思の確認

講和条約の締結時に、吉田政府が成すべきことの儀式のひとつは、国民投票を行なうことであった。占領期六年は、国民は選挙権ももっていたし、言論の自由も一定の枠内で保障されたし、戦後民主主義を制度的に保障する土台はできあがっていた。太平洋戦争の期間と比較すれば、国民はそのひとつひとつの歴史的事実を相応の充足感をもって受けいれていた。

とはいえこの期間には、憲法の制定、東京裁判、新たな軍隊の創設など政治的な改革もあり、それがすべて国民の同意を得ているとはいえなかった。さらには太平洋戦争について、多様な面を含む戦争責任や戦争の結果に対する報告などは、国民にとっては意思表示の余地のない結論として示されてきたのである。少々不謹慎な言でいうなら、たとえ優しい主人であっても、日本人は何の権利ももたない使用人と同じ立場であったから、主人がいなくなって自由になったときに、なんらかの儀式は必要だったのである。この儀式こそ、国民投票だった。

実は、この期に国民投票を行なう機会は二回考えられた。ひとつは、サンフランシスコ講和会議の締結時である。吉田は、日本政府代表としてサンフランシスコに赴いたとしても、国内の体制は万全ではなかったし、吉田自身、心の底では国民が、日米安保条約を不平等条約を押しつけられたといって怒り、吉田のもとに押し寄せてくるかもしれないとの不安ももっていた。そういう不安を一掃するためにも国民の意思を問うことは必要であった。

国民投票が行なわれ、占領期の政策がたとえ形式的にせよ承認されていれば、その後の政治的論争時の歪んだ論理（たとえば、占領期の押しつけ憲法といった意味だが）が、もちこまれることはなかったろうし、その論理を越えたより深い論争が起こりえたであろう。

ただこの期に国民投票でなくとも、総選挙を行なうべきだとの声は自由党内からあがっていた。政局を一新すべきというのであった。これは吉田に対する批判の側からでなくむしろ吉田の側に立っている者からあがっていたのである。というのは講和条約締結時の吉田内閣の支持率は五八パーセントにものぼっていた（朝日新聞の世論調査・昭和二十六年九月二十五日付）。これは昭和四十年代に田中角栄《たなかかくえい》内閣が誕生するまでは、未曾有の支持率であった。吉田を支持する理由は政治力と人間性に安心感をもてるという点にあった。

こういう事情を背景にした衆議院解散論である。

吉田は、党内に起こった衆議院解散論に対して次のように反論したと書きのこしている。

「国内の世論がわが党に対して好調であるから、この際解散を断行し、総選挙で更に圧倒的多数を獲得して、独立体制の整備に全力を傾倒すべしと主張するものがあった。なるほど一政党の立場からすれば、人気のいゝ間に総選挙のチャンスを捕えるのは賢明かもしれぬ。しかし私はかゝる解散論は採らなかった。というのは、先ず何よりもさきに、平和条約、安保条約の批准を済まさねばならぬと思ったからだ。(以下略)」

吉田としては、まず講和条約、安保条約を批准するのを最優先し、総選挙など政争に類することは後回しという認識があった。衆議院では、二八五の議席を有して過半数を六六議席も上回っているのである。なぜ総選挙を行なわなければならないのか、というのであった。

こうして吉田は意図的にか、あるいは無意識にか、独立を回復したとはいえその前段階の占領期の政策について国民の信を問うという姿勢は見せなかった。そのようなことなど考えているという素振りさえ見せていない。これはあまりにも不自然であった。吉田は、占領期の大半は自らが議会の与党を率いる指導者として国民の負託に答えていたではないかと考えたのだろうが、しかしそれはGHQと吉田の交渉に全権を与えていたにすぎないという事実に目をつぶることであった。

むしろGHQの占領政治による国家支配に対して、日本国民が意思表示をする権利を有するとは考えもしなかった。

昭和二十七年四月二十八日に講和条約が発効するときが、国民投票の二回目のチャンスであった。しかしこのときも吉田は黙殺した。むしろこの二回目は吉田にとっても、そのような国民投票を行なったほうがいいとの客観情勢があった。吉田が講和条約の締結を花道として退陣すべきとの大方の予測に対抗して、吉田はこの国民投票を信任投票にかえることができた。にもかかわらず黙殺した。

その理由は幾つか考えられるが、吉田にとって講和条約発効後の政治とは、占領後期の延長であるべきという願望が強かったということになるだろう。ここに吉田の歴史的評価が分かれる因が生まれた。

第10章　老指導者の孤影、その実像

「満ちれば欠ける」という意味

満ちれば欠ける、というのは世のならいである。いかなる権力者とてやがて落日のときを迎え、その心理の底に眠る無聊《ぶりょう》と孤独の日々を抱えこまなければならない。歴史は自らを使い、自らは歴史を動かしたと自負しても、それは束の間の夢であったと知らなければならない。

政治家吉田がもっとも満ちた状態になったのは、いうまでもなくサンフランシスコ講和条約に調印した昭和二十六（一九五一）年九月八日から翌年四月二十八日のこの条約が発効するまでの間であった。吉田に対する国民の支持はまさに救国の英雄のそれであった。官邸には吉田が日本の独立と自尊心を取り戻した偉大な政治家であるとの国民の声が次々に寄せられたとの証言があるし、吉田自身、この主権回復を讃える祝賀ムードに身をゆだねながら、その内心で大日本帝国下の変調期を正しての再生日本という道に歩みだしたとの満足感を味わっていた。

満ちれば欠ける、というのは、太平洋戦争の政治的処理という歴史的役割が国民に受けいれられたその満足感の裏側に「欠ける」という危険性が宿っていたという意味である。

吉田自身、自らの資質、あるいは老練な政治家としての統治能力が、この「欠ける」という事態を防ぐことが可能だと考えていたかもしれないが、それはきわめて甘かった。吉田が講和条約発効後は権力に恋々としすぎたのではないかという評価は、今後も議論が分かれていくだろうが、少なくともこの期（昭和二十九年）に既に、自由党幹部として吉田に好意的な目をもっていた大野伴睦《おおのばんぼく》さえ、「吉田がもし講和条約締結直後に政界を引退していたら果たしてどうであったろうか。おそらく今頃は神様だったに違いない。吉田は余りにも政権に恋々として、悪くいえばうぬぼれが強かった。俺がいなければ日本はどうすることも出来ないじゃないかというぬぼれを吉田は心中抱いていたのではないか」と喝破していた事実は知っておくべきだ。

政治家の末期としては、私なりの表現を用いるのだが、「一人一代一仕事」ということで幕引きを行なうべきだったのだが、吉田は一人で二代も三代も、そしてあろうことか「二仕事」も「三仕事」も成そうと試みたのである。そのために歴史上では自らも傷つくことになった。

昭和三十年代には真摯な若手の政治学者として発言を続けた藤原弘達《ふじわらひろたつ》が、吉田時代の末期（それは独立を回復してからのことだが）は、日本に「ネオ・ファシズム」の到来が顕著であるとして、「体制《レジーム》としての超国家主義《ウルトラ・ナショナリズム》の全面的崩壊にもかかわらず、奥深く精神の中に宿っている反革命的というより伝統的要因を再確認する」（傍点・藤原）にとどまっていると分析し、それがファシズムとは見なされていないと指摘している。そのうえで藤原は興味深い指摘を試みているのだが、次のようにいうのである。

「吉田老宰相も、おそらく自分が東條の二の舞いを演ずる危険性のあることなど断じてがえんじないであろう。しかし吉田の東條と異なる主観的ネオ愛国心にもかかわらず、国際的ネオ・ファシズムへの受注に対する競合者をば、党内及び右翼ファシスト団体にいたるまでの全野党に持たざるをえない運命は、好むと好まざるとを問わず、自己の政権担当者としての固有の権力基盤——官僚機構の強化（多分に軍国主義化的傾向のそれ）を通じて、一路ファシズムへの道を驀進《ばくしん》する要素をはらむこととなるのである」

この回りくどいいい方を解きほぐせば、要は講和条約発効後の日本が、占領期の吉田時代を続けるのであれば、「東條」（それは軍事主導という意味になるが）の成したファシズムと同質の病根をかかえこむという分析である。「鬼畜米英」への罪悪感は「鬼畜ソ連」の打倒によって薄らぎ、西欧デモクラシーの勝利を「必勝不敗」と信ずることによって——そのように信じる層を土台とすることによって、ネオ・ファシズムはまぎれもなく生まれつつあると警鐘を鳴らしていたのである。

吉田の政治基盤が大日本帝国の聖戦鼓吹《こすい》派と重なり合うことで、新たな危険性を生むという指摘は一面の事実だ。

再生日本の本来の形

藤原のこの指摘は、講和条約発効後の吉田政治をなぞったうえでのことで、昭和二十七年、二十八年の期を同時代人として分析しての判断である。もし吉田がこの論文に目を通していたなら、まぎれもなく激怒したに違いない。吉田にとってこの種の指摘は、左右の社会党や全面講和を説く論者でさえふれなかった部分だったからである。

吉田と同時代を共にした政治家や財界人たちの〈吉田批判〉は、主に前述の大野伴睦のように政権に恋々としているという強権政治家としての姿勢を問うだけだった。あるいはかつての自由党創設時の鳩《はと》山一郎《やまいちろう》との違約をもちだしてそれを錦の御旗として抵抗するだけだった。それに対しては、吉田なりの幾つもの言い分があったのだが、なにより占領期の政策にはどのようなタイプの指導者が必要だったのか、占領期の実績を見れば、GHQとの間に相応の関係をつくり、日本の進路を明確にしたのは自分ではないか、という自信で充分に反論できると考えていた。さらに心中深く入れば、今になって何をいうのか、鳩山との政治的約束など単なる口約束でしかない、国家を動かすのにそのような約束など何の意味があろうとの考えをひきだすこともできた。しかし、吉田の意図した再生日本は、昭和史の中で本来どのような意味をもっていたのか、それを解剖しておくことが必要ではないかと思われる。

ここでもういちど吉田の『回想十年』から引用しておきたいのだが、この書の第二十八章（「わが国の進むべき道」）で、吉田は近代日本の歩みを概観したあと、「好んで自らを劣等視し、理由なく悲観する一部日本人の傾向は、戦後特に顕著なるを思わしめるものがあったが、日本国民はよろしく近代歴史の跡をたどり、再建復興の現状を直視して、十分の自信と矜持を持つべきであると私は思う」と書いた。もとよりここでいう「近代歴史」とは、昭和六年の満州事変以来の一四年間を除いてという意味である。吉田のこの一節は、まさに「好んで自らを劣等視し、理由なく悲観する一部日本人」を逆説的に語っているのであって、このような「一部日本人」がばっこしたのがこの歪んだ一四年間になるのである。吉田をして「再生日本」の役割を担ったというのは、この「一部日本人」の煽動と強権に動かされた日本人の姿を旧来の、つまりは近代日本の歩んだ米英を範とする市民と臣民を合体させた国家への道に正すことである。

昭和史の年譜を丹念に見ると容易に理解できる歴史現象がある。それは昭和八年、あるいは九年から十五年までの六年余の期間、日本では〈臣道実践〉の国民運動に類する潮流ができあがっていた。この潮流の一断面を記述しておくことにするが、それを私なりの語でいえば〈日本の文化大革命〉といってもいいのではないかと思う。革命という語がふさわしくないのであれば、〈日本の文化大改革〉といいかえてもいいであろう。この大改革は、歴史的にいうなら近代日本の草創期から六十年余を経た入欧化政策とその意識に抗する攘夷のエネルギーの爆発であり、さらに西欧思想の変型である共産主義思想への恐怖という両面をかかえて起こった。

昭和九年から十年にかけての天皇機関説排撃運動、それに続く国体明徴《こくたいめいちょう》運動は、国家主権が天皇に帰属するとの天皇神権説で始まり、それがやがて「政府は須《すべから》く国体の本義を明徴にし我古来の国民精神に基き時弊を革《あらた》め庶政を更張し以って時艱《じかん》の匡救《きょうきゅう》国運の進展に遺憾なきを期せられんことを望む」という貴族院の決議を生み、それを追認する衆議院の決議案にと至った。日本に生を受けた国民、その存在の須《すべから》くが天皇に収斂《しゅうれん》されるというエネルギーの爆発は、確かに在郷軍人会、皇道会、原理日本社など超国家主義団体の主導によって進められたとしても、心理的には国民の意識下にある排外思想に火がつけられ受けいれられた。

加えて昭和八年の国定教科書の全面的改定は、それまで薄められていた「臣民の道」の強化と忠君愛国をより鮮明にするもので、肇国《ちょうこく》の精神が唱道され、神国信念がより強く唱和された。その唱和が国体明徴運動と連動していたのはいうまでもないが、その後はとくに青少年には「国体の本義」（昭和十二年）や「青少年学徒に賜わりたる勅語」（昭和十四年）によってより強固な臣民意識が培養された。それは上からの攘夷の強制であったにせよ、この期の国民の日常の意識規範になりえたのである。五・一五事件の被告に対する助命嘆願の署名運動を始めとして、共産主義者の転向声明に見られる臣民の道への帰順が大仰に報じられたのは、それを正直に物語っていたと解すべきだった。

理解しなかった政治地図

二・二六事件の青年将校は、そういう国民意識の代弁役を担った。この決起が天皇の意思と陸軍首脳部の背反によって叛《そむ》かれた以後は、臣民意識の改革運動はより具体的な形で軍事政策に吸収され、日中戦争、ノモンハン事件での主観的排外政策となり、国内にあっては異様なまでの反英米闘争という側面を生んだ。これが最終的に帰着したのは、昭和十五年の皇紀二千六百年の大政翼賛会《たいせいよくさんかい》運動だったということになる。そしてやがて太平洋戦争を支える思想となったのである。

こうした〈日本の文化大改革〉や〈攘夷の強制〉は、当時の知識人にはとうてい受けいれられるものではなかった。西欧近代化の学問体系を身につけた知識層は、ひとつに東亜の解放という歴史的使命感をさがしあて、もうひとつは――とくに青年層は――保田與重郎《やすだよじゅうろう》の日本浪漫派の主張に代表されるように西洋思想の超克に向かった。しかし吉田に代表されるような日本の最高指導層にあって、英米主体の歴史意識に好意をもつ者は窒息するような状態で時代の中に身を置いたのである。

占領期の吉田政治は、こうした〈日本の文化大改革運動〉を排除し、それ以前の近代日本が西欧に追随する形で辿《たど》った道、いってみれば大正デモクラシーと称する西欧化の延長を新たに構築していくことだった。それを私は再生日本というのであるが、吉田が占領期につねに意識していたのはこの役割で、そして吉田自身はその役割を充分に果たしたという自負をもち、それが「臣茂《しんしげる》」の誇りにつながったのである。「再建復興の現状を直視して、十分の自信と矜持《きようじ》を持つべきである」というのは自らの自負と同じ次元に立ってほしいとの吉田なりの表現であった。まさに「満ちる状態」にあったときの吉田の本音ということができた。

さてこの再生日本の道は共産主義に対抗するとの錦の御旗を掲げることで、より鮮明にその方向を明らかにしたのだが、再生日本の国益（ナショナリズム）を吉田はどう考えていたかを再検討してみることでその道筋をどう構築したかを考えてみることが必要だ。

　吉田の国益は、アメリカと同盟関係に入ることによって、そしてアメリカを利用することによって「経済再建」から「経済自立」「経済大国」という計画に重ね合わせられた。だが吉田が錯覚していたのは、再生日本の土壌があの変調期の社会構造とはまったく異にしているとの理解が不足していたことだろう。臣道の実践とか東亜の解放とか、あるいは日本浪漫派であろうと、とにかく天皇主権説を容認しての国民的コンセンサスなどつくりえない時代であることを吉田は充分に理解しなかった。天皇をもちだせば、すべての国民が平伏した時代、いや再生日本を構築中の占領期にマッカーサーの名がでればどのような難題も解決した時代、吉田はその時代の政治感覚をそのまま引き継いで講和条約発効後の政治姿勢としたところに、「満ちれば欠ける」の落とし穴があったというべきであろう。

　吉田は講和条約発効後の政治指導者として、愛すべきワンマンのようにふるまいながら、その所作のひとつひとつに、あるいは政治的目配りのなかに、錯覚からくる幾つもの誤りを犯していた。天皇や軍部、あるいはマッカーサーになぞらえるような政治的権威をもとうと試みつつ、そのために政治的強権を意識的に利用しながら、しかし、その像をつくりあげることにことごとく失敗したといっていい。吉田の周囲に集めた人脈、それは犬養健《いぬかいたける》や緒方竹虎《おがたたけとら》、白洲次郎《しらすじろう》、小泉信三《こいずみしんぞう》、松本重治《まつもとしげはる》など、新たな重臣のような役割を果たすタイプといえたし、池田勇人《いけだはやと》、岡崎勝男《おかざきかつお》、佐藤栄作《さとうえいさく》などへの人事偏重は、まさに吉田宮廷の股肱《ここう》の臣としての役割を担わせる意図があった。

　つけ加えておけば、吉田はその最終段階でこうした股肱の臣の諫言《かんげん》によって身を退くことになるが、そのときまで自らが主導しているはずの政治状況がどのようなものであるかを、正確には知っていなかった。自分は勅語を発していれば、政治権力はその意にそって動くとも考えていたのである。先の藤原弘達に代表されるような見方は、そういう現実をネオ・ファシズムと称したのである。

以上のように講和条約発効前後の股肱の存在を理解したうえで、この股肱はどのようにして落日をむかえたのか、をさぐっていくことにしたい。そのことを確かめたとき、吉田政治のもう一面が浮かんでくる。ひとりの政治家の限界が露呈してくるのである。

共産主義者を甘やかすな

講和条約が発効して独立が回復したあと、吉田がもっとも恐れていたのは、共産主義勢力の革命戦略だったことはこれまで何度か書いてきた。そのために吉田が打った手は、有力閣僚に治安の重視を説く者を入れることだった。昭和二十六年十二月二十五日に突然内閣改造を行ない、木村篤太郎を法務総裁に据えた。木村は弁護士出身だが政治姿勢は反共に徹していて、その言には大日本帝国下の指導理念が隠しようもなくあらわれていた。再軍備と反共立法を公然と唱えていた。

木村と同じ体質の大橋武夫《おおはしたけお》はレッドパージを強力に進めた手腕を吉田に認められ、法務総裁から警察予備隊担当の国務大臣に横すべりした。吉田が兼任していた外相には、官房長官の岡崎勝男が座ったが、その官房長官には労相だった保利茂《ほりしげる》が据えられた。いってみれば、政治的課題の中枢はすべて吉田の子飼いの人脈で固められた。党三役もまた小坂善太郎《こさかぜんたろう》が政調会長に座り、吉田色が露《あらわ》になった。吉田は治安の維持をなによりも重視しただけでなく、鳩山色の濃い議員や反吉田の動きを示す者を周囲には寄せつけないとの態度を露骨にあらわすようになったのだ。この内閣改造のあと自由党内の鳩山一郎を総裁に推す河野一郎《こうのいちろう》や三木武吉《みきぶきち》らが公然と吉田の退陣、鳩山新総裁を口にするようになった。吉田はあえて自ら、党内に波風を立てるような人事を挙行したのである。

昭和二十七年一月に再開された第十三通常国会では、吉田はまさにあらゆる権限が自らの手にあるかのようにふるまった。たとえば、講和条約発効後に日本に駐留する米軍の法的根拠を明確にする行政協定を岡崎外相とアメリカのラスク特使で結んだのだが（二月二十八日）、これを国会の審議にかけないのは憲法違反だと主張する野党に対して、吉田はこれは日米安保条約の第三条の規定によるものだから審議は必要でないとはねつけた。そのうえで昭和二十七年度予算案は行政協定に関わる軍事費も含んでいたためか、これが成立した翌日に、行政協定の内容を発表したのである。議会軽視もはなはだしいとの批判が野党から起こったのも当然であった。

さらに吉田は、参議院の予算委員会で「自衛戦力は憲法九条には抵触しない」と答えたが、これがまた社会党を刺激し、鋭い質問に出合った。すると吉田はあっさりとこれを取り消した。一方で議会ではこのような答弁を行ないながら、警察予備隊は軍隊ではないとの建て前でその発足を促していたのである。吉田は破防法案、警察法改正案、労働三法の改正案、それに電源開発促進法案などGHQ主導の法体系の改定や新たな治安法案を国会で成立させていくのであったが、それも野党の協力を得てというより二百八十余名の絶対多数を擁する自由党の思うように自在に成立を図っていくとの姿勢を崩さなかった。

吉田は講和条約発効直前に、何度か官房長官の保利茂に宛てて極秘の書簡を送っていた。それらの書簡はいずれも治安立法（具体的には破壊活動防止法を指しているが）を成立させることによって真に日本が独立国家になるとの信念に裏打ちされていた。二月二十九日付書簡の全文を引用すると以下のような内容である。

「拝啓　条約発効の前後の虚ニ乗し最近共産党幷《ならび》ニ左翼分子か反米乃至《ないし》再軍備反対に名を借り国会内外

其運動目ニ余るもの有之《これあり》、当局及米側も民衆の思惑を懸念して遠慮の結果、益々彼等をして図ニ乗らしめつゝあるか如く、斯《か》くてハ将来の禍根を養ふへく、木村法務総裁大橋大臣とも其対策ニ付御相談相《あい》煩度《わずらわしたく》、過日国会内ニ於而《おいて》共産党員の議論ニ対し議長ハ速記録を見て訂正すと宣したるニ付、何故ニ職権を以て中止を命せさるやと申入置候、又警察ヨ備隊の将校募集を大学等其広告を拒絶せりとの事、国の独立安全を守るの義務を解せさるか如き教育当局の言動ニ付ても文部当局の注意を促かされ度、委細ハ増原〔恵吉〕長官ニ就き御聞取可被下候《おききとりくだされたくそうろう》、要するに左翼の取締等閑《とうかん》ニ附すへからすと被存候、早々敬具」

共産主義勢力の巧妙な運動が国民の間に浸透しているとの不信と疑念が吉田を虜にしている。吉田はこのために第十三通常国会に破防法を提出したのだが、これは内乱、騒擾《そうじょう》、暗殺などを伴う暴力主義的破壊活動を行なった団体に対してその活動の制限や解散などを求める法案で、憲法下の基本的人権の侵害を伴う条項も含んでいた。これには労働組合四〇団体や婦人団体なども反発し、四月十二日には第一波ゼネスト、十八日には第二波ゼネストを行なった。左右の社会党は院内で吉田内閣に激しくこの撤回を迫ったのである。

吉田は、こうした動きがもつ意味を的確に捉えていた。反共運動を起こさなければならないと保利に伝え、それを木村に相談せよと指示していた。木村が民族派団体の中に反共運動を組織（反共抜刀隊など）していくのはこのときからである。

情報を駆使しての戦略

四月二十八日に講和条約は発効になり、吉田は「この日をもって日本は主権を回復した」との声明を国民に向けて発したが、すでに独立は既定の路線であり、国民の間には事改まっての心構えが生まれる状況ではなかった。むしろ吉田の政治的人気は急速に下落していた。講和条約締結時の支持率は朝日新聞によるなら五八パーセントであったのに、それから六カ月後には三三パーセントに落ちていた。吉田の役割は終わったとの諒解が国民の間には広がっていたのだ。

加えて議会での吉田の傲りにも似た言動に対する反発も生まれていた。さらにいうなら、吉田が破防法の成立にこだわるという態度のなかに、強権的なかつての軍事指導者たちに共通する国民無視の嗅いを感じとったともいえるだろう。

むろん吉田自身はそのような態度を特別に隠そうとはしていなかった。新聞記者とはまったく会わず、さらに、自由党の議員でも側近以外は近づけないとの態度のなかに、ワンマンとあだ名される以上に〈自らの眼鏡にかなった人物以外は見下す〉との酷評が囁かれたのも国民無視という傲りとの評につながった。実は吉田は、講和条約発効と同時に、GHQのG2を中心とした機関の情報解析部門と連携をとる法務府特審局を拡充させていたが、そこから多くの共産主義関係の情報を入手していて、つねに他人よりは誰が外国の共産主義者と内通しているかを知っていたのである。だからこそ国民にどのように受け止められようと、その防壁になって天皇と国民を守らなければとの使命感をもっていた。

法務府特審局からの情報やGHQからの極秘資料などの分析、それに一般の商業紙やそれぞれ各党の機関紙誌などを丹念に読むスタッフを、外務省のなかに密かにつくっていた節さえあった。講和条約発効までは、外務省は海外の大使館はすべて閉鎖されていたから、外務省のスタッフをその部門に投入することは難しいことではなかった。吉田が占領期に一貫して外務大臣のポストを離さず、第三次吉田内閣の改造人事で、それも講和条約発効直前に腹心の岡崎に初めて外務大臣のポストをわたしたのも、その内部情報や機構を自らの秘密として守ると判断できたからであろう。
　吉田の手元には、外務省スタッフのまとめた、たとえば「中共よりの送金額一覧表」などのリストは届いていた。現在そうしたリストを見てみるなら、昭和二十七年五月には「中共政府」から日本の親中国派の議員や文化人にどう活動資金がわたっているかが暴かれていて、それは二百万円台であったり、最高額は三百万円台であるのだが、どの銀行を通って日本の銀行に入るかという送金ルートまで調べつくしていた。吉田がこうした資料を入手するたびに、破防法の成立に躍起になったのも当然といえば当然といえた。

　昭和二十七年五月一日のメーデーは、日本が独立を回復して三日目のことであり、破防法反対のゼネストの興奮状態がそのまま続いていた。共産主義者の間では四月からこのメーデーを「武装メーデー」とする呼びかけが行なわれていたし、皇居前広場を人民広場とすることを訴えていた。吉田はむろんこのような動きを知っていただけでなく、東京に混乱状態が起こるのを警察力を使って徹底して抑えこむという政治的計算を立てていた。それは四月二十九日付の保利茂にあてた書簡でその一端が窺えるのであったが、書簡には、「メーデーに備へ法務総裁ニ御連絡之上充分の御準備を願度《ねがいたく》、当局者ハ無遠慮《えんりょなく》此際処置致候様御申聞可被下《くださるべく》、独立前後の不安定ニ乗し来るものを手緩《てゆるく》く致候ハ却而《かえって》後難を招くへく、厳然たる態度を要望仕候」というものだった。吉田は、共産主義者のデモを手ぬるくすると必ずそれをテコにしてより行動が過激になるので初期の段階でなんとしても抑えろというのであった。

　五月一日のメーデーのデモは、一方で武装デモによる人民広場の奪還を訴えれば、片方でそれを徹底して抑えつけるという計算があった。これは紛れもなく流血を意味していた。一方がそれを革命への突破口とし、権力の弾圧を訴えるなら、吉田の側には破防法の必要性をそのまま示すことになる。双方にとって予定されたこの騒動は、独立回復後の日本の進む方向をえがきだす闘いであることは充分に予測できたのである。五月一日のデモは実際にそのとおりに推移していった。政府は宮城前広場の使用を禁止し、五千人の警官を配置していたのにそこにやはり五千人のデモ隊がなだれこんだのである。デモ隊は火炎瓶を投げ、お濠端に駐車していた米軍のジープに火をつけ、アメリカ兵を濠に投げこんだ。広場ではすさまじい乱闘劇があり、死者一名、重軽傷者五百名余をだした。

挟撃されていく道筋

独立回復直後のこの騒乱状態は、通信社によっては日本で「市街戦が起こった」と報じた。そのためにかつての敗戦国がアメリカを始めとする連合国の禊《みそぎ》から抜けだすや、すぐに社会主義革命を起こすのではとも受け止められた。このことは逆に東西冷戦下での西側陣営に対する警鐘となった。吉田はこの年の二月に日本としては中国の代表権を中華民国(台湾)に認め、国交回復交渉を進めて、講和条約発効の日に日華平和条約を結んだこともあり、中華民国、韓国などとともに極東アジアにアメリカ主導の強力な反共同盟を形成する気運を盛りあげた。

流血のメーデーは、吉田の思惑どおり破防法の成立を容易にし、七月四日には会期を延長して衆議院で圧倒的多数で可決されたのであった。吉田はすぐさま法務府特審局を公安調査庁として独立させ、その組織、機構をさらに拡充したのである。GHQ内部にあったCIAなどの資料はほとんどがこの官庁に引き継がれることになった。

吉田には、政治的に国内の行政組織の改革を進めたという、行政に通じる首相としての評価も与えるべきだった。二府十一省の行政機構を一府九省に改めて、多くの官庁の統廃合も進めた。これが昭和二十七年四月から十月ごろまでの間に進んだ。軍事面では、保安庁（八月一日に発足）という名称のもとに警察予備隊と海上警備隊とを統合して、総理府の外局にしたのである。その長官には吉田自身が就任し、十一万人規模の保安隊の総帥ともなった。吉田はこの保安隊には旧軍の佐官以上の将校は入隊させないとの方針をもっていたが、それでは隊員の訓練もできないとの辰巳栄一《たつみえいいち》らの批判を容れ、しだいにその条件をゆるめたが、それでも決して戦争指導に携わった将校の入隊は認めなかった。保利茂に宛てた書簡のなかには「大橋君ハ多少旧軍部の運動ニ乗せられ居《お》るに非《あらざ》る乎《か》、斯《かか》る運動ハ一切傾耳無用」という一節があった。

吉田は、アメリカ側から東西冷戦下にあって日本は一定の軍備をもつことが必要であり、陸海軍あわせて三十二万五千人にせよと詰められると、「警察予備隊は軍隊ではなく、警察力の延長である。日本の国力ではとうていそれは無理だ」とはねつけた。その一方で前述のように国会でも、「警察予備隊は軍隊ではない」といいつつ、「自衛戦力は憲法九条には違反しない」と強弁した。吉田はこうした言は、むろんすべて矛盾そのものであると知って計算ずくで使い分けていた。

保安隊の発足、そして将校や兵士の募集などは旧内務省の地方局畑を歩いた若手官僚に託し、警保局畑にはこうした業務に介入させなかったのは、シビリアンコントロールを確立するにはリベラルな体質をもつ官僚が必要と判断したためであった。そうした官僚を密かに集めて、吉田は次のように語った。

「私は表向き警察予備隊は軍隊ではないといい続けてきた。だが明確に断言するが、これは軍隊である。諸君も軍隊という認識をもって、国土を防衛するつもりで努力してほしい」

吉田はこの胸中を明かすことで、日本では現実を表現するのに言語が二重性をもっていると伝えたのである。その二重性を指導層の中核に座っている者は認識せよというのであった。この認識をもつことで現実の政治的立場を補完していくようにとの忠告であった。吉田が側近政治として心を許した者、自らに忠誠を誓った者、さらには単に自らの手駒として利用できる者のみを近づけたのは、この二重性を当然のこととして受け止めていたからだったのである。

皮肉なことにというべきだが、吉田は、歴史上はしだいに挟撃される状態に追いこまれていった。党外にあっては、吉田に対してその政治的役割は終わったとする国民の反応、もうひとつは党内からの、日本が占領期を脱してそれまでGHQの施策によって党内で窒息状態に追い込まれていた追放解除組の声高な批判、その挟撃は吉田を孤立化させていく因であった。だがこの挟撃の構図は、もうひとつ別な面を代弁していた。それを一言でいうなら、吉田は「GHQ権力という大権」があって存在する政治家であり、一面でその絶対的大権に対しての屈伏、もう一面でそこからの解放という図でもあった。吉田はその大権の前面にいた指導者ゆえに、吉田を倒さなければ、いや吉田が政治的立場を失うことによって、初めて日本は独立を回復したとの実感を与えることになったのである。

吉田はその流れに充分気づいていなかった。それこそが吉田自身の悲劇であった。

破防法を成立させるために国会の会期延長を図った折り、衆議院本会議では自由党のみで議決を挙行するという事態に国民世論は怒りを示した。そうしたときの対象は吉田に向けられた。参議院では時間ぎれで会期延長にはいたらなかったが、それも参議院の法務委員会で破防法の審議をしている折りに吉田の出席が求められたのに、吉田はそれを無視して目黒の公邸から大磯の私邸に車で帰ってしまうという態度にでたためだ。それを官房長官は「疲労のため出席しかねる」と発表したために議会内の反発が強まるという一幕もあった。

吉田は参議院のどの委員会もうるさ型の議員が多く、こまかい質問などに答えられるかという感想を洩らしているが、そういう吉田の感情が平気でまかり通るという時期でもあった。そうした吉田の存在に、その反共姿勢に共鳴する者のなかからもしだいに批判がでてくるようになった。

自らの計算だけで、まるで思いつきのように衆議院を解散したのは、昭和二十七年八月二十八日だが、これも限られた側近にしか知らせない、いわば抜き打ち解散であった。この解散は、自らへの批判を強める党内の鳩山系議員の追い落としという戦略だった。しかしここから吉田の挾撃される図がより鮮明に浮かびあがってきた。

政権延命にのみこだわる

吉田は鳩山一郎を総裁候補にかつぐ追放解除組を極端に恐れていた。その恐れは三木武吉、河野一郎、安藤正純《あんどうまさずみ》、石井光次郎《いしいみつじろう》らに加え、かつては吉田の盟友であった政治評論家の岩淵辰雄《いわぶちたつお》らの反吉田派の動きがしだいに自由党内に広がることへの不安と重ね合わせることができた。実際に石橋湛山《いしばしたんざん》などは池田勇人蔵相の選挙区まで赴いて公然と池田財政の攻撃を行なったし、河野一郎にしても「吉田首相は政権に執着するのみでなんらの政策も実行しない」と批判を浴びせていたのである。

こうした反吉田派の動きを封じるために、つまりは彼らがまだ選挙運動を行なう準備も整えていない間に解散、総選挙で機先を制そうとするのが吉田の狙いであった。自由党内の吉田派議員を助けるために密かに選挙資金も与えていたのだから、あまりにも露骨な鳩山派追いだしの政治的謀略だった。鳩山派幹部の三木武吉はそれまでの融和路線を捨て、「このクーデターと闘うには生半可な気持ではだめだ」と仲間内に檄《げき》をとばしたのである。鳩山派は吉田政治の現状を徹底して批判し、反共と「保安隊は合法」という政策に対峙するために、あえてソ連との国交正常化と再軍備の二つを掲げて対抗することになった。

このときの選挙戦は党内を二分してまったく別個に行なわれた。選挙資金さえ吉田派と鳩山派は独自に配った。吉田派が百六十人余、鳩山派が百二十人余という勢力であったために、吉田は徹底して切り崩しを命じた。ポストと資金の二つの餌により、鳩山派は崩されただけでなく、選挙日の二日前（九月二十九日）には反吉田派の急先鋒である石橋湛山と河野一郎を吉田の一存で除名するという挙にも出た。これによって鳩山派と吉田派は党内対立という段階から党内分裂に進むことが予想される事態となった。吉田は二人の除名が新聞で騒がれても、「党とし而《て》ハ全然斯る風潮を無視せられ、応答若《も》くハ弁解かましき事ハなされぬよう願敷《ねがわしく》、其内総選挙騒ぎニて消滅可致《いたすべし》と相考候……」と幹事長の林譲治《はやしじょうじ》に書簡を送った。鳩山派が党を出ていくならそれはそれでいいとの心積もりでいたのである。

吉田はこの選挙を通じて、自らの権力を強固にするとの意思以外は何も示そうとしなかった。講和条約が発効して初めての総選挙であり争点は多様な面があったにもかかわらず、吉田政治の「現在」を問うことのみが争われた。鳩山派もまた「政権の授受」をあげるだけで本格的な論争は避けた。改進党は「憲法改正」を掲げ、右派社会党は「再軍備より生活安定」「集団安保による自衛体制」を掲げれば、左派社会党は「再軍備反対」と「日米安保条約反対」を挙げたが、占領政策から独立後の日本をどのように変えるかの基本方針は掲げたとはいえなかった。野党の反米論は「ナショナリズム」に収斂《しゅうれん》できる国民感情に訴えかけていたのだが吉田はそれを無視した。

さらに、吉田派と鳩山派の対立の内実を当時の新聞記事や関係者の自伝、回顧録を丹念に読んでいくと、意外なことがわかってくる。吉田が占領後期からワンマンとして政治的権力をふるうようになったとき、これに抗する政治家は公職追放になっていて、政治に口を挟めない立場にいた。加えて追放解除になったこの段階では、まだ議席をもっていなかった。この追放解除組のなかには、「おい吉田君」と真正面からわたりあえる者も数多くいたが、現実に議席をもつ者のなかには対等に吉田と会話ができる者はいなかったのである。こうした追放解除組が議席をもてば、吉田の側近たちはその政治的駆け引きで容易に太刀打ちできるはずはなかった。昭和初期からの代議士林譲治や益谷秀次は吉田の側近であり、吉田もまた彼らに期待をかけてはいたが、追放解除組の前には道化役を演じかねないほどその政治力は幼かった。

しかし、同時に次のこともいえた。いわゆる戦前派の代議士は政争に明け暮れていて、それが陸軍内部の政治将校らのゴリ押しを生む因にもなった。高邁《こうまい》な政治論争を好む者は数えるほどで、それも政治的信念に基づく自説より相手側の主張に意識的に対立点をぶつけるという手法を好むために、つねに国民に政治的不信を植えつけるという結果を生みがちだった。この後の政治史を見れば、昭和三十年代の保守政治はそのような方向に向かってしまうのだが、それは究極には日本の政治風土が真剣な論争を避けることの証左ともいえた。

もし吉田が、真にこういう政治風土にメスを入れようというなら、幾つもの選択肢があった。戦前の議会政治を見よ、あれこそが軍事主体の国策の間接要因となったではないか、日本が敗戦という事態をむかえたあとに代議士が、われわれにもまた戦争にいたる原因を生んだ責任があると自省したではないか、彼らは一様に再軍備を説くが、それは自省なき軍事集団の危険な復活につながるのではないか、など幾つもの論点を導きだすことが可能だった。それを放棄した責任は確かに吉田が負わなければならなかった。

三木武吉との政治闘争

抜き打ち解散の結果は、吉田の計算がまったく外れてしまった。自由党は二八五の議席を四五も減らしたのである。改進党が六五から八五に、右派社会党五七（二七増）、左派社会党五四（三八増）という結果になり、吉田政治が必ずしも受けいれられたわけではなかった。しかし自由党内部の鳩山派も思ったほど伸びず、そのため鳩山派は党内に民主化同盟（五四人で結成）をつくり、友愛革命、秘密外交の排撃、自衛軍備の設置、憲法改正を旗印として新たな動きを始めた。友愛革命とは、吉田の独断的政治に終止符を打つとの鳩山の持論でもあった。

民主化同盟が組閣に協力する条件を示し、そのうちの幾つかを飲むという形で、第四次吉田内閣は発足した。とくに石橋や河野の自由党復帰を認めよというのは、鳩山派の重要な要求であるにもかかわらず、吉田は表面上は受けいれたふうを装い、当初は具体化しようとはしなかった。鳩山一郎の『回顧録』には、吉田は鳩山との約束など知らぬ顔で「（二人の）除名取消しに至っては、その素振りさえみえない」と怒りの筆調で書かれている。つまり吉田は鳩山をうまく丸めこむという形でこの内閣をつくったことになるが、この内閣成立に至るプロセスを追う限りでは吉田はあまりにも権力に執着しているともいえた。

吉田が権力に執着しているために閣僚にもそのような言動が露骨になった。通産相の池田勇人が第十五特別国会で右派社会党の加藤勘十《かとうかんじゅう》の質問に対して、「インフレ経済が安定にむかうときに不当投機をした経営者が五人や十人倒産したところで仕方がない」との答弁を行なった。池田の答弁はつねに吉田の威を借るようなところがあり、それが野党の反発を買っていた。そのために野党は池田蔵相の不信任案を提出したが、これに民主化同盟の二五人が欠席戦術に出たために可決されることになった。池田はこうして退任を余儀なくされたのである。

池田不信任案の可決は反吉田を示す政治闘争の端緒となる。吉田は、二五人を即時除名せよと口走ったり、「池田がやめるなら自分もやめる」と威圧をかけた。第四次吉田内閣では、追放解除になった大物代議士で、敗戦直後の国務相だった緒方竹虎を官房長官に据えて党内ににらみをきかせていたのだが、その緒方だけが辛うじて吉田に直言できる政治的立場を守っていた。それゆえに緒方は、吉田に対して「石橋や河野を復党させてはどうか」とか「辞任など軽々に口にすべきではない」と諭した。しかし、吉田はその直言に苦虫をかみつぶした表情のまま応対するだけで耳を傾けなかった。吉田は池田不信任案に同調した議員すべてに憎悪に近い感情をもつに至ったのである。

鳩山派の領袖《りょうしゅう》でもある三木武吉は、そういう吉田の神経を逆撫でするように、吉田や緒方に面会を求め改めて河野や石橋の復党を認めるよう要求し、党三役の林や益谷の辞任を要求した。その見返りに補正予算の通過に協力するという硬軟両様の政略をぶつけた。吉田はこうした政治手法にまったく効果的な手が打てずに呆然とするだけだった。

三木武吉は大正六年に弁護士から代議士となり戦前、戦時下の議会の様子をすべて見聞していただけでなく、自らも憲政会の幹事長をつとめるなどして政治手法にかけては吉田の比ではなかった。三木がにらみをきかせただけで新人議員などふるえあがるほど力をもっていた。吉田にしても、三木の前では礼を尽くすという状態だったのである。昭和二十七年後半から昭和二十八年にかけては、この三木が前面に出て反吉田派の旗を振りつづけた。三木は党人派を代表する形をとったために、かつては吉田の側近であった広川弘禅《ひろかわこうぜん》などもしだいに吉田との距離を開いていった。それゆえに自由党内には、党人派と官僚派という対立の構図ができあがっていったのである。

吉田は党内体制では少しずつ牙を抜かれる状態になった。吉田周辺の議員は、解散をちらつかせてはその孤立を防ごうと躍起になったが、むしろそれは吉田の断末魔のような響きさえ伴った。吉田の政治的決断にも揺るぎが出はじめた。昭和二十八年一月に再開された第十五特別国会では、公営事業のストライキを禁止するスト規制法案や不況を克服するためのインフレ予算など、法案審議のすべてが吉田に抵抗する手段として使われ、吉田はそれに抗する論理も政治手法ももっていなかった。たとえば、石橋は反吉田の演説をしばしばくり返したが、そこには「吉田首相は民主政治のガンである。それゆえ倒閣しなければならない」「吉田首相の存在はアメリカが東洋につくった傀儡《かいらい》政権である。首相はアメリカの威光を笠に着て秘密外交で命脈を保っているにすぎない」と激烈な内容があった。これには鳩山派の議員さえ「石橋個人の考えである」といって表面上はつきはなしたが、その実彼らの総意でもあったのだ。吉田はそれを傍観するだけであった。

自由党は議会で辛うじて過半数を維持しているだけなので、その言を糾弾すればかえって党内の反吉田派の動きが活発化するはずだった、ひたすら耐えるだけでもあった。

追いこまれての「バカヤロー解散」

吉田は、本来なら順境のときには慎重であり、逆境のときはねばり強く巻き返しを図るという、政治家としては得難い性格をもっていた。しかしこの期の逆境のときは、自らの地肌があらわれるのを隠そうとしなかった。年齢は七十五歳になっていて、そういう肉体上からくる疲労感もあったのだろう、それが露呈したのが昭和二十八年二月二十八日の衆議院の予算委員会である。右派社会党の西村栄一《にしむらえいいち》が、国際情勢について質したのに対し、イギリスのチャーチルの言などを引用して表面的な答弁を行なったために「日本の総理大臣として答えなさい」と詰めよられ、吉田はすっかり興奮状態になってしまった。閣僚席に着席したままとはいえ、「ばかやろう」と小声でつぶやいた。それを西村がたしなめ、これでは質問ができないというと、吉田は「私の言葉は不穏当でありましたから、はっきり取り消します」と陳謝した。

確かに吉田の暴言ではあったが、着席したままの不規則発言なうえに正式に陳謝したのだから、本来ならそれほど大きな政治問題になることはなかった。しかし反吉田の感情は、先の石橋発言に見られるように国会内に充満していた。この発言はその感情に火をつけることになった。右派社会党によって懲罰動議が出されたのは、そうした感情を政治的に利用しようとした計算だったのである。自由党内からは賛成者が出ないまでも欠席者が多いことは充分に予想され、とくに広川弘禅は、「これは戦前の軍人佐藤賢了《さとうけんりよう》の黙れ事件にも匹敵する事件であり、院内だけの問題だけではなく、国民大衆の看過できない暴言である」と広川派は欠席する姿勢を明らかにした。

こうして懲罰動議は、賛成一九二、反対一六二で可決された。鳩山派三七、広川派三〇の反対で決まったようなものであった。

広川はこのとき吉田内閣で農相をつとめていたのだから、吉田追撃の手は閣僚のなかにまで及んだといえた。吉田はすぐに広川を罷免したが、そのときの吉田は追撃に抗する総裁であり、いかなることがあっても掌中の権力は手ばなさないとの覚悟を示すものであった。この期の吉田は自らの感情を抑えきれずに、たとえ心を許した側近であろうとも怒声を浴びせるという有様で、麻生太賀吉《あそうたかきち》だけが執務室に入って吉田を慰める状態になった。しかも広川が罷免に応じなかったために吉田の政治力の衰退は世間周知のこととなったのである。

吉田が懲罰動議にも高圧的な態度をとると、野党三党（改進党、右派社会党、左派社会党）はさらに内閣不信任案で対抗した。たぶんに慣例的なものであり、右派社会党の河上丈太郎《かわかみじょうたろう》委員長なども「これは否決されるだろう」と分析していた。最後には自由党もまとまり、吉田内閣は延命するというのが、三党指導者たちの見通しだった。野党は自由党内のなかで演じられている政争は、実は権力維持とか権力奪取という段階ではなく、倒すか倒されるかの死闘であることを充分に知らなかったのだ。いや吉田を追いつめていく鳩山派の三木、河野、石橋らの戦略は、野党に議会政治の常道である不信任案の提出を促して、それを巧みに利用して退陣に追い込むという点にあった。吉田にとってはどのような手を打っていいかわからないほど本音と建前を使い分ける政略だったのである。

不信任案が上程された日（三月十四日）、自由党の鳩山派のなかでも反吉田色を鮮明にしていた三木や河野ら二二人が脱党した。穏健派の安藤正純、砂田《すなだ》重民《しげたみ》らは脱党はしなかったが、不信任案の可決はこれで可能になった。吉田は不信任案が通れば必ず総辞職するだろう、すでに解散する政治力さえないというのが三木らの判断であった。しかし吉田は、解散によってもういちど議会を自らの陣営で固めようとの対抗策をひとりで練っていた。吉田はそのことに自信をもっていたのである。

予想どおり不信任案は一一票差で可決された。吉田は躊躇《ちゅうちょ》なく解散にふみきった。新聞はこの解散を「バカヤロー解散」と揶揄《やゆ》したが、そこには国民世論も吉田に対して倦《あ》いている感情が示されていた。吉田としては珍しくこの選挙では全国をくまなく演説して歩いた。その演説は政敵の攻撃のみで、「野党は政権奪取のみを考える政権亡者である。彼らの政策は水と油であり、それなのに不信任案で足並みを揃えるのはそのことをよく物語っている。今回の解散は政権の闇取引を意図する野党に対する警告のためである」という点と、「左派社会党は共産党と同じである。改進党はその政党とも協力して不信任案を提出した」と共産主義勢力の拡大についての警告に終始した。こうした感情論は保守層にも反発を受けた。加えてこのとき吉田は奇妙な演説も行なった。アメリカ一辺倒だという自らへの批判を躱《かわ》すために、「野党こそアメリカ一辺倒ではないか。野党は不信任案を上程する時間を午後四時以降にずらしたのはそれを物語っている」という論を吐いた。不信任案を可決しても解散しないことを望んでいたとして、その根拠に次のような情報が流れていたと暴露したのだ。

〈政府は解散を断行するため、日本にある関係筋に諒解を求めたが色よい返事はない。そこで直接にワシントンにむけて諒解を求める電報を打った。その返信電報が不信任案通過当日の午後三時から四時までの間にくる予定で、政府はそれを待っている〉

野党はこの情報を信じて不信任案提出の時間調整を行なったと吉田は批判し、そういう姿勢こそがアメリカ一辺倒だと断じたのである。このような情報が政争の場で語られること自体に、吉田時代の終焉があった。吉田はこうしてそれまでの理知的な皮肉のきいた演説にかわって、反知性的でときには謀略むきだしと思える演説を行なった。それは吉田自身の「野党に振り回される時代」への怨嗟とさえいえた。この総選挙（昭和二十八年四月十九日）では吉田を支える自由党の当選者は過半数を大幅に割って一九九人となった。

理念で一致している保守勢力

時代は少しずつ吉田を見はなしはじめた。昭和二十七年十月、昭和二十八年四月と政権延命のためだけの総選挙を行なったにもかかわらず、吉田を支持する勢力はむしろ議会内でも減じていく結果になった。五月二十一日に誕生した第五次吉田内閣は、少数与党内閣として出発することになったが、それは議会運営はすでに吉田の意のとおりにはならないとの現実を示していた。

この第五次内閣を発足させるにあたって改進党総裁の重光葵《しげみつまもる》を訪ねているのだが、吉田としては自由党と改進党の連立政権を考えての申し入れであった。ところが改進党は四月の総選挙で一二議席減の七六議席にとどまっていて党内には沈滞した空気が流れていた。全般的に党勢が上昇機運にない以上、自由党との連携を考えるべきという主張と自由党とは一線を画し野党に徹して、野党勢力を糾合すべきとの考えが交錯していた。この野党勢力重視派は、近い将来に重光首班を想定していて、そのために改進党は自由党との連携は行なうべきではないと譲らず、それを中央常任委員会でも認めさせたのである。吉田はそのような改進党の状況を充分に理解しないで重光を訪ねた。

外務省出身の政治指導者という以外に、二人の間には共通点はなかった。重光は有能な実務家であり、吉田のように自らの理念を前面に打ちだしたりするタイプではない。吉田は重光を訪問する前に幹事長の佐藤栄作を送り、その意見を聞きたいと打診していた。しかし、改進党は吉田内閣に協力できないとの回答を与えた。にもかかわらず吉田は、「保守政党の責任の重大なるを痛感し親しく拝眉国家の将来につき懇談の機会も得たく」との意向を示したのであった。吉田はなんとしても重光を自らの側に引き寄せ、改進党の協力を得たいとの姿勢を隠さなかった。

しかし、結局は吉田は協力を拒まれるという形で会談を終わらなければならなかった。

第五次吉田内閣は、実際に誕生したあとも議会内で多数派工作を進めなければならない状態だった。現在の地点で、この期を俯瞰するならば、昭和二十八年五月、六月、そして七月という期間は、日本がまったく新しい形の議会主義に進む胎動期といえた。保守政党は、自由党、鳩山自由党、改進党の三党に分かれているが、その理念や行動にそれほどの違いはなかった。基本的には、対米協調、西側陣営に位置しての反共政策、そして経済重視の路線であった。改進党や鳩山自由党は、憲法改正を積極的に唱えるが、自由党は声高には主張しないという違いがあるにせよ、体質はほとんどかわっていなかった。保守勢力の土台は同質だったのである。つまり改進党が野党であるという理由だけで、左派社会党や右派社会党との連立政権を実現することなどとうてい無理という意味である。吉田が重光に執拗に誘いをかけたのは、この明確な事実を背景にしていて、自分に協力しなければ改進党は容共政権をめざすということではないか、と詰めよったというようにも見ることができた。

もうひとつ、この期の保守政治の特徴は政治家間の人間的対立が激しく、それが戦後保守政治の質を変えることになったことだ。たとえば、自由党の副総裁である緒方竹虎と重光葵の反目、吉田と芦田均《あしだひとし》の対立など戦前、戦時下からの人間的な対立が、この間の多数派工作ではしだいに表面化した。自由党内にあっても緒方と、巣鴨プリズンから釈放後はしばらくは政治活動を止めていたが、日本の独立とともに再び政治活動を始めた岸信介《きしのぶすけ》とは、自由党内の主導権争いを始める状況にあった。吉田子飼いの池田勇人は、吉田の威を借る形で岸や緒方の体質を批判するという状況も生まれた。

吉田が自らの政権の延命を図ることは、こうした保守政治の人間関係をすべて露呈することにつながった。それゆえ吉田の歴史的役割は、吉田時代の政治家の怨念や対立をそのまま舞台から引きずりおろすことをも意味した。それは池田勇人や佐藤栄作らの官僚出身の戦後政治家の時代を演出することでもあり、それが「吉田学校」の所以でもあったのだ。

アメリカとの軍事上の妥協点

第五次吉田内閣はまがりなりにも一年六カ月ほど続いたが、内にあっては保守政治内部の権力闘争によって次の時代への政界地図をつくった。その一方で外にあっては、アメリカとの間にきわめて現実的な戦いを余儀なくされた。吉田は、東西冷戦下で西側陣営に身を置くのを基本的な理念としつつ、アメリカに対しては「軍事の肩代わり」「経済援助」という要求を国益の中心に据えた。そのために吉田は歴史的にはきわめて危い道を歩むことにもなった。

吉田は再軍備そのものを強大な軍事組織とするのではなく、国土防衛軍ていどにとどめ、武器調達や将校教育などもアメリカの意向を受けいれようと考えていた。日本軍に対する不信は終生吉田からは離れなかったのだが、その誤りを正すには大胆にアメリカの意向を受けいれたほうが得策と考えていたのである。こうした具体的な動きは、MSA（相互防衛援助協定）締結という方向をめざすことで明らかになるが、そのために昭和二十八年八月にダレスが日本を訪れて吉田と会談したときに、アメリカ側の要求と日本の置かれている状況を、吉田は改めて確認しなければならなかった。

吉田の回想録（『回想十年』）によるならば、「（ダレスとの会談時）このときは、米国から武器貸与を受ける交渉の最中でもあり、日本経済の安定と、防衛力増強の問題をどう按配するかという議論をお互いにやり合った。そのときに私の感じたことは、やはり米国側の日本経済に対する見方は随分厳しいということで、日本の経済力の中に、防衛力を増強する力がどのくらいあるか、援助や外資導入がどんなに必要であるかということも、畢竟《ひっきょう》ずるに日本経済の現実を理解して貰わなければならない。如何に経済の自立と安定に努力を払っているか、それを認識して貰わねばならない」との感をもったというのである。このことは、吉田が日本が経済復興に重点を置き、防衛に関してはほとんどアメリカの意のままに動くとダレスに宣言したともいえるのであった。

そういう取り引きで経済援助がより可能になるとの判断であった。

吉田のこうした政策は、国内ではすぐに反発を買った。予算委員会では、左派社会党の武藤運十郎《むとううんじゅうろう》や右派社会党の河野密《こうのみつ》、さらには民主党の川崎秀二《かわさきひでじ》などによって、ＭＳＡは憲法違反ではないかと詰めよられたが、吉田はそれを「憲法違反ではない」とはねつけた。ただ外務当局が、野党の質問に対して「ＭＳＡによって武器援助を受けいれれば将来は防衛力増強という道を歩むことになろう」と答えたのが、実態を正直に語る言として報道された。

吉田は、日本経済の安定と朝鮮特需によって得た外貨を流出させてはならない、との信念のもとで、腹心の池田をアメリカに送り、日本の自衛力をどのていどまで拡充すべきか、そのアウトラインを決めさせることにした。池田は吉田の個人特使という名目で、昭和二十八年十月にアメリカにわたり、国務次官補のロバートソンと会談を行なったが、実は池田・ロバートソン会談こそ吉田政治の防衛政策だけでなく、その後の日米間の政治、外交に重きを成すことになったのだ。池田は実質的に吉田の意図どおりに動いてその方向づけを行なったのである。

吉田は池田に対して、日本が再軍備するにしても五カ年で十八万という範囲にとどめること、ＭＳＡは軍事色を薄め、経済援助の色彩を強めること、を指示していたが、池田の回想によると、アメリカ側は当初は地上部隊十個師団、兵力三十二万五千人という数字を要求してきたという。アメリカ側のとくに軍事指導者は、すでに憲法の枠内でという日本側の言い分などにまったくとりあわなかったのである。池田は吉田の指示どおりの主張をくり返し、とにかく再軍備の枠は十八万人であるとした。しかし「五年」という期限については、アメリカのいうとおり「三年」という点におさめた。

MSAは経済援助という色彩に変えることはできなかったが、新たに農産物協定も結ぶことでその意味をもたせた。これも日本には不利でないと見た池田はすぐに協定に応じて、農産物購入の名における経済援助という形で日本国内に説得を始めたのであった。

こうして吉田政治は、昭和二十八年の終わりには日本の進むべき道がアメリカに隷属化するという方向であることを明らかにした。それは保守政治が矛盾をかかえることでもあったが、防衛力については日本の社会的、経済的環境が整備されるまで日本はアメリカの諒解を得た範囲でしか整備しない、同時にアメリカは日本に対して経済的な援助を行なうとし、さらに、日本も自主的に努力を続けて「インフレの抑制、国際収支の均衡など健全財政を目ざす」という方針を受けいれることになったのである。

吉田は、アメリカと一体になった政策を忠実に進め、そのことによってこれからの日本の進路の舵とりをしようと宣告したともいえる。吉田は、この期の東西冷戦下での共産主義の膨脹という事態に強い不安をもっていたから、アメリカを盟主とする反共陣営の一環として日本は何が行なえるのかそれを自問自答して以上のような政策を練りあげていったとも考えられる。これが吉田ドクトリンの現実の姿であった。

池田・ロバートソン会談による日米関係

池田・ロバートソン会談での決定を受けて、吉田はその諒解事項を次々に政策として実らせていった。MSA協定やその関連の協定は昭和二十九年二月に調印された。さらに池田・ロバートソン会談の諒解にもとづいての防衛二法（防衛庁設置法と自衛隊法）も予算委員会では執拗な追及を受けながら、昭和二十九年六月には国会を通過することになったのである。

吉田政治はこの昭和二十九年六月の防衛二法をもってひとまず終わりを告げたということになるだろう。つまり占領下での日本の政策は、占領前期の非軍事化と民主化と占領後期の東西冷戦の橋頭堡《きょうとうほ》としての役割という矛盾のなかに置かれていたが、このMSAと防衛二法によってひとまずその間にブリッジをかけることになったのである。第五次吉田内閣の政治的基盤は脆弱《ぜいじゃく》であり、そこには政治家同士の個人的な対立が政争を生む因になっていたが、政策的には多くの副産物を生んだ。

池田・ロバートソン会談や、昭和二十七年秋から相次いで来日したアメリカ政府の要人（たとえばニクソン副大統領）が、一様に日本の再軍備を説いたことによって、日本国内の保守陣営はしだいに活気づくことになった。とくにニクソンは、日米協会の歓迎会での演説で、「アメリカが日本の陸海軍を廃止したのは誤りだった。これはソ連の術中にはまったためだ」と発言し、公然と占領前期を批判したのである。

こうした動きは、日本の保守陣営の結束を高める機運を生み、先の再軍備の布石にもなる法案の審議では、自由党、改進党、そして鳩山自由党との間に強い連携を生むことになった。とくに吉田は、改進党に対しての働きかけをあきらめず、重光にはしばしば密かに会いたいと申し出ていて、改進党の協力を求めていた。改進党は憲法改正に熱心であり、とくに重光は同党が定めた国防基本要綱の信奉者であり、その再軍備論は吉田よりはるかに徹底していた。そのため政策の上では、吉田が重光に励まされるということも決して少なくなかったのである。吉田は重光らの主張する憲法改正論にはおよび腰であり、現在の憲法は自衛のための軍隊は禁止していないとの見解をもっていて、あえて改正の必要はないとの立場に立っていた。重光ら改進党首脳はそれに批判的だった。

むろん吉田のその論は自由党のなかでも少数派にすぎなかった。奇妙なことに吉田は、自らも制定に加わった憲法には、強い愛着を示していたのである。昭和二十八年十一月には、鳩山自由党の議員も自由党に復帰することになったが、その際に示した条件は将来の憲法改正を意図して憲法調査会を設けるという項や外交方針を明確にするための外交委員会の設置などの項が含まれていた。吉田はそれに抵抗したものの、むしろ党内では吉田のその反対論が浮きあがるという状況になった。吉田は、幹事長の佐藤栄作らの説得によって渋々これを受けいれた。鳩山自由党は三四人のうち二六人が自由党に戻った。鳩山一郎を中心として、その大半は自由党に戻ったことになるが、八人の議員だけは自由党に戻らずに独自に日本自由党を結成したのである。この八人とは、三木武吉、河野一郎、中村梅吉《なかむらうめきち》、安藤覚《あんどうかく》、松田《まつだ》竹千代《たけちよ》、松永東《まつながとう》、山村新治郎《やまむらしんじろう》、池田正之輔《いけだまさのすけ》だが、彼らはいずれも反吉田の闘士であり、「吉田内閣打倒」こそが日本の政治を民主化せしめるとの信念を崩さなかった。

実は、鳩山自由党にあって自由党に復党した者と日本自由党結成に加わった者との間には、巧みな戦略が隠されていた。鳩山には「吉田は早晩防衛問題などでいきづまる。加えて国民の間でも急速に支持が失われている」と耳打ちする者がいて、吉田失脚に備えて一刻も早く自由党に戻っているべきだと説いた。日本自由党はそれとは逆に正面から吉田打倒を説くという戦術であった。

この期には、吉田はその政治的恫喝《どうかつ》と二枚舌と思われかねない口弁と、そして反対派には感情をそのままあらわす言動を隠さなかった。改進党内部にもいつのまにか重光は吉田にまるめこまれているという評が生まれ、重光が「吉田の二枚舌に騙されているのかもしれない。しかし騙すよりも騙されるほうがまだましだ」と周辺に愚痴ったりもした。

防衛二法の審議で、左派社会党や右派社会党が「憲法違反である」という一点のみで質問を浴びせても、吉田はまったく取りあわなかったが、いつのまにか少数与党が鳩山自由党をとりこみ、改進党を準与党につくりかえ、第五次吉田内閣は昭和二十九年の春には盤石のようにさえみえた。しかし、吉田は重光や鳩山の申し出を呑むことで、「自衛隊を軍隊である」とか「早急に憲法改正を」という政策を受けいれなければならなかった。吉田自身がそのような政策を支持していなかったというのではないが、「自衛隊は軍隊ではない」とか「憲法改正は必要ではない」という終始貫いていた吉田の言が、根本から問われることになり、改めてその偽善を認めなければならなくなったのである。それは結局は、吉田の占領下の治政そのものを公然と否定することにつながった。吉田が国民の間に支持を失い、急速に批判の対象になっていくのは、この偽善の露呈に比例していた。重光や鳩山の意図はどうあれ、吉田は多数派工作という名のもとに自らの政治姿勢を否定することになり、皮肉なことにというべきだろうが、吉田は権力を維持するためという名目で、逆に崩壊の道を歩むことになったのである。

吉田は側近たちの政治的な巧みな動きに満足の意を示しながら、さらにその政治上の権力を固めようとの意思を示した。その意思とは、つまり自由党と改進党の大同団結による政局安定という政略であった。いわゆる保守合同の推進である。これを最初に明らかにしたのは、自由党副総理の緒方竹虎である。緒方は四月（昭和二十九年）に「保守合同は爛頭《らんとう》の急務」という声明を発表し、保守勢力の一大団結を唱えたのである。このとき緒方が吉田の意をどのていど代弁したかは不明だが、しかしこれを機に吉田の政治力は急速に落ちていくのである。吉田が時代から見はなされるのは実はこのときからであった。

次代に託す自らの理念

吉田は、第五次内閣を組閣したとき、七十五歳になっていた。吉田自身は、この年齢が問われる肉体的な危惧に対して、もとより頑なに会話さえ拒むのであったが、実際にはその老いは肉体の上に正直にあらわれた。ステッキをついて国会を歩く姿は、吉田自身はどのように否定しようにも政治的指導者の晩年を示している図として、隠しようがなかったのである。

　吉田に与えられていた役割——それは占領下の日本の政治、外交路線をＧＨＱと巧みに接触しながら、近代日本の再生という道筋にもっていくことであり、現実に吉田はその役割を果たした。それゆえ講和条約の発効という段階で、大仰に断定するなら、「歴史」は吉田に対して表舞台から身を退くよう命じたという考えも成り立つほどであった。にもかかわらず吉田が老いを見せながらも権力にこだわったのはなぜだろう。それはひとたび権力をにぎった瞬間から、それを手ばなしたくないとする煩悩のゆえという見方が成り立つ反面、吉田自身の中に奇妙な錯誤が生まれたからともいえた。たとえば高坂正尭《こうさかまさたか》が指摘したように、「彼は国際社会における名誉ある地位を日本に与えるという仕事はまだ始まったばかりだと考えていた」という錯誤である。それは日本人の政治的無知、あるいは政治的黙従に対する吉田の絶望に端を発していたとの解釈が成りたつ。

　このことは吉田の性格に高踏的、貴族的体質があるという意味ではない。

　吉田は、共産主義の巧妙な宣伝工作に乗せられている大衆の像が、かつて指導者のいうがままに太平洋戦争に傾いていき、そこで異様なほどの興奮状態を示したように、再び共産主義の宣伝に乗って革命運動を起こすような粗忽さとつねにかぶさっていた。そうしたエネルギーは、吉田から見るなら「攘夷」がこんどは極端な方向に向かって走りかねないとの憂いでもあった。それは吉田の年齢からくる脅え、つまりそれほど将来の時間を自らに想定しておくことが不可能になった年齢という焦りによって相乗されていた。

吉田は第五次内閣の発足にあたっての施政演説で、経済政策にかなりの時間をさいて説明しているが、一方では「国民生活の安定、文教の刷新、道義の高揚、治安の確保は、前内閣以来の不変の信条」と自らの政策は一貫していると語った。第四次内閣発足時の施政演説では、「終戦後の教育改革については、その後の経験に鑑み、わが国情に照して再検討を加うるとともに、国民自立の基盤である愛国心の涵養《かんよう》と道義の高揚をはかり、義務教育、産業教育の充実とともに、学芸及び科学技術の振興のために格段の努力を払う所存」といっていたが、そうした演説の意味するところは、大衆のエネルギーを〝善導〟しなければならないとの使命感だった。

吉田は、こうしたエネルギーの〝善導〟として、とくに次代の指導層の育成に意を払い、彼らに自らの歴史的位置づけを託するという情熱を伝えねばと考えていた。防衛大の学生には、「君らは一生辛い思いをするかもしれない。しかし、その覚悟をもって国を守る決意をもってほしい」と諭したし、官僚をめざして国家公務員上級職を合格してきた者の研修会では、近代日本の歴史はその出発点においては寸分のまちがいがないことを説いた。この国の歴史に自信をもつよう呼びかけ、次代を担う誇りをもってほしいと執拗に語ったのである。

吉田は、フルブライト奨学金でアメリカにわたる学徒にも期待を掛けた。次代にはこうした優秀な学徒が指導層に育ってほしいといい、アメリカの民主主義を身につけるべきだと励ました。昭和四十二年に吉田は、エンサイクロペディア・ブリタニカに寄稿した一文（『日本を決定した百年』）のなかで、第二次世界大戦後、「日本から世界の各国に送られた留学生は、明治時代の留学生と同じように貪欲な知識欲を示し、よい成績を収めた。彼らは、アメリカではその活動力を、イギリスではその政治の安定を、ドイツではフォークス・ワーゲンの優秀さを、そしてデンマークでは、その農業の生産性の高さを、それぞれ賞賛し、日本と思い比べ、日本が学ぶべきところを学ぼうとした。（略）この留学生の大半はアメリカに行ったが、それを可能にしたフルブライト資金のような公的な制度から、グルー資金のような私的な制度にいたるまでの数多くの奨学金は、アメリカが日本に与えた最も貴重なおくりものであった」と述べているが、官邸に挨拶に訪れるフルブライトの留学生の一団に明治初年代の留学生の像をだぶらせていたのである。

吉田が、日本が独立を回復して二年近くの時間を経て、政治的にその地盤も揺らいでいるにもかかわらず権力へのこだわりを見せたのは、次代に自らの路線を託するという使命感があったことがまず理解されるべきかもしれない。この点で吉田は〈歴史〉に生きようとしていたのである。しかしそのことは吉田が自覚している役割であっても、客観的に歴史的妥当性をもっていたかとなると別問題であった。「昭和二十八年と昭和二十九年の二年間は、吉田茂の一生の間でもっとも不名誉な時期であった」と書いたのは高坂正堯だが、世論がそのような吉田に強い反発を示したのはまぎれもない事実である。世論の反発とは、主に新聞記事によって流布されることになるが、たとえば共同通信の政治記事などは、吉田は先の総選挙で意外な結果に終わり、少数与党の悲哀を味わっているがゆえに、つねに解散を意図し、吉田政権の安定のみを願っているとし、「解散を行なったとしても、吉田による政局の安定は望めまい。あえてこれを強行すれば、それはもはや、吉田ファッショと呼ぶほかはない。このような吉田以外の政権を欲しないという思想は、往年の東条英機に通ずる危険性をもつものだ」とまで書いた。

吉田のもっとも嫌っている前の時代の指導者に擬せられる表現までつかわれていたのである。世論のこういう厳しい見方により、吉田のイメージは、講和条約発効後のまさに〝救国の英雄〟といった高い支持率はあとかたもなく消え失せ、権力欲に憑かれた老齢の指導者という権力亡者の姿にかわった。吉田の心中にたとえ次代を自らの路線で固めていきたいという使命があったとしても、それは国民には訴求力をもっていなかったのだ。

こうした昭和二十八年、二十九年の吉田をとりまく政治状況は、吉田体制を、結局は三つの方向で追いこんでいくことになった。そのひとつは、保守勢力からの攻撃であった。巣鴨プリズンから釈放されたあとの公職追放、そして講和条約発効後は政界に復帰した岸信介は、吉田を除いた保守勢力の結集を公然と主張し、実際に改進党や自由党内の反吉田勢力に強い影響力をもつに至った。その反面で吉田系列の人脈とくに池田のような、吉田の庇護下に岸や緒方と並ぶほどの派閥実力者を生むという現象を生んだ。

もうひとつは、吉田は日本再生の方向として、軍事力強化という道を選択していくことになったが、このことによって社会党との間に亀裂をつくっていくことになったことである。それは昭和二十八年下半期に露呈してくるＭＳＡ（相互防衛援助協定）の交渉過程、そしてそれに伴う幾つかの治安立法によってより鮮明になっていく。そこにもまた吉田が次代にどのような国家像をえがいていたか、それを強引なプログラムで進めようとしたかの焦りが窺えたのである。そして第三が、昭和二十九年に入ってから政界の腐敗という構図が噴きだしてきたことだった。昭和二十九年の一月から四月までの造船疑獄では吉田の側近に検察の手が及ぶに至り、政権を守るためと汚職を隠蔽するために吉田が選んだ指揮権発動という選択は、政界の汚職の構造を隠蔽するという結果になった。

吉田は、第五次内閣の二年近くの間に進展した三つの事態によって、歴史の舞台から降りることになるが、それは吉田の政治家としての基本的な姿勢が、ある時代には通用しても、しかしある時代にはまったく通用しないという形で歴史の年譜のなかに刻まれることを意味したのである。それは次のように断じることで、その年譜の行間を補足することができる。それこそが吉田を正当に見つめることになるはずだ。

〈吉田はマッカーサーという後ろ盾があることで有能な政治家たりえた。マッカーサーの打ちだす占領政策を手直しする役割において稀有の能力を発揮した。そしてそこに自らの理念を付加させることに成功した。しかし、その後ろ盾を失って、自立した形で政策を打ちだす段になると、有能な政治家ではありえなかった。吉田は新しい時代の状況をつくりうる理念と能力をもつ独創的な政治家ではなかった〉

そのことを冷徹に見つめておくことが、占領期の吉田政治とその後の吉田政治を評価する尺度になるともいってよかったのである。

ふたつの汚職事件でのつまずき

吉田抜きの保守合同の動きは、昭和二十九年に入ると着実に進んだ。鳩山一郎を中心とする鳩山自由党の二六人が自由党に復帰することによって、過半数の二三三人には四人の不足となるまでに吉田内閣の足元は固まっていたから、吉田は一月下旬に再開される第十九通常国会を無難にのりきれると考えていた。野党との懸案の法案（前述のように防衛庁設置法、自衛隊法、それに教職員の政治行動を禁じる教育公務員特例法の一部改正など）は容易に通過させられるだろうし、政権を揺るがす特別の懸案事項もないと判断していた。そのためにこの年には独立回復の御礼という意味での西欧への外遊を行なおうと企図し、国会審議が一段落する六月ごろから二カ月間の長期の計画さえ予定していた。

この慢心が実は吉田の足をすくうことになるのだが、吉田自身は自らを戦後日本の再生を果たしつつある名優のような感をもって外遊を考えていたのではないかと思える。これは吉田退陣（昭和二十九年十二月）後のことになるが、評論家の小林秀雄《こばやしひでお》が、吉田茂についてユニークな分析を試みている一文によくあらわれている。小林は、吉田を政治家として「一流」と認めているが、民主主義政治という大芝居では、政治家は役者であり、国民は見物人であると断わったうえで、「（これは）比喩的な言辞ではない。実際に、政治家は見物のこわいことを知っている名優でなければならず、見物は金を払って来た見《み》巧者《ごうしゃ》でなければならない。政治的関心などというとぼけた言葉なぞ要りはしない」と書いている。吉田は、ユーモアを解する人物であり、それゆえに名優として国民に実直にその姿を見せたというのである。

さらに小林は、近代的な合理性を身につけ、政治は真面目なビジネスであることを、この名優は充分に知っていたが、惜しむらくはこの「新しい型の名優」の演技を見る力のある見物人（国民）はいなかったと結論づけている。

小林のこの言い分には、小林流の諧謔《かいぎゃく》が含まれているにせよ、吉田は、見物人の感情や能力を高く評価していなかったのは事実であった。そのためにときとしてその態度が表面にあらわれることがあった。

昭和二十九年は吉田という名優が舞台から消えていくのだが、その直接のきっかけは、まったく予想外のほころびから始まった。前述したうちの、第三の理由によるのだが、政界の腐敗、汚職からほころびは一挙に拡大していった。昭和二十八年秋に、伊藤斗福《いとうますとみ》の経営する保全経済会が倒産した。これは月に八分という高配当を謳《うた》って庶民から預金を集め、ヤミ金融に回すという資金運用を行なっていた会社だったが、この会社に検察庁のメスが入ると、自由党有力者に多額の政治献金を行なっていることが判明した。衆議院の行政監察特別委員会で、保全経済会問題がとりあげられると、六千万円に及ぶ政治献金は、自由党関係では池田勇人、広川弘禅、佐藤栄作に、改進党では長老の大麻唯男《おおあさただお》の名が浮かんだ。自由党にあっては、池田や佐藤という吉田の子飼いの有力者の不明朗な動きが浮上してきたのである。

これが第一のほころびであった。

国会でこの保全経済会の政治献金が問題になっているとき、もうひとつの汚職事件も明らかになった。これが第二のほころびである。ふたつのほころびは、二月に入って期せずして重要な政治問題となった。国会での野党の追及は急速に激しくなっていったのである。第二のほころびは、一般には造船疑獄といわれている。もともとは金融業の森脇将光《もりわきまさみつ》が、ある企業に資金融資をしたところ、その企業が返却を渋ったうえに、森脇を告訴する挙にでた。それが端緒となって、造船、海運業経営者の商法上の特別背任が明らかになっていった。そのため二月中旬には、決算委員会で森脇が自身のメモを発表するなどして、しだいに汚職構造の仕組みが露呈していったのである。東京地検もこれを受けて政界から、自由党の岡《おか》田《だ》五《ご》郎《ろう》、関谷《せきや》勝利《かつとし》、改進党の荒木万寿夫《あらきますお》を逮捕した。しかも幹事長の佐藤栄作、政調会長の池田勇人に事情聴取も行なった。

このころの新聞各紙は、「政界は昨日も今日も汚職、疑獄でてんやわんや」と派手に報じつづけた。

指揮権発動という汚点

こうした捜査の結果、造船数社から池田にわたされた献金はひとまず渡米時の私的な献金と認定されたが、佐藤にわたった造船工業会からの二千万円は収賄と判断された。さらに佐藤にはやはり造船数社から二百万円がわたっていた。これも収賄とされた。そこで検察庁は、四月十九日に首脳会議を開いて、政府に対して佐藤の逮捕を請求することになった。

検察庁がこれほど強気になったのは、吉田内閣の権力が衰退化しているとの判断もあったし、左右の社会党、それに自由党に復帰しなかった日本自由党の河野一郎などが、国会で汚職事件の徹底究明を要求して世論から歓迎されているという背景もあった。当時の新聞記事は、「吉田の率いる政府自由党を中心に政界は腐りきっている」と攻撃したし、吉田ワンマン政治の影響で、政治的な信念や節操が失われていく環境がつくられているとの激しい批判もあった。こうした摘発によって、政界浄化をこの際抜本的に行なえ、というのが、朝日新聞や各紙の主張であった。

吉田政治にとって不幸だったのは、こうした汚職の摘発によって、国会で通過するはずだった重要法案の審議が停滞してしまったことだった。警察の中央集権化、防衛態勢の合法化、教職員の政治活動抑制などについて、民主主義に反する立法はすべてカネがらみではないか、金権体質を改めない限り民主主義は死んでしまうという論が、それこそ国内に沸騰したのである。こうした論のほかに、吉田は直接には汚職にかかわっているわけではないが、その直系の有力者が揃って検察庁の取り調べを受けるのは吉田の不徳だとの批判もあった。このころの新聞記者との共同会見では、吉田は記者たちの質問に真面目に答えようとせずに、「新聞は平気で嘘を書く」と不快気にはぐらかし、国民にむけてのメッセージをと問われても直接には答えなかった。吉田への反発は、ジャーナリズムでも頂点に達した。

検察庁からの佐藤逮捕の請求に対して、法相の犬養健《いぬかいたける》は指揮権発動を命じた。むろんこれは吉田の指示によったのだが、吉田は佐藤が逮捕されることで倒閣を恐れた。吉田は、なんとしても佐藤を逮捕させないようにと命じ、そのために犬養に、検察庁法第十四条にもとづいて逮捕を拒否させた。吉田のこの要求に、緒方副総理や犬養は充分に納得したわけではなかった。犬養はこれによって政治家としての生命を失うのは目に見えていて、吉田に抵抗する構えは見せたものの実際には吉田に抗する政治力はなかった。犬養はせめてもの抵抗として、指揮権を発動したあとに辞任を申しでた。吉田は、自らの権力を守るために政治家としてはあまりにも大きな失点を重ねることになった。

吉田は、この一連の動きのなかでも、自省に満ちた言は決して吐かなかった。先の小林秀雄の言を引用するならば、名優としての歴史的な台詞があって然るべきだったが、そのような言はなにひとつ吐かなかった。そのために「吉田ファッショ政治」という語が公然と新聞などでも用いられるようになった。

衆議院の本会議では、河野一郎の同志として日本自由党の平林太一《ひらばやしたいち》が、緊急質問を行ない、「吉田首相は今や退くべきだ。もし今、退かなければ国民の怒りは結集して一佐藤栄作にとどまらず池田勇人、麻生太賀吉に及ぶであろうし、吉田君自身とて刑事被告人になるかもしれないではないか」と脅した。本来の吉田の性格なら、こうした質問に激怒したうえで、「無礼だ」としてその言を取り消せと答えるはずだが、「指揮権は法に従って発動したまで」と弱々しく答えるだけだった。

議場からは、「言いわけばかりじゃないか」とか「辞職すべきだ」という野次が何度もとんだ。

衆議院では、左右社会党が提出した吉田内閣不信任案が、賛成二〇八票、反対二二八票でひとまず否決された。その差は二〇票である。与党自由党だけでは可決されるはずだったが、これだけ差がついたのは、自由党内の反吉田派に除名処分をちらつかせるとともに、改進党のなかにも手を打って反対者や欠席者を出すよう促したからだ。改進党のなかの、〝隠れ吉田シンパ〟が、この採決によってあぶりだされることになった。こうした吉田シンパは、吉田の大臣手形に踊らされていたのである。

この期に共同通信社政治部記者だった田々宮英太郎《たたみやえいたろう》は、その著(『吉田鳩山の時代』)のなかでこのころに書いた自らの記事を紹介しているのだが、そこには、次のような一節があった。

「(改進党の)これら欠席者がどんな理屈をつけようとも、その行動が語るものは無節操と道義心の麻痺である。ここでもまた、新たな政治的罪悪をおかしたことになる。ひるがえって考えるとき、汚職などという政治責任は、形式的な不信任投票などによっては解決のつく問題ではない。道義や節操が金銭で換算できないように、それはまた、院内の勢力関係などで割りきれる性質のものではない」吉田は官邸でこうした記事にふれては、「新聞は嘘ばかり書く」と憮然としていた。

「裸の王様」という姿

この年の五月に行なわれた朝日新聞の世論調査では、吉田への支持率は二三パーセントにまで下がった。吉田は揶揄の対象になり、側近を重用する貴族政治、宮廷政治という見方が急速に国民の間に広まっていることが裏づけられた。

野党はこうした吉田の人気のなさに着目して、院内でも攻勢を強めた。そのため、会期切れになる六月三日になっても警察法改正案を成立させることができず、自由党は会期を延長させて成立を図ることになった。それを押し通そうとする自由党と反対する左右社会党の議員たちが議長席をめぐって乱闘をくり広げた。そのため院内には警視庁の特別隊が導入され、強引に国会の延長を図り、自由党とそれに同調する議員たちで警察法改正案などを成立させた。社会党議員が登院しない状態での法案審議は、国会がすでに麻痺状態に陥っていたことを物語っていた。

強引な自由党が悪いのか、暴力を用いて阻止しようとした社会党が悪いのか、表面的にはそれぞれが相手を批判するのに必死となった。議会政治は確かに「数」が軸になるが、しかし審議を尽くそうとしない政府・自由党の姿は、議会政治に反するとの声のほうが強かった。吉田が存在することによって起こるすべての問題は、吉田自身とその政治姿勢がわるいのだとの論は、すでにコントロール不能なほど膨脹をつづけていた。これほど野党を勢いづかせる論はなく、改進党の三木武夫のように公然と「吉田内閣の退陣」を訴える者もふえた。三木の声は、しだいに改進党だけでなく、自由党のなかにも広がった。

自由党の緒方副総理は、この年の当初から改進党との保守合同を進めていたが、その交渉は曲折を続けたにせよ、ともかく細い糸でつながっていた。ところがこの乱闘劇前後ごろからは、改進党も「吉田抜き」の保守合同を主張するようになった。吉田に見切りをつけたのである。たとえば、改進党の長老、大麻唯男は、鳩山に対して自由党との保守合同では総裁になってほしいと懇望したが、大麻は改進党のなかでも、もっとも吉田に近いといわれていたのに公然とこのような動きを示すのは、吉田政治が末期にさしかかっているなによりの証だとされた。

自由党内部の岸信介、石橋湛山も、大麻との連携を強めた。

当時、国会議員は国会が閉会になると、それぞれ地元に帰って国会報告を行なう習慣があった。加えて党首を代表とする首脳部も、全国遊説《ゆうぜい》を行ない、それぞれが自らの党の政策を説くのである。その日程と遊説地区、聴衆の集まり、それに演説会場での反応などが、各党の支持を測るバロメーターになっていた。左右の社会党は、自由党議員だけで開いている国会の途次にも、全国遊説をつづけ、吉田批判を大声で叫んだが、あまりにも聴衆の拍手が多いことにかえって驚くという結果になった。それに焦った自由党は、吉田を前面にたてて全国遊説計画を練った。吉田が国民の前に立って演説をぶてば、国民の納得は得られるとの計算があった。

ところが異様な現象が起こった。吉田は来ないでほしい、と党本部に続々地方本部から要請が届いたのだ。仙台・新潟・大阪・神戸などでは、吉田が来ると会場の警備に責任がもてないとか吉田が来ることで自由党の支持は減ってしまうと強く拒否した。吉田に対する不穏な計画さえあると伝えてきた地方支部もあった。こうした報告を耳にした吉田は、すぐに鳩山に会談を申し込み、それとなく保守合同という新党運動などに加わらぬよう頼みこんだ。しかし、鳩山は吉田の意にそう回答は避けた。鳩山のもとには、吉田はこれまであなたを何度も裏切ったではないか、もう騙されるなという声が執拗に伝えられていた。吉田はパラノイアだとその人格を攻撃する声まで政界に渦巻いていた。

吉田は、こうした自らの不人気や人間性に関わる噂を耳にしても、そのような理由のすべてを自由党の執行部に責任があると考えていた。党内態勢を建て直すには、執行部人事の入れ替えを行なうことだと密かに池田勇人への私信であかした。七月十五日、十七日と相次いで私信を送っているが、そこには「私案之通《とおり》 幹事長ニハ老兄を、総務会長ニハ益谷［秀次］君を煩《わずら》ハシ」とあり、佐藤、緒方、さらには吉田側近の松野鶴平《まつのつるへい》などと話し合っていることも伝えている。緒方を幹事長に据えるという案を吉田はもっていたが、これでは大物すぎて後継者を立てていると誤解されると説く松野の意見で、池田を幹事長に据えたいというのであった。こうした私信のなかには、「党ハ目今《もっこん》反対党の宣伝ニ乗せられ士気沮《そ》喪《そう》の状甚だ腑甲斐《ふがい》無之《これなく》、且つ此上《このうえ》幹部未決とあらは士気愈々《いよいよ》消沈遂ニ大事可去、此際の事乾坤一擲《けんこんいってき》自ら国家の重きに任する勇断こそ大事ニて群小の逡動（ママ）なと毫も歯牙ニ懸くるに足らす、何卒一ニ国家及党之安定国策樹立ニ専念御決心可被下候《くださるべくそうろう》」とあった。

新党運動など相手にせず、野党の攻勢にひるまず、真正面から突破しようというのであった。吉田が自らの政治姿勢や政策内容への自省をもっていないことがより明らかになったのは、八月十日に党本部で開かれた自由党支部長会議の席上である。吉田は次のように開き直った。

「政府は信念をもって指揮権発動を行なった。いったい汚職汚職というが、その内容は何なのか、なぜ幹事長を逮捕せねばならないのか。逮捕しなければ証拠が集まらないというのは、当局の能力を疑わざるをえない。こういうことをすれば、今後幹事長のなり手もなくなり、寄附をする人もいなくなる。新聞はこのことについて面白半分にいいかげんなことを書いているが、かかる流言飛語に耳をかさず、政府を信じてもらいたい」

政党の帳簿など不正確なのは当然だ、ともいい放った。政治資金規正法を否定し、検察をあえて敵に回した。幹事長になったばかりの池田は、国会内外を釈明して回ったが、そのときに「首相はああいう人だから、暴言とは思わないでほしい」と言ったのである。「ああいう人」の意味は、放言を平気で吐く性格だから許してほしいということであった。それは図らずも「裸の王様」であることを裏づけていた。

しかし、吉田は、自らの政治姿勢が国民に拒否されているという現実はまったく認めていなかった。これは『回想十年』のなかでも明言しているのだが、一部政治家のなかに非礼千万な者がいて政治のあり方を歪めているために起こる現象だというのであった。「徒《いたず》らに政権欲に駆られ、ひたすら私を政治的に傷つけようとする野心から、恐らくすべての事情を承知の上で、誇張歪曲してこれを利用した一部政治家」の妄言に踊らされている国民が、自分への批判論者にすぎないと見ていたのである。

吉田は首相の座に就いて六年余もすぎて、時代と国民を見る目が曇ってしまったということができる。自分を批判することが英雄視されるような風潮がつづく限り、「日本の民主政治は真に向上する機会を得られない」とまで断言していた。この断言に対して、新聞がつくりだしている世論は、「吉田独裁政権のあがき」とばかりに、吉田批判の合唱で足並みを揃えた。吉田の時代は終わったというのが、いずれもの新聞の論調であった。さしあたり吉田がこれまで進めてきた側近人事に対する風あたりが強まった。秘書役になっている娘の麻生和子《かずこ》を例にだして、和子の麻雀仲間に引きいれられなければ吉田に気にいられないとの中傷までとんだ。

吉田への批判は、単に長期政権への倦きというより吉田の人物像にまで及んでいった。それは「一部の政治家」の策謀という段階で語るわけにはいかなかった。吉田がいう「一部の政治家」とは三木武吉、河野一郎、石橋湛山、岸信介ら、鳩山と行動を共にしている政治家を指すのであったが、現実には自由党内に吉田を支持する勢力が「一部の政治家」となっているという逆転現象を生んでいた。

幹事長の松村謙三を中心にした改進党遊説団は、特別に政策を訴えるだけでなく、「吉田内閣打倒を訴える」と説くだけで拍手がなりやまなかったほどで、それに脅えた自由党の支部には、吉田が訪れての演説会を断わるだけでなく、「政界の刷新」という語をもって暗に吉田の退陣を促す支部もでてきたのである。

吉田は、国会終了後の九月二十六日から十一月十四日までの五十日間、カナダ、フランス、西ドイツ、イタリア、バチカン、イギリス、アメリカの順で外遊する計画を練っていた。吉田自身が講和条約発効後のなるべく早い機会に西側陣営を訪ね歩き、新たな国際関係の枠組みを構築しようとの狙いをもっていたのだが、実はこのときまで何度か計画は練られていた。たとえばこの年（昭和二十九年）の六月にも具体的に計画を進めていた。しかし国会での警察法改正案をめぐっての与野党の乱闘劇があり、これが国際社会に報じられたこともあって、吉田の外遊意欲を著しくそいだ。吉田は、各国の指導者と会ったときに、日本の民主主義がいかにひよわなものかといった質問を受けることが耐えられなかったのである。

しかし、吉田にとって九月の五〇日間にわたる外遊はふたつの意味をもった。ひとつは、外遊によって自らの政治姿勢に彩りを与え、自分は単に日本国内の政治家ではなく、国際的にも認知された歴史的政治家だというプロパガンダであった。吉田はチャーチルやアイゼンハワー、さらにドゴールやアデナウアーと肩を並べるという姿を国民に示したかったのである。もうひとつは、この外遊計画を実行に移すことで国内政治を休戦状態に凍結しておこうとの思惑をもっていた。野党が吉田外遊を阻止しようとして、八月から九月の初めにかけて造船疑獄の真相を糾すという名分をかかげ、検事総長や東京地検の検事長を証人喚問をしたが、吉田はそれにはとりあわずに外遊計画を実行する意思を何度も鮮明にしたのである。

こうして外遊できるか否か、それが吉田の政治生命を測るバロメーターになったが、吉田はその計画を譲るつもりはまったくなかった。そのために吉田は策をも弄した。改進党の有力者芦田均と会談し、外遊から帰ったら首相の座は適当な人に譲ってもいいとにおわせ、芦田にその吉田の言を新聞記者に発表させたいと考えた。反吉田陣営の動きをとめてしまおうとの吉田なりの思惑であった。

実際に芦田はこの役を買ってでた。芦田も当初は国内の反吉田の動き、つまり自由党、改進党、日本自由党などが進めている新党運動の動きに水を差すことができるだろうと考えたのである。吉田は、芦田の助力で強行突破をはかり目前の権力闘争をのりきろうとしたのだが、しかし、それは反吉田感情に水を差すことにはならなかった。第一の企みは失敗した。

続いて吉田は、「後継者が見つかるまでは退陣しない。外遊から帰っても依然として今のような情勢が続くのなら解散もやむを得ない」と幹事長の池田勇人に伝え、池田はまたそれを自由党や野党にふれ回った。そのときに池田は改進党の幹部に、「鳩山のような病人を後継者に想定すること自体おかしい」と洩らしているが、それは、吉田の本音であった。しかしこの第二の企みも思うような方向には進まなかったのである。

新党運動の多様な側面

吉田の外遊の日が近づくにつれ、国内の反吉田の動きは一層激しくなった。九月十九日、鳩山を中心に重光葵、岸信介、石橋湛山、三木武吉が集まって、新党協議会の骨格を話し合ったが、ここでは、吉田の発言が仔細に検討され、そのうえで吉田の意思がどうあろうと新党を結成することが確認された。加えて鳩山を新首相に推すことも暗黙のうちに決められた。

協議会の動きは加速がついた。九月二十一日には新党準備会にと名称を変えた。池田はこれに業をにやし、新党の準備会に自由党の代議士全員が入会したいと名簿を届けたが、その末尾には吉田の名が書かれていた。これは自由党の嫌がらせであるとして、また反吉田の者を苛立たせることになった。

吉田はこのような動きを横目に見て、九月二十六日に羽田空港をとびたって七カ国歴訪の途についた。その際国民にむけて羽田で挨拶を行なったが、そこでは政局の現状にもふれ、「列国もわが国の政局安定を切に望んでおります。また列国がわが国の将来に期待しうるや否やは一にわが政局の安定如何によるのであります。安定の見込なき限り、わが国の将来に望みをかけ難く、将来に望みをかけ難きにおいては、列国は自然わが国および国民を尊重致さないのであります」との一節をまぎれこませた。もし自分の外遊中に、なんらかの政治的動きがあれば、「国際的に日本の権威は失墜する。それでもいいのか」という脅しであった。

確かにこうした声明は、国内政治に一時的に冷却期間をおくことになった。とにかく吉田は帰国後に辞任すると見ている者が多いから、外遊中に保守新党をつくるのは手控えようという遠慮が前面にでてきたのである。それは日本的な温情であった。むろんこのような考えに、「それでは吉田の術中にはまるだけ」と改進党の松村謙三《むらまつけんぞう》や三木武夫《たけお》、それに三木武吉、河野一郎などの反吉田感情の強いグループは、「吉田についていく者を除いて、帰国前に新党をつくるべきだ」との主張を続けた。

ところが、九月から十月にかけて外遊している吉田と国内の反吉田グループは、新聞社の特派員電を通じて抗争を続ける事態になった。そのきっかけをつくったのも、実は吉田であった。というのは、十月二日になって、パリで随行記者と会見して、自らの政治的見解を鮮明にしたのだが、そこには、㈠外遊後も退陣は考えないで政局の安定につとめる　㈡鳩山一郎は病人だから後継者には成り得ない　㈢後継者が見つからなければ解散も辞さない——という挑発的な内容が含まれていた。この内容はすでに吉田側近が国会内外で密かにふれまわっていたのと同じ言だった。

そして、これが吉田の第三の企みであった。吉田自身はこのような言を国内では決して口にしなかったが、外遊先では気が緩んだとして、記者団の執拗な質問に負けて答えてしまったと弁明した。吉田は、こうした言は別に他意はなく、「鳩山君の病気がすっかりよくなって、国政担当に堪える身体」になれば、ごく自然に鳩山に政権は回っていくと考えていたとすぐに弁解している。

しかし、パリ発言は国内にあって反吉田の保守合同、新党構想を意図していた強硬派には渡りに船であった。さらに吉田が、ある記者には後継者としては緒方や池田を想定していると語ったという話が伝わってくると、なおのこと新党結成派は勢いを増した。とくに河野や松村は即刻新党結成だと怒りの主張を口にするようになった。反吉田派にとっては吉田の言動こそが、有力な援軍として歓迎された。同時にそのことは、吉田が自ら退陣に向かって自殺行為をとっていることを教えた。

新党準備会は、吉田がローマ法皇に会っているころ——吉田の回想によるなら、カソリックだった妻は実に安らかに永眠したと回想していたのだが——反吉田の新党結成の方向に一段と歩を進めた。十月二十一日に開かれた新党拡大大会では、新党結成派の岸が、五人の代表委員に金光晴夫、岸信介、石橋湛山、芦田均、鳩山一郎を指名したいと動議をだすと、吉田支持派は激昂して、とくに緒方を支持する議員は、この決議は無効との声明をだした。五人のうち四人はいずれも反吉田であり、この期にはまだ芦田だけはその態度が曖昧だったのである。とはいえ、芦田は吉田の退陣を認めつつも、その後任に緒方を推すのだろうとみられていた。その芦田が今は心中を明かしていないが、新党準備委員会の新党派の方針に従っていることがその根拠とされた。

崩れはじめた吉田の足元

この十月二十一日を機に新党運動は加速がつき、ひとたび回りはじめた歯車はしだいに自己回転を始めた。吉田が自発的に政権委譲を行なうことを期待していた岸を明確に反吉田の側に加わらせただけでなく、自由党にあっては反吉田の動きを露骨に抑えつけていた幹事長の池田は、その岸や石橋を除名するという強硬策をとったため、しだいに収拾がつかなくなった。こうした一連の動きには、「吉田」という戦後政治のシンボルをどのように受けとめるかの政治抗争の意味があった。新党準備会は、単に吉田の長期政権に反対という者から、吉田の人間的な性格になじまないという者、そして吉田政治という占領期の連合国主導政治に手直しが必要という者など、多様な側面をかかえていて、いずれはその矛盾が露骨に浮上してくるとの予測がついた。やがてその対立抗争が、昭和三十年代の保守政治そのものになるのであったが、近代日本の流れからいうならば、反吉田劇は旧体制の清算を早めるといういい方ができた。それは図らずも「吉田茂」という存在が戦後政治に果たしたもうひとつの役割だったのである。

話を戻すが、吉田の外遊によって回った歯車は、十一月十日になって鳩山と重光の会談、それに続く岸、石橋、芦田、松村、三木武吉の会談によってプログラムが決まり、十五日に創立委員会を開き、吉田の帰国後の二十四日に、結党大会を開くことにいきついた。帰国後の吉田の政治姿勢を封じるとの意味があったが、もう一面で吉田の政治手腕に対する恐怖もあった。

これは十日の鳩山と重光の二人だけの会談時のエピソードだが、重光は鳩山が政権獲得のために泥水をかぶるか否か不安な面もあったのだろう。鳩山に対して強い口調で注文をつけた。

「十五日の創立委員会から結党大会までの間に、吉田首相が帰国する。彼は謀略を行なう恐れがあるから充分気をつけてもらいたい」

すると鳩山は、「充分に手を打っているから心配しないでほしい」と応じた。鳩山の周辺にいる政治工作に長けた政治家たちが防波堤になるとの意味であった。それは三木武吉や河野一郎、それに岸らの政治技術を信じているし、彼らとの盟友関係は崩れないとの宣言であった。こうして新党準備会は、創立委員一一人を決め、吉田の帰国後すぐに自由党の新党結成積極派三五人が自由党を脱党し、改進党や日本自由党とともに新党の旗上げを行なうという方針を固めた。その党名も日本民主党と決定していた。

吉田が、五三日間の外遊期間を終えて羽田に戻ってきたのは、十一月十七日である。吉田は久しぶりに外国の空気を吸ってきたためか、日本での自らへの風あたりは充分に理解していない節があった。空港での声明は、自由主義陣営の一員として今後とも各国と強い連携をもつことを強調し、欧州各国では、戦争からの立ち直りを国民一致となって行なっている、それは日本にとってもよき模範となると強調した。あえて政争にふれていないのは、自由党の幹部たちからの助言だったが、しかし、「わが国も平和と繁栄に貢献するためには、まずわが国民自らの燃ゆるが如き祖国愛による一致団結がなければならないと思います」との言は、国民は私の指導のもとに団結してほしいとの吉田の本音だったのである。

いうまでもなく、吉田は政権を放棄するつもりなど、まったくなかった。帰国時に記者団からは、執拗に進退問題に関わる質問がだされたが、そのときも「私は政権に執着してはいない。ただ、悪い政治家を助けるようなことはしない。無念無想でゆくだけだ」と、言質を与えるような言は決して吐かなかった。その場の空気に応じて軽妙に答えるだけだった。とはいえ、そこに「悪い政治家を助けるようなことはしない」という皮肉めいた表現が交じっていることに、政界ではまた怒りが増幅したのである。「悪い政治家」とは鳩山を指し、鳩山首班を支える政治家を指していることは誰の目にも明らかだった。とくにこの発言には反吉田の政治家たちを心底から激昂させ、政治は吉田のものではない、良い悪いは吉田が決めるのではない、政治に道徳をもちこむなら吉田の一連の発言（指揮権発動など）こそ問われるべきだ、との声さえあがった。吉田の狷介《けんかい》な性格こそ日本の恥だと公言する政治家まであらわれたのである。吉田の一言一句に感情的な反発が起こった。

吉田は帰国した日の夜、副総裁の緒方竹虎と密かに食事を共にしていた。そこで外遊中の政治的動きについて克明に報告を受けた。緒方はそうした説明のあと、自由党幹部の総意としては、「吉田総裁は適当な機会に総裁を勇退せらるること」「其の際は緒方竹虎氏を総裁に推薦せられたいこと」の二点が申し合わされているとの内容を伝えた。その申し合せ書には、党幹部を代表して池田や大野伴睦の名も記されてあった。池田や大野もまた、いずれの時期であるかは別にして、勇退するときは緒方を後継者に指名せよ、というのであった。新党運動を抑えるには、そのような政治プログラムをもっていたほうがいいとの諫言《かん》であった。緒方や池田、大野でさえ、すでに反吉田の潮流を阻止できないと考えていたことを裏づけていたのである。

ところが吉田は、こうした動きに新たな闘志をわきたたせた。二十二日に鳩山ら三七人の自由党代議士が脱党届を届けると、それに呼応して吉田は大野に宛てた自らの書簡をその日のうちに公表するよう命じた。そこには吉田が新たに練った戦略がこめられていて、翌二十三日に脱退の手続きを起こそうとしている議員への踏み絵をつきつける内容があった。

吉田は単独で政敵との最後の戦いを始めることにしたのである。それが吉田の第四の企みであった。

「吉田書簡」の巧妙な二重性

吉田の政権延命のための巧妙な企みは四段階に分けて進んだことになるが、その最終の動きは吉田自身の政治技術をすべて投入したものだった。総務会長の大野伴睦に宛てた書簡は、次のような内容であった。その全文である。

「拝啓　政界の現状を見るに政権争奪に堕し、政党政治、民主政治に対する国民の信頼を傷つけつゝあり、かくてはわが民主政治に対する国際の信用をも失わしめ国家の前途につきまことに懸念に堪えず、また小生の進退が政権に恋々たるが如き疑いを内外に抱かしむるにおいてはわが民主政治の基礎たる自由党のため甚だ面白からず、暫くは小生一身の進退を度外し、わが民主政治、政党政治確立のためわが自由党としてはこの際いかに善処すべきか、虚心坦懐慎重熟慮相煩わし度《たく》、貴慮を得度《えたく》候、敬具」

この吉田書簡は、二つの面で注目された。ひとつは、鳩山派の自由党議員が新党に合流するのはやむをえないとしても、吉田に近い議員、あるいは中間派の議員へ踏み絵を迫るという意味をもった。もうひとつは、この書簡は何を訴えているのか、という解釈であった。自らの進退は党首脳に一任していてその決定に従うというようにも読めたし、一方では、引退の意思を明示しておらず、読み手にその解釈を任せるという形をとっていた。むろんこのふたつに共通するのは、自由党内外の内閣打倒の動きを牽制するとの計算が色濃く浮かんでいた。吉田は曖昧な言い回しで、まずは牽制、恫喝、そしてさぐりをいれたのであった。

ところがこれには前提があった。吉田の権勢が一定の力をもっているということである。しかも吉田は、「民主政治」という語をあまりにも自らの都合のいいように、用いてしまった。

大野に発表させた吉田書簡は、民主政治は自らと自由党のなかにのみあって、そのほかの勢力が説く「民主政治」は本来の民主政治とは相いれないという決めつけが露骨であった。民主政治とは、吉田にいわせれば議会が内閣に忠実であるとの意味であり、「吉田」に忠実であるとの考えを根底に据えていた。このことは結局は、吉田が民主政治を「天皇制下の代議制」とほとんど同様に捉えていたという意味になった。天皇の選良ではなく、国民の選良という基本的な議会政治を本心では理解できなかったのだ。天皇にかわる語を、吉田は「民主政治」という語に置きかえているだけだった。大野への書簡が、意味がよくわからないといわれたのは、吉田のそういう体質があからさまに露呈してきたからといえた。

吉田のこうした骨格は、表だって理解されることはなかったが、それは昭和二十四年一月以来、実に六年近くにわたって吉田時代が続いたことへの反発が表面に出ていたからである。

この日以後の政治日程は、この反発が前面に出てそれに吉田が抗することができなくなるという現実をつくりあげていった。十一月二十八日に、自由党の議員総会で、まもなく始まる第二十臨時国会は吉田首相とするが、国会終了後は総裁の座は緒方竹虎に譲るとの決議が改めて確認された。かつてワンマンといわれた吉田の権力と権威は急激に弱まっていた。新党にかけつける議員の脱党こそ防げたが、それは吉田退陣を既定の事実とすることによってであり、吉田は自らも傷つくことになった。

第二十臨時国会は、十一月三十日に召集された。補正予算の審議を行なうというのがその理由であったが、吉田内閣の不信任こそが争点だった。事実、衆議院議長の堤康次郎《つつみやすじろう》のもとに内閣不信任案が提出されたのは十二月六日のことで、民主党、左派、右派の社会党の共同提案である。その数二五二名とあっては、自由党の一八五名では可決は防ぎようがなかった。この共同提案のまえに、吉田は予算委員会の答弁で、もし不信任案が提案されても総辞職は考えていないと答えている。解散によって国民に信を問うというい方に聞こえたが、しかしその実、解散を恐れる議員心理を脅したというのがその答弁の本意だった。吉田の側近にも、解散か総辞職か、その選択をめぐって論争が起こっていった。

十二月六日から七日の二日間

民主党幹事長の岸信介、左派社会党書記長の和田博雄《わだひろお》、右派社会党書記長の浅沼稲次郎《あさぬまいねじろう》の三者会議は、六日午後に不信任案を提出したあと、七日には本会議に上程され可決となると見て、自由党内部の様子をうかがっていた。解散か、総辞職か、という選択では、彼らはいずれも総辞職とみていた。しかし吉田が最後の手段として強引に解散に打ってでるかもしれないと警戒していたが、実際に吉田側近のなかにも総辞職論が多いとみて、結局は吉田は退陣せざるをえないだろうとの判断をもっていたのである。

昭和二十九年十二月六日の夕方から七日の午前中にかけて、吉田は、最後の戦いを試みた。その当時の新聞を繙《ひもと》いて改めて時間の流れを追うと、吉田が退陣を決意するまでのプロセスは、一編の人間ドラマを見るようなものだ。総辞職を主張する勢力が吉田を包囲し、吉田はまったく動きがとれなくなって敗退していくのである。吉田のその孤立こそ、実は昭和のある時代が静かに消えていく光景だった。そのドラマは六日夜の首相官邸から始まった。首相官邸には緒方を中心に党三役の池田勇人、大野伴睦、水田三喜男《みずたみきお》、それに林譲治、益谷秀次、佐藤栄作ら自由党の幹部で吉田側近のメンバー七人が集まった。

吉田を支える七奉行ともいえたが、ここでも池田と佐藤のみが解散を主張し、他の五人は強弱の差こそあれ総辞職を主張した。すでに吉田は実質的に引退を表明した形になっているのだから、解散権を行使するのは議会政治に汚点をのこすというのが、その理由であった。

吉田は、このとき東京・目黒にある公邸で密かにこうした党内の動きを見ていた。夜になって緒方を呼んで話し合った。総理と副総理という立場であった。緒方はこのとき吉田に、現状では総辞職こそがもっとも望ましい選択であると説いたが、それを聞いた吉田は、「それはできない。悪い政治家に政権をわたすわけにいかない。解散で民主政治を守る筋を貫きたい」と譲らなかった。緒方はもういちど考えてみよう、と官邸に引きあげた。しかし、官邸の幹部会でも総辞職論が優勢であった。こんどは池田が公邸を訪ねて、改めて党内の空気を伝え、ここに至ったら総辞職もやむを得ない状況だと説明した。すると吉田は、まったくそれにとりあわずにもっとも忠臣である池田に対して、「悪い政治家にはまかせられない。すぐに解散と選挙態勢をとるように」と命じた。吉田は、ここに至って自らの心理空間に閉じこもるだけだった。他人の意見に耳を傾けるつもりはなかったのである。池田はまた官邸に戻って、吉田の強硬意思を伝えたが、六日の深夜になると、官邸には、自由党の代議士が集まってきて、その数は五十人に及ぶほどになるのだが、「内閣総辞職論」を掲げて七人に圧力をかけた。「解散に絶対反対」の声は、主なき官邸に渦巻いた。

この段階になると、〈吉田退陣、緒方首班〉を意図するグループが、活発に動きはじめた。とくに党内でも力をもっている参議院の松野鶴平が根回しを始めたし、緒方自身、「いかなる形の解散にも反対だ。もし解散というのなら、私は閣僚としてそうした書類に署名しない」と高言するようになった。しかし、当時の政治記者の証言では、緒方は自らの政治的野心よりも、吉田引退こそが議会政治での現実的選択だとの判断をもっていたという。

緒方は、新聞記者から新聞社の経営者に、そして情報局総裁、戦後になって、追放解除後は吉田の〈再生日本〉に共鳴してその側近という位置にいたが、この期に至って自らの政治的立場よりも、まずは吉田政治終焉《しゅうえん》のときと判断して円滑な引き際を考えていたのである。

十二月七日、不信任案が本会議に上程される前の午前中に吉田と吉田の側近たちの間で最後の綱引きが行なわれた。まず午前八時半に、吉田は目黒の公邸に先の七人を集めた。首脳会議を開くというふれこみだった。しかし、その会議の前に、松野は林や益谷に会って、「解散という主張を変えない首相なら、党から除名すべきだ。事態はそこまできている」と圧力をかけたのである。この首脳会議でも、緒方は吉田に対して、「首相が解散をあきらめないなら、自由党の分裂もやむをえない」と強く申し入れた。それに大私自身、政界からの引退も考えているし、私としてはそれを受けいれることはできない。野、林や益谷が同調し、わずかに佐藤と池田が吉田に従う旨の意思を示した。

ここに至って、吉田は自らに積極的に従う者は限られた側近のみになっていることを理解した。吉田は、自らの意にそう意思のない林や益谷らの側近をにらみつけるだけだった。吉田は、このとき自由党のなかでも「解散反対、総辞職」を要求する署名と賛意の表明が、ほぼ全員に及んでいると聞いて、ますます怒りを高めた。それでも最後の抵抗を試みるのである。

「大磯で本でも読むか」

この首脳会議のあと、公邸の別室に集まっていた閣僚たちを呼んですぐに臨時閣議が開かれた。吉田は、各閣僚の意見を求めていった。運輸相の石井光次郎、文相の大達茂雄《おおだちしげお》、通産相の愛知揆一《あいちきいち》らが次々と強い口調で総辞職を勧めた。大達茂雄のように戦前の内務官僚で政治家としての経歴も古い閣僚でも、「この際、総理は総辞職でいく以外にない。すでに党内はそれで固まっている。晩節を汚すようなことがあってはならない」と説く者もあった。そうした言にも、吉田は実は承服しなかったのである。

吉田の解散論に同調したのは、農相の保利茂、労相の小坂善太郎、それに官房長官の福永健司《ふくながけんじ》だったのだが、しかし彼らは政治家としてはまだあまりにも力が弱かった。吉田の支えがあって、その発言力を維持しているにすぎなかった。加えて、彼らも自由党の長老たちから「解散論に与するようだと党から除名だぞ」と脅かされてもいた。

閣僚たちにひとしきり意見を述べさせたあと、吉田は意外なことをいいだした。

「官房長官、解散書類に賛成の者だけでもいい。署名してもらうぞ」

閣僚たちも改めて吉田の表情を見つめた。吉田はとり乱している、と思ったのである。解散書類に賛成の閣僚だけが署名したところで、それはまったく意味を成さない。解散書類に全閣僚に署名をしてもらうには、まず総辞職を主張する閣僚を罷免しなければならない。そのうえで、新たに解散論に与する議員を閣僚に据えて、そのうえで署名をさせなければならない。これを実行すれば、吉田はすでに孤立というより自らの独裁政権を意図してどのようなことでも行ないかねないファッショ政治家といわれても仕方がなかった。吉田が本気で総辞職論の閣僚を罷免して、新たな閣僚を据えようとしていたというのが、当時の政治記者たちの証言であった。

このときは、さすがに福永もあわてた。「しばらく休憩しましょう」と申し出た。

吉田はひとり、公邸二階の書斎にあがっていった。そして緒方を招いて最後の説得を試みた。しかし緒方は、吉田の言にうなずかず自らの考えをそのまま繰りかえした。次に吉田は池田を招いた。池田が部屋に入るや「緒方君を罷免してしまえ」とどなったという。吉田の声はほとんど絶叫に近い状態だったのだ。池田は、解散論の佐藤や保利とも話し合っていて、ここまできてしまったら総辞職以外にないとの結論をだしていた。その池田も吉田の激昂ぶりにたじろいだ。しばらくの沈黙のあと次のように吉田を説得したという。ここで池田が説得した言は、当時の政治記者たちの証言や記録によってのこされている。共同通信政治部の記者だった田々宮英太郎の著書（『吉田鳩山の時代』）からの引用である。

「（池田は）大勢が解散論に非であることを見てとった。

『こうなる上からは、総理におやめ願うほかありません。緒方さんを罷免されることは、後継者ときめられただけに、総理の不見識を示すようなものです。またあえて解散をされれば、党が真っ二つに割れるかも知れません』

と涙をながして諫言したという」

池田の涙ながらの諫言は、戦後政治史の一断面として語り継がれることになるのだが、吉田は池田の説得によってこれ以上自らが抵抗を続けても無駄だと理解した。池田でさえ自らの意向を受けいれないというのであれば、のこるのは娘婿の麻生太賀吉などわずか二、三人になってしまう。吉田は、ここで引きさがらなければ自らの戦いを続けてもすべてを失うだけと判断したのであろう。

池田が退出したあと、吉田はしばらくはその部屋でひとりで考えごとをしていたらしい。麻生和子が夫の太賀吉から聞いた話として、吉田の『回想十年』の第四巻の末尾に、「娘の立場から」という一文を寄せている。

「長時間の激論の後、父は独り隣室に退き、好物の葉巻をとり、それを悠々と吸いながら、暫時の休憩をとるかに見えましたが、やがてソファから起ち上り、主人に向って『では罷めて、大磯でゆっくり本でも読むか』と静かにいいながら、また閣議室へ入って行ったそうです」

吉田は、麻生に書かせた総裁辞任届を閣議で報告した。そしてそのまま閣議から脱けだし、目黒の公邸をはなれ大磯に帰ってしまった。吉田の総辞職の手続きと、それを衆参両院議長に伝達するのもすべて吉田不在の官邸から発せられた。吉田は、総辞職の挨拶もしないままに首相の座をはなれることになったのである。午後一時すぎ、「吉田内閣総辞職」の手続きはすべて終わった。そしてニュースでも一斉に報じられた。街には号外が撒かれた。吉田政治のもつ権力主義のイメージから解散されるというニュアンスがどの記事にも浮かんでいた。吉田内閣のあとを継いで首班に推された鳩山一郎は、初めての記者会見で、「政治を明るく清潔にし、国民大衆と親しみ、ともに歩む政治をしたい」と洩らし、そして「僕は吉田君のやったことと反対のことを行なう」とつけ足したのは、六年近くの吉田政治が国民に倦きられているとの証にもなった。

吉田は大磯にとじこもって政界の動きを見ていたが、そういう吉田のもとには慰労する書簡が何通か届いた。財界人の小坂順造《こさかじゆんぞう》への返書（十二月十日）の一節には、「塵界を離れ候得者乾坤自から開け快適至極ニ候」とあった。こうした一節は、この期に書簡を寄せた者すべてに書かれていた。吉田らしい負け惜しみだが、同時に本意でもあっただろう。

吉田はこうして歴史の表舞台から消えた。七十六歳だった。退陣に至るまでのプロセスは、まるで昭和二十年八月の日本がポツダム宣言を受諾するときのドラマと似ていた。吉田は「本土決算」に固執した軍部と同じ役割を演じていたのである。

吉田は、いずれ子飼いの池田や佐藤が首相になるのを待つ政界の長老という立場に立つことになった。〈再生日本〉の路線を信頼を寄せる門弟たちに継いでもらいたいとの一念をもち、昭和三十年代にはいってもしばらくは大磯から自らの意見を発信しつづけたのである。吉田にとっては、それが近代日本のほとんどの期間に生を重ね合わせている自らの歴史的役割だと信じているがゆえのことであった。

第11章　「昭和」の清算と託された歴史意思

吉田の嫌悪する三つの人間像

政治的権力を失った指導者は、結局は次代の後継者に自らの政治思想を仮託する以外にない。昭和二十九（一九五四）年十二月に、それこそ無残な形で政権の座を追われた吉田は、その後継者に池田《いけだ》勇人《はやと》と佐藤栄作《さとうえいさく》を擬していたが、二人の役割については明確な区分をしていた。池田は経済と外交、佐藤には内政において自らの政治姿勢を継いでほしいとの期待であった。たぶん吉田にすれば、池田と佐藤の間には、将来、共通の人間的感情がかよわないときがくると見抜いていたのかもしれない。

しかし、吉田は二人に異なった役割を与えながらも、共通のテーマは与えていた。日本が自由主義陣営に立ち、共産主義にはいかなることがあっても寛容な立場をとらないとの使命感を強く意識してもらうことだった。現在の目から見れば、吉田はなぜあれほど共産主義を憎悪し、その思想が日本人に多くの害毒を流すと考えたのか、その点は明確ではないと思える。しかし吉田はその性格からいって三つの嫌悪すべき歴史上の人間像をもっていた、とわかれば理解できないわけではない。

そのひとつは、高坂正堯《こうさかまさたか》が評した「彼は煽動家がなによりも嫌いであった」という人間像である。吉田が、ヒットラー、スターリン、ムッソリーニなど自らと同時代の指導者に一貫して反感をもっていたのは、政治権力を自らの掌中ににぎるプロセスで、そしてにぎった瞬間に、自らの反対勢力への弾圧、殺りくをくり返すという政治技術に対する不快感であった。だがそれをもっと吉田の胸中にはいって推測すれば、政治信条とその信条を具現化した政策をことのほか得意気に強調し、まるで「国民」と「歴史」のふたつが自らに仮託されていると錯覚する政治指導者への不快感であった。

吉田の嫌いな人間像のもうひとつは、大衆とか人民と称される無機質な現代社会の集団に埋没している国民の姿であった。吉田がジャーナリズムを嫌い、そこに自らの信を決して置こうとしなかったのは、ジャーナリズムがそういう無機質の国民を結集しているかのような論理と倫理を駆使するからであった。吉田はその人生において、ジャーナリストと真の交際を得ることができなかった。それは彼らが国民を啓蒙するのではなく、むしろ国民を無機質なままにとどめておいて正義をふり回すと考えていたからだ。吉田にいわせれば、共産主義者がジャーナリズムと結託し、読者（大衆）を、実際には無機質な枠内にとどめておくとして強い反発をもったのである。

さらにいまひとつの人間像を加えると、吉田は、現実の政治とは、利害得失の闘いであると同時に、その調整を行なう儀式であると捉えていたが、その闘いや調整を支える理念、手法それに歴史観をもつ人びとは尊敬はするものの、それをもたず、つねに対症療法でしか動けない人物には激しい怒りを隠さなかった。

吉田の嫌悪するこの三つの人間像を、端的に表現するなら、煽動家、巧言令色、無思想の語で語ることができる。共産主義者は、この三つを具備しているというのが、吉田の判断であった。共産主義者が無思想というのは奇異に映るが、それは吉田の言や著述を見ていく限りでは、ソ連の説く思想に忠実であるというだけで、思想をもっていることにはならないとの確信があるからだ。
政権をはなれたあと、吉田は、まだ政治的に成熟していない日本では、共産主義者に共通する人間像が国民に受けいれられてしまうのではないかという不安をつねに口にした。そのことをよく証明しているのが、退陣してまもなくの昭和二十九年十二月八日に幹事長の池田に宛てた手紙のなかにあらわれている。少し長くなるが、全文を引用しよう。

「拝啓　久しきニ亘リ連行連夜之御辛労誠ニ感謝ニ不堪《たえず》唯々感佩之《かんぱいの》外無之《ほかこれなく》、一段落之今日他日之為乾坤一擲御静養可相成《あいなるべく》切願之至ニ有之候、実ハ共産勢力の進展を懸念之余《あまり》、新進勢力を以而《もって》掩後（ママ）攻勢とも考候得共《そうらえども》、現政党を打解して政界一新の後ニ非《あらざ》れハとも考、此際之術策ハ却而《かえって》余累を醸すの恐ありとも考、決意仕候、サリナカラ共産勢力侵潤ハ深憂々慮ニ不堪、何卒今より新進同志を叫［糾］合せられて今後ニ備へられ度《たく》、又米国側へ新進同志の決意を内々申通せられ、失望之余却而国民を反対ニ行くやうなヤケ気分ニせぬようアクマテも同情を以而我ニ対するようアチソン氏に一応御話込相成置かれ度、（以下略）」

権力を離れての吉田の焦慮がもっともよくあらわれている歴史的書簡といえる。

吉田人気の急激な低落

この書簡の本意は、共産主義勢力を防ぐために現在の与党勢力では力が弱い、従って新しい政治的潮流を起こすべきだという点にある。加えてこうした動きは、駐日アメリカ大使にも伝えておくべきで、その発言が反共を旗印にする自分たちの勢力を力づけることになろうというのであった。読みようによれば、吉田はまだ政権の座に恋々としているようにも思えてくる。同志を集めての新しい勢力は、アメリカの支援を受けながら、容共勢力と対峙していかなければならないとの大胆な申し出なのである。

吉田がこのような焦りをもつのも決して不自然ではなかった。なぜなら吉田退陣後に誕生した鳩山《はとやま》内閣は、国民に熱狂的に歓迎されたが、その歓迎の背景には、吉田政権への倦《あ》きが鳩山の明るい性格を浮きぼりにしたとすべての新聞が報じ、さらに鳩山の吉田内閣は反共政策が強すぎたとして、平和共存路線を主張し、ソ連との国交回復に全力を投入するとの言を好意的に大きく伝えたからであった。

こうした報道が重なり、鳩山ブームが演出されたのである。

この鳩山人気は、吉田内閣への抗議と反発が軸になっていたが、当の吉田には、鳩山人気こそ共産主義者の策動を容易にすることであり、共産主義者の巧妙な煽動と巧言令色に国民がとりこまれるとの懸念につながった。

鳩山内閣が、国民の信を問うために国会を解散して総選挙を行なったのは、昭和三十年二月二十七日のことである。この総選挙では鳩山が率いていた日本民主党が一八五議席を獲得して第一党となった。吉田の属していた自由党は一一二議席に終わった。吉田の不人気が災いしたと報じられたが、とにかく百人近い前議員が議席を失うことになった。社会党は左派が八九議席、右派が六七議席、労農党は四議席、共産党は二議席であった。革新政党は一六二議席に達して三分の一を確保したために、鳩山の意図していた憲法改正はひとまず不可能となった。吉田は、この選挙でもむろん立候補したが、高知全県一区でトップ当選を果たしたとはいえ、その得票数は前回から約三万七千票も減ってしまった。つまり吉田は、大衆的人気を失っているとの結果が如実に示されたのである。

昭和三十年は、敗戦から一〇年目にあたったが、日本は戦後の混乱期から抜けだしたという認識が定着しつつあった。鳩山内閣は、総選挙の四カ月後から、「昭和」の懸案でありつづけたソ連との国交交渉をロンドンで始めた。吉田は、この交渉には強い不満を示したが、現実にはそれを見守る以外になかった。

さらにこの年十一月には、民主党と自由党はそれぞれ解党し、保守合同によって自由民主党（自民党）が誕生したが、これより先に社会党も左右両派の統一を果たしていたために日本でも表面上は二大政党対立の時代にはいった。吉田と佐藤は、自由民主党には加わらずに無所属で通すことになったが、それは佐藤が吉田に殉じての政治行動ということができた。吉田は日ソ交渉反対をはじめ、鳩山政治には一貫して批判的立場を貫くとの意思を示したのである。

佐藤栄作の日記（『佐藤栄作日記』）が、全六巻で刊行されたのは平成十（一九九八）年十一月のことだが、この第一巻を見ると、昭和二十九年後半から三〇年という重要な時期は関係者に貸しだされて戻ってこなかったために空白になっている。そのために吉田との交流がわからないが、しかし、公開されている昭和三十一年からの日記を見ていくと、ふたつのことがわかってくる。ひとつは、佐藤は吉田のもとをしばしば訪ねて相談をくり返していることだ。たとえば、昭和三十一年一月二日の記述を見ると、次のような一節がある。

「十一時半大磯着。たまたま堀田《ほった》［正昭《まさあき》］大使、守島伍《もりしまご》郎《ろう》、白幡《しらはた》［友敬《とものり》］君等と席を同ふし中食の御馳走をうける。前首相は書初め中の処とか、非常に元気に見え七十八歳の新春とは見えない。例によって相不変《あいかわらず》口は悪い。食後最近の外交にふれ、余は極力重光《しげみつ》攻撃を為し外務官僚の不甲斐なさを嘆ず。鳩山素人外交の害毒、九千万国民に災する事火を見るより明なり。（以下略）」

吉田は鳩山外交、とくにそれを進めている重光外相に憎悪の念をもち、終始それを口にしていたことがわかってくる。佐藤の日記から窺えてくるのは佐藤も吉田に同調していることだ。

吉田は愛弟子に鳩山批判を口にすることで憂さを晴らしていた。

「鳩山憎し」の徹底した闘い

『佐藤栄作日記』の昭和三十一年を読んでいくと、佐藤にはとき折り自民党への復帰が呼びかけられている。無所属議員ながら佐藤は吉田側近という立場で、実際には自民党のかつての吉田系列の議員の間には強い発言権をもっている。加えて、実兄の岸信介《きしのぶすけ》は自民党の幹事長でもあった。佐藤もいずれは自民党に入党して有力な指導者になるとみられていた。当然、佐藤の自民党入党は、政界の関心事だったのである。こうした動きに反して、吉田には直接には入党の誘いはなかった。それは吉田を入党させたくないというより、吉田の時代はすでに終わったのだから入党しようとしまいとかまわないとの空気が政界にはあったためだ。「大磯の御意見番」とか「大磯のじいさん」という語で吉田は語られていて、それはよくいえば敬して遠ざける、皮肉ないい方をするならば、土俵の外で自由に批判を語らせていればいいというういい方ができた。

実際には吉田は忙しかった。回想録の出版（これがのちの『回想十年』〈全四巻〉になる）の話がもちこまれ、それにには佐藤が中心になって吉田の聞き書きを進めるという打ち合わせが進んでいたり、密かに外務省の現役官僚が訪ねてきて日ソ交渉の相談をしたり、自民党内の旧吉田派の議員が訪ねてきては重光外交に反対の意思を披瀝《ひれき》しているのであった。そうした動きが具体的に表面化したのは七月に入ってのことなのだが、日ソ交渉を円滑に進めるために重光自身が直接モスクワに赴くことになると、その出発の直前に、吉田の書簡の形式で「重光全権に与うるの書」が突然各新聞に掲載された。

この書簡は語気鋭く重光外交のあり方を問うていた。当時の新聞からこの書簡のなかの重要な部分を以下に引用しておこう。

「外相閣下、対ソ交渉のため、遠路海外出張の段まことに御苦労に存ず。そもそも従来の日ソ交渉ほど不可解のことこれなく、樺太、千島の領土主権は連合国に対し、放棄せるものにして、ソ連は力をもって強奪占拠せるものに過ぎず、ソ連に対し我は抗議力争こそすれ、懇請すべき筋合いにあらず」「近時わが国民の政府、政党に対する不信の念漸く顕著にして、政府は対米親善はわが外交の基調なりとしばしば公言、標榜する半面、日ソ国交回復は現内閣の重大政策の一なりと誇称して、親ソ的意図をしばしば表明するは、自由国家群の信頼をつなぐ所以《ゆえん》にあらず」「いまや我が国運の前途暗雲低迷の観あり、まことに懸念に堪えず。この際に当り閣下自ら日ソ交渉の衝に当らる。国家全局の利害を念として慎重事に処し、案件を日ソ単独交渉より、旧連合国会議に移行、附議せしむるよう努力せられんことを要望す」

しかし、この書簡は、世間では驚くほど評判がわるかった。吉田は依然として占領外交を継続せよというのか、この政治姿勢は鳩山内閣への怨みを軸にしているのであり、「後ろ向き外交」ではないかという悪罵が吉田に投げかけられた。吉田は、日本は自由主義陣営の一員なのだからその枠内で共産外交は進めるべきであり、ソ連は日本に対して太平洋戦争でも中立条約に違約して宣戦布告し領土を強奪したのだからこちらから低姿勢にでることはない、というのが本意だとした。もとよりこの行間からは、鳩山内閣の政治姿勢、重光外相の外交姿勢は共産主義者の宣伝攻勢に乗じられるだけではないか、この政権はまさに亡国的であるという吉田の異様なまでの焦りが浮かんでいる。

この吉田書簡は、実は吉田個人の一存でだされたものでないということを、『佐藤栄作日記』が明かしている。この書簡が公表されたのは二十一日だが、佐藤の日記には、十九日ごろから吉田書簡に佐藤や池田が目をとおしていると書かれている。まず十九日の記述には「三時半池田君等と会合、吉田派の積極策を議す。一同至極元気。池田、岡崎《おかざき》［勝男《かつお》］君等と吉田氏の重光外相宛書簡を読み下す。斗志満々たる老首相を想はす」とあるし、二十一日は「重光外相宛吉田前首相公開状出来上ったので、池田、岡崎君等とこれが取り扱いを議す」と書かれている。さらに佐藤は、外務省出身の代議士とも会って、この件を話し合ってさえいる。

吉田書簡は、自民党内部の吉田派が仕掛けた倒閣運動といえた。それはむろん吉田の情熱に押されて、その子飼いの議員たちが効果的な戦術と考えて手を打ったのである。吉田は、さらに七月二十一日に池田へ親展の書簡を送り、日本の現状についてイギリスのメディアは「無政府状態」とか「不決意の日本」と評し、自由主義陣営の間では、その評価が著しく落ちていると前置きしたうえで、「小生ハ重光かソとよい加減な妥協を為《なし》慎重論を一擲《いってき》せる時こそ起つへき時と存候」と促している。重光に与えた書簡を宣戦布告としたうえで、日ソ交渉が妥結したときに自民党内の吉田派は公然と倒閣運動を起こすべきというのであった。

結局、こうした動きは吉田の目論見どおりにいかず、吉田は政治の表舞台に立つことはできなかった。そのことは吉田が日ソ交渉でどのように共産主義の脅威を強調しても求心力を失ったことを示してもいた。こうした推移を通じて吉田は自らの政治権力を温存するための新しい政治システムの確立こそあきらめたが、鳩山批判はなおいっそう激しくつづけている。たとえば、昭和三十二年に英文年刊誌（『This is Japan』）に書いた「政治の貧困」では本質的で歴史的な批判を行ない、鳩山内閣は、ファシズムの呼び水になる内閣だとまで決めつけた。

池田に軸足を移しての影響力

昭和三十年代から四十年代の保守政治は、政治家個人の怨念と私闘、そして争覇の時代であった。その図は、野党の社会党が国会内の議席ではつねに三分の一にとどまるという勢力図によって支えられていたとはいえ、真因をさぐれば「吉田」と「鳩山」の対立を根底に抱えていた。

現在の目からみるならば、吉田政権は鳩山によって倒され、吉田が鳩山政権を倒すというのが歴史的な因果関係である。実際、吉田の鳩山憎しの感情は、むろん直接に人身攻撃の類の言は吐かなかったにせよ、自民党内の池田派（この派閥が吉田直系であり、自民党には五十人近い議員を擁していた）の動きこそ吉田の怨念をそのまま代弁していた。吉田は、池田に密かに私信を届けては、自らの意向をつねに念頭におくように要求していたのである。

鳩山が日ソ国交回復の条約に調印して、モスクワから東京に戻ったのは昭和三十一年十一月一日で、翌二日には正式に引退を表明したのだが、自民党内部ではすぐに次期総裁をめぐる闘いが始まった。後継争いに名のりをあげたのは岸信介、石井《いしい》光次郎《みつじろう》、石橋湛山《いしばしたんざん》の三人だったが、池田派は石井を推すことになった。石井は緒方《おがた》派を引き継ぐという形であったから、吉田直系の旧自由党系としては当然なこともいえた。

この後継争いが、日ソ共同宣言の締結にもからむことになった。鳩山の唯一の政治的業績であるこの日ソ共同宣言が衆議院で承認されたのは十一月二十七日のことだった。この承認にあたって吉田派は日ソ復交反対の態度を崩さず、衆議院本会議でも反対票は投じなかったにせよ、欠席戦術を採ることで抵抗した。反対票を投じたら除名という党執行部の圧力があったにせよ、それでもあからさまに欠席戦術に出るというのは、吉田の怨念がいかに強かったかを物語ってもいた。

『佐藤栄作日記』には、自民党内にあって吉田直系の議員が日ソ共同宣言を承認しないとして、いかに激しく動いたかが記されている。「青票（注・反対）論者は池田君を初め丙甲会内及時局懇談会に於てなかなか盛ん。執行部の懐柔亦さかん。結局党内で賛否を投票にといっての結果で党議を決定して本会議に臨む心算」（十一月二十四日）とあるし、本会議が開かれる二十七日には、「九時半から林邸で林、益谷、池田と四者会して池田一派の青票問題を議す。昨夜来池田君の決意はかたく、行を共にするもの約十七名と云ふも、大部分は池田の此の行動を迷惑に思ってるので、中止さす為の会合」「離党届けを出して後青票をと説くも、池田は党内に居て青票といってゆづらないので、丙甲会にもちかへり大衆討議とした。たまたま吉田前首相上京、吉田、池田、余の三人で話合い、池田も欠席する事となる。よって全員欠席」という一節さえある。池田が強硬に反対論を譲らなかったことがわかる。この強硬姿勢には、吉田のほうが少々驚きをもったほどだった。

だが日ソ共同宣言の批准をめぐる過程で、吉田は池田と佐藤のふたりの門弟のうちその軸足を池田に移したことも明らかになった。この批准をめぐって、池田のほうが佐藤よりはるかに吉田路線を継承しているという経緯もあったが、もう一方で後継首班をめぐって佐藤は実兄の岸信介を推す立場にあり、佐藤は池田に対して岸の支援を要請するという一幕もあったが、池田はそれにうなずかなかった。岸を支援するのは鳩山を支えた河野《こうの》一郎《いちろう》など三木武吉《みきぶきち》系の人脈が多く、それは吉田にとっての好ましからざる人物ばかりだったからである。

吉田は批准国会のあと大磯に戻ってすぐに池田に宛てた書簡を送った。日ソ共同宣言が批准されてから二日後の二十九日のことだった。吉田はこの期に池田をもっとも信頼し、頼りにし、そしてその政治力を強めるためにいかなる助力も惜しまないつもりになっていたことは以下の文面にもよくでている。
「東欧異変の故ニ日ソ協定批准可也《かなり》とハ存不申《ぞんじもうさず》、故ニ又その為《ため》出京之《の》処《ところ》、同志諸君之心境も承知致、青票以て荒立てすとも欠席ニて一応趣旨徹底可致とて小生も遂ニ青票投下の決《けつ》思止まり申候、貴意拝承致候得共《そうらえども》同志結束を維持して他日の国家の用に備ふるも亦不可ならす」とあり、政治的に計算すれば、今の段階で青票を投じることもないが、しかし、この志だけは守って共に同志を糾合していこうと吉田は呼びかけていたのであった。

「反共は国是」に徹せよ

この池田への書簡のなかで、吉田は「東欧異変の故」になおのことこの批准には反対しなければと伝えている。これはモスクワで鳩山がソ連政府との間に調印を行なったときに、フルシチョフやミコヤンなどの首脳陣はこの式に出席していなかったのだが、二人はポーランドやハンガリーに赴いて反ソデモにどう対処するかを練っていたためだった。とくにブダペストでは、反ソ派の指導部、国民が決起して親ソ派と対決状態になり、ソ連はこの地に武力介入した事実を指していた。

これが十一月四日であった。しかもこの期に、イギリス、フランスがスエズ運河紛争に武力介入し、エジプトに対して軍事力を発動していた。

国際情勢は、東西冷戦下にありながら、両陣営ともに内部で矛盾をかかえていた。それゆえに、吉田とすれば日本があえてサンフランシスコ体制を逸脱するようなソ連との国交回復などはとうてい許されぬというのであった。吉田は、鳩山がこうした歴史的な時代状況の枠組みのなかで、ソ連との間に融和策を採ることは、歴史観の欠如を意味しているだけでなく、単に自分に反対するという一点でこうした政策を採っていると考えたのである。鳩山や重光の側に、吉田を対米追従外交と批判し、自主外交を主張する論理があり、しかもソ連は共同宣言の調印とともに国際連合においても日本の加盟に拒否権を発動しないという現実が生まれ、鳩山・重光外交は相応の成果を生んだと評価されていた。吉田はこうした評価にきわめて不快という念を隠さなかった。

吉田と鳩山・重光のこの対立を昭和史のうえではどのように見るべきだろうか。

あえて私見をいうなら、この対立は昭和前期の清算をどう捉えるかという視点で検証すべきであった。鳩山も重光も、昭和十年代に昭和陸軍が政治的権力を把握していく過程で充分にそれに抵抗する姿勢を示さなかった。とくに鳩山は昭和六年から七年の犬養《いぬかい》、斎藤《さいとう》内閣時には文相として実質的に昭和陸軍登場のイデオロギー面での先導役を果たしていた。この先導役の内容を改めて吟味するなら、鳩山にあるのは、その時代の潮流のなかに身を置くというだけの妥協的な姿勢であり、そこには確固とした政治思想はなかったのである。

吉田自身は、この昭和六年から九年の期に明確に哲学をもって時代と向きあった。吉田は、昭和前期の日本の歪み、あるいは吉田の表現でいうなら、「変調」を正そうとし、近代日本の草創期からの欧米化路線を歩もうと企画しているのに、鳩山は無思想、無定見にひたすら国民迎合の道を歩んでいて、国益など意識していないというのが吉田の鳩山への最大の侮蔑でもあった。

吉田にとって、「昭和前期」に当然のことながら清算する部分と継承する部分があるにもかかわらず、鳩山とその一派はそうした政策をなにひとつ検証していないというのが苛立たしくて仕方がなかったという分析もできるのであろう。さらにつけ加えておけば、吉田のその怒りは決して曖昧なものではなく、鳩山が首相を退いて二年四カ月後の昭和三十四年三月七日に老衰のために病死しているが、この葬儀は東京・千駄ヶ谷にある東京体育館で行なわれたにもかかわらず、弔問客に吉田の姿はなかった。「政敵」とはいえ、あまりにも非人間的ではないか、という声もあがったが、吉田にすれば鳩山とその一派は、「政敵」ではなく、「国の敵」という理解だったから、当然の対応だったのである。

吉田は、共産主義勢力が政治・軍事をからませて「侵略的態度」をとる対手国として、ヨーロッパではドイツ、アジアでは日本と考えていた。もともと第二次大戦の敗戦国に対して、欧米諸国やアジアの国々も複雑な感情をもっている。その感情は、これらの国々が軍事的にまたあのような行動を起こすのではという不安を起点にしている。ソ連はそれを利用しつつ、自らの陣営に取りこむことを考えているというのであった。日ソ交渉自体、ソ連は日本がアメリカに依存することをやめればいつでも国際社会に復帰できるという呼びかけで始まったというのが吉田の理解であった。共産主義について、吉田は、「何等の理由なきに他国の領土を侵し、国境線を侵略する。これが共産主義である。自国が力付いたと思へば、直ぐに隣国を攻略する」と決めつけ、フルシチョフが東西会談を呼びかければ、それをもってすぐに「平和の雪解け」などと妄信する愚かさを嘆いた。ソ連をまるで平和の使者のように見つめる日本の国内世論、そして単純な見方などを吉田は心底から憎んだ。憎むだけでなく、そうした見方をする人物が、自民党内にもまぎれこんでいるとして、容共派と称される有力者をあからさまに批判したのである。

吉田は退任後、回想録（『回想十年』）の資料を揃えつつ、求められるままに『This is Japan』にだけは原稿を書いている。そこには共産主義がいかに人類史を歪めているかをそれこそ執拗に記していた。それは日本国内ではそのままの表現で発表するのはあまりにも刺激が強いと判断したためだろうが、英文ではそういうためらいもなく書けると判断したからであろう。「反共を国是とせよ」というのが吉田の終生かわらぬ思想であった。

派閥抗争時代の〝蔭の実力者〟を企図

鳩山退陣後は石橋内閣が誕生した。石橋が選ばれるまでの総裁選挙は、岸、石橋、石井三派が資金を集め、凄まじいまでの金権選挙となった。さらに大臣ポストの約束まで乱発するといったあまりにも常識に反する選挙でもあった。昭和三十年代から四十年代の自民党総裁選挙は、資金力の勝負といわれるほど退廃したが、それはこのときに端を発していた。岸派は三億円、石橋派が一億五千万円、石井派が八千万円を集めて撒いたという。吉田はこうした選挙に直接口を挟むことはしなかったが、それでも池田派の議員に年末の政治資金を与えることを池田に宛ての書簡で指示していた。わが派は自民党の「根幹」としての使命があるのだから、派閥の議員がはなれないように手を打たねばならないというのである。

石橋内閣が健康上の理由でわずか二カ月で倒れると、後継首班は岸と決まった。岸内閣の誕生（昭和三十二年二月）によって、吉田と鳩山の対立時代は終息したともいえた。岸内閣誕生までに、自民党内部の、一般には八個師団とよばれた八派（旧自由党系の池田、佐藤、大野、石井、旧民主党系の岸、河野、石橋、松村・三木）が政権獲得を争ったが、石橋内閣誕生時の岸の影響力が大きく、流れは自然に岸へと落ち着いた。

岸は、吉田とは別な道からの日本再生を意図していた。岸は太平洋戦争開戦時の閣僚であり、国民の間にはそれほど幅広い人気をもっていたわけではなかったが、政界にあっては集金力や官僚の掌握、それに鳩山政権を支えたとはいっても実弟の佐藤栄作の助力もあるがゆえに吉田との関係もわるくなかった。むろん岸の反共産主義の体質は、吉田とまったく同一であったが、その反面で岸は、吉田が進めてきた対米協調路線とは一線を画していた。民族主義的な方向をめざしているという意味では、「反吉田」の下地もあったのである。

　岸内閣の誕生以後、吉田の政治的地位は少しずつ失われた。鳩山政権が存在することによって、吉田の存在にも重みがあったが、しかし自民党の八個師団の暗闘の時代に入ると、吉田は政治的な飾り物の地位に祭りあげられることになった。岸が吉田に要求したのも、もう今後は政権争いに加わることなく、国家の重鎮として大局的な見地からの助言をしてほしいという点にあった。しかし、吉田は政権内部は蔵相として入閣した池田を通じて、そして党内の政治的動きは、佐藤を介して情報を集め、自らの意見を伝えて蔭の実力者たろうとした。吉田の存在は池田や佐藤にそれほどの影響力をもたなくなった。二人とも自らの派閥を率いての政治闘争に熱心だったことと、両者の間もかつての吉田の股肱《ここう》時代のように円滑にはいかなくなっていたからだ。加えて、池田はしだいに岸が、国権的政策を進めるとして反感をもち、反岸の態度を鮮明にしていったのである。

　現在窺い知れるところでは、吉田もまた池田の反岸に同調していった節がある。岸は政権を獲得して一年ほどは世論の動向をみつめていて低姿勢にふるまっていたが、やがてアメリカや東南アジアを訪問しての自主外交を提唱し、アメリカとの間に結んでいた日米安保条約の改定を口にし、その不平等条約を是正したいといいだすと、吉田はしだいに岸への警戒を強めた。昭和三十二年六月に岸がアメリカに出発したときは、毎日新聞に「訪米の岸首相に望む」と題した一文を寄せて安保条約の改定や日米行政協定の見直しなどは行なう必要はないとさりげなく忠告している。日本はアメリカとの間に双務的な条約を結ぶほどの力をもっていない。現代のような集団安全保障の時代には不平等条約といった考え方は成立しないというのである。西側陣営の盟主はアメリカであり、その傘の下にとどまっている限りにおいて日本の進む道が明確になるとやんわりと釘をさした。

アメリカ政府が岸の申し入れを受けて、安保条約の改定に応じるとしたのは、昭和三十三年九月のことだが、この期になると吉田の苛立ちは深まった。池田に宛てた書簡にはそれがよくあらわれていて、アメリカの終戦以来の行為を忘却している社会党などは論外としてもといいつつ、次のように書いていた。

「日本か東洋民族を率ひ其先頭ニ立つて反共以て民族の幸福を守り世界平和確立に努力するに非《あらざ》れハ共産主義の侵蝕を防き難しと御申聞被下度《くだされたく》、安保条約改定の如きも岸の徒《いたず》らに衆愚ニ阿附するの余《あま》り別に定見ありての提案ニ無之、共同防衛、国際相依の今日、自主とか双務とか陳腐なる議論ハ我等の賛成出来ぬところ、我等ハ其非を指摘しつゝありと御申聞可被下候、(以下略)」

吉田は岸とそれほど深い交流をもっていない。外交官育ちの吉田は、戦前、戦時下に政策立案に協力した官僚に対する不快感を一貫してもっていたからである。しかし、岸は吉田のもっとも信頼する門弟である佐藤栄作の実兄とあれば、人間的不快感は露骨に表情にあらわしてはいない。だが岸内閣の政治路線が日米間の対等のパートナーシップを訴える方向に進んだことで自らの確立した路線への挑戦として対抗意識をもつようになった。このことは、アメリカとの同盟を軸にし、軍事面はアメリカに依存し、もっぱら経済の再建政策にエネルギーをそそいだ吉田路線に、岸が鳩山と同様にナショナリズム(国家意識の高揚)を軸にアメリカとの対等の軍事同盟を模索するという路線を明確にすることで、占領期の矛盾がより鮮明になるとの構図を示していたのである。

吉田が池田に対して、岸の安保改定論には消極的であるべきだと書簡を送ったのは、この構図を認めていたからだった。もし岸の路線が日本の国策として定着するのであれば、吉田の昭和二十年代の政治路線は実際には占領期の歪みそのものでしかないことになる。それは「政治家吉田茂」の全面否定につながる道でもあった。吉田個人にとっては耐えられぬ屈辱にちがいなかった。

昭和三十年代、吉田は自らの意に反して政治的評価をつねに浴びせられる宿命をもった。元老気取りとか院政を敷こうとしているという人間的な批判が多くのメディアによってくり返されたし、昭和三十八年十月の総選挙で引退を正式に表明したときには、吉田政治の功罪をめぐって各様の論がたたかわされたのである。因みにこのとき顕在化したのは若手の政治学者だった高坂正堯が、吉田は国際政治のなかで、「力を構成するものとして経済的なものを考え、軍事力には第二次的な役割しか認めない哲学の持主だったことは、日本にとって幸せだった」と評価するのに対し、戦中派世代の藤原弘達は、「敗戦国日本の国家理性を実質的にリードしたという点でも、その巨大な足跡について高い評価を惜しむべきではあるまい」としつつ、「逆説的ないい方をすれば、吉田という人間とその残したものは、彼に続くもののだれもがマトモには背負いきれないほどに大きいと言っても過言ではなかろう」とつきはなす論もあった。

こうした見方に直結する論は、すでに昭和三十五年の安保改定前後から、顕在化しつつあった。

岸は、日米安保条約を双務的な方向に手直ししたいと考えて、その交渉をアメリカ側と始めたのだが、実は岸は内閣を組閣するや駐日大使のマッカーサーに秘密裏に面会を申し込んでいる。そこで安保改定の必要性を訴えているが、加瀬みき著『大統領宛日本国首相の極秘ファイル』によるなら、マッカーサーは岸の改定要請の論に好感をもったとある。岸は、この条約が締結されたとき、日本はひとりの兵士ももっていなかったが、その後日本も自前の自衛隊をもつに至ったのだから、「日米の関係が良い今こそ条約を再交渉し、アメリカと他の国との条約のように平等なものにすべきである」と説いたというのだ。マッカーサー大使はこの言に納得し、自ら改定のためにアメリカ政府にむかって強い働きかけを行なうに至った。この会見のあと岸がアメリカにわたり、アイゼンハワー大統領と会談を行ない、双務的な方向を明確にするとの合意ができたのもマッカーサー大使の働きかけがあったからだった。

安保改定のプロセスで、マッカーサー大使は「岸にも欠点はある。だがアメリカの目的という視点から考慮すれば、全体を見渡しても、彼が飛び抜けて優秀なリーダー」と国務省に報告しつづけているし、総選挙にあたっては、岸が圧倒的な勝利を得て、党内での地盤を固めることに協力すべきであるとも提案していた。こうして岸は、駐日大使、そして国務省高官の全面支援態勢を得ることができた。岸が、日本はすでに戦後の経済復興をなしとげ、自由主義陣営の有力な一員として東アジアの反共防衛態勢に積極的に関わるとアメリカ側を説得したための結果であるとしても、アメリカ側もまたそのような現実の国際情勢に根ざしている日本の指導者を必要としていたということができた。

日米安保条約の改定交渉は、藤山愛一郎《ふじやまあいいちろう》外相とマッカーサー大使との間で、昭和三十三年秋から具体的に始まった。この交渉の中心に据えられたのは、安保条約を「双務的」にするという、その双務的な内容についてであった。アメリカ政府は、日本が第三国に攻撃された場合、それをアメリカの危険と受け止めて日本とともに軍事力を行使するのに対し、もしアメリカが第三国に攻撃された場合は、日本がアメリカの軍事力に協力しなければならないと主張する。「双務的」というのは、まさにそのことを意味していたからだ。しかし現実には、日本の憲法（とくに第九条）はそのことを許容していなかった。

国家体制の枠組み改変を企図

岸が、国内世論を見ながら、憲法改正をしばしば口にしたのは、「双務的」という語が示しているように占領体制の脱却を企図してのことだった。確かに岸に自信を与える事実はあった。

昭和三十三年五月に行なわれた衆議院総選挙は自民党、社会党の、いわゆる「五五年体制」の最初の選挙であったが、自民党は解散時に比べると三議席減ったとはいえ、無所属を含めるとむしろ議席増となり、単独で二八七議席を得て充分に過半数を超えた。社会党も一六七議席と七議席をふやし、ひとまず三分の一以上を確保して憲法改正を阻止することに成功はしていた。とはいえ、自民党が圧倒的多数という議会構成はかわらなかった。加えて昭和三十四年六月の参議院選挙は、自民党が五議席をふやして安定多数を占めた結果、岸内閣は、その政策により強い自信を得て、きわめて強硬に占領政策の見直しを迫る法案を国会に提出していった。公然と法秩序を無視し、集団の圧力で国会の活動に介入するが如き行動は断固として排除するとし、革新勢力との対決姿勢を明確にしたのである。警察官職務執行法改正を国会に提案するなどして「左翼集団暴力を法で取り締まる」との意思を示したのはその例だった。

今になってこの期の年譜を俯瞰してみるなら、岸の政治戦略は占領前半期の非軍事化と民主化という二大路線を占領後半期の東西冷戦の枠組みに横滑りさせるとの意味をもっていたことが理解できる。日米安保条約そのものは、占領期における日本の国家主権なき時代にアメリカによって押しつけられたという経緯は疑いえない。むろん吉田にすれば、それは「再生日本」への最善の選択であったと弁明できても、歴史的な状況では押しつけられたという論を認めざるをえないはずであった。それゆえに、国家主権が回復したときには安保条約をより双務的にするか、これを破棄してしまうかの二者択一しかなかった。吉田は、現状では手をつけるべきではないと第三の道を説き、双務的方向をめざすという論には、不快感を隠さなかった。「安保条約は債権債務契約とは異なる。その精神は権利義務の生じるような私法の感覚で意見を述べられては困る」と苦虫をかみつぶしていたのである。

吉田は政界引退に合わせるかのように、『世界と日本』という書を著わしたが、そこで安保条約に双務性がないとの見解に次のような不満を語っている。

「安保条約は日本が施設を提供し、アメリカが軍隊を出して、かくて共に日本を防衛しようというものである。相互性は保持されている。アメリカが日本国土の防衛に協力する——この意味の相互性からいうと、安保条約はむしろアメリカにとって相互性がなく、片務的だといえるかも知れない。安保条約のこの点が問題となった昨今、相互性を云々することを差し控えようなどという人が現れてきた。かかる了見で条約の自主性など口にするのはおかしい」

集団安全保障という防衛戦略を選択した以上、相互性とか平等性などを云々すること自体間違いであるとも強調している。こうした吉田の意見は、岸の一連の政策に対して、批判の側に立つということだが、岸が、アメリカと対等のパートナーシップを唱える論に、吉田はしだいに守勢に回らざるをえないという状況に置かれた。安保改定を論じる政治姿勢を深めていけばいくほど、吉田は前述のような「安保条約は債権債務の契約ではない」といった論に逃げこむ以外になかったからである。しかも軍事的に日本が一定の役割を果たすという状況になると、岸の説くように憲法改正にふれざるをえなくなる。吉田は、憲法改正は時期尚早としてこれもまた批判的に見ていた。

しかし、佐藤栄作や池田勇人は、このような吉田の論に必ずしも与していたわけではなかった。ふたりは、岸内閣とどのような関係をもつか、それが自らの政治戦略の上でどう役立つか、という権力闘争の渦中にいた。第二次岸内閣の発足（昭和三十三年六月）にあたって、岸は安保改定を進めるためにも強力内閣を意図していたが、そのために河野一郎、大野《おおの》伴睦《ばんぼく》、佐藤、池田などを自らの枠内にとりこむことに腐心していた。しかし、たとえば佐藤は河野が幹事長ポストを要求すればそれを阻止し、河野を岸から遠ざける動きを示し、池田の入閣をも制約していた。この間の政局の裏側で行なわれた権力闘争は、吉田の門弟である佐藤・池田連合軍と反吉田の系譜につながる河野・大野連合軍との怨念を交えての闘いであった。結局、岸は佐藤・池田を入閣という形で重用し、河野・大野は野に下るという形で決着がついた。

この闘争はそのまま政治姿勢に直結することになり、河野は岸内閣打倒をいい、安保改定にも慎重論を口にするようになったのである。池田もまた閣内にあって、「防衛力と経済力の現状からみて改定は時期尚早」とのこれまでの見解こそ直接口にはしなかったものの、それほど積極的に改定を支援するという姿勢には転じなかった。こうした池田の動きのなかに吉田の影を窺い知ることができた。

安保騒動弾圧を強硬に主張

安保改定の新たな条約案は確かに多くの矛盾があった。当初こそアメリカ側は、「双務的」というなら日本も応分の負担をせよと主張したのだが、日本は憲法上の制約があって、軍事的な対応がとれないという現実を認めざるをえなかった。なによりその憲法そのものが、占領直後にアメリカによって強制されたものであり、アメリカはその改正を公然とは日本に要求できない状態にあったからだ。

アメリカは、集団安全保障の原則を日本にもちこむことをあきらめるかわりに、幾つかの条項は曖昧なままにしておくことで、日本側と同意したのである。それはこの条約の適用範囲をどの地域にするかという点にもあらわれていて、国会では野党はそうした曖昧な部分を危機を煽るかのように指摘した。政府側の答弁は何度も詰まり、あげくのはてに、答弁の撤回、変更を余儀なくされるという事態がくり返された。こうした混乱に国内世論は安保改定に反対、ないし破棄という方向に動き、その反対運動は未曾有の広がりを見せるに至った。そうした混乱に呼応するように、ソ連や中国は安保改定に反対する国民世論を鼓舞するために、「日本の中立化を期待する」という異例の声明を発表したり、覚書を手わたすなどした。自民党の親中国派であった松村謙三《まつむらけんぞう》や石橋湛山らも、この条約がソ連や中国を徒らに刺激するとして、改定そのものに反対するとの態度を崩さなかった。

昭和三十四年十月に、全文十カ条と事前協議を含む新安保条約の条文が公表され、自民党執行部は不満分子を抑えてこの案を最終的には承認することになった。岸は、この案で調印するために三十五年一月に全権団の代表としてアメリカに向かった。この全文が公開されたころから、反対運動は全国的な広がりを見せた。安保改定反対よりもむしろ「岸退陣」を要求する声のほうが大きかったが、それはこの期の大学生や労働者、市民のなかに岸が東條《とうじょう》内閣の閣僚だったとして、戦前、戦時下の日本に対する生理的な反発があり、それを巧みに社会党や総評の幹部が利用したという側面があった。この反政府運動は社会党や共産党などの政党や労働組合団体に誘導されている一方、全学連内部で新しい潮流を生みだしたグループは、そうした既成左翼の壁を超えての反対運動に突き進んでいった。この安保改定反対運動は、昭和三十五年に入るとほとんど連日のように国会周辺をとりまく大きなデモとなった。

吉田はこうした動きを一方で見ながら、安保条約の改定そのものには表だった発言を控えていた。それは吉田が慎重論を唱えることで反対勢力に利用されるという判断があったためだし、加えて吉田は、岸が基本的にはアメリカとの双務的な条約は限界があると見て、基本線では集団安全保障の自らの意図した枠内にとどまり、政治的にアメリカとの不可分な関係を確認せざるをえないと自覚したと判断したためであった。むしろ重視していたのは、反対勢力のなかにひそんでいる共産主義勢力の巧妙な誘導に対する懸念であった。

岸が全権団の代表として、アメリカに出発する直前に、吉田は岸に宛てて密かに書簡を送った。昭和三十五年一月十二日の日付の書簡は、そうした吉田の危惧があふれていたし、なにより自らの時局認識を正直に吐露していた。この書簡は、岸がアメリカの国務省幹部と会ったときに、吉田のお墨付きを得ていると伝えてもよい、それは日本の国益を守るうえでもおおいに役立つとしているとの意味が言外にこもっていた。

「御渡米御苦労千万ニ奉存候《ぞんじたてまつりそうろう》、何ニ《いずれ》しても日米親善ハ我外交之基調、先以《まずもつ》て反共之線ニ徹せられ度《たく》、次て我経済産業を米国資本ニ開放するもよし、東南亜細亜開発ニ日米協力も可然《しかるべし》、更ニ又米国起債多々益々可也と存候、何卒此機会ニ日米国交の為一段之御努力切願之至ニ候、長途之御旅程格別御自愛可被下《くださるべく》、御帰朝之上の御成功談、今より相楽居候、敬具」

さらに吉田は、自らの政策が対米従属といわれようと基本的には誤りでなかったとの確認を岸に迫っているとも読めた。

『吉田茂書翰』（一九九四年刊）によれば、昭和三十四年から三十五年六月までに吉田は岸に数回にわたって書簡を託している。吉田自身、三十五年五月十二日から六月十四日まで、日米修好通商百年親善使節団団長としてアメリカにわたり、アメリカ政府の要人と儀礼的とはいえ会見をしている。その後、イギリス、西ドイツ、イタリア、フランスを回って帰国したが、それは日米安保条約改定による日本国内の騒動は、共産主義者の煽動によるものだとして、国民の意思はそれを受けいれることはないと説明するための旅でもあった。

吉田が帰国した翌日の六月十五日、国会内に乱入したデモ隊によって、革命前夜のような錯覚が国際社会に広がった。吉田は、この騒乱によほど怒ったのか、十六日の日付で岸に宛てて書簡を送った。吉田の感情が爆発していて、自衛隊を動員しても断固たる処置をとるよう要求していた。そこには、「今や日米離間の為め共産国の魔手我国ニ及ひ先達来の擾騒《じょうそう》と被存候、就てハ此際、デモ擾騒事件捜索糾弾の為《た》めニ、全学連、総評、社会党等、騒動ニ関係指嗾《しそう》せる一味を一勢〔ママ〕ニ収監取調ニ着手せらるるへきニ非《あらざ》る乎」「唯ニ警察隊のみならず自衛隊、消防を動員し、デモを為す気配のもの一切、要所要所ニ阻止して通路ニ近け〔ママ〕ぬまでニ御手配希望仕候」という一節さえある。

これ以上、日本の騒動が広がることは西側陣営に誤解を与えることになるという吉田の懸念は頂点に達した。閣僚の池田に対しても、自衛隊の出動を要請しろとの書簡を送った。吉田のこうした書簡は、「反共」を国是とする以上は治安国家となってもかまわない、との見方を示唆していた。

門弟・池田勇人への期待

吉田が〈六〇年安保騒動〉を見て、いかに激昂したかは、前述の『吉田茂書翰』を見るとよくわかるのだが、とくに六月二十三日付の岸信介宛ての書簡にそれがあらわれている。この日は、岸が日米安保条約の批准書を交換した日であり、正式に辞意を表明した日なのだが、岸の後継首班が生まれるまでのわずかな政治的空白期間さえ共産主義者に利用されかねないと恐れていたのである。

さらに吉田はこの書簡のなかで、岸に対して、今必要なのは自民党の結束であり、「岸、佐藤〔栄作〕、池田〔勇人〕派の結束より、以て他ニ及ハれ候得者、他派呼合も自然出来可申歟、その間自然後継首相の撰定も可能となるべく兼て御話の池田君相当の決意有之哉にも被存候」と伝えている。つまり後継者は池田に委ね、その方向に権力の中心が移っていくように果断な決断を下すことこそが必要だというのであった。

さらに吉田はこの期に、自民党右派であり、安保騒動に危機感をもち右翼を結集して抜刀隊を組織していた木村篤太郎にも書簡を送っていた。この書簡は七月十日の日付になっているが、これは自民党総裁選の党大会の三日前のことだった。そこで吉田は、木村の反共姿勢の動きがあまりにも露骨だと思ったのか、あるいはまもなく誕生するであろう池田内閣の妨害の役を果たしかねないと案じたのか、「内外時局重大且共産主義の重圧日々加ハり来れる今日、首相撰任を過《あやま》たは悔を後世ニ遺すへく、就てハ党及国民を過たしめさるやう御尽力を煩《わずらわ》し度《たく》、池田勇人君の希望も有之、特ニ此書を貴台ニ敬呈仕候」とそれとなく牽制している。吉田は共産主義者の革命を意図する行動をなんとしても抑えなければならないとしつつ、ひとまずもっとも信用する門弟の政権が誕生したことで暴走の芽をかかえこんでいる人物にはそれとなく注意を促したというように解釈していいであろう。

吉田は池田の後見人としての立場を買ってでていたのである。

昭和三十五年七月に成立した池田内閣は、安保騒動後の政局を収拾するために、「寛容と忍耐」をスローガンに低姿勢と称する政治姿勢を口にしていた。こうしたスローガンを池田周辺の人びとが、池田に要求したのは、安保騒動によって国論が二分される状態になっているために、より強硬な反共姿勢をとったなら国内は共産主義者の歓迎する騒擾《そうじょう》状態を生みかねないとの不安があったからだった。池田の側近のひとりだった大平正芳《おおひらまさよし》は、池田に対して「とにかく演説内容はつねに低い姿勢に徹しきることが望ましい」と助言を続けたのである。池田はそのような言を受けいれたが、そうした池田の政治的度量については、次のような見方ができた。朝日新聞の政治部記者で宏池会を担当していた冨森叡児《とみのもりえいじ》の著(『戦後保守党史』)からの引用である。

池田の人生の挫折を根底に捉えた見方であった。

「池田がもし順風満帆の人生航路を歩み権力の中枢部に到達したエリートであれば、あるいは側近たちの低姿勢のすすめに貸す耳を持たなかったかも知れない。しかし、池田は人生で何度か挫折を体験し、敗北の苦しみを知っていた。大蔵省に入るが、東大出が万能の戦前の大蔵省では京大出の池田は出世が遅い。（略）池田がやっと主流におどり出たのは、敗戦とともに、公職追放の嵐が吹き、大蔵省の上層部がとんでしまったからであった。敗戦がなければ、池田は大蔵次官には絶対になれなかったし、吉田のような政治家に発掘され、重用されることもなかったのである」

冨森によるなら、池田を支えた側近の前尾《まえお》繁三郎《しげさぶろう》、大平正芳、宮沢《みやざわ》喜一《きいち》の三人は、いずれも大蔵省の出身であり、並み外れた読書家だったと指摘している。彼らは保守主義についての明確な思想をもち、秩序の伴う自由、政治的平等の尊重、議会政治、民主主義の擁護、それに合理的な発想などを説き、戦後民主主義を名実共に守りぬくという姿勢をなによりも重視していた。池田はもともとそのような思想をもっていたとはいえなかったが、しかしこうした側近たちの姿勢を忠実に受けいれるだけの人間的度量はもっていた。それが昭和三十年代の保守政治に新しい息吹をもちこんだ。

結果的に、池田の低姿勢、そして高度成長経済への方向転換は、戦後一五年を経て、「鳩山―三木（武吉）―岸の反吉田勢力が打ち出した政治主義からの訣別」（前述の冨森書）となり、それは「吉田の経済主義への回帰」だという見方をする者も多かった。戦前型の政治家が怨念をこめて池田と対峙すれば、当然なことに占領下の吉田政治の評価をめぐっての対立が起こるが、池田はそのような対立を避けることを自らに課したといういい方もできるのであった。

元勲たりえようとの思い

吉田の心中には、昭和三十年代半ばのこの期の保守政治の元勲という思いがあったかもしれない。少なくとも吉田は池田勇人という自らの信頼する門弟を首相の座に据えることに成功し、前尾や大平、宮沢といった池田側近がその体質と思想において表面的には吉田政治の守護者たることを明らかにしていたからだった。反吉田に徹する鳩山や三木、それに河野らの政治力をそぐことに、吉田の門弟人脈は巧みに成功したのである。

池田内閣の時代、吉田は政界に表面上は大きな影響を発揮する存在ではなかった。昭和三十年代の吉田への評価は、東西冷戦下の状況とはいえ、それほど吉田の望むようなものではなく、むしろその高踏的日常規範の図が揶揄される状態でもあった。少壮の政治評論家だった藤原弘達が、吉田は戦後に多くの構造的矛盾をのこしたと評し、「吉田時代の最も大きな精神的空洞は、ナショナリズムの欠如であり、国民的使命感の喪失にあったといっても過言ではなかろう。吉田自身にしても、彼はあくまでも『臣茂』であり、『敗戦帝国外交官』であった」と批判の論点を示したのは先駆者な意味をもった。

吉田が政治的な存在を強めれば、吉田政治の矛盾が池田に背負わされていくことになろうという指摘は、確かにあたっていたのだ。吉田自身、新聞記者に問われていみじくも語ったように敗戦からの日本は、大きな政治的うねりをもたなかったが、なんらかの「ムーヴメントが起こらねばだめな時代」に入っていた。しかしそれは吉田の説いたように上からの強圧的な反共運動というものではなく、むしろ下からの現状改革のエネルギーというべき内容のものであった。池田とその側近たちは、かつて軍官僚が軍事主導で国益の拡大を図ったのとは逆に、大蔵官僚として財政主導で戦後民主主義を保証する経済的な富裕社会をつくることを意図した。そのために国民のエネルギーを経済成長という枠組みのなかに押し込み、そこで「ムーヴメント」を起こさねばと考えていたのである。

そのような国策の選択に、吉田自身はどのような役割を果たせると考えたのであろうか。

吉田は、池田個人には一貫して書簡を送りつづけている。昭和三十五年、三十六年という期間に、池田に送られたこのような書簡は、そのほとんどを今では『吉田茂書翰』（一九九四年刊）で確かめることができるが、そこに盛られている内容は、当然なことに外交上のアドバイス、経済外交への提言などが多い。しかしその底流にあるのは西側陣営としての責務を果たすよう訴える懇願に終始していた。吉田にとっては、東西冷戦下で日本人の国民性が共産主義者に乗ぜられやすいとの不安が依然として頭からはなれなかったのだ。一九六二年に『This is Japan』に発表した原稿のなかでも、西ドイツのアデナウアー首相に会った折りに自らが伝えた内容を紹介しているが、吉田は、「日本は外国の文明、外国の知識を尊重する国である。多くの留学生を出して、常に外国の知識を吸収することに汲々としてゐる。つまり、外国人の言ふことは片っ端から信用する癖がある。民主主義の誤りもそこにある。所が、日本人は共産主義に対して全然、理解がない」と嘆いているのである。

いくぶん吉田には冷酷な言い方になるのだが、昭和三十七年には八十四歳になっている吉田は、国民を見つめる目が不安と猜疑に彩られ、反共主義に徹した西側陣営の一員という国家としての強い体制の確立以外には関心が薄れていたのだ。

吉田の池田への書簡はしだいにそのような意味あいをこめ、その種の助言が強くなっている点に特徴があった。池田に宛てた書簡の幾つかを紹介するならば、昭和三十五年九月一日付の一文では、小坂《こさか》善太郎《ぜんたろう》外相に会った折りにふたつの提案をしておいたので、それを本格的に論じてほしいと訴えている。

そのひとつは、次のような内容だというのである。

「日独両政府間反共情報交換の為《ため》外務省ニ特種機関設置、例之《たとえば》、情報官養成、香港其他の要地諸公館ニ配属、情報の整理交換の為省内ニ特別ニ一局創設の希望を貴総理ニ進言の事」

日本は西側主要国の一員として、情報活動に力をいれるべきで、情報専門のスタッフを養成せよというのであった。吉田にすれば、ソ連の情報活動が日本国内においてはまったく自由に行なわれているのに、日本はなんらの対策もとっていないのが不満だったのである。それを正すようにと池田に進言している。こうした不安をさらに募らせているのは、やはりこの年の十月六日付の書簡で池田のもとに旧軍人の幹部を送るから、その意見を聞いてほしいとの依頼でも窺うことができる。この書簡には、「尚又防衛隊ニ関し辰巳栄一《たつみえいいち》、下村定《しもむらさだむ》、松谷《まつたに》〔誠《せい》〕（中将）、杉田《すぎた》〔一次《いちじ》〕（中将）の諸氏と御面談被下度乍《くだされたくきようしゆく》恐縮《ながら》願上候」という一節があった。

辰巳も下村、杉田もどちらかといえば、情報畑の将校であり、かつての太平洋戦争下ではリベラルな体質をもつ将校としても知られていた。吉田のお眼鏡にかなった軍人たちでもあった。辰巳の書きのこしているところでは、吉田はこのころからしだいに「自主防衛論」を主張するようになったという。吉田は彼らの言を受けいれ再軍備論構想に関心をもちはじめたのである。

やはりこの十一月十五日付の池田宛ての書簡で、吉田は、加瀬俊一《かせとしかず》国連大使が訪ねてきたので、そこで「中立政策」がいかに国を亡ぼすかを縷々《るる》語り、それをメモにして池田に届けるように伝えたと記している。吉田のもとを訪ねてくる官僚や政治家、ジャーナリストなどに自説を披瀝し、それを首相に伝えるよう、吉田はしばしば命じているが、その裏で池田には書簡を送り、このような内容がまもなくある人物を通じて届くだろうと事前に報告している。吉田の意見にそうした立場の人びとが自分の意見を加えて池田に報告するのを恐れているからでもあった。

吉田はそうした配慮をしながら、池田との間に独自のルートをつくりあげていたのである。先の加瀬に伝えた「中立主義批判」は、吉田が社会党をきわめて強い調子で批判している点に特徴があった。「社会党の中立論ニ対シ『中立』畢竟共産主義ニ併呑の前提であり中立を恃んて遂ニ亡国、敗戦、占領ニ終れる白耳義《ベルギー》の例あり『自主独立』なとと云ふは旧思想ニて今日ハ集団防衛集団保障之時代であり中立を守らんとせハ非常の軍備を要すスウヰス、スウエデンはその例である」と語ったというのである。吉田はかつて占領下の首相として、社会党の育成論を唱えたこともあったが、昭和三十五年前後の国際情勢にあってはその存在さえ認めていなかった。吉田の社会党への怒りの深さが、こうした一文のなかにも充分にあらわれていた。

吉田は、浅沼稲次郎《あさぬまいねじろう》社会党委員長が党首演説会でテロにあったにしても、とくべつの感情は示さずその中立政策の批判をやめなかった。池田は、国会での追悼演説で浅沼を悼む情のこもった演説を行ない、安保騒動のエネルギーが再び噴出するのを防がなければならなかった。もしこの時代に、池田が吉田の忠告を受けいれて徹底した治安重視の政策を採っていたなら、池田倒閣デモが起こり、その政策の実行は困難だっただろうという点で、池田の側近たちの考えは共通していた。

吉田の提言がしだいに池田の側近たちにうとまれるようになっていく前兆であった。

吉田と池田の関係は、確かに師と弟子という交流ともいえたが、現実に政権を担っている池田にすれば、吉田の存在は決して功の側にのみ針が動くわけではなかった。吉田が池田に行なう助言はむろん公表されていたわけではなく、いってみれば私的なアドバイザーともいうべき立場からのものであった。

衆議院にはこの段階でまだ議席をもっていたが、議会に登院することはほとんどなく、高知の選挙区とて吉田の後援会の幹部が面倒を見ているという状態であり、実際には単なる飾り物のような位置に祭りあげられていた。そうした吉田の存在があえてプラスになる理由を挙げれば、この期に日本を代表する政治家として国際社会に名を知られた人物がいなかったことが幸いしていたということだろう。戦後の国際社会の枠組みづくりのなかで、吉田はともかくも日本を代表する政治家として各国に知られていた。だが、チャーチルやマクミラン、それにアデナウアーが引退し、アメリカではケネディが登場する時代とあって、各国でも指導者の世代交代が進んでいた。それはいずれ吉田の政界引退を促す予兆とも見られていた。

池田は政権を担って以後、高度経済成長策を進めながら、その一方で戦後賠償に取り組んだ。昭和三十六年の東南アジア訪問もそうした課題に取り組むための行脚であったが、結局最後にのこったのは、日韓問題と日中問題であった。池田の秘書官だった伊藤昌哉《いとうまさや》の書（『池田勇人とその時代』）によれば、「韓国は自由圏、中国は共産圏と、性質のちがう問題ではあったが、両方とも戦前の状態が状態だけに、感情問題がからんでいる。さらに中国には台湾があり、韓国には北朝鮮があった」といい、いずれも池田内閣には重要な外交問題ということができた。伊藤によるなら、池田がまず日韓問題に取り組もうと考えたのは、昭和三十六年六月にアメリカを訪問し、ケネディに会ってからという。このころ韓国では、軍部のクーデターが起こり、軍事政権が生まれていた。アメリカとしては、どれほど援助しても政権の腐敗を防止できないことにいらだっていて、それだけに日本も独自に協力してほしいと依頼されたというのだ。ところが韓国では七月にはいるとまた政変が起こる。朴正熙《ぱくちょんひ》が政権をにぎったが、それでもともかくも日韓会談は始まった。

そのときの池田の心境を、前述の伊藤は、「日韓問題が軍事的な問題となることを極力さけるように努力した。ひとつにはそれが日本国内の政争の具になることを避けるためでもあったが、韓国政情の安定は、ただ経済の安定によってのみはかられると考えていたからである。まず、その点を、韓国、日本の両国民にわかってもらわねばならない。ぜったいにあせってはならない」と書いている。

池田は、軍事上の提携はなんとしても防ぐと考えていたことがわかる。この年八月から予備会談が始まり、対日請求権について韓国は六億ドル、日本は三億ドルの線が出てきたが、問題が具体化してくると、韓国国民の国民感情が長期にわたる日本支配時代の不快感と一体化し、この交渉は複雑になる。だから、池田は経済問題に照準を絞ったと、伊藤はいうのである。

ところがこの期（昭和三十六年十一月）に、吉田が池田に宛てた書簡は、このような池田の感情を逆撫でするような内容であった。吉田の書簡（十一月十日付）には、次のようにあったのである。

「（前略）我国防第一線たる朝鮮の独立扶植《ふしょく》ハ我外交の要点ニ有之、我国自ら韓国を一手ニ引受くる位の覚悟を以て当るへきもの、区々の議論に傾耳せす政治外交の大局より処理可致義と存候、啻《ただ》ニ朝鮮のみならす極東一帯を我れか赤化より守る抱負と覚悟を以て之ニ当るに非れハ到底赤禍不可防、先《ま》つ日韓会談ニ際し右之覚悟抱負を以て臨まれ度《たく》要請仕候、無用の言ニ似たるも憂国の婆心より此段得貴意候」

吉田の意見にはむしろ軍事的な意味あいをもつべきだとの意味が含まれていた。極東を含めて赤化の恐れがあるのだからそれを防止せよ、というのは、池田にとってはとうてい受けいれられる提言ではなかった。さらに吉田は、中国問題についても徹底して台湾側の蒋介石《しょうかいせき》政府を支えるべきだとくり返していて、この面でも中国大陸との関係を模索しはじめた池田との間に亀裂が生まれていった。池田は中国政府には松村謙三らを送って接触を絶たないよう努めるとともに、アメリカ政府に対しては中国に理解ある態度をとるようにつねに説得していた。

池田は、アメリカ人記者団からインタビューの申し入れがあれば必ず応じることにしていたが、それはアメリカの反中国政策を柔らげようと考えていたからだった。

「とうとう本音を吐いたよ」

吉田が、昭和三十八年七月に著した『世界と日本』という書のなかに、「日中接近論を批判する」という一章がある。ここでは、中国に対していかなる形でも融和的な態度をとってはならないとの主張を軸にして、「北京の共産政権を承認せよとか、国連に加盟させよとかの意見は、以前から絶え間なく行われてきた。特に国会では今まで野党質問の中で何回、何十回となく繰り返されてきた」としつつ、国府承認という現在の中国政策を変更する必要はないとの論理を執拗に披瀝している点に特徴がある。この稿は、吉田が密かに池田に送っていた書簡を一般向けに平易に伝えた内容ともいえるが、要は極東の反共陣営を確固とせよという点に尽きていて、あえて池田に向けて書かれているようにさえ読める。吉田とすれば、池田に政策提案を行なうと同時に、国民に向けては池田のその政策を支持するよう訴えたとも読むことができるのだ。しかし、池田にとってはこうした吉田の意向はむしろ政権の阻害になるとの判断があり、むしろ吉田を含めて自民党内の長老的存在たる政治家をいかに早く引退させるかと腐心するようになった。

昭和三十八年は、池田政権が誕生してから三年目にあたった。この年の七月十四日には政権を担ってから初めての総裁公選が行なわれる。池田にとっては、自らの政策をより明確にしていくという意味では正念場の年にもあたる。

池田の党内での基盤は、それほど強いわけではなかった。池田や側近たちにとって気がかりだったのは、岸の流れを汲む福田赳夫《ふくだたけお》派と佐藤派が藤山派と組んで反池田の動きを示しつつあることだった。とはいえ表向きは、池田個人への国民の支持率が高く、反池田の動きそのものは浮上しがたい状態であった。昭和三十八年春には景気が回復してきて、所得倍増政策がしだいに実効をあげるようになってきた。加えて翌年の東京オリンピックに備えて公共施設が日ごとに整備され、国民にとっては経済的富裕社会ができあがる現実を確かめることができた。

六月に国会が終わったあと、政局の焦点は内閣改造人事に移った。池田とその側近たちは、自民党の近代化を意図して、その人事を進めた。七月九日、池田は箱根に静養に赴くことになったが、その途次に大磯の吉田邸に寄った。門弟が師を訪ねたという図である。この夜、池田は箱根の宿で側近たちと話し合っているが、その折りに改造人事の話がでると、池田は「吉田さんはとうとう、俺に本音をはいたよ」と洩らしている。これは何を意味するかを、前述の伊藤の書から引用しておこう。

「私は、『ははあ、つぎは佐藤にしてくれと吉田が言ったのだな』と感じた。考えてみると、思いあたるフシがある。国会が終わったとき、箱根の観光ホテルに泊った佐藤は、池田に会いたいと言ってきた。池田は箱根では誰とも会わないから、電話で話そうと言った。そこで佐藤は吉田というルートを使ったのではないか」

佐藤は焦っている。七月人事は池田三選が可能か否かを占う意味をもっている。大野伴睦や河野一郎、それに川島正次郎《かわしましょうじろう》らの党人派は佐藤を孤立させようと意図している。それゆえに焦らざるをえない。池田と側近たちはそのように判断した。このことをもう少し下世話な表現で語るならば、佐藤が政権に近づくために吉田を利用しているというのが、池田の側の判断であった。

改造人事は、佐藤をどのように処遇するかが鍵となった。大野や河野は佐藤を閣内から追放してしまえと譲らなかった。副総裁という立場の大野に対して、池田は、「吉田と会ってくれ」と勧めた。池田とすれば、大野を通して佐藤の処遇に関する党内の空気を伝えようとしたのである。ところが大野は、吉田から佐藤を池田と同様に面倒をみてくれ、といわれたらしく、記者会見でも、「佐藤に会うつもりはない。吉田さんがなぜ自分と会ったのか、その真意はわからない」とつきはなした。

大野と会った翌日に、吉田は池田に宛てて書簡を送っている。吉田の書簡を収めている『吉田茂書翰』を見ていく限りでは、吉田が池田に宛てた書簡のなかで、この内容が政治的に師弟としての最後の依頼だったように思える。この後の書簡は、そのすべてが池田に対して一歩退いた内容になっていくことがわかる。それだけにこの書簡は、昭和三十年代の政争の一端を示す歴史的文書ともいえるし、池田の後見人役としての終焉《しゅうえん》というように解することができた。

引退へのなだらかな道

この書簡の中心は、佐藤を相応に遇してほしいとの懇願でもあった。池田の言によるなら、確かに「吉田の本音」があらわれているといえた。そこには次のようにある。

「佐藤君も今ハ内閣ニありて御協力致候心構《こころがまえ》と被存《ぞんじられ》候《そうろう》ニ付七月人事の手始めニ同君を招かれ最も打解《うちとけ》て御相談相成度《あいなされたく》、従前の対佐藤関係ニ於而《おいて》同君の立場より多少釈然とせぬものありしものの如くニ付今度の改造ニ就てハ始めより虚心坦懐ニ談合せられ誠心誠意協力を求むるの態度ニ出られ度きものと存候、此段申上御考を煩ハし候、（以下略）」

佐藤は虚心に池田に協力するつもりになっている、だからその意を汲んで相応に重用してほしい、というのである。換言すれば、池田と佐藤というふたりの門弟によって自らの政策を継いでほしい、という懇願である。吉田は、七月三日にも書簡を送っていて、それゆえに池田は大磯に吉田を訪ねたのでもあったが、この三日の書簡ではまだ佐藤を重用してほしいとはいっていなかった。改造人事にあたっては「人物本意、政策本位」で行なうよう勧めるにとどまっていた。ただそのなかで「特ニ希望するハ河野〔一郎〕の如き人物ハ断然排斥相成度《はいせきあいなりたく》、之を近けるハ折角の名声を維《つな》く所以《ゆえん》ニ無之」といっていることから、党人派を率いている河野を容共派として心底から嫌っていたことだけは窺えた。佐藤を重用するより河野を排除せよという点に狙いがあった。

七月十八日に池田は党三役人事や改造内閣の組閣を終えたが、とにかく佐藤を入閣させたとはいえ、そのポストは北海道開発長官であった。吉田に義理立てはしたが、決して跡目と認めたわけではないとの池田なりの意思表示であった。しかも河野も建設大臣として入閣させて、吉田の意を受けいれたわけではないという姿勢も示した。池田は明確に自らの歩む道を示したのである。

佐藤は池田批判の言動を示していたのに、実際には入閣したとあってマスメディアでの評価は一気に下落した。当時、佐藤はなぜ入閣したのだろうと怪訝《けげん》に思われたのだが、政治評論家として売りだしていた藤原弘達などは、「大磯あたりからのリモコン電波をアテにしてズルズルと無条件入閣し、とたんにドサ回りの旅芸人級が拾い上げられたカタチになってしまった」と書いていた。佐藤は吉田の支援を当てにしてあえて池田の軍門に下ったという見方が当時の一般的な受け止め方でもあった。しかし実際には、池田は吉田との間で師弟の距離を測っていたというのが真相であった。

池田内閣は政策のひとつに「人づくり」を掲げ、それを前面にだした。日本の経済成長は世界各国のなかでも例を見ないほどの勢いで進み、造船や鉄鋼生産などは世界第一位、第三位という状態になったし、社会環境は一挙に富裕な方向に向かった。しかし、そのことは精神生活の充足を意味するわけではなく、むしろ人間的な退廃を生むのではないかと池田やその側近は憂えたのである。だが池田の唱えた「人づくり」が現実にどのような方向に舵取りをすべきかという点では、その考えを明確にはしなかった。もしこの「人づくり」を、池田が愛国心の高揚という形で語ったならば――実は池田はそのことを口にしたかったといわれているのだが――、右翼勢力は再軍備の強化に結びつけ、左翼の側は池田反動内閣とさわぎたてるに違いないとの懸念を池田の側近たちはもっていてその具体像を語らせなかったのである。東西冷戦を浮かびあがらせる政策を打ちだすことでまた日本社会が安保騒動のような状態になったなら、政治不安が助長されるだけと案じていた。とはいえ前出の伊藤によるなら、池田は、愛国心を説きたいと思いつつ、しかしその一方法として日の丸の掲揚や防衛庁を国防省に昇格させたり、紀元節を復活させるというような政策を採ろうとはしていなかったという。なぜなら、「そのような外面的なことで、国を愛する心が生まれるはずがないという考えからだった」というのである。

むろん吉田は治安立法重視の姿勢だったから、そのような池田の考えに不満であった。

吉田のもとを訪れる旧軍人が、しばしば吉田に日本の自主防衛を訴えたが、吉田はその考えに直接賛意は示さなかった。だが、自主防衛が「反共陣営」に与するための必要条件であるといった意見や、共産主義の浸透が日本にはいかに広範囲に及んでいるかといった事実などが示されるたびに関心をもち、そうした旧軍人を前述のように池田に紹介して政策に反映させようとの労はとっていた。しかし、昭和三十七年三月二十四日付の書簡のように、「真崎勝次《まさきかつじ》氏被参共産主義の活動を懸念別紙（注・欠）を以《もっ》而《て》種々憂慮之次第を述へられ候ニ付本問題の如きハ先つ首相の注意を引くかよし（以下略）」といった内容のものもあった。真崎は海軍の軍人で、陸軍の長老だった真崎甚三郎《じんざぶろう》の弟にあたるが、戦後は、あの太平洋戦争は共産主義者の謀略であったという骨子の回顧録を刊行している。いわば謀略史観に囚われていたタイプである。吉田が晩年にはこうしたグループのパイプ役になっていたことは、注目されるべきだ。

昭和三十八年十月、池田は衆議院を解散してその信を問うことになった。池田はこの機にと自民党内の長老たちにそれとなく引退を進めたが、吉田に限っていえば、池田が勧めなくてもその引退は誰の目にも明らかな情勢になっていた。八十五歳になっていて議員活動ができるわけではなく、実際に立候補しても落選するような事態になれば、それこそ晩節を汚したといわれかねなかった。現に片山哲や石橋湛山のように首相経験者が落選して、その評価を著しく下げてしまうという先例があった。吉田はとくべつにそうした先例を意識したわけではなかったが、引退は家族や側近たちの誰もがごく自然に勧め、それを当然のこととしてなだらかな道を下っていくように受けいれた。吉田の引退時の発言は実にあっさりとしたもので、「年にいちどていどの登院で月給をもらっては申しわけないですよ」と記者たちに語ったが、自らの政策についても問われるままに冷静に、そして毒舌まじりに功罪を並べたてた。そこにはいかにも吉田らしい総括が含まれていた。

国際社会では〝過去の人〟に

昭和三十八年十月二十二日に衆議院は解散となったが、投票日までのおよそ一カ月間、選挙報道は著しく皮相的だった。ほぼ任期切れともいえる通例の選挙だったせいもあるが、なにより池田内閣の経済政策が一定の成果をあげていて、野党はなにひとつ具体的な批判をこの政権に浴びせることができなかったのである。加えて、翌三十九年の東京オリンピックを前にして、東京都内の様相は一気に欧米の近代都市を模倣する空間にと変わっていった。自民党が単独過半数を超えることは自明のこととされ、むしろ投票率がどれほどになるかに関心は移っていた。

そのような状況のなかで、吉田の政界引退は吉田自身の毒舌まじりの発言と相俟ってジャーナリズムの格好の話題となった。

吉田は引退に伴う寂寥《せきりょう》が露になるのを隠すように饒舌《じょうぜつ》に記者たちの相手をした。

たとえば、自らの政治的業績を問われると、「朝鮮事変が始った直後にダレスが再軍備を要求したのを断ったんだ。あのおかげで復興したんだね。これはキミ、〝吉田君〟の功績ですよ。再軍備してたらいまごろは貧乏のどん底ですよ」（朝日新聞、昭和三十八年十一月十一日付）という具合であった。吉田はこうした言を半ば冗談まじりに語るのであったが、その本心を繙《ひもと》くならば、もし日本があの期に再軍備に踏み切っていたら、現在のような驚異的な経済復興を達成することは不可能だったろう、という事実を戦後日本の重要な業績として評価してほしいとの自負を披瀝していることだった。吉田はその業績が史実に刻みこまれないことには、悔んでも悔みきれないと考えていたのである。

もとより巷間には、吉田が政界を引退するのは、池田の説得を受けいれたからで、とくに「この際、引退されて宮中に特別職のポストをつくり、あなたにその初代の役を務めてもらう」との言に吉田は喜色を浮かべたという説がもっともらしく流布した。その真偽は不明であったが、吉田がこの期の宮内省の対応に不満をもっていた節はあった。明治十一年生まれの吉田は、その心中において戦後の天皇制が大衆社会のなかでの存在にすぎないとの不満を側近にも口にしていて、天皇家がマスメディアの対象にされることには強い異和感を感じていたのだ。

吉田の持論に、君主制民主主義という独自のシステムを日本がつくりあげるために、皇室が政治的立場をはなれて、「博愛、正義、人道、文化というような見地から、政府の助言とプリヴィ・カウンシルの公平なる審議を経て、皇室の名において、国家の功労者に栄を授与する制度」(『回想十年』第四巻)の創設という主張があった。吉田にいわせれば、プリヴィ・カウンシルというのは英国王室大権を司る機関のことで、王室が「国家の繁栄、文化の発達の貢献者」に王室独自の目で判断し栄典を与える機関だという。吉田は日本もこれを採りいれるべきで、そうすれば皇室の権威も歴史のなかに位置づけられるとする。吉田がこの制度の必要性を一般に説いたのは、昭和三十三年のことだが、吉田は周囲にはこの案を雑談の折りに話すにとどめていた。吉田が引退を決意した理由として、先の池田の言が説得力をもって流布したのは、このような制度の役割を担いたいとの吉田の意思がいつの間にか噂として広がっていたからだった。

もとよりこのような制度、機関はできなかったが、昭和三十九年五月に吉田は、池田内閣の推挙によって戦後初の大勲位菊花大綬章を授与されている。天皇から国家の最高の章を受けたとき、吉田は、ひたすら歓喜のなかにあり、新聞記者には、「私の業績が認められたということだろう」と珍しいほど緊張した口調で語った。そして吉田はこの祝賀会を何度も開き、自らがまだ第一線を退いてはいないとの意思表示をした。しかし、吉田が衆議院総選挙に立候補しない段階で、国際的にはすでに過去の人になっていることが露になった。この選挙結果はほとんど選挙前とかわらない議席に落ち着いていたが、選挙の終わった二日後にアメリカのケネディ大統領の暗殺が伝えられてきたのである。この事件そのものに吉田はすでに声明を発表する立場ではなかったが、池田はケネディの葬儀に参加する日本の代表として皇太子を想定し、宮内庁に打診するも断られてしまい、次いで駐日大使のライシャワーに吉田を葬儀に参列させたいと打診を試みた。池田にすれば、日本の現代を代表する人物として吉田を送り、それでアメリカとの紐帯《ちゅうたい》を確認しようとの意思であった。

ところが、ライシャワーは、吉田の訪米は断わる、と伝えてきたのである。その真意がどこにあるかは不明であったが、各国とも現役の指導者や元首が参列するのだから、それにふさわしい指導者をということであったのかもしれない。このことは吉田はすでに国を代表する人物ではないと国際社会では受け止められていたことになる。とはいえ、この年九月にイギリス労働党のアトリー卿が来日したときには、吉田は大磯の私邸に招待して会談している。吉田自身は、日本を代表する政治指導者としての自覚を失っていなかった。

自らに課した三つの課題

大磯に退いてからの吉田は、つねに三つの課題を自らに課していた。そのひとつは、皇室の姿勢に自らの意見を反映させることだった。そしてもうひとつが、中国問題に関しては自らの意見をつねに明らかにすることだった。第三点が、政界での指導役を自負して池田内閣のあとを佐藤栄作に譲るという禅譲路線に一役買うことであった。この三つを吉田は自らに課し、結果的に相応の役割を果たすことになった。

もし吉田が政治家として単にある時代を指導したにすぎないのであれば、こうした三つの課題を自らに課したとしても、それだけの働きなどとうていできなかったに違いない。ところが吉田には奇妙な国民的人気が生まれていた。在任中は悪口を浴びせられ、とくにその末期はマスメディアからは悪罵に近い感情的批判を投げつけられたにもかかわらず、不思議に人気を維持した珍しい例である。なぜだろう。多様な理由を指摘できると思うが、そのひとつは、吉田の主張が実に明快だからである。反共主義、権力主義的貴族趣味、そして皇室崇拝のいずれを見ても、吉田の態度は戦後社会の一点に位置する保守政治家のそれにすぎないのに、どの言をとりだしても自説は正しいと譲らず、批判論者の言には単純な語で斬って捨てるという態度を崩さない。そこが人気がある所以《ゆえん》だろう。そしてもうひとつは、その人間的性格は本質的には孤独な人嫌いにあると思われるのに、他人と接したときはできるだけその意を慮《おもんばか》るようにユーモアや駄洒落の類を連発する話術にある。吉田という名には権力と権威が沁みついているかに見えるから、その話術は人間的な度量や高踏な趣味から発せられているように受け止められた。

大磯に退いた吉田を喜ばせたのは、前述したように大勲位菊花大綬章の授与であったが、この後、吉田は宮内庁の命により木戸幸一《きどこういち》、田島道治《たじまみちじ》、小泉信三《こいずみしんぞう》などとともに皇室参与の肩書きが与えられた。吉田としては、宮中を訪問したいにも自らには肩書きがないことを案じていたというから、これによって、皇室とのつながりを保つことができたのだ。このことは、吉田の岳父《がくふ》牧野伸顕《まきののぶあき》が、昭和十年十二月に内大臣を辞めたいと申し出て、天皇から「今後も助けてほしい。前官と同じ礼遇を……」と懇望された一事を思いださせるものだった。吉田にすれば何よりもの歴史的恩顧となったであろう。

　この肩書きによって吉田は、参内の希望を宮内庁に伝えれば天皇と面談できることになったが、実際には葉山に行幸の折りにときおり面談するにとどめていたという。とはいえ「同じく参与になった木戸幸一、小泉信三、田島道治氏等を大磯に招いて会食懇談したことがある。話題は当然皇室の今後の在り方に及び、陛下がお友達と言うべき人を持たれて時々話されることが大事であるとか、東宮殿下の今後の人格的修練はどうあるべきか等について種々話し合った」(『人間　吉田茂』に収められている御巫清尚《みかなぎきよひさ》「晩年の吉田茂氏」より)というように、吉田は、皇太子が人間的修練を積むことを願い、その役を買ってでたいと考えていたことも明らかになっている。

吉田はこうした会合のために、そして皇族が大磯の私邸を訪ねてくることを期待して、食堂などを整備している。そしてその食堂が完成したときには、秩父宮妃《ちちぶのみやひ》を招いて祝宴を開いている。秩父宮妃は、さらに常陸宮《ひたちのみや》夫妻を吉田がこの私邸に招いたときに立ち会っている。吉田にとって皇族は確かに身内のような存在だったのだろう。とくに秩父宮妃がその折衝役をつとめていたのは重要な意味をもっている。秩父宮妃は、秩父宮が戦後一貫して唱えていた「開かれた皇室」という考え方に共鳴していた。戦前の皇室の硬直さを薄めようとの考え方だったともいえるが、それは吉田や小泉信三、さらには田島道治などの新時代の宮廷官僚に共通する姿勢だった。同時に吉田に限っていえば、この時代にあって天皇家の権威を国民に伝えるという役割を自らに課していたというべきであろう。こう見てくると、結局吉田は、自らが政治家でありつづけた間も、宮廷官僚としての自負をもち、どのような政策を選択するにしろ、その最終決断は宮廷官僚としての価値観にもとづいていたと解釈していい。戦後社会で吉田の皇室観を語るときの「臣茂《しんしげる》」は、そのまま宮廷官僚型政治家という語に代置することができたのである。

吉田の私邸には、五賢堂と称する祠堂が設けられていた。この五賢というのは、吉田が明治維新の功労者と考えている岩倉具視《いわくらともみ》、木戸《きど》孝允《たかよし》、大久保《おおくぼ》利通《としみち》、三条実美《さんじょうさねとみ》、そして伊藤博文《いとうひろぶみ》を指すのだが、彼らを讃える吉田の姿勢は、そのまま吉田自身の人物観や政治的思想を示しているといえた。吉田はこの五賢に加えて、西園寺《さいおんじ》公望《きんもち》も加えて六賢と称することもあった。吉田は自らが政界を退いた昭和三十八年から、亡くなる前年の四十一年まで、毎年秋にこの五賢堂で祭祀を行なった。それまではこの祭祀を自らとその側近のみで密かに行なうにとどめていたのに、この四年間は政界・財界・官界の人物を招き、大仰な儀式とした。昭和三十八年には池田首相をはじめ何人かの閣僚を呼び、まるでこうした賢人の遺徳を偲ぶことが日本の指導者の役割であるかのようにふるまった。池田は秘書たちとともにこの遺徳祭に顔をだし、吉田が近代日本の継承者であることを賞め讃えたのである。

吉田のこうした行動は、自らを大衆的人気という点から外して国民とは見事なほど一線を画するという思惑があった。吉田は、近代日本の継承者である自分とその信頼する門弟とともに、王政復古というこの政治システムと親西欧の政治とを巧みに合致させようと意図していたわけだ。それは軍事主導の昭和前期の歴史を改めて否定したうえで、明治維新期を継承するとの強い信念を示したということにもなるだろう。

佐藤擁立への露骨な動き

その吉田が懸念していた政治上の課題は、対中国問題であった。吉田の中国政策はかなり明確で、共産中国に対してはつねに強い態度にでることと、中国もまた現在はソ連とともに強力な共産主義国家ではあるが、いずれはその文化的背景が異なるのでソ連とは離反することになるだろうと分析していた。

結果的にこの予測は、その死後になってあたるのだが、吉田は共産中国はいつかいきづまり、再び国民党の支配する反共国家に転じるだろうとの夢とも願望ともつかない期待で見ていたのである。

昭和三十九年二月、吉田は池田内閣が対中国問題でいきづまっているのを補佐するように個人の資格で台北にわたった。池田からは公式の代表をという誘いもあったが、吉田自身、国民政府の総統である蔣介石と面識もあり、自らの縁でその関係を修復したいと考えた。

国民政府との悪化は、昭和三十八年末から三十九年初めの周鴻慶《しゅうこうけい》事件にあった。昭和三十八年九月に世界油圧化機械見本市に中国の調査団が来日したが、このとき通訳であった周鴻慶がソ連大使館にとびこんで亡命を希望した。しかしソ連大使館はこれを認めず、日本の警察に連絡したため、警視庁は逮捕する事態になった。周鴻慶の意思もその後は、台湾にわたりたい、中国に帰りたい、いや日本にとどまりたいと揺れた。むろん中国はひきわたしを要求し、国民政府もその要求を続けた。実際には池田は中国に送還させたいと画策していたが、自民党内の反中国派は台湾政府と連絡をとってそれに抗した。

昭和三十九年一月に周鴻慶は、最終的に中国に帰りたいという意思を示したので送り帰された。

台湾政府は、報復措置として日本製品の買い付けを拒否するなどの処置をとった。さらに新たな対抗措置も練っていたのである。

吉田が蔣介石を説得に赴いたのは、二月二十三日から二十七日までのことだが、吉田はこのとき蔣介石に「中共に政治的に勝つ道を選択すべきである」と改めて説得し、日本の中国への民間投資については政府系金融機関を使わせずに民間ベースで行なうことを約束している。国民政府は日本が中国に対して貿易上の拡大を続ける事態に危惧をもっていたが、吉田はひとまずそれに歯止めをかけることを明言したのであった。しかしこの政策は、池田内閣の採っていた政策と必ずしも一致したわけではなかった。吉田の明言にもかかわらず、中国への民間投資ベースは拡大し、池田内閣もそれを特別に制限することはしなかった。

吉田に対して台湾側の目は冷たくなっていたが、それをもっとも知っていたのは吉田自身であった。吉田には、外務省幹部がしばしば訪れては外交上のブリーフィングを行なっていて、そのたびに吉田は外務省も中国政策に積極的になるべきではないと説いた。蔣介石の日本への戦時賠償権の放棄などを忘れるべきではないとの論を何度も強調したのである。外交官に必要なのは、国益を真に代表しているか否かということだと説き、ときに外務次官の人事に口を挟むこともあった。

吉田は、こうして重要問題には積極的に意見を伝えたが、昭和三十年後半から四十年代にかけては、外務省に対してもっとも影響力をもつ長老であった。そのために外務省のなかには吉田を信奉するグループと不満をもつグループとが混在するようになった。対米追随、反共外交だけでは国益を守ることはできないとのグループが、吉田をうとんじはじめ、それは具体的には中国政策にあらわれることになったのである。中国政策では国際社会の流れに沿って国民政府より中国政府に傾斜すべきだとの空気は少しずつ外務省内に広がり、吉田はそれに異を唱えるグループの有力な支援者としてふるまった。

皇室参与、中国政策の一方の有力者、そしてもうひとつ、吉田が自らに課していたのはなんとしても門弟の佐藤栄作を首相に据えることであった。池田は昭和三十九年七月十日の自民党の総裁選を前にして、吉田は何度か池田に書簡を送っていた。池田は三選をめざし、佐藤も派閥の総意で立候補の意思を固めていた。その直前に吉田が池田に宛てた書簡（六月二十一日）はきわめて微妙な内容で、その全文は次のようになる。

「政局の現状憂慮せしめ候、首相としてハ此際自ら政争之渦中に投せす毅然として政争外ニ立ちて後継者を指命するの立場を堅持せられ度、斯くてこそ自然将来再起の機運を醸出可致、此際三選なと心懸けらる丶故ニ河野〔一郎〕ニ対する反感攻撃を自ら負ハる丶か如き破目に至ると存候、切ニ再考を暁望致候」

これをどう読むかによって吉田の晩年の心情をさぐることが可能であった。

池田との見えざる亀裂

この書簡は、池田自身が引退を決意せよと迫る内容であった。その文面は、四年間の首相としての実績は認めるもののその政治姿勢については不満を隠さなかったが、その最大の不満は河野一郎を優遇することにあった。池田が三選を意図するから河野との対立や相克、加えて妥協を考えなければならないのであり、引退を発表すれば河野などとどのような関係ももたなくていいではないか、即刻勇退されたほうがいいとあたかも師のように装いながら底流にあるのは池田への恫喝《どうかつ》といってもよかった。

とはいえ、自分の生のあるうちに、〈池田・佐藤〉の首相を実現することで、再生日本の進む道が不動の形をえがくと納得したかったという意味にも解されるだろう。そのような屈折はむろん吉田の性格でもあるが、吉田は現実の政治状況が自らの思うように回転しないことに苛立っていて、今なお内心では首相時と同じ権力者の心理状態をもっていた。

この書簡に至るまで、吉田の意を受けて政界を走り回ったのは、自民党議員の北沢直吉《きたざわなおきち》だった。北沢は内務官僚だったが、吉田に私淑するところがあり、それを吉田が重宝に思って伝達使のように使った。吉田は北沢に書簡を託し、池田に対して、池田から佐藤への禅譲を前提に、東京オリンピックまでは池田が政権を担い、その後は佐藤に譲ったらどうかとも伝えていた。これが六月十三日である。こうした事実は、近年刊行された『佐藤栄作日記』で明かされていて、佐藤は吉田から、池田に伝えたこうした内容を逐一聞かされていた。そして、池田は吉田提案に「不賛成」とも書きのこしている（六月十五日）。この佐藤日記には、総選挙での立候補を固めていく佐藤の心情がよく吐露されている。自民党内には確かに反池田の動きが広まっていて、三選はないという声に佐藤は期待していた。加えて「佐藤嫌い」で通っていた実力者大野伴睦副総裁が死亡し、佐藤を支えるグループが活気づいたという客観的有利さもあった。

池田は、表面では佐藤や佐藤を支持するグループの巧妙な切り崩しに苛立っていたが、裏面では吉田が佐藤内閣実現のために圧力をかけてくることに相当の不満をもったようだ。池田の秘書伊藤昌哉の書

（『池田勇人とその時代』）には、池田側の票読みでは、佐藤に勝つとわかったとき、池田は佐藤は何を考えているのだといわんばかりの怒り方だったとしている。池田は、「なんでお前、そんなバカなことをするんだ。そんなことに血道をあげるより、政権を担当するにふさわしい人格の持主になれ。そうすれば、いつでも政権など譲ってやる」というのが佐藤への本心だったと書きのこしている。

だがもし池田が、次のような事実を知ったら心底から吉田に対して激怒しただろう。佐藤のもとには吉田からの助言、励ましがあるだけでなく、とにかく大磯に訪ねて来いと何度も呼びつけるので、佐藤も政争の合い間に、「その時期に非ずとして今日まで延引したので、腰を上げて行く」と七月二日の記述には渋々と訪ねたように書いているのだが、そこでの吉田の助言は、「要は、河野のついた池田は倒すべしとの御託宣。大いに激励されて帰る」という内容だったのだ。

吉田は在任中の河野の吉田倒閣運動を決して許していない。加えて河野は実はソ連と通じているのではないかと日ソ交渉時にはその関係を疑っていたのでもあろう。もうひとつ大胆な推測をするならば、吉田は、自らの退陣を諫言した緒方竹虎や池田勇人を許していなかったとも考えられる。吉田の性格のなかにひそんでいる自らに刃向かった者は決して忘れず、決して許さないという粘液質の気質は、池田を対象にしていたのではないかと想像されるほどだ。そして池田は喉頭がんによって、翌年八月に亡くなるが、最期まで吉田の池田内閣倒閣の意志は知らなかったに違いない。

七月の総裁選では、池田が二四二票を獲得したのに、佐藤はわずか百六〇票であった。藤山は七二票である。しかし、過半数を上回ること四票で池田は三選された。この三選のあとから側近には喉の異常を訴えるようになった。九月にはがんセンターでがんの宣告を受けるが、池田には知らされなかった。

総裁選の終わった二日後、佐藤は吉田を訪ねている。七月十二日の記述に、「約一時間、吉田氏を見舞ふ。一寸先生も手のつかぬ様子」とある。吉田は池田三選に不快感を隠していない。にもかかわらず、吉田は佐藤と会ったあとに池田宛てに書簡を書いていた。そこに書かれているのは、

「今後の政局処理ニつき貴台と佐藤〔栄作〕君とハ党の基本たるへきものニ付充分御留意願上候」

という一節であった。君と佐藤は自民党主流の中心軸なのだから共に協力せよという意味である。現在、各種の資料を見る限りでは、池田はこの提案に特別の反応を示していない。吉田と池田の蜜月時代は、実際には終焉のときを迎えていたのだ。

吉田の胸中には自らに課した三つの課題のなかでもっとも重要とする佐藤内閣実現を果たして元老にとの思いがあったようだが、すでにその役割を果たす時代ではなくなっていた。吉田の野望は頓挫した。

しかし、吉田は不本意な形でその願望が実る時代をもった。

池田が、前がん状態のため首相としての執務に耐えることができないという理由で辞意を表明したのは、十月二十五日である。東京オリンピックの最終日まで発表を遅らせたために、その間政界ではさまざまな噂がとんだ。がんセンターに入院している池田の容態は相当にわるいのではないか、とすれば池田は次期首相に誰を想定しているのか、という推測が交わされた。副総裁の川島正次郎や幹事長の三木《みき》武夫《たけお》が党内意見を聞き、池田の盟友である前尾《まえお》繁三郎《しげさぶろう》が池田と川島、三木との連絡役にあたっての後継者の模索が続いた。彼らの誰一人として、吉田の存在を意識してはいなかった。

昭和三十年代の保守政治は、こうして吉田時代を薄めていったのである。

次期首相を十一月九日までに決めるとの池田の意向は、二週間たらずの期間を、自民党がどのような後継者を生みだすかの政治的緊張状態とした。吉田自身はこの渦中に身を置きたかったのだろう。長老という名目があるため、川島や三木に意見を求められると、佐藤が次期総裁にふさわしいのではないか

との意思を示した。しかし、それは単に御意見拝聴という儀礼の範囲にとどまったのである。吉田は十一月六日に池田に宛てて書簡を送っている。この書簡については、『吉田茂書翰』には収められていない。そのことは池田が保存する意思がなかったということにもなるのだが、佐藤日記によれば、「吉田老、親書を池田君に送り、又同級生の人達我方の為に動く」とあり、池田に対して佐藤を推すようにとの最終決断を促す内容であったと推測される。この書簡の存在を佐藤日記で確認しなければならないところに、吉田の動きがどのようなものであったかがわかる。

つまり吉田は佐藤の別動隊に徹して、佐藤と謀りながら、書簡を送っていたのである。

十一月九日に池田が佐藤を指名したのは、川島や三木が党内は佐藤でまとまっていると報告したためだし、実際に他の有力者――このときは河野一郎、藤山愛一郎だったが、彼らは川島や三木に態度を一任するとしたために、池田もそれを受けいれたにすぎなかった。

こうして「佐藤の時代」が始まった。吉田は祝電を打ち、この内閣を讃えたが、佐藤もまたことあるごとに吉田の門弟としてのふるまいを欠かさなかった。吉田は佐藤に大磯に会いにくるようしばしば求め、また自らもときに佐藤を訪ねたが、しかしその回数はそれほど多かったわけではなく、ときに佐藤と会うと外務省人事の陳情を頼んでいる節さえあった。

昭和四十年一月一日、佐藤は年始の挨拶に吉田を訪ねているが、そこには、「吉田〔茂〕老を訪問、以〔意〕外に元気。夜食をいただき川奈に直行する。吉田老から外務省人事につき、黄田《おうだ》〔多喜夫《たきお》〕次官をかへる様椎名に進言せりと云ふ。小生もすでに椎名大臣に口をきりし人事、驚くに当らず」とあり、吉田は外務省の人事に露骨に口を挟んでいたことが窺える。

確かに吉田は外務省の顧問という立場だったにせよ、吉田は事務次官さえ気にいらないとして更迭せよという意見具申までしていた。

吉田は晩年には、主に外務省関係の者と接することが多く、政治家にはほとんど会っていない。同時に、政治家もまた吉田との接触に関心はなく、そのために吉田の周辺には、独自の空間が生まれていった。それはこの期の日本が高度成長の上昇期にあり、その権益の分配をめぐって政治的にはむしろ社会党など野党の勢力が増し、しかも吉田にとっては孫に近い世代が各界に登場してくるとあって、吉田の世代はとうにその役割を終えていたのに、吉田周辺の空間だけは〈戦前・占領下・そして講和後の日本〉を貫いて動いていた軸が回転していたのである。吉田は、確かに外務省人事にこっそりと口を挟んでいたにせよ、社会的には着実に影響力を失っていた。

吉田はこの期に、京都大学教授で国際政治を講じる高坂正堯には、心を許して自らの心情を吐露することがあった。それは高坂の書く吉田茂論が戦後社会の平衡感覚を守り、再生日本の路線を敷いたという見方を示していたからで、まだ現実社会では受けいれられていない論だったことを評価したためだった。加えて、吉田を国際的に認知させるためには、高坂の世代の歴史観を必要としていたからだった。

吉田の周辺にある独自の空間、それは現実の日本社会とは異なった空間であり、そこにかもしだされるのは、昭和二十年までの大日本帝国時代の宮中の側近がつくりあげた、現実社会とは遊離した空間ともいいかえられた。

ノーベル平和賞を企図した言論活動

この空間で吉田にノーベル平和賞を授与させるための働きかけを行なうといった話が進んだ。吉田の外務省の側近たちは、吉田がノーベル平和賞を手にすることで、戦後日本の歩んだ道を国際社会に認知させようとの計画をもったのだ。昭和四十年一月から始まったこの運動は、国内での適格者からの推薦文を集め、そして国際的にも各方面に働きかけた。しかし、この年十月末のノーベル平和賞の発表には、吉田の名はなかった。

外務省側の吉田側近のひとり、御巫清尚の書いている稿（『人間　吉田茂』に収められている「晩年の吉田茂氏」）では、翌四十一年にはどのような働きかけを行なったか、それを紹介している。それによるならば、外務次官の下田武三《しもだたけぞう》が中心になり田中耕太郎《たなかこうたろう》、横田喜三郎《よこたきさぶろう》、高柳賢三《たかやなぎけんぞう》、江川英文《えがわひでふみ》、栗山茂《くりやましげる》の推薦有資格者を招いて運動の方向を話し合ったという。つまりは外務省挙げての国際的な猟官運動ということになるが、まずは吉田の活動を英文で世界に知らしめたほうがいいとして、その草稿づくりから始まった。この草稿づくりを高坂正堯が行ない、昭和四十一年八月ごろに完成した。御巫は次のように書いている。

「（草案を）吉田氏に見せ、了承されたものから外務省の英語の大家赤谷源一《あかたにげんいち》氏が英訳、更にこれをテイルトマン氏（注・マンチェスター・ガーディアンの駐日特派員）が校閲するという手順をとった。（略）（この稿を）正式にブリタニカ社に引渡した。（注・ブリタニカのイア・ブックに掲載されたという）この論文はブリタニカ社を大変喜ばせたが、ノーベル委員会にはどれほど効果があったか分らない。この年新たにノールウェーに赴任した勝野康助《かつのやすすけ》大使に尽力を依頼したり、退職して自由になった三谷隆信《みたにたかのぶ》前侍従長がヨーロッパへ行く際にノールウェーに立寄って運動してもらったりいろいろ努力したが、この年も受賞に至らず関係者一同を落胆させた」

この猟官運動は翌年も続けられたという。この間の動きについては、現在に至るもくわしくは明らかにされていないが、それでもこの運動に関わった外務官僚は、ふたつの意味をもって熱心になったのだろうとは容易に想像されるところだ。ひとつは、吉田への忠勤を露にすることで外務省の主流人脈をつくりあげようとの意図、そしてもうひとつは、吉田路線を国際社会で認知させることによって、戦後日本の外交路線が正道を歩んだとの自己確認であった。

　だがこの猟官運動は、実際には国際社会でそれほど真面目に相手にされなかったというのが真相である。私の知る限り、吉田の名はアメリカ外交の追認者であり、軍国主義日本を平和日本に変えたという評価は国際的には通用しないとの論が、当時の欧米の有力紙の論調だったからである。吉田自身、この猟官運動にどのような態度をとったかは資料が不足しているので、結局は心中を推し測る以外にないが、もし吉田が真面目にこの運動に期待していたとするなら、それは吉田自身が現世でのあらゆる名誉・栄達を求めなければ気がすまないという単なる功名心にあふれた政治家だったと告白するに等しい。

　吉田が、後世に自らの存在を近代日本の中心軸に位置づけてもらいたいとの意思があり、それをノーベル平和賞の威力を借りて満たそうとするなら、吉田はすでに錯覚のなかに身を置いていたといえるだろう。しかし、こうした猟官運動にやむなく協力したとすれば、晩年の吉田周辺はひいきの引き倒しにも似た独自の空間をつくりあげていたことにもなる。

　ノーベル平和賞の外国向けの英文草稿も完成したとされる八月に、吉田はＮＨＫのテレビ番組で、政治評論家の萩原延寿《はぎはらのぶとし》と前述の高坂正堯を相手に、「わが外交を語る」と題して話している。これも日本国内でのノーベル平和賞受賞を意識しての世論づくり、そして外国に向けての吉田なりの総括を試みさせようとの側近たちの意図があったのかもしれない。

　この番組で、吉田はこと改まってとくべつのことを言っているわけではない。だが、昭和二十年四月に憲兵隊に逮捕されたという一件は、冒頭にも、そして末尾でも萩原に話をもちかけられてユーモアまじりの答えを返している。歴史観もない軍事指導者たちに抵抗した、あるいはその意に染まぬ人物として弾圧を受けたという事実（確かに表面上はこのような見方ができるが）だけは、国民にも、外国向けにも有力な言だという思惑だけは窺えてくる。末尾で、萩原が再度「最初に申しましたように、別荘に行った総理大臣というのは余りいないんですが」と水をむけられて、吉田は「しかし、別荘に行ったおかげでもって総理大臣になれたんでねえ。別荘に行ったということは、私なぞ自由主義、軍部に対する反感が証明されましてねえ。でマッカーサーも安心して使ったんだろうと思いますがねえ（笑）」としめくくっている。マッカーサーに安心して使われたという語は、吉田がなにげなく洩らしたのであろうが、ここにひそんでいるマッカーサーを巧みに利用しながら、自らの歴史的証明を印象づける語法など、吉田は老いてもなお、その本心を二重の表現で語る技術をもっているともいえた。

吉田が社会に向けて語る公式の発言は、このころにはこのテレビ番組だけであったが、改めてこの発言と佐藤首相との面談、外務官僚のブリーフィングでの自説披露、そしてノーベル平和賞の猟官運動など国民には見えない部分での動きとを比べてみると、吉田は生臭い好々爺を演じていたと見ることができる。それが吉田の人生の最後の姿だった。そういう役割を演じることができたのは、吉田の心中に〈語られるべき自らの像〉をつくりあげようとの強い意思があったためだろう。その像はどんなものだったのか。

遺言だったブリタニカ版の「イア・ブック」

昭和四十一年八月に、ブリタニカ社の依頼によってまとめられたイア・ブックへの寄稿は、「日本を決定した百年」と題されていたが、前述のように実際にはこの論文は高坂の筆になる文であった。まだ三十歳を超えてまもない高坂の筆を通してえがきだされる〈自らの目で見た日本〉は、〈語られるべき自らの像〉の壮大な確認の作業であった。むろんこの論文には最終的に吉田自身の筆が入ったのだが、ここでえがかれた吉田像こそ次代へのメッセージであった。ブリタニカ版に掲載されたこの論文は、やはり『日本を決定した百年』として、昭和四十二年六月に日本経済新聞社から刊行された。この書を刊行するにあたって、吉田は、「はじめに」という前文だけは自らで書いたとされている。このなかに吉田らしい一節が含まれているのは注目していい。

「日本は太平洋戦争という大失敗も犯したが、全体としては激しい国際政治の荒波のなかを巧みに舵をとってきた。しかし、それは日本人のすぐれた『勘』のたまものなのである。とくに明治の指導者たちはすぐれた『勘』をもっていた。だから私は事あるごとに『勘』の必要を説いてきたのである。しかし、『勘』というものは幸運と同じように、つくり出そうとしてつくり出せるものではない。(以下略)」

吉田にいわせれば、「勘」というのは、「すぐれた歴史の感覚をもち、勤勉に働く国民に与えられる一種の贈り物のようなものである」というのであった。自らの成功に酔い、実力を過信するような国民には決して与えられる贈り物ではないとも補足する。こうした論に吉田の次代へのメッセージが託されているとも思えるのであった。

吉田のいう「勘」とは何だろうか。ここで理解しておかなければならないのは、私の見るところ国民すべてにその勘が与えられるといっているわけではないということだ。すぐれた歴史感覚と勤勉な国民自身が、「勘」をもつというのではなく、そういう国民自身がもつ指導者、その人を支えることこそ「勘」という意味なのである。繁雑な言い方になってしまうが、国民自身がもった指導者が「勘」がいいということこそ、国民が「勘」がいいとなるということであった。もし吉田がそのような意味で語っているのでないとすれば、吉田は戦後社会の大衆政治家にすぎないとなる。そこでもっと考えを深めていくならば、日本の国民は「吉田茂」という政治家をかついだから「勘」がいいという言い方になってしまうのである。

『日本を決定した百年』は、その「勘」を裏づけるかのような歴史認識で書かれているということになろう。吉田は明治維新からの系譜を引く指導者であるという位置づけが巧みに施されている。

昭和四十二年のこの期、つまりこの書を刊行したころ、吉田は老齢からくる宿命で体調を崩しはじめていた。このころの吉田の様子をもっとも適確に語っているのは、『佐藤栄作日記』だが、この書によれば体調を崩して主治医の武見太郎《たけみたろう》の診断を仰いでいるし、その様子が佐藤のもとに報告されてもいる。この佐藤日記には、佐藤がそれこそ月に三回から四回は、大磯の吉田邸を訪ねていることが窺われるが、五月二十日の項には、「大磯、先生を見舞ふ。先生至極元気。今の処心配はない。バラが大変美しい」とある。佐藤は師吉田へ深い思いを寄せていたことがわかる。これは単に自らを首相にまで引きたててくれたという後見人への感謝ではなく、人間としての強い信頼感をもっていたということにもなるのだろう。

その佐藤が、六月二十四日に次のように書いている。「二時の約束で、大磯へ御中元の挨拶に出かける。先生一寸元気がない。麻生和子《あそうかずこ》君も同席。軽い失語症か。勿論新聞には内緒。やはり年は争へぬか。松永老（注・安左衛門）が元気なだけ、今暫く元気であってほしい」――。吉田は老齢からくる症状を少しずつ示してきているのである。そして九月二日になると、「大磯に吉田先生を訪ふ。中国行の挨拶、蔣［介石］総統への伝言などを聞く。想像以上に元気。殊にや、細り気味で健康体、この分なら長寿疑ひなし。然し御病後はうけ答は往時の俤《おもかげ》なし。淋しい感。（以下略）」とある。この筆調からすれば、吉田は外見上は元気に見えるが、その記憶力や判断力は紛れもなく衰えているということになる。老人特有の症状があらわれていたのだ。

その静かな死と反響

佐藤は、九月二十日から東南アジアの外遊に出発しなければならなかった。そこで十六日に再び吉田を訪ねる。佐藤にすれば一カ月余に及ぶこの外遊期間に吉田にもしものことがあったらと不安でもあったのだろう。吉田と一時間にわたって話し合ったとある。結局、このときが佐藤にとって吉田との永遠の別れになるのだが、佐藤の筆はそれほど明確には書いていないが、吉田は老衰が極度に進んだことが窺える内容である。

「南方への旅行の勉強に終始し、三時から約一時間大磯吉田先生を見舞ふ。旅行に出るので今年の誕生日も欠席。そのあいさつをかね中国帰りの報告並に今後の諸問題、殊に沖縄返還と防衛態勢につき御話する。先生は聞き役。一寸淋しい。(以下略)」

先生は聞き役、という表現がすべてを語っている。吉田は実際には感情も判断力も鈍っているということだろう。

『吉田茂書翰』を見ても、吉田が書簡を送ったのはこの年二月が最後であり、老衰はしだいに全身に及んでいったということになる。したがって、前述のブリタニカのイア・ブックは確かに吉田の歴史的遺言といってもいい。

吉田の主治医は東京慈恵会医科大第二内科の佐藤陽一郎《さとうよういちろう》助教授だった。もともとの主治医は古閑義之《こがよしゆき》教授で、昭和二十七年から定期的に吉田のもとを訪れ、診断にあたっていた。

しかし吉田の晩年には、主治医がつねにその傍にいるほうが望ましいとして、佐藤が大磯の吉田邸に住むことになった。吉田の症状は医学・医療では防ぐことができないともいえたわけだが、それは高齢からくる不可避な病いだったのである。その佐藤は、吉田の死後のことだが、「主治医として人間として」(『アサヒグラフ』臨時増刊号、昭和四十二年十一月五日号)という一文を書いている。それによるなら、吉田はこの年八月下旬に心筋梗塞の発作を起こす。三週間の絶対安静であったが、初めは佐藤の言いつけを守らなかったというが、理をつくして説明すると納得したという。その安静の折り、吉田は佐藤に次のように洩らしたというのである。

「尊敬している明治の功労者はみんな短命だったが、私はずいぶん長生きしました。明治の元勲が、短命であれだけの事業を成し遂げたのは精神を燃やした一時期があったからでしょう。私は何事にも熱心じゃなかったし、勉強もしなかったから長生きしたのですよ」

むろんこの言は、吉田の心中をよく示している。吉田が尊敬してやまない明治の元勲たちがつくりあげた国家は、軍事指導者によって解体されてしまったが、それを再び軌道に乗せるためにこれだけの時間を必要としたという意味になる。それが吉田の心中からの最後の述懐だった。

さらに佐藤によるなら、吉田は、夏の間は「五時ごろから十五分ほど、富士山に夕日が落ち、刻一刻と変化する夕焼けを飽かずにじっと眺めていた」というし、そのあとはテレビ番組を見るのがつねだったが、それもドラマや劇映画で、「絶対にごらんにならなかったのはニュースである」とも書いている。このことは吉田が少しずつ死への道を歩きはじめ、そして自らの心中で心の区切りをつけていたというように解釈ができる。

心筋梗塞は高齢になると、ほぼ一年という周期で襲ってくる。その波がこの年は九月二十二日の誕生日ごろに襲ってきたわけだ。その後は安静にしていなければならなかったが、吉田は、臥した状態でいながら、ときに「身体が動けなくなるまで生きているというふうにはなりたくありません」と冗談まじりに語ったというのである。吉田はそうした日々のなかで来訪者とはまったく会わなくなり、この波がおさまるのを静かに待っていた。

十月二十日、午前九時の診察のときはとくに異状はなかった。ところが午前十一時半に容態が悪化し、佐藤や看護婦の見守るなかで午前十一時五十分に静かに息を引きとった。八十九歳であった。号外が街を走り、テレビも臨時ニュースで伝えた。

吉田は自らの死のあと、カソリックの洗礼を受けたいと希望していた。そのために麻生和子がその遺志を受けて、吉田家と懇意にしている東京大司教館司教の浜尾《はまお》文郎《ふみお》を枕辺に呼んでいる。浜尾が書いているが、とるものもとりあえず大磯に駆けつけると、そこに吉田が眠っていたのだという。吉田の洗礼名はヨゼフ・トマス・モアだった。浜尾によるならば、ヨゼフというのは吉田が生前から望んでいたネームだったというし、トマス・モアはイギリスの政治家（『ユートピア論』）の名である。これについては、浜尾は「ご家族の方々がつけられたもの」と記者たちに話している。

吉田がなぜ生前に洗礼を受けなかったか。その理由は定かでないが、浜尾は、「死にそうになったら、洗礼を受けて『天国泥棒』をやってやろう、といわれていましたね」とも証言している。生前の吉田は政治家として「公」の存在であることを自らに課していたために、その政治的選択や政策の背景にカソリックとしての信仰があったのでは……と疑われることを警戒していたとも解すべきであろう。死後は、私人吉田茂からヨゼフ・トマス・モアとして、キリストの審判を受けて天国にいくことを望んでいたといえるのではないか、と私には思える。

吉田茂の死が各国に伝えられると、ほとんどの国の指導者から弔電が届けられた。もっとも吉田の死を悼んだのはアメリカであった。マンスフィールド民主党院内総務は、「現在の良好な日米関係を築いた偉大な政治指導者」と上院を代表して追悼の意をあらわしているし、ジョンソン大統領も、吉田の戦後の政治的業績を讃えた。アメリカにとっては、吉田は「良き政治的パートナー」ということになるが、それをそのまま正直に日本にむけて伝えてきた。

イギリス外務省は公式の声明を発表して、吉田がイギリスにとって長年のもっとも信頼する友人であったとして、その労に報いたいとも明かした。『タイムス』は、吉田を悼む長文の論説を載せて、精神的・物質的に虚脱状態にあった日本人にとって吉田茂という政治家が存在したという事実は、きわめて大きな意味をもったとの讃辞を送った。吉田が望んでいたであろう論説がその文面の端々にあらわれていた。

イーデン元首相は、「吉田茂は生命の危険をおかしてでも、自らが納得できない行動には抵抗できる勇気のある人物だった」と語り、戦時下で憲兵隊に逮捕されてまでもアメリカやイギリスとの和平工作に全力を傾けたという歴史的事実を改めて賞讃したのである。

当時の日本のメディアは、「海外の反響は西高東低」と報じたのだが、現実にベトナム戦争をはじめ東西冷戦下の国際社会では人間的な感情よりもむしろ政治的な思惑が先行する情勢下にあったのだから、共産圏諸国は当然のことながら冷めた報道に終始した。ソ連のタス通信は、吉田の死だけを伝え、吉田は「一九四六年から五四年まで日本政府の首相であった」と告げたにとどまった。他の国もそれに追随する点に特徴があった。

こうした外国からの反響はむろん予想されたものだった。吉田はその軌跡が示すように、近代日本そのものがアメリカとイギリスとの協調しか道はなく、そのレールをふみ外したことが誤りだったとしていたが、その死後の評価もまたそのとおりだったのである。

むろん日本国内においても、吉田の死は共産党を除く各党から追悼の言葉で語られたが、そうした讃辞のなかでとくに目を引いたのは社会党関係者が、吉田政治を全面否定するのではなく、むしろその政治路線の一部を評価し、一部に批判を浴びせるという立ち場をとったことだった。

あるいは、実は吉田は人間的にはきわめて温厚なところがあり、「人なつこい人」という評価をくり返したことだった。これには死者に対して敬意を払うという日本風のしきたりがあるにしても、吉田個人にはむしろ心情的な共鳴を強くもっていたといえるように思える。

一例をあげれば、もと左派社会党の委員長であった鈴木茂三郎《すずきもさぶろう》は、第一次の吉田内閣は、「総理大臣としてすぐれていたことは否定できないが、やはり限界があり、大きく責任を負わなければならない点にも、目をふさぐわけにはいかない」としたうえで、第二次以後の内閣は再軍備への道を歩むことにつながりかねなかったという見解を明らかにしている。当時の世論のもっとも一般的な論評ともいえた。鈴木は、吉田が「社会党育成論」を口にしたとき、「少しいいすぎではないか。あなたの心持はわかりますが……」と申し入れると、「あれは私の間違いだった。今後はいいません」と答えたというエピソードまで紹介している。

鈴木の外遊がGHQに拒否されると、吉田が間に立つことで認めさせることもあったといい、そして鈴木は次のようにしめくくっているのである（前出の『アサヒグラフ』臨時増刊号）。

「（注・GHQに鈴木の査証を認めさせるような）そういう味なやり方のできる人であった。徳《とく》（田《だ》）球《きゅう》（一《いち》）とも議会ではげしく渡り合っていたが、質疑が終ると、徳球がニコッと笑ったのも昨日のようである。ふたりとも憎みあうことはなかった。吉田氏はそんな人なつこい人であった」

吉田は、GHQと交渉する折りには、「国内にはあなた方の意見に反対する勢力もありますので……」という便法が必要だったことが鈴木には理解できなかったという意味も含んでいる。あるいはそれを理解していながら、日本の「国益」を守るための役を演じていたという見方も成り立つ。吉田茂論を通して見えてくる戦後日本のこの政治的構図は、現在に至っても明確な答は引きだすことはできない状態にある。

佐藤首相は、吉田の死をマニラ訪問中に知った。十月二十日の日記の冒頭に「吉田先生御逝去の訃報一時すぎ入電。かねてから予期した事ではあるが、今二、三日まっていただいたなら帰国報告も出来たのにと、誠に残念至極」とあり、その後この日の動きを書いたあと末尾に「(記者)一行も吉田さんの訃報に声なしの感。記者会見も元気なし。又嫌な質問もなく至極おとなしい。冒頭の一分間の黙禱で、一寸した劇的なシーンもあった」と書いている。涙を流した記者もいたというのである。

佐藤は予定を切り上げ、二十一日に帰国した。羽田から直ちに大磯に向かった。「十時半すぎ、先生にとりすがり御別れをする。御逝去の際の様子をきくに、ほんとに大往生と云ふべきか」と日記に書いている。そして心中で、吉田の国葬を決意したのである。戦後の日本ではむろん初めて、戦前の海軍大将山本五十六《やまもといそろく》の戦死以来、二度目の国葬で吉田は送られることになった。

終章　「私」と「公」、そのふたつの死

死後は「妻」のもとに

吉田はふたつの死で歴史のなかに吸収されていくことになった。

吉田がその死の直後にカソリックの洗礼を受けた真の理由は、結局は人びとの立ち場によってその分析も異なる。しかし、死を〈私〉のものとする意思があったことは誰も否定できない。吉田はその生において は「臣茂《しんしげる》」であることを認めていても、死を甘受してからの自らの存在は、カソリック信者である家族のために存在するとの意識をもっていたとは誰もが解することができよう。

吉田の八九年の軌跡は、洗礼を受けたことで改めてもうひとつ別な角度からの検証が行なわれるべきだが、この視点からは吉田像は充分につくられているとはいえない。

信仰の質がどのようなものであったか、それは定かではない。巷間流布している吉田像のなかからもそれを把むことはできない。雪子《ゆきこ》夫人がカソリック信者で、三女の和子《かずこ》も昭和四年には洗礼を受けていて、吉田の心中には自らはこの宗教に距離を置きつつも、夫人への愛惜がカソリックへの信仰となっていたのではないかと思える。私なりの推測を幾分断定的に書くならば、吉田は、誰に語ることがなかっ

たにせよ、雪子夫人との再会を死後の洗礼という形で意思表示していたのではなかったか。

雪子夫人は和歌を詠むことでも知られていた。一九三六年、三七年に吉田とともに滞在したロンドンで、私家版の和歌集を刊行している。『グロヴナー・スクエアの囁く木の葉』という和歌集だが、このグロヴナー・スクエアというのは、日本大使館の地名でもあった。この和歌集のなかに、

古風の耳環　象牙色の肩に　揺らす
君にふさはし　ヴェロニカの御名《みな》

という歌がある。この和歌集を紹介した東大教授（昭和二十六年当時）高松棟一郎《たかまつとういちろう》によれば、ヴェロニカは植物名であると同時に、キリストの顔の絵を捧げもった姿で描かれる聖女の名をあらわしている。高松が当時の月刊『文藝春秋』で語っているが、夫人の信仰心はきわめて強かったという。吉田は、その心中において昭和十六年に亡くなった雪子夫人を終生心の中で暖めていたとみれば、八十九歳の肉体は亡んでも精神は妻のもとに帰ると望んでいたのも当然の帰結だった。

吉田が亡くなったとき、長男の健一《けんいち》が父の思い出を語ったなかに、父の性格は「愚痴というものを言わなかった。尤《もっと》も、これは後になって愚痴を言わないですむ為に自分の立場というものを常に守り通したからでもあるのに違いなくて、それが楽なことではないので手柄話もしなかった」という一節がある。他人には自らの心中を明かさない。明かしたところでそれがどのような意味をもつのか、と吉田は人生観を固めていたというのである。たとえば、妻の思い出を他人に語ったところで自らの胸に残るのは虚しさだとよく知っていたのである。吉田の性格に〈克己心に富む〉という表現を与えてもかまわないといえるだろう。信仰をもって夫人のもとに往くというのは、吉田という人間の性格が実は誰にも理解されていなかったということかもしれない。吉田は死によって初めて〈私〉になるとの約束を自らに課し

ていたのであろう。

吉田の私人としての葬儀は、国葬に先立って十月二十三日に東京のカテドラル聖マリア大聖堂で行なわれた。弔鐘とバッハの「マタイ受難曲」で始まったが、吉田家の密葬とはいえ、各国の外交団も弔問に訪れ、葬儀内容はまさに準国葬なみであった。午後からは一般の人びとの会葬も受けつけ、吉田の友人がのちに書いているところでは、とくに青年層の姿がめだったともいう。幡ヶ谷火葬場の特別室で火葬にふされ、夕方には大磯の私邸に遺骨となって戻った。

この密葬後に、佐藤首相は天皇のもとを訪れて、吉田を従一位に叙し、大勲位《だいくんい》菊花章頸飾《きっかしょうけいしょく》を贈ることを伝え、合わせて国葬を行なうと報告している。『佐藤栄作日記』には、東南アジア訪問を半ばで切り上げて帰国した佐藤は、吉田への服喪の感情をいかに長くもちつづけていたかが記録されている。日常の生活のささいなところで吉田を思いだし、むろんそこには涙を流したという類の表現はないのだが、状況としてはそうとしか思えないニュアンスで書かれてもいる。

十月三十一日の国葬は武道館で行なわれたが、参会者は六千人に及び、一般献花者は三万六千人に達した。国葬がどのような形で行なわれるかについては特別の決まりはないが、佐藤はこの日の日記に「先例もなく参考になる様な事もないので一寸心配したが、万事厳かに行はれた」と書いている。

国葬は戦後日本では初めてということになるが、この間の動きを見ていく限りでは、とくべつに国葬にすることはないと思えるのに、あえてそうしたのは佐藤が首相だったからである。佐藤にすれば、こうした最大級のもてなしが自らの恩返しと考えていたにすぎない。吉田は青山霊園に埋葬されたが、佐藤は時間を見ては霊園に赴き、伯父にあたる松岡洋右《まつおかようすけ》、それに吉田茂、そして池田勇人《いけだはやと》の墓に合掌を続けていることが語られている。

吉田の死をもっとも悼んだのは佐藤だったというのはわかるが、その悲しみはむろん政治家としての歴史的評価を伴っているわけではない。

吉田の死のころ、ベトナム戦争の本格化やアメリカの公民権運動、中国の文化大革命、それにヨーロッパでも新しい世代による教会権力への反発など、世界史の上では新しい動きが起こっていた。この動きは、人類が自らつくりあげた科学技術という視覚で捉えられる枠組みに人権とか平和という抽象世界の果てしない心理的浄化を対峙させた二十世紀の「本質」から派生したといえるものだが、現実にはまるで話のかみあわない世代が論争を重ねる宿命をもち、それはしばしば暴力に傾斜した。

吉田の死をこのような時代背景にあてはめると、そこに幾つかの歴史的帰結も見ることができた。明治十一年に生まれ、明治二十年代に中等教育を受け、三十年代に大学教育を受け、四十年代からは外交官の生活を送ったという経歴は、どのような尺度で見ても、明治人ともいうべき体質そのものの具現でしかなく、その国家観をナショナリズムという語で語るならば、吉田のナショナリズムは明治の元勲たちの生きた姿をそのまま肯定することから始まっていた。その吉田が近代日本のプリズムのなかでそのときどきに放つ光りはとくに強弱が異なっていたにせよ、それは彼自身が畏敬していた元勲たちの姿から発せられているという正統性を信じることにあったともいえる。

吉田像の真実はどこに……

吉田は自らの死を時代の渦中に置くことでどのように問われるか、それを予想していた節もあった。しかしより重要なのはその心底において自らが軍事的敗戦によって解体しかけた日本を「再生日本」の名のもとに明治の道に戻したという自信であった。それこそが吉田の説いたナショナリズムそのものであった。晩年の吉田の心理の一面には確かに「勝利感」があった。とはいえその一方で次世代の思想や歴史観が自らのナショナリズムをどのように取捨するか、〈公〉に生きた人間としての不安はあったように思われる。だがそのことを吉田は直接には語っていなかった。

たとえ吉田に多くの歴史的業績があったにせよ、その死の前後に語られた吉田の人物評や人間像は他の政治家に見られないほど多い。メディアは主に吉田の独善的なエピソードを紹介するのに懸命で首相時代の愚にもつかぬ政治評などをあれこれと並べたてた。政治評論家やジャーナリストにしても、吉田を冷笑することであたかも自らの知性を誇るかのようにふるまい、ときにそれは見苦しくさえあった。『アサヒグラフ』が編んだ臨時増刊号では、高坂正堯《こうさかまさたか》や加瀬俊一《かせとしかず》、それに曾禰益《そねえき》と藤原弘達《ふじわらひろたつ》が吉田を語っているが、藤原は吉田の死の感想を問われて、むろん幾分諧謔《かいぎゃく》的にではあるにしても、「ホッとしましたね」とつき離し、「戦後、吉田呪縛というもので、日本の保守党政治家は、彼の敷いた路線から出られないような――これは錯覚ですけれども、なんか少しでもはずれるとダメになるような、そういう印象を与えていた」と補足している。この見方自体は鋭い指摘だとも思えるが、その表現は明らかに吉田の〈公〉の否定であった。

この座談会で語られている吉田像は、吉田には思考のシステム、体系などは明確ではないが、勘の鋭さがあるという見方といやそうではないという論議が交錯しているが、高坂正堯が「単純さが彼の特徴で長所だった。……（占領時代などは）どんなことを犠牲にしてもいいから、大事なことだけは守るというがんこさと目標の単純さが必要とされた時代だった」と吉田という異能の政治家が近代日本のある期には必要だったと断定している。それは歴史的見方へのレールを敷く言でもあった。

吉田個人への賞讃や批判はつまるところその発言をする同時代人の思想や倫理、さらに時代での生き方を示していた。かつての左派社会党の委員長鈴木茂三郎《すずきもさぶろう》のように、ある期の吉田は正しく、ある期の吉田は誤りだったという具合に、自らの生き方を重ね合わせての批判や擁護が生まれてくるのであった。

私は数多くのこうした吉田像にふれて、吉田の死の前後の人物評のなかで重みをもったのは、たとえば評論家という肩書きで朝日新聞に「吉田茂と戦後政治」を書いた笠信太郎《りゅうしんたろう》の指摘が現代に至る普遍性をかかえこんでいるように思う。吉田の言は、憲法にしても自衛権にしても矛盾だらけなのだが、それを吉田の側に立って考えてみればその胸中もわかるとして、笠は「吉田さんは、目測をもって、将来を計っていたにちがいない。そこで、時間の要素を十分に加味してみると、一見矛盾と見えるその考えも、それほど気にはかからなくなる」と書いている。吉田は自らの目の位置で将来を測って、あえてその発言の矛盾をそのままにして逝ったという点を笠は強調している。

吉田の戦後政治は現在のわれわれに何をつきつけているか。それを幾つかに整理して、〈公〉の吉田を見つめておきたい。その功罪だが、功は政治的・経済的にはともかくも現代日本の形に整えたことにある。戦後の日本はただの一度も軍事的な冒険を試みていない。他国に軍事上の威圧もかけていないし、具体的な行動も起こしていない。これは吉田政治の芽が実ったということでもあった。しかし、罪は歴史的にあまりにも多くの矛盾をかかえている点にしぼられる。

そのひとつは、偽善という二重性をもって成りたっていたのが吉田政治であった。そのことをもっともよく熟知していたのは、実は吉田茂その人であって、典型的な例が憲法がつくりあげた現実の日本は、その憲法と矛盾しているという歪みにあった。それは憲法の解釈が折り折りの政治権力によって自在に調整しうるという政治至上主義につながっている。そのために現在の憲法は非武装中立という方向と自存自衛の防衛力増強の方向とに自由に走ることのできる不思議な体系をもっている。もうひとつは、戦後保守政治の本流と称する政治権力が、実際には現状肯定の欲望充足のみに終始する危険性をもっていて、その懸念がそのままあたっている形になったことだ。悪しき欲望主義は、戦後政治の出発点を経済復興という目標にしぼっていたために経済生産性の枠内での人間像が範とされたことだった。

この罪のために、指導者の人材の幅が極度に制限される事態になり、経済的富の分配に長けた欲望充足派閥の一員である者が首相になるという愚をくり返した。吉田以後の政治的最高指導者は二十人近くに及ぶと思われるが、そのなかには吉田の生んだ土壌に異議申し立てをして、自らの政治的信念で指導力を発揮したのは五指に満たないのではないかと思う。吉田後遺症は依然として続いているのである。

吉田政治は二十世紀後半の日本の方向とその内容を規定したが、その矛盾が真に問われているのは〈現在〉である。吉田が望んだように吉田政治はスタート台だったのであり、ここを基点に新しい方向が確立されなければならなかった。有体にいえば、今となればその役割を果たすのは、吉田時代をどのような意味でも知らない世代によるべきだ。それがどのような政治的思想と政治姿勢によるかは私にはわからないが、ただひとついえることは吉田の矛盾にみちた政治的言動をある時代の一面的な目で見るのではなく、歴史の目で透視できるリアリストでなければならないだろう。

もういちど吉田が首相として置かれた政治状況を俯瞰したうえで、吉田自身が歴史に託したメッセージを読み抜き、それを懇ろに弔うにせよ継承するにせよ、いつの日かその仕事を国民自身が行なわなければならない。「政治家吉田茂」と対峙する労を惜しんでは、私たちは歴史的には何も生みだすことはできない。

吉田と対峙したうえで、その功罪を二十世紀の年譜に静かに定着させるのは、〈現在〉だと私は考えているのである。

主要参考文献（主要なものに限って以下に列記＝順不同）

財団法人吉田茂記念事業財団編『吉田茂書翰』（一九九四年・中央公論社）／財団法人吉田茂記念事業財団編『人間　吉田茂』（一九九一年・中央公論社）／吉田茂『回想十年（全四巻）』（一九五七—五八年・新潮社）／吉田茂『日本を決定した百年』（一九六七年・日本経済新聞社）／吉田茂『世界と日本』（一九六三年・番町書房）／吉田茂『大磯清談』（一九五二年・岡倉書房新社）／吉田茂『大磯随想』（一九六二年・雪華社）／高坂正堯『宰相吉田茂』（一九六八年・中央公論社）／今日出海『吉田茂』（一九八三年・中公文庫）／猪木正道『評伝吉田茂（全四巻）』（一九九五年・ちくま学芸文庫）／J・ダワー、大窪愿二訳『吉田茂とその時代（上下）』（一九八一年・TBSブリタニカ）／藤原弘達『吉田茂——その人その政治　怪奇な〝ワンマン〟のすべて』（一九六四年・読売新聞社）／リチャード・B・フィン、内田健三監修『マッカーサーと吉田茂（上下）』（一九九三年・同文書院インターナショナル）／三浦陽一『吉田茂とサンフランシスコ講和（上下）』（一九九六年・大月書店）／D・マッカーサー、津島一夫訳『マッカーサー回想記（上下）』（一九六四年・朝日新聞社）／加瀬俊一『吉田茂の遺言』（一九六七年・読売新聞社）／西村熊雄『日本外交史・サンフランシスコ平和条約』（一九七一年・鹿島平和研究所）／渡邉昭夫・宮里政玄編『サンフランシスコ講和』（一九八六年・東京大学出版会）／袖井林二郎『マッカーサーの二千日』（一九七四年・中央公論社）／袖井林二郎・竹前栄治編『戦後日本の原点（上下）』（一九九二年・悠思社）／伊藤昌哉『池田勇人　その生と死』（一九六六年・至誠堂）／冨森叡児『戦後保守党史』（一九七七年・日本評論社）／佐藤栄作『佐藤栄作日記（全六巻）』（一九九七—九九年・朝日

新聞社）／『吉田内閣』（一九五四年・吉田内閣刊行会）／江藤淳『占領史録（上下）』（一九九五年・講談社学術文庫）／秦郁彦『史録　日本再軍備』（一九七六年・文藝春秋）／児島襄『日本占領（全三巻）』（一九七八年・文藝春秋）／週刊新潮編集部『マッカーサーの日本』（一九七〇年・新潮社）／保阪正康『昭和陸軍の研究（上下）』（一九九九年・朝日新聞社）／C・A・ウィロビー、延禎監修『知られざる日本占領――ウィロビー回顧録』（一九七三年・番町書房）／鳩山一郎『鳩山一郎回顧録』（一九五七年・文藝春秋新社）／西尾末広『西尾末広の政治覚書』（一九六八年・毎日新聞社）／住友利男『占領秘録』（一九六五年・毎日新聞社）／袖井林二郎編訳『吉田茂＝マッカーサー往復書簡集（1945-1951）』（二〇〇〇年・法政大学出版局）／麻生太郎『祖父・吉田茂の流儀』（二〇〇〇年・PHP研究所）／麻生和子『父　吉田茂』（一九九三年・光文社）／東輝次著・保阪正康編『私は吉田茂のスパイだった』（二〇〇一年・光人社）
Shigeru Yoshida: "Japan and the Crisis in Asia" *Foreign Affairs* 29. No2（1951）
Yuki Yoshida: *Whispering Leaves in Grosvenor Square 1936-37*. 1938 London.

なおこのほかに文中に出典を明記している書もある。昭和史の基礎資料、昭和天皇、高松宮、西園寺公望、牧野伸顕、近衛文麿などの回想録、日記は引用の場合はそのつど出典を記している。政治家の回想録もこのような形をとっている。太平洋戦争下の動きなどはとくに重視した資料はないが、戦時下の動きは拙著『昭和陸軍の研究（上下）』に準じている。新聞、雑誌も参考にしているが、引用の場合は出典を明記している。

さらにアメリカ側の文献、刊行書として日本に駐在していたGHQの将校の回想録や自伝なども多数参考にしているが引用の場合は文中で出典を明記している。

吉田茂年譜

和暦下の算用数字は年齢

明治一一年（一八七八年）	九月二二　高知の自由党志士竹内綱の五男として東京に生まれる	五月一四　大久保利通、暗殺される
一四　3	八月一一　横浜の貿易商吉田健三の養子となる	一〇月一二　明治一四年政変
一五　4		三月一四　伊藤博文、憲法調査のため渡欧
二二　11	二月　耕余義塾入学（五年間在学）	二月一一　大日本帝国憲法公布
	一二月一　養父健三死去	
二三　12		七月一　第一回総選挙
二七　16	九月　日本中学校入学	八月一　日清戦争勃発
二八　17	九月　高等商業学校へ転校	四月一七　日清講和条約調印
	一二月　正則尋常中学校へ転校	
二九　18	三月　正則尋常中学校卒業	
	九月　東京物理学校入学	
三〇　19	一〇月　学習院中等学科六年級へ編入	
三一　20	九月　学習院中等学科卒業、高等学科入学	
三三　22（一九〇〇）		五月　軍部大臣現役武官制確立
		六月　清国で義和団事件

三四	23	八月 学習院高等学科卒業	九月 清国、北京議定書を一一カ国と交わす
三五	24	九月 学習院大学科入学	一月三〇 日英同盟調印
三七	26	九月 学習院大学科廃止となり、東京帝国大学法科大学政治学科へ編入	二月 日露戦争勃発
三八	27		九月五 日露講和条約調印
三九（一九〇六）	28	七月 東京帝国大学法科大学政治学科卒業 九月 外交官領事官試験に合格 一一月二五 領事官補に任官	
四〇	29	二月九 奉天在勤を命じられる	
四一	30	一二月一六 ロンドン在勤を命じられる	一〇月一三 「戊申詔書」発布
四二（一九〇九）	31	三月一〇 牧野伸顕（大久保利通二男・枢密顧問官）の長女雪子と結婚 三月一七 雪子を伴い、ロンドンへ出発 一二月二八 大使館三等書記官に任じられイタリア在勤を命じられる	
明治四三（一九一〇）	32	六月一 長女櫻子誕生	五月二五 大逆事件の検挙開始 八月二二 韓国併合
四四	33		一〇月 辛亥革命
四五	34	四月一 長男健一誕生	

（大正元）（一九一二）		八月二一　安東領事を命じられる	一二月　東京で護憲運動
大正三	36	一月二五　次女江子誕生（翌年七月死亡）	七月　第一次世界大戦勃発 八月二三　日本参戦
四	37	五月二三　三女和子誕生	一月一八　対華二一カ条要求
六	39	七月一六　大臣官房文書課長心得を命じられる 八月一〇　次男正男誕生	一一月　ロシア、十月革命
七	40	二月二八　済南領事を命じられる 一二月一〇　牧野伸顕全権に随行して、パリ講和会議に向かう（翌年九月帰国）	八月二一　シベリア出兵 八月　米騒動
八	41		一月一八　パリ講和会議開催
九	42	五月一　大使館一等書記官に任じられ、イギリス在勤を命じられる	三月　戦後恐慌
一〇	43		一一月四　原敬首相、刺殺される 一一月一二　ワシントン軍縮会議開催
一一	44	一月九　実父竹内綱死去 三月二五　天津総領事を命じられる	
一二	45		九月一　関東大震災 一二月二七　虎の門事件
一三	46		一月　第二次護憲運動
一四	47	一〇月一九　奉天総領事を命じられる	三月一九　治安維持法成立

			三月二九 普通選挙法成立
一五（昭和元）（一九二六）	48		七月 朴烈事件
昭和 二	49		三月 金融恐慌
三	50	七月二四 外務次官に任じられる	三月一五 共産党大弾圧 六月四 満州某重大事件
四	51	二月五 養母士子死去	
五	52	一二月六 駐イタリア大使を命じられる	一月一一 金解禁実施 一月二一 ロンドン軍縮会議開催
六	53	三月一七 長女櫻子、吉田寛と結婚	九月一八 満州事変勃発
七	54	一二月五 満州国・中華民国へ視察旅行に出発	三月一 満州国建国宣言 五月一五 五・一五事件
八	55		一月三〇 ドイツ、ヒトラー内閣成立 三月二七 日本、国際連盟を脱退
九	56	一〇月九 巡閲使として欧米諸国へ	この年、東北冷害、西日本干害等のため大凶作
一〇	57	一二月一八 外務省を退官	二月 天皇機関説事件 三月 ドイツ再軍備宣言
一一	58	三月 広田弘毅内閣の組閣参謀となり、外相候補とされるも軍部によって阻止される	二月二六 二・二六事件 一一月 日独防共協定調印

一二	59	四月一〇 駐イギリス大使を命じられる	七月七 日中戦争勃発
一三	60	三月一一 三女和子、麻生太賀吉と結婚	四月一 国家総動員法公布
一四	61	三月二〇 依願免本官	五月 ノモンハン事件
			九月三 英仏、対独宣戦（第二次世界大戦勃発）
一五	62		一〇月一二 大政翼賛会発足
一六	63	一〇月七 妻雪子死去	一二月八 太平洋戦争勃発
一七	64		四月三〇 翼賛選挙
昭和二〇（一九四五）	67	四月一五 憲兵隊に逮捕される（五月末釈放）	八月六 広島に原爆投下
		九月一七 東久邇稔彦内閣の外相に就任	八月九 長崎に原爆投下
		一〇月九 幣原喜重郎内閣成立、外相に就任	八月一五 終戦
			八月三〇 マッカーサー、厚木に到着
			九月二七 天皇、マッカーサーを訪問
			一二月八 松本烝治国務相、憲法改正四原則発表
昭和二一（一九四六）	68	五月一四 自由党総裁就任を受諾（八月一八正式就任）	一月一 天皇の人間宣言
		五月二二 第一次吉田茂内閣成立	五月三 極東国際軍事裁判所開廷
		一一月三 日本国憲法公布（翌年五月施行）	五月四 鳩山一郎自由党総裁公職追放
二二	69	一月一 「不逞の輩」と年頭の辞	一月三一 二・一ゼネスト中止指令

年	年齢	吉田茂関連	一般事項
		四月二五 総選挙で高知県から出馬、初当選	四月二〇 第一回参議院選挙
		五月二〇 吉田内閣総辞職	四月二五 総選挙
			五月二四 片山哲内閣発足
二三	70	一〇月一九 第二次吉田内閣成立	三月一〇 芦田均内閣発足
		一二月二三 内閣不信任案可決、衆議院解散	一〇月七 芦田内閣、昭電疑獄で総辞職
二四	71	一月二三 総選挙（民自二六四、民主六九、社会四八、共産三五）で単独過半数を獲得	七月五 下山事件
		一月二五 岳父牧野伸顕死去	八月一七 松川事件
		二月一六 第三次吉田茂内閣成立	八月二六 シャウプ勧告
		一一月一一 参議院で単独講和に応ずると答弁	
二五	72	三月一 自由党結成（総裁に就任）。池田勇人蔵相「中小企業倒産やむなし」と放言	アメリカ、マッカーシー旋風始まる
		六月二二 吉田・ダレス会談	六月二五 朝鮮戦争勃発
		九月一 レッドパージ方針決定	
二六	73	一月二九 吉田月ダレス会談（二・七まで）	四月一一 マッカーサー罷免（一六離日）
		九月四 サンフランシスコ講和会議に出席（九・八講和条約・日米安全保障条約調印）	六月二〇 第一次追放解除
二七	74	四月二八 GHQ廃止、講和条約・日米安保条約発効	五月一 血のメーデー事件
		八月一三 日本、IMF・世界銀行に加盟	一一月一 アメリカ大統領選挙でアイゼンハワー当選
		一〇月三〇 第四次吉田内閣成立	

一一月一〇　皇太子明仁親王、立太子礼（寿詞で「臣茂」という）
一一月二七　池田通産相、「中小企業の倒産・自殺やむなし」と再び放言（一一・二九辞任）

二八　75

二月二八　衆議院予算委員会で、社会党西村栄一議員に「バカヤロー」発言
三月二　吉田首相に懲罰動議可決
三月一四　内閣不信任案可決、衆議院解散（バカヤロー解散）
四月一九　総選挙（自由一九九、改進七六、左社七二、右社六六、分自三五）
五月二一　第五次吉田内閣成立
一一月二九　分党派自由党解体、二三人復党（三木武吉ら残留派八人は日本自由党結成）

一二月一五　水俣病患者第一号発病

二九　76

四月二一　犬養健法相、指揮権発動して、佐藤栄作自由党幹事長逮捕許諾請求を阻止（造船疑獄事件）
九月二六　吉田首相、欧米五カ国歴訪に出発（一一・一七帰国）
一一月二四　日本民主党結成（総裁鳩山一郎）
自由党議員総会で、吉田総裁の勇退・緒方竹

一月七　アイゼンハワー大統領、沖縄基地の無期限保持を声明
二月二三　造船疑獄発覚
七月一　防衛庁・自衛隊発足

年	年齢	月日	事項	月日	一般事項
			虎新総裁を決定	一二月一〇	鳩山内閣成立
		一二月七	吉田内閣総辞職		
昭和三〇（一九五五）	77	二月二七	総選挙（民主一八五、自由一一二、左社八九、右社六七）で、当選	六月一	ロンドンで日ソ交渉開始
				一〇月一三	社会党統一大会
				一一月一五	自由民主党結成
三一	78			四月五	自民党大会で鳩山を初代総裁に選出
				四月二九	日ソ漁業交渉開始
				一〇月一九	日ソ共同宣言
				一二月二〇	鳩山内閣総辞職
				一二月二三	石橋湛山内閣成立
三二	79			二月二五	岸信介内閣成立
				六月一六	岸訪米
				六月二一	日米共同声明
三四	81	二月二五	オーストラリア、東南アジア訪問（三・二九帰国）	一月一	キューバ革命
				四月一〇	皇太子成婚式
		四—	社団法人日米協会会長に就任	一一月一六	岸首相訪米
三五	82	五月一二	日米修好通商百年親善使節団団長として訪米（英、西独、伊、仏歴訪、六・一四帰国）	一月一九	新安保条約調印
				六月四	安保改定阻止スト
				六月一五	全学連、国会突入（樺美智子

三七 84	五月一 ブラジル、伊、英、仏、ベルギー、オランダ歴訪（六・六帰国）	死亡） 六月二三 岸首相、退陣表明 七月一九 池田勇人内閣成立
昭和三八（一九六三） 85	一〇月二三 衆議院解散、政界引退	七月五 中ソ共産党会談（七・二〇決裂）
三九 86	二月二三 台湾訪問 四月六 マッカーサー葬儀参列のため渡米（四・一八帰国） 五月六 大勲位菊花大綬章 九― アジア調査会会長となる	一〇月一 東海道新幹線開業 一〇月一〇 東京オリンピック開会 一〇月二五 池田首相退陣 一一月九 佐藤栄作内閣成立
昭和四二（一九六七） 89	一〇月二〇 死去（従一位大勲位菊花章頸飾を授与される） 一〇月三一 国葬	

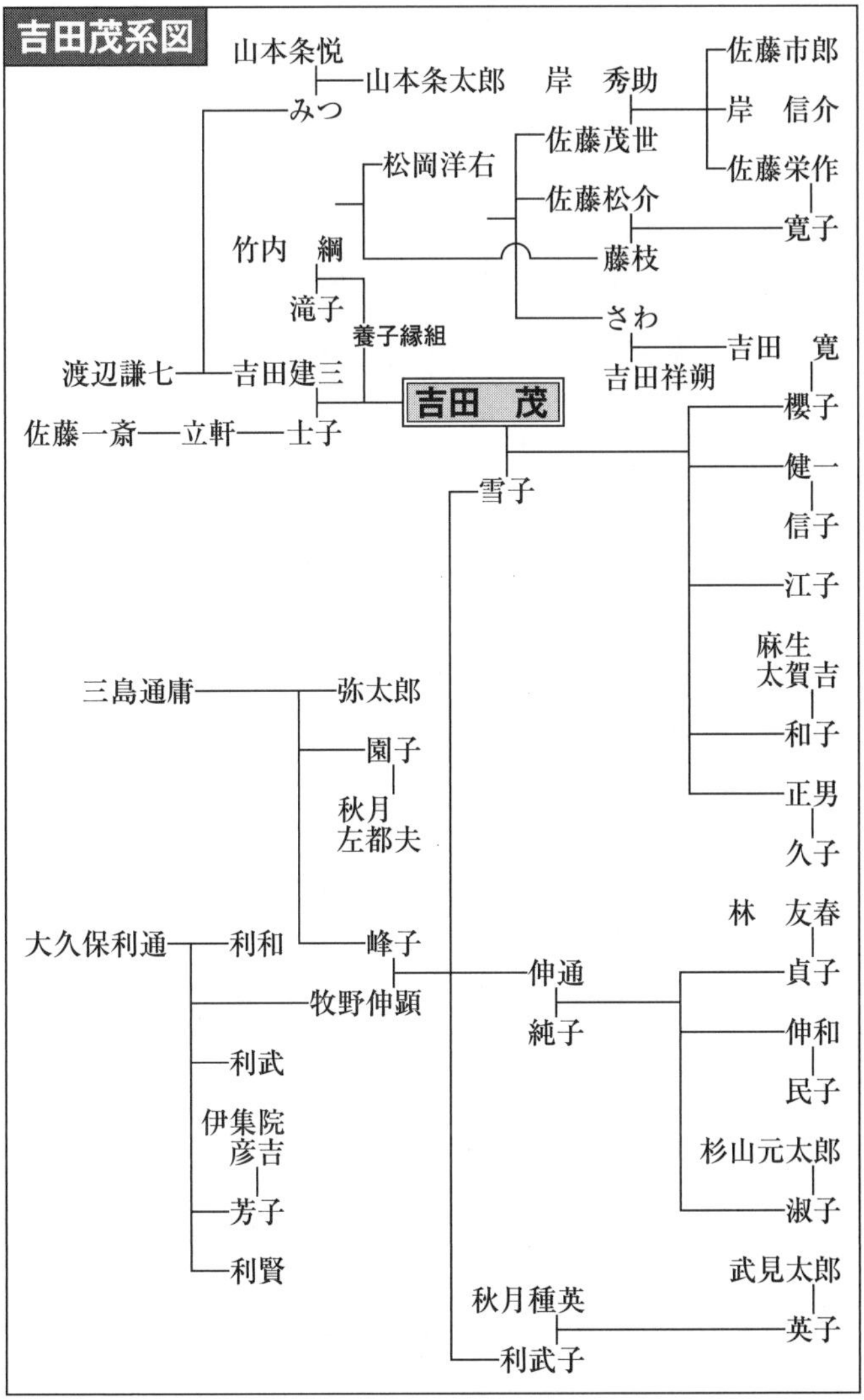
吉田茂系図
山本条悦
山本条太郎
岸　秀助
佐藤市郎
岸　信介
佐藤栄作
みつ
佐藤茂世
松岡洋右
佐藤松介
寛子
竹内　綱
藤枝
滝子
養子縁組
さわ
吉田　寛
渡辺謙七
吉田建三
吉田祥朔
吉田　茂
佐藤一斎
立軒
士子
櫻子
雪子
健一
信子
江子
麻生
太賀吉
三島通庸
弥太郎
和子
園子
正男
秋月
左都夫
久子
林　友春
大久保利通
利和
峰子
貞子
伸通
牧野伸顕
純子
伸和
利武
民子
伊集院
彦吉
杉山元太郎
芳子
淑子
利賢
武見太郎
秋月種英
英子
利武子

あとがき

平成元（一九八九）年から三年間、毎年十一月に定点観測風にモスクワに赴いた。滞在期間は一週間から十日間ほどであったが、社会主義体制が崩壊し、ソ連が解体するプロセスを私なりに確かめることができた。

私の世代は青年期に濃淡の差こそあれ、社会主義幻想をもっている。私自身、二十代の前半には、社会主義・共産主義は人類史に画期的な意味をもつ思想と体制だと思っていた。大半の青年がやがてその幻想と期待を捨て、生活者の目で社会に身を置くようになるが、私もそうであった。私がモスクワに赴いたときは四十代後半から五十代にかけてのことで、すでに社会主義には傍観者としての関心しかなかった。それゆえに、というべきだが、私はこの体制が崩壊する有様を冷静な目で見つめることができた。

多くの証言を、モスクワの多様な階層から確かめた。私なりに衝撃を受けた証言は数多くあるが、なかでももっとも驚いたのは、ソ連の官庁に籍をもつ中堅官僚（四十代半ば）の言葉であった。彼は、「レーニンもスターリンも悪魔だ。われわれは七十年間も悪魔に騙されていた」と不快げに語って、具体的な雑言を並べ立てたのだ。モスクワ市内の共産党地区委員会の幹部が、「共産主義無謬の論理づくりにあきあきした」と語っていたのも印象にのこった。

むろんこのような発言は、ある体制や状況が倒れたときによく吐かれはする。日本とて太平洋戦争の敗戦直後には似たような発言が多かったように思うし、それが次の時代には新たな「正義」と化してもいる。

　モスクワのこうした体験を通して、私は幾つかの事実に思いがいった。戦後日本の社会もまたさして根拠のない神話や伝説にふり回されているのではないか。東西冷戦という二十世紀後半の歴史のもとで、日本ではソ連との関係に関わる歴史事実をきわめて都合のいいようにつくりあげてきたように思う。昭和三十一（一九五六）年の日ソ共同宣言から始まって、太平洋戦争の処理（たとえば、シベリア抑留問題）など改めて検証しなければならない問題が多い。

　こうした考えをもったときに、さらに私なりに一般に流布している神話や伝説の再検証を試みたいテーマが浮かんだ。そのひとつが「吉田茂」であった。「吉田茂の功罪とはどのような点にあるのか」「保守本流なる語の真の意味は……」とか「憲法の理念と保守体制がつくりあげてきた現実との亀裂」など吉田茂を改めて具体的に解剖してみなければならないとも思ったのだ。吉田茂の実像を昭和史のなかに位置づけるにはまったく別な視点が必要ではないか。それが東西冷戦下で隠されていたのではないか。

　本書で、私が一貫して問いたかったのはそのことなのだが、私は吉田を「昭和の宮廷官僚」だと思うし、終生その枠組みを崩すことはなかったと理解して記述を進めた。その意味では、吉田は思想や理念をもって時代をつくっていったわけではなかった。昭和陸軍が権力をにぎって、やがて反アメリカ・イギリスにまでいきつく昭和六年から二十年までは、近代日本が変調をきたしていたのであり、その変調期を除けば、近代日本にはなんら誤りはないとの理解があるように思う。吉田の発言や行動はこの点でみごとに一本の芯が通っている。

　占領下には、連合国との政治闘争という側面があるが、吉田はこの点で有能な政治家であり、官僚であった。吉田が、連合国の最高司令官であるマッカーサーと連携して新生日本をつくったのではなく、マッカーサーを利用して、近代日本の昭和陸軍が登場する以前の歴史と連続性をもつ再生日本をつくりあげようと試みたのである。そう理解することで吉田の像は一気に固まっていくように思う。

当然なことにそのプロセスには多くの矛盾が生まれた。最大の矛盾は、前述のように憲法の理念と現実の歪みである。そこから派生したのが、国権が民権を抑圧するという官僚主導のシステムであり、倫理や道義という規範よりも経済主導の路線であった。それを隠蔽するのが「保守本流」とか「戦後政治の正統性」という類の神話だったと考えられる。

現在のような政治・社会の液状化現象を、官僚支配の崩壊や自立性を欠いた民権思想さらには世代間の文化ギャップなど多様な側面から発せられているものとみるならば、改めて「吉田政治」とそれ以後の現代史を俯瞰してみることが必要になるだろう。本書を書き終えてどこまでえがけたかとは思うが、この社会がかかえこんでいる歴史的病いと向き合うことの重要性を一層痛感している。東西冷戦という戦争が終結したと考えれば、この戦争によって成り立っていた価値観をいまいちど問い直すのは私の世代の務めでもある。私の訴えたかったことはその点にもある。

本書は、『発言者』の平成六（一九九四）年六月号から平成十二（二〇〇〇）年七月号までの六十四回の連載を軸に、一部を加筆、あるいは削除して収めている。このユニークな誌を主宰している著述家の西部邁《にしべすすむ》氏が私の思うままに、そしてとくべつな制限もなく執筆の機会を与えてくれたことに感謝し、お礼を申し上げます。昭和史に関心をもつ私は、昭和前期では東條英機、昭和中期が吉田茂、昭和後期は田中角栄という首相が時代を代表しているがゆえに、その評伝を書きたいと思っていたが、ともかく吉田茂の評伝をまとめることができたのは喜びであった。『発言者』編集部の西部智子さん、金子信子さん、ありがとうございました。

また、ジャーナリストの東谷暁《ひがしたにさとし》氏には、連載開始時などにご協力いただいたが、改めて謝意を表します。

こうして本書にまとめてくれた中央公論新社編集局書籍第一部の麻生昭彦氏には、御礼を申し上げます。麻生氏とは二十年来の友人関係だが、それに甘えて無理な注文をつけたり、お手数をかけた。昭和史に精通している編集者としての助言と励まし、あるいは批判に私は教えられること多々あり、その点でも謝意を表します。ありがとうございました。

本書刊行までに、多くの人の教示や激励をいただいている。資料を提供してくれた人もいる。氏名はあげませんが、心中よりお礼を述べさせていただきます。

平成十二年七月

保阪正康

中公文庫版あとがき

吉田茂の歴史観は、彼自身の著書によって容易に知ることができる。たとえば、一九六三年七月に著した『世界と日本』の「日本の進むべき道」の項の末尾で、「明治以来の先輩の深慮に導かれて日本の歩んで来た道は、今日に当てはめていえば、英米を中心とする自由陣営の諸国と行を共にすることになる。この大道は見失ってはならない。その意味を軽視してもならない。半面また先進大国との協調を、追随だの、自主性の喪失だのと思いなす卑屈な心理からも脱却せねばならぬ。日本の進むべき道は正に一つと信ずるのである」と書いている。

このとき吉田は八十五歳であったが、吉田は二十八歳で外交官として出発したときから、終始この歴史観を崩さずに生きてきた。その意味では近代日本にあって骨格の定まった政治指導者だったといえる。本書はその骨格が、時に崩される時代にあっても決して妥協しなかったというその軌跡を確かめたかったのである。同時に、吉田茂というその人間的な性格が形づくられた背景を理解することによって、私たち自身の時代とむきあう姿を率直に分析してみたかったともいえる。

吉田の歴史観は、二十世紀の日本の進む道を示していたことになるが、一九九〇年のソ連の社会主義体制の崩壊によってひとまずその役割を終えたのではないか、と私は考えている。東西冷戦という枠組みの終焉《しゅうえん》はひとつの歴史観から次の歴史観への移行を意味するが、日本の政治指導者のなかで明確な意思をもって、この移行を語っている政治家はいないと言っていい。小泉純一郎《こいずみじゅんいちろう》首相は、吉田のこの歴史観を皮相な部分で理解し、ほとんど吟味することなくなぞっているともいえるのではないか。

吉田茂は、これからの五十年、百年という単位でみても、そのときどきの視点で解剖されるだろう。十九世紀から二十世紀の日本の姿が凝縮しているからだ。その点を改めて確認しておきたい。そして本書がその一助になればというのが、私の願いでもある。

本書を著したあとに、昭和十九年、二十年に吉田邸に書生として入りこんでスパイとして活動していた陸軍の工作員の手記全文を、私は入手した。遺族からの提供を受けたのだが、この手記の全文はその後の書（『私は吉田茂のスパイだった』や私の刊行している個人誌『昭和史講座』）などで紹介した。この手記にふれたとき、太平洋戦争下の軍部指導者がいかに吉田を警戒していたか、あるいは恐れていたかを知ることができた。吉田がアメリカと通じているとして、なんとしても獄に送りこみたいとの執念は、日本の軍事指導者の非理知的姿勢をよく示してもいた。

吉田に魅かれていくこの工作員の感情のほうが、はるかに人間味が感じられた。

私は、吉田の心底に流れている非理知的な存在への軽蔑感に気づいたときに、吉田は教養人としての資質を終生大切に守りぬいたとの感も受けた。その言動には、確かに傍若無人に見える面があるが、つぶさに検証していくと、近代日本の教養人が持つ孤独との戦いに相応のエネルギーを使ったこともわかってくるのである。

そのような側面にスポットをあてるような人物論がなかなか書かれないのは、実は日本社会の風土にも因があるのだろう。確固とした歴史観を持った教養人は、孤独とどのように闘ったかという視点は、政治指導者や軍事指導者にもあてはめてみるべきではないかと思う。

本書を単行本として刊行したのは二〇〇〇年八月である。今回、文庫版として改めて刊行されることになって、私としては、〈二十一世紀の視点〉で読まれることを期待しているのだが、そのような機会を与えてくれた中央公論新社書籍編集局の深田浩之氏に感謝したい。また解説を引き受けていただいた庄司潤一郎氏にも謝意を表したい。

平成十五年四月

保阪正康

朝日選書版あとがき

昭和という時代では、三十二人の首相がその役を果たしている。その中であえてランクづけをするなら、いわば歴史上で語られるのはそれほど多くはないと思われる。むろんこれには負の役割を持って語られる東條英機のような存在も含まれるのだが、歴史的功績を持って語られるのは、私の見るところ四人ではないかと思う。氏名とその業績をあげれば次のようになるであろう。

吉田茂（占領期の日本政治の舵取り）
池田勇人（高度成長政策の推進）
佐藤栄作（沖縄返還交渉の成功）
田中角栄（日中国交回復の実現）

もとより私自身は、この四人についての支持者とは言えないが、しかしそれぞれの政治的業績は昭和史を語る時に必ず触れられることは間違いない。いずれも昭和初期の太平洋戦争を清算する役割を担わされたのである。太平洋戦争に潜んでいる近代日本の矛盾と、これらの首相は正面から向き合わされたとも言える。なかでも吉田は、アメリカを中心とする連合国の占領政策と対峙し、そこでこの国の国益をいかに守るかの戦いを強いられた。そしてその戦いを通じて戦後日本の進路を固めていった。

その意味では吉田の存在は、昭和史の中でも重きをなしている。その吉田をどのように近現代の日本史の中に位置づけるかは、私にとって大きなテーマであった。本書はそのテーマに挑んだ私なりの吉田論であり、戦後宰相論でもあった。この原稿を書いたのは、平成六年から十二年までの期間に、西部邁《にしべすすむ》さんの『発言者』においてであった。私の少年期、西部さんとは朝夕の通学を共にしていた。いわば親しかったのである。『発言者』に書いた原稿を二〇〇〇年八月に中央公論新社から単行本として刊行した。特に思想的な分析や解釈を排しての実証主義的な手法でまとめようと思い、そのような心づもりで執筆した。その点を理解して手にとってもらえれば幸いである。

執筆時は私は五十代から六十代に入る頃であった。それから二十年近くを経て、今の吉田茂像となんらかの変化があるかと問われたら、私は特に変化はないと答える。と同時に吉田という政治家が巧妙なトリックを用いて、あるいは歴史に向き合ってきた人物だけにいくつもの課題を歴史の中に埋め込んでいることがわかるのだ。例えば吉田は、一九五一年九月にサンフランシスコでの講和会議で調印した後、第六軍司令部にあって日本とアメリカの安全保障条約に単独で調印している。いずれこの条約は問題になると呟いてである。

この安保条約は、その七、八年後に岸信介首相によって、双務条約に改定すると称しての動きが始まった。その折の岸の体質が戦前と変わりないといって、国民の反発を買い、いわゆる「六〇年安保闘争」になったのは周知のことである。吉田も岸もなぜ安保条約に怯えを持ったのか。それはこの条約が昭和八年の日満議定書（満州国の傀儡化《かいらいか》を正当化する条約といっていいのだが）に通じる国辱（むろん満州国から見て）を含んでいたからだ。戦前の官僚である吉田も岸もそのからくりを知っていたのである。他国に要求したことを、今、他国から要求されたら断れない。そこに日米安保条約の本質があったのだ。

本書ではその糸口に触れているが、より内部に入っては触れていない。今はこの視点を深めるべきであろう。それが歴史的解釈ということになる。

今回、朝日選書として新たに読者に触れる機会をいただいた。吉田茂像を確かめるために、多くの人に手にとっていただきたいと思う。選書に収めるために書籍編集部の長田匡司氏、上坊真果氏に尽力いただいた。謝意を表したい。

令和二年三月　コロナウイルスの終息を願いつつ

保阪正康

単行本　『吉田茂という逆説』二〇〇〇年八月　中央公論新社刊

保阪正康（ほさか・まさやす）
1939年北海道生まれ。同志社大学文学部社会学科卒業。ノンフィクション作家、評論家。「昭和史を語り継ぐ会」主宰。独力で『昭和史講座』の刊行を続け、2004年、第52回菊池寛賞を受賞。2017年、『ナショナリズムの昭和』（幻戯書房）で第30回和辻哲郎文化賞受賞。主な著書に『「特攻」と日本人』（講談社現代新書）、『東條英機と天皇の時代』（ちくま文庫）、『昭和史の教訓』（朝日新書）、『昭和史のかたち』（岩波新書）、『定本　後藤田正晴——異色官僚政治家の軌跡』（ちくま文庫）、『昭和陸軍の研究（上・下）』『昭和天皇（上・下）』（ともに朝日選書）など多数。

朝日選書 995

吉田茂
戦後日本の設計者

2020年4月25日　第1刷発行

著者　保阪正康

発行者　三宮博信

発行所　朝日新聞出版
〒104-8011　東京都中央区築地 5-3-2
電話　03-5541-8832（編集）
03-5540-7793（販売）

印刷所　大日本印刷株式会社

Published in Japan by Asahi Shimbun Publications Inc.
ISBN978-4-02-263095-7
定価はカバーに表示してあります。

落丁・乱丁の場合は弊社業務部（電話 03-5540-7800）へご連絡ください。
送料弊社負担にてお取り替えいたします。